여행의 모더니즘

다이쇼부터 쇼와 전기 일본의 사회문화 변동

여행의 모더니즘 – 다이쇼부터 쇼와 전기 일본의 사회문화 변동

초판 1쇄 발행 2022년 4월 15일
초판 2쇄 발행 2022년 10월 10일

지은이 아카이 쇼지 **옮긴이** 허보윤, 전미경, 이현희, 김연숙, 남효진, 강현정
펴낸이 박성모 **펴낸곳** 소명출판 **출판등록** 제1998-000017호
주소 서울시 서초구 사임당로14길 15 서광빌딩 2층
전화 02-585-7840 **팩스** 02-585-7848
전자우편 somyong@daum.net **홈페이지** www.somyong.co.kr

값 26,000원 ⓒ소명출판, 2022
ISBN 979-11-5905-657-4 93910

TRAVEL
AND
MODERNISM

여행의 모더니즘

다이쇼부터 쇼와 전기 일본의 사회문화 변동

아카이 쇼지 지음
허보윤 · 전미경 · 이현희 ·
김연숙 · 남효진 · 강현정 옮김

일러두기

1. 번역을 위한 텍스트는 ナカニシヤ出版에서 2016년 발행한 『旅行のモダニズム-大正昭和前期の社会文化変動』이다.
2. 저자의 원주는 미주를 사용하였고, 역자의 주는 각주를 사용하였다. 괄호로 묶인 본문의 설명을 각주로 표기한 경우도 있는데, 이때는 역주와 구분하기 위해 각주 마지막에 [본문 설명]이라고 덧붙였다.
3. 단행본과 신문, 잡지는 『 』, 기사, 논문은 「 」, 법령, 영화, 연극, 시, 노래, 그림 등은 〈 〉을 사용하였다. 원문을 인용한 경우는 " "를, 강조의 경우는 ' '를 사용하였다.
4. 표기법
- 일본어 인명 및 지명의 한글 표기는 원칙적으로 「외래어표기법」에 따랐다. 따라서 어두의 격음을 쓰지 않았으며, 장음표기도 하지 않았다.
- 일본의 인명 및 지명 등의 고유명사는 각 장마다 처음 나오는 경우에 한하여 한글 다음에 한자어나 일본어를 넣어 병기하고 이후로는 한글만 표기하였다.
- 역자의 판단에 따라 이미 익숙해진 명사와 고유명사나 일본어 발음 그대로를 살리는 것이 좋다고 여겨진 경우에는 일본어 발음대로 쓰는 것을 원칙으로 하였다. 예를 들면 『東京日日新聞』의 경우 『도쿄니치니치신문』이라고 표기했다.

여행과 모더니즘에 대하여*

1. '행복한 생활' 이미지와 여행

현대 일본인들이 품고 있는 '행복한 생활' 이미지 중에 '여행'이 차지하는 비중은 절대 작지 않다. 숙박을 동반한 국내여행 및 해외여행을 비롯하여 당일치기 행락이나 도보여행 등, 여행을 할 수 있느냐 없느냐 혹은 어느 정도로 자유롭게 할 수 있느냐는 것이 생활의 질을 결정적으로 좌우한다. 오늘날 여행은 결코 불합리한 사치가 아니며 이유가 필요한 여흥도 아니다. 여행은 바람직한 보통 생활의 필수적인 즐거움이 되었다.[1]

이렇듯 '행복한 생활'로 조직된 '여행'은 '어딘가로 여행을 가고 싶다'는 기분에서 시작되어 '여행을 가는 것' 자체가 목적이 되고, 그것을 실현하기 위해 언제·어디로·누구와 갈 것인지를 선택한다. 그러한 맥락에서 보자면 여행은 '여행을 위한 여행'이다. 그러나 역사적으로 이는 결코 당연한 일이 아니다. 근대 이전, 이세伊勢신궁에 참배 가는 것, 시코쿠四國 헨

---

* 이 장은 허보윤이 번역하였다.

로遍路[1] 길을 순례하는 것, 명승고적을 돌아다니는 것과 같이 종교적·전통적으로 정형화한 여행이나, 연중행사로서 행락 등과 비교하면, 현대인이 가고 싶어 하는 여행은 미리 여행지가 정해지지 않은 '어딘가로의 여행'이고, 다수의 선택지 중에서 고를 수 있는 자유를 전제한 여행이다. 바꿔 말하면, 현대 여행의 특징은 ① 종교적 목적 등 특정 목적에서 해방, ② 마을공동체 등 특정 인간관계의 구속에서 해방, ③ 전통적·전형적인 앎과 감성에서 해방을 전제조건으로 하여 ④ 자발적인 관심, 동경, 흥미 등을 주된 동기로 삼고 ⑤ 의식적으로 선택한 여행이라는 점이다. 이는 여행의 '근대성'이 가진 형태적 특징이다.

문제 제기

어떠한 과정을 거쳐 우리는 여행·행락을 필수 항목으로 하는 '행복한 생활' 이미지를 가지게 되었을까? '어딘가로의 여행'이나 '여행을 위한 여행'이라는 사고방식은 어떠한 배경을 가지고 성립되었는가? 그리고 어떠한 경로를 거쳐 그러한 사고방식이 실현·보급·정착되었는가? 근대 여행문화의 일본적 특징은 무엇인가? 이러한 질문에 답하는 것이 이 책의 과제다.

다이쇼·쇼와 초기 – 전후 '중류생활'의 원류

오늘날의 '행복한 생활' 이미지는 고도성장기에 공유했던 '중류생활' 의식에 기원하고 있다. 정부 기관이 시행하고 있는 '국민생활에 관한 여론조사' 중 1967년부터 1974년까지의 조사에는 '희망하는 생활 수준'이

1 　기원을 위해 홍법(弘法)대사가 수행한 시코쿠 88개소 절과 신사를 참배하며 순례하는 일.

나 '앞으로의 생활에 대한 전망과 역점' 등의 항목이 들어 있었다. 예를 들어, 1967년의 조사에는 "당신이 평소 생각한, 장래 적어도 이 정도의 생활을 하고 싶다는 항목은? 한 가지 혹은 두 가지를 선택해주세요"라는 질문이 있었고, 그에 대한 답은 다음과 같다.(답이 많은 순으로 정렬)

가족여행을 가볍게 할 수 있는 생활(31.0%)

먹거리 걱정이 없는 생활(29.9%)

가족 1인당 방 하나를 가질 수 있는 생활(18.4%)

가구, 전자제품을 어느 정도 갖춘 생활(16.4%)

승용차가 있는 생활(8.8%)

냉난방이 완비된 생활(6.0%)

춤, 노래, 하이쿠俳句, 다도, 음악, 그림 등을 즐기는 생활(6.0%)

해외여행을 가볍게 할 수 있는 생활(3.7%)

고급 가구나 실내장식으로 미술품을 갖춘 생활(1.5%)

가사도우미를 둘 수 있는 생활(1.6%)

별장이 있는 생활(1.4%)

이 중에 없음 혹은 잘 모르겠음(12.5%)[2]

종전 직후 일본인에게 가장 중요했던 과제는 '먹거리 걱정이 없는 생활'이었으나, 그것이 어느 정도 해결되기 시작하자, 다음으로 국민이 원한 것은 '가족여행'이었다.

그러나 '가족여행', '1인당 방 하나' 등 고도성장기에 '희망하는 생활 수준'으로 열거된 항목 대부분은 다이쇼·쇼와 초기[3]에 이미 준비된 것이었다. 근대 '여행을 위한 여행'이 다양한 형태로 정착되기 시작한 것은, 문화와 사회 여러 분야에서 대중화·민중화가 진행된 다이쇼·쇼와 초기였다. 가족여행이 제창된 것도 이 시기였다. 가족여행은 여행을 가족과 함께 간다는 사실만 결정되어 있을 뿐 행선지나 시기 등은 결정된 것이 없다는 점에서, 여기서 말하는 '여행을 위한 여행'의 한 형태라고 할 수 있다. 앞서 언급한 질문에 대한 답은 다이쇼·쇼와 초기 여행을 둘러싼 고찰을 통해 얻을 수 있을 것이다.

2. 다이쇼·쇼와 초기 여행문화의 발전 방향 – 여행 속 모더니즘

다이쇼·쇼와 초기에 대중적 규모로 실현·보급·정착된 여행문화의 근대성은 다음과 같은 3가지 방향으로 발전하였다.

새로운 아름다움과 감동의 발견

첫째, 여행의 오랜 역사를 이어받아 새로운 종류의 아름다움과 그것을 향유하는 감성을 다시 더 풍부하게 꽃피웠다. 담홍색 벚꽃, 새로 난 대나무 숲, 노란색과 붉은색 농담으로 물든 산자락, 굽이굽이 맑게 흐르는 물, 솟아오르는 온천, 익숙한 풍경을 일순간에 바꿔놓는 눈 내린 아침, 세월의 무게를 견뎌온 건축물, 다시 피어나는 고대의 심성, 靜과 動에서 길어 올리는 성스러운 직관, 그리고 그것들을 응축해서 조금이나마 곁에 두고 싶어 하는 매일매일의 생활 등, 일본인뿐 아니라 일본을 방문한 외국인까지 매료시키는 이러한 아름다움에 대한 감수성은 일상생활 바깥을 향하는 여행을 매개로 오랜 시간에 걸쳐 발견되고 또 공유되었다.

메이지·다이쇼·쇼와 초기, 전통을 계승한 이런 아름다움에 덧붙여 새로운 종류의 아름다움과 그것을 향유하는 감성을 개척한 것은 여행을 좋아하는 여러 분야 사람들, 회사원·공무원·연구자·중소사업가·문학가·예술가·학생들이었다. 그들은 미지의 방문해야 할 장소나 보아야 할 것을 새롭게 발견했을 뿐만 아니라, 이미 유명한 장소의 의미를 재발견하고 소개하였다. 철도는 전국 오지에 조용히 존재해온 촌락의 풍요로운 생활을 소개하는 문을 열었다. 특히 영국에서 유래한 새로운 여행으로서 근대 등산이 준 감동은 의식과 운동의 차원에서 여행문화의 발전에 매우 중요한 영향을 끼쳤다. 또한 근대적 건축물의 급증과 전근대적인 경관의 잔존으로 풍경이 점점 더 복잡하게 변모한 도쿄, 요코하마, 오사카와 같은 도시는 진보와 전통의 대립과 공존 혹은 발전에 대한 자긍심과 잃어버린 것에 대한 애석함이라는 양극단의 사이에서 갈등과 감동을 함께 체험하는 장소로서 특별히 주목을 받았다. 이렇듯 새로운 아름다움·새로운 감동이 점차 발견되면서 여행의 테마도 함께 확장되었다.

여행의 자기목적화·다양화

두 번째 발전 방향으로, 여행은 전통적 가치나 관습에서 벗어나 '여행을 위한 여행'이라는 그 자체로 가치를 가진 문화적 행위로서 일상생활 가운데 정착했다. 사회교육, 생활개선·합리화 등 다양한 관점에서 '여행 그 자체'에 새로운 의미와 가치가 부여되고 '바람직한 생활'로서 조직되었다. 여행은 '이미 결정된 목적을 위한 여행'에서 '여행을 하기 위해 목적을 찾는 여행으로, 즉 목적과 수단의 직선적인 관계에서 순환적, 자율적, 자기목적적인 관계로 변모했다. 이렇듯 여행은 내용 면에서 풍성해졌을 뿐만 아니라, 특정한 내용에 한정되지 않는 혹은 다양한 내용을 포함할 수 있는 것으로 변화했다. 언제, 어디로, 누구와, 무엇을 위해, 어떠한 수단으로 가는가에 대해 여행은 무한한 다양성을 가지게 되었다. '등산·하이킹·스키', '단체여행', '수학여행', '가족여행' 등은 이러한 다양성의 일부 구체적 사례일 뿐이다.

여행의 산업화·시스템화

세 번째 발전 방향은, 미의식에서도 여행 방법에서도 근대적 특징을 가진 여행이 대중적 규모로 정착함에 따라 정부 정책과 여행산업에 대한 의존도가 높아졌다는 점이다. 교통기관·숙박시설의 네트워크 형성, 단체여행 모집과 실행, 여행 정보의 수집·편집·출판·홍보 등을 전문적인 대규모 여행 관계기업 특히 여행대리점이 계획적·조직적으로 행하는 여행의 산업화·제도화가 진행되었는데, 그 중심에 정부기관인 철도원鐵道院·철도성鐵道省이 있었다. 신문·출판·영화·음악 분야 문화산업의 성립·발전과 함께 여행문화의 산업화도 진전되었고, 철도를 운영하는 정부 기관이 그 산업화를 주도했다는 점이 일본 여행문화가 가진 하나의 특징이다.

'여행의 모더니즘'이라는 관점

새로운 아름다움과 감동의 발견, 여행의 자기목적화와 다양화, 여행산업에 대한 의존. 여행의 '대중화' 현상을 구성하는 이러한 세 가지 동향은 각각 분리 진행된 것이 아니다. '여행의 모더니즘'이란 이러한 동향을 상호 종합하여 이해하는 관점이다. 이 책은 기본적으로 여행을 문화적 행위의 한 전형으로 파악하고, 다이쇼·쇼와 초기와 그 전후의 여행문화 발전을 19세기에서 20세기로 이어지는 전환기의 '모더니즘' ─ '시민'적 근대성 이념의 '대중(도시 중간층)'적 실현·보급·정착의 과정 ─ 의 관점[4]에서 종합적으로 고찰하는 것을 목적으로 한다.

이를 위해 여행문화 자체의 전개, 즉 여행 속 모더니즘과 더불어, 사회적인 배경과 원동력, 즉 모더니즘 속 여행에도 주목하고자 한다. 즉, 교통망 등 인프라의 정비와 함께 여행 자체를 소망하는 것 혹은 필요한 것으로 생각하는 의식과 사상, 그리고 그러한 의식과 사상을 추진한 자발적 여행자와 단체의 동향, 또한 독특한 시점에서 여행의 의미를 발견한 사회운동의 동향까지 분석할 것이다. 그 외 각각의 과정 안에 숨어있는 대립과 갈등에 주목하여, '변화'를 '선택'으로 이해하고자 한다. 이제 본론에 앞서, 여행문화 발전의 원동력이 된 배경 상황을 설명하고, 과제의 요지를 개괄하고자 한다.

3. 근대 여행의 사회적 배경과 원동력 ─ 모더니즘 속 여행

다음과 같은 사회적 현상이 다이쇼·쇼와 초기의 여행문화를 특징짓는다. 계절마다 관광지나 행락지에 많은 인파가 몰려 혼잡해진 것, 등산·스키·하이킹 등 새로운 즐거움이 등장·보급된 점, 각지에 자발적인 여행단체가 다수 결성된 점, 여행대리업이 성립·발전한 것, 차다이茶代폐지운동[2]

---

2   차다이는 팁(tip)을 뜻하며, 차다이폐지운동은 팁을 주는 습속을 없애고 숙박업소 정찰
    가를 지키자는 다이쇼 시기의 운동. 상세한 내용은 이 책의 제1장 참조.

등 낡은 관습 폐지 및 숙박시설 개선 운동이 일어난 점, 시간표·가이드북 등 여행 정보 개선이 조직적으로 이루어진 점, '희빈회喜賓會'[3]에서 '재팬 투어리스트 뷰로Japan Tourist Bureau'[4]에 이르기까지 외국인 관광객 유치기관이 발전한 점으로, 모두 메이지 말부터 다이쇼·쇼와 초기에 나타난 현상들이다.

이러한 현상에는 철도원·철도성 그중에서도 여객부문 산하 단체인 국제관광국, 재팬 투어리스트 뷰로, 일본여행협회와 같은 외곽단체가 관여하고 있었다. 공급이 수요를 만들듯, 철도성·해운회사와 같은 교통사업자가 여행에 대한 욕망을 자극하고 불러일으키기 시작했다. 교통기관·숙박시설·관광지역을 관리·운영하는 공적 기관이나 사업자의 계획적·정책적인 개입이 여행문화 발전에 직접적이고도 주요한 원동력이 된 것이다.

한편, 철도 관계 정부기관이나 외곽단체의 조직적 움직임과 병행하여 여행문화의 원동력이 된 또 다른 맥락이 존재한다. 제2차·제3차 산업 발전에 의한 도시노동자 특히 샐러리맨 층이 증가하여 도시문화의 새로운 주역이 되기 시작한 점, 제1차 세계대전 후 노동시간 단축이라는 국제적 동향에 따라 정기적으로 '휴일'이 보급되기 시작한 점, 일상의 가정생활과 사회적 관습의 개선·합리화에 관심이 생기게 된 점이 그것이다. 이 같은 사회적인 상황이 여행문화의 새로운 전개에 어떻게 연결되었는지는 아직 더 연구되어야 하지만, 이 책에서는 여행문화 발전의 원동력을 잠정

---

3 1893년 설립된 외국인 관광객 유치 전문기관. 상세한 내용은 이 책의 1장 참조.
4 1912년 외국인 관광객 유치 및 편의를 도모하기 위해 철도원 중심 회원 조직으로 설립된 국제여객장려회. 현재는 일본 국내·해외여행 및 외국인의 일본여행 영업 및 『시각표』, 『다비(旅)』 등을 발간하는 세계 최대 여행업체. 상세한 내용은 이 책의 1장 참조. 이 책에서는 '뷰로'로 줄여 표기하기도 함.

적으로 다음 4가지로 구분하고자 한다.

① 대량 수송 공공 교통기관, 즉 철도와 선박 등의 네트워크가 국내외로 확
　충됨에 따라 여객 확보가 계획적으로 더 필요하게 된 점
② 회사원층·지식인층·도시중간층·학생의 증대에 따라 도시와 교외를 무
　대로 한 독자적이고 새로운 문화를 지향하는 분위기가 생겨난 점
③ 휴일 제정에 따라 광범위한 노동자들의 여가 활용이 과제가 된 점
④ 상품경제 침투에 따라 가정생활과 국민경제가 직결된 점, 그리고 각 분야
　에서 여성의 진출이 두드러짐에 따라 일상생활을 다시 바라보는 일이 사
　회적 과제가 되고, 가정생활과 사회적 관습이 개혁의 초점으로 부상하여
　그 '개선' 및 '합리화'가 확대된 점

　각각의 항목에서 생겨난 다양한 움직임에 의해 ① 여행의 산업화·합리화의
진행 ② 새로운 여행 스타일과 테마의 개발·보급 ③ 여행에 건전오락, 후생이
라는 새로운 의미부여 ④ 여행을 둘러싼 옛 관습의 개선과 가족여행의 정착이
라는 성과로 귀결되었다. 이러한 4가지 문맥이 겹쳐 공명하면서, 일본인의
행복 리스트에 '여행하기'가 들어가는 원동력이 되었다. 이러한 여행문화는
전시 여행 규제를 견뎌내고, 전후 고도성장기에 꽃을 피웠다.
　'여행의 모더니즘'을 분석하기 위해, '통일적 근대 국가 의식'과 같은
것을 동원해 근대 일본의 여행문화 발전을 설명하는 것은 현실적이지 않
다. 또한 여행문화를 둘러싼 과정을 표면적 사실로만 파악해서는 현대를
이해하기에 불충분하다. 기관차가 차량을 끌고 갈 때 복수의 선로가 교차
하는 지점에서 노선이 바뀌는 것처럼, 각각의 움직임이 가진 알력과 갈등

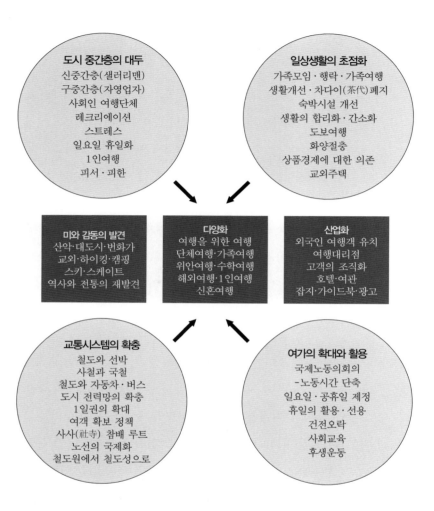

에 주목하여, 발생한 현상을 분석하고자 한다. 그럼으로써 선택의 의미를

탐구하고 더불어 아직까지 남아있는 과제나 오늘날의 고유한 과제를 엿

볼 수 있길 바란다.

4. 여행과 미디어

이 책은 여행과 미디어의 관계에도 주목하고 있다. '미디어'는 잡지 특히 여행잡지, 여행안내서가이드북, 시간표, 기행문 등의 활자 미디어를 의미하나, 넓은 의미에서는—정보와 지식의 순환 결절점으로서—강연회나 전람회까지 포괄한다.

근대의 여행은 목적지, 시기, 동선, 동행자, 숙박시설, 교통수단 등에 관한 선택지가 다양하다는 점 그리고 여행자가 자유롭게 선택한다는 점에 형태적 특징이 있는데, 이는 이러한 항목들에 대한 정보가 필요해졌음을 의미하기도 한다. 근대 이전의 전형적인 여행에서도 다양한 정보가 필요했고 다수의 출판물이 발행되었지만, 근대에 이르러 필요한 정보량이 더욱 많아졌고 거리에 따른 필요 시간을 정확히 파악하는 등 정보의 질도 높은 수준으로 요구되었다.

여행 미디어는 장소·교통 등에 대한 정보와 지식을 여행하는 사람의 관점에서 재구성한다. 그렇다고 해서 근대 여행을 미리 주어진 정보를 확인하는 정도의 행동으로 단정하기에는 무리가 있다. 여행은 다른 장소로 몸을 옮긴다는 맥락에서 통합적인—따라서 불확실성을 포함한—경험이다. 시각·시선에 한정되지 않고 오히려 통합감각으로서 촉각적인 체험[5]을 통해 환경과 관계를 맺는다. 따라서 우연한 일 등으로 인해, 구성된 정보와 실제 체험 사이에 반드시 낙차가 발생한다. 여행 미디어가 근대 여행문화의 전개를 주도한 것은 사실이지만, 그보다는 전개 가운데 존재하던 알력과 갈등을 미디어가 드러내고 있다는 점이 중요하다. 여행잡지나 가이드북은 관광지 정보의 공유, 새로운 즐거움의 소개, 체험기·르포르타주, 지리·기상·철도의 과학적 지식·의견교환·정책해설 등과 여행자를 결부시킨다. 그러나 미디어 안에는 그 외 다른 방향이 존재함은 물론 모순이나 갈등 또한 포함하고 있었다.

5. 이 책의 구성

이 책은 '여행의 모더니즘'에 대해 다음과 같은 7개의 장을 설정하여 분석을 진행했다.

제1장 「여행의 '모던'-대중화·조직·잡지」는 이 책의 첫번째 총론으로 여행의 대중화 배경을 추적한다. 특히 여행잡지 『다비旅』를 소재로 다이쇼·쇼와 초기의 여행문화를 둘러싼 전반적인 상황과 발전의 주요한 특징이 된 자발적 여행단체와 여행업체의 갈등 과정을 분석한다.

제2장 「산악미의 발견과 여행단-다이쇼·쇼와 초기의 등산 열풍」에서는 다이쇼·쇼와 초기 각지에서 나타난 자발적인 여행단체의 형성 및 발전과 그 배경에 있는 등산 열풍의 실태, 그리고 새로운 미의식으로서 산악미의 발견 과정을 다룬다.

제3장 「도시미의 발견과 '도회취미'-기노시타 모쿠타로木下杢太郎의 고바야시 기요치카론小林清親論」[5]에서는 기노시타 모쿠타로가 고바야시 기요치카를 근대적 도시미의 전형으로 재발견한 것에 주목하여 그 특징을 탐구한다.

---

5 기노시타 모쿠타로(1885~1945)는 시인, 극작가, 번역가, 미술사가, 피부과 의사로 대학의학부 교수 역임. 고바야시 기요치카(1847~1915)는 메이지기 판화가, 우키요에 화가. 상세한 내용은 이 책의 제3장 역주 1번과 2번 참조.

제4장 「여행 가이드북의 '볼거리'—1914년 출간된 『공인 동아 안내*An Official Guide to Eastern Asia*』 일본편과 『테리의 일본제국 안내*Terry's Guide to Japan*』를 중심으로」에서는 여행 정보의 충실과 개선이라는 과제에서 나타나는 논점과 차이점을 몇 가지 사례를 통해 분석한다.

제5장 「'취미여행'과 '모던라이프'—여행론의 전개」는 이 책의 두번째 총론으로 여행문화의 발전 배경을 다시 정리하고, 여행의 의의와 기능에 대한 다양한 사상을 검토한다.

제6장 「전쟁 말기의 여행 규제를 둘러싼 알력—『교통동아交通東亞』와 그 주변」에서는 전시의 『다비旅』와 이어서 발간된 『교통동아』를 소재로, 전시 특히 전쟁 말기 여행 규제를 둘러싼 동향에 어떠한 모순과 알력이 있었는지를 분석한다.

제7장 「전후 일본을 걷다—여행문화 측면에서 본 '문학산책'」에서는 노다 우타로野田宇太郎[6]의 '문학산책' 관념을, 간초로觀潮楼[7]의 소실로 상징되는 일본적 근대의 단절을 보완하는 것으로 보고, 그것을 전후 여행의 첫걸음으로 이해한다.

6. 관광으로서 산업과 문화로서 여행

많은 사람이 자유시간과 자유선택에 기반한 근대의 여행을 누릴 수 있게 됨에 따라 여행은 점점 더 문화적으로 다양해졌지만, 동시에 산업시스템에

---

6   1909~1984. 일본의 시인, 문예평론가.
7   모리 오가이가 살았던 집으로 불타 소실됨.

깊이 의존하기 시작했다. 그러한 경향은 메이지기 철도망의 형성으로 시작되었다. 오늘날 관광산업은 국가 기간산업의 하나로, 관광객 수, 방일 외국인 수의 목표치를 정부가 설정하고, 그것을 위한 제도개혁 및 관광 컨텐츠 개발 역시 정부가 기획한다. 그러나 여행이 문화의 영역에 속하는 한, 공급자나 사업자가 임의로 조작할 수 있는 것은 아니다. 상황을 더욱 깊이 이해하는 데 필요한 것은, 관광을 둘러싼 산업 및 정책의 동향과 실태를 분석하는 것과 함께 그 배후에서 혹은 그것과 병행해서 변용하는 여행의 문화로서의 측면을 파악하는 것이다. 문화로서의 여행에 착목한 이 역사 연구[6)]가 현대 관광산업과 여행문화 연구에 작으나마 보탬이 되길 바란다.

제1장

여행의 '모던'*
대중화 · 조직 · 잡지

1. 들어가며

1910년부터 1920년대 즉 메이지 말기부터 쇼와 초기에 걸쳐 행락과 여행의 양상은 크게 달라졌다. 1868년메이지 원년의 관소폐지關所廃止[1]와 1871년의 국내여행 자유화 조치에 따른 새로운 국면이 전개되었고, 이에 따라 자유로운 여행이 대중적으로 보급 · 정착하였다. 이른바 근대적 여행의 대중화로 대표되는 현대성이 실현되기 시작한 것이다.

1절에서는 이 시기 복잡하게 얽힌 다양한 사건과 현상을 정리한 후 그 근본적 동향을 고찰하고자 한다. 이후 여행의 대중화가 추진된 사회적 배경, 조건, 경향을 정리하고(2절), 다음으로 대중화 추진이라는 목표를 공유했음에도 기원이 다른 두 개의 흐름을 추적하고(3절), 이 두 흐름이 합

---

*   이 장은 전미경이 번역하였다.
1   1871년(메이지4) 7월 번(藩)을 부현(府県)으로 변경한 것으로, 이로써 일본은 근대적 집권의 국가 체제를 마련함.

류하는 곳에 성립한 조직의 기관지 『다비旅』를 살펴보고자 한다. 특히 1934년까지를 대상으로 '잡지'라는 공공 커뮤니케이션 장에서 여행의 근대화 혹은 현대화를 추적하여 무엇이 문제였는지, 이 잡지가 어떤 기능을 했는지 분석하고자 한다(4절, 5절, 6절). 마지막으로 1934년에 '재팬 투어리스트 뷰로Japan Tourist Bureau'와 '일본여행협회日本旅行協会'의 합병에 따라 여행의 산업화가 새로운 단계에 접어든 것과 함께 여행문화 발전의 기반이 된 새로운 조건을 살펴보고자 한다(7절).

　잡지 『다비』는 '일본여행문화협회日本旅行文化協会'의 기관지로 1924년 4월에 창간되었고, 이후 발행처는 '일본여행협회',[2] '일본여행클럽日本旅行倶楽部'[3]으로, 종전 후에는 '일본교통공사日本交通公社'[4] 그리고 '신초사新潮社'[5]로 바뀌었다. 태평양전쟁 말 약 3년간과 2004~2005년의 약 1년 반의 휴간을 제외하고 장기간에 걸쳐 지속적으로 발행되었다. 전전기戰前期 발행부수를 '수만' 부로 추정하는데, 『일본교통공사 70년사』에는 "1935년 말 클럽 정회원이 5,696명이고, 『다비』의 발행부수는 연간 24만 부에 달했다"[1]고 쓰여 있다. 『다비』를 구성하는 기사를 양적 측면에서 볼 때, 주된 것은 기행문이나 수필류, 관광지 안내, 역사, 전설, 기담, 여정 소개, 기타 관광지 정보 등이었다. 그런데 철도성 관료나 협회 회원이 쓴 논설류의 기사도 많이 게재되었다는 점에서 오늘날의 여행 잡지와는 큰 차이가 있다. 전전기 『다비』는 여행에 관한 정책, 연구, 정보, 과학, 예술, 기고문, 토론 등이 담긴 종합 잡지였던 것이다.

2　　1926년 12월호~1934년 10월호. [본문 설명]
3　　1934년 11월호~1943년 8월호. [본문 설명]
4　　1946년 11월호~2004년 1월호. [본문 설명]
5　　2005년 11월호~2012년 3월호. [본문 설명]

2. 여행의 대중화

1) 당일치기 행락

다야마 가타이田山花袋[6]는 소설, 지리지地誌, 기행, 여행안내서, 여행모임 만들기 등 다방면에서 근대 일본의 여행문화 발전에 공헌하였다. 그는 1916년 『도쿄의 근교東京の近郊』, 1918년 『1일 행락一日の行楽』, 1923년 『게이한[7] 1일 행락京阪一日行楽』, 1923년 『도쿄 근교 1일 행락東京近郊一日の行楽』[8]과 같이 '근교'와 '1일'을 키워드로 한 여행안내서를 출판하였다. 『도쿄 근교 1일 행락』의 첫머리 「당일치기와 1박 2일 여행에 대하여」에서 다야마 가타이는 출판 배경을 다음과 같이 말했다.

> 당일치기나 1박 2일로 도쿄 근교를 여행하는 것은 재밌다. 요즈음은 교통편이 크게 좋아져, 기차를 갈아탈 때 많이 걸을 필요도 없는 등 불편함을 느낄 수 없다. 또 역과 역 사이가 떨어져 있어도 자동차, 수레, 우마가 있어 수월하게 해결할 수 있다. 이제 당일로 돌아올 수 있는 경우가 나날이 많아지고 있다.[2)]

메이지 말부터 시작해 다이쇼를 거쳐 쇼와 초기에 비약적으로 발전한 여행의 대중화는 '당일치기', '1일', '근교'를 특징으로 한다. 예를 들면 사단법인 '뷰로'가 발행한 『여정과 여비旅程と費用概算』[9]의 경우, 도쿄·오사카

---

6 1872~1930년. 소설가. 일본 자연주의 문학에 영향을 미침. 대표작은 『고향』, 『이불(蒲団)』, 『시골교사(田舍敎師)』, 『백야(白夜)』 등.

7 교토와 오사카 지역을 줄여 부르는 말.

8 『도쿄의 근교(東京の近郊)』와 『1일 행락(一日の行樂)』의 증보 합본. [본문 설명]

9 1928년 개정증보판. [본문 설명]

〈그림 1〉 그림엽서 〈아스카야마(飛鳥山)의 벚꽃〉 한껏 꾸미고 꽃놀이를 즐기는 사람들, 1918~1932년 무렵

등에서의 소요일 별로 행선지가 수록되었는데, 도쿄·오사카·교토 시내 관광을 제외하고 도쿄에서 출발하는 코스 68개 중 20개가 당일치기, 14개가 1박 2일이었다. 더불어 도쿄 1일 시내관광이 30쪽 이상을 차지하였다.

도쿄 시내 관광의 경우 전통적인 계절 행락지는 우에노上野, 스가모巢鴨, 아스카야마飛鳥山, 무코지마向島, 시바공원芝公園, 후카가와深川 등이다. 철도와 시내 마차철도[10]의 확충에 따라 가까운 전통적 행락지가 먼저 번창하였다.〈그림 1, 2〉[3]

1901년메이지34 3월 23일 『도쿄아사히신문東京朝日新聞』은 3월 21일의 춘계 황령제皇霊祭 인파에 대해 다음과 같이 보도하였다. 이른 아침부터 마차철도 279차량이 동원되었고, 신바시新橋부터 가와사키川崎 방면 꽃놀이 임시열차

---

10 말이 끄는 철도 위 차량.

〈그림 2〉 그림엽서 〈(꽃의 도쿄) 무코지마(向島)의 벚꽃〉, 1918~1932년 무렵

의 총 승객이 '4만 9백여'[4] 명에 달했다. 20여 년이 지난 후 근교의 전차 교통망이 더욱 좋아지면서 당일치기 행락권은 놀라울 정도로 확대되었다. '전람회'와 같은 이벤트, 영화, 동물원 등 시내 오락거리 이외에도 철도와 노면전차를 이용해 대도시에서 하쓰모데初詣,[11] 꽃놀이, 갯벌 조개잡이, 해수욕, 피서를 가는 인파가 각지에서 대혼잡을 일으켰다.〈그림 3, 4〉

　1920년대 초다이쇼 초기 쾌청한 휴일에는 그 인파가 100~200만 명에 달했다.[5] 1922년 4월 3일 축제진무천황제(神武天皇祭) 인파에 대해『도쿄아사히신문』은「환락의 봄에 취하다. 오늘 인파 2백만」,「꽃으로 짙게 물든 산에도, 바닷가에도, 교외에도 넘쳐나는 인파. 전차는 이미 작년 기록을 돌파」,「무너질 것 같은 아스카야마飛鳥山의 대혼잡」등의 표제로 보도하였다.[6] 1928년 4월 9일 일요일 인파에 대해『요미우리신문読売新聞』은「맑고 맑다.

11　정월 초하루 절이나 신사에 드리는 첫 참배.

〈그림 3〉 그림엽서 〈사카이(堺) 명소 조개잡이〉, 1907년~1917년 무렵

〈그림 4〉 그림엽서 〈이즈 아타미(伊豆熱海) 명소 해수욕장〉, 1918~1932년 무렵

일요일 100만 인파. 신주쿠역의 20만을 필두로 금일부터 열린 행락의 봄」이란 제목으로 사람들의 고양된 모습을 다음과 같이 전하고 있다.

맑고 맑다. 멋진 일요일이다. 어젯밤 내린 비로 오늘 아침은 바람도 먼지도 없는 쾌청한 일요일, 절호의 행락 날씨다. 아침부터 나온 인파가 엄청나다. 몸도 마음도 들뜬다. 막 피기 시작한 벚꽃, 조개잡이 등으로 행락의 봄, 일요일 오늘 아침이 쾌청하게 열린 덕분에 신주쿠역이 최대 20만 명, 다마릉多摩稜 참배의 아사카와浅川행 열차는 당연히 만원, 통로까지 꽉 찼다. 이노카시라井の頭[12]와 고가네이小金井의 벚꽃구경으로 교외 전차도 콩나물시루. 다음으로 우에노上野역 13만여 명, 나리타成田, 가시와柏, 오미야大宮, 구마가야熊谷 방면의 행락객이다. 도쿄역에 약 8만 명은 쇼난湘南 방면 승객이고, 시나가와역品川驛에 6만여 명은 게이힌京浜 연안으로, 그리고 료고쿠역兩國驛에서도 10만 명 이상이 조개잡이를 하러 간다. 아이들이 깔려버릴 것 같은 분위기. 백만 인파가 몰려든 오늘 일요일, 시내전차는 물론 교외전차도 온 힘을 다해 승객을 실어 나르며 즐거운 비명을 지른다.[7]

여행의 대중화의 특징은 '당일치기', '1일', '근교'이다. 이러한 배경에는 첫째, 철도·노면전차·버스·인력거·마차 등 교통기관의 보급이 있었다. 둘째, 앞서 살펴본 신문기사 등에서 주목할 것은 '일요일', '마쓰리祭日', '휴일'이라는 말이다. 즉 휴일의 제도화와 확대 역시 놓쳐서는 안 되는 중요한 배경인 것이다. 먼저 철도 보급과 그 특징을 개관해보자.

---

12   도쿄도 미타카(三鷹)시의 지명.

2) 철도망의 확충

개요

1872년 영업용 철도 사업을 시작한 이래, 1889년 신바시역-고베神戸역 간 노선의 완성, 1906년 모든 철도를 원칙적으로 국유화하는 철도국유법의 공포, 나아가 1911년 중앙선 전체 노선의 개통이라는 획기적 과정을 거치면서 운임 등을 일률적 체제로 통일한 전국철도교통시스템이 정비되었다. 철도와 궤도망의 지속적 발전으로, 1912년다이쇼 원년부터 1926년 사이에 수송 거리는 3.48배 증가하였다.[8] 1914년 12월에 완공된 도쿄역은 국내 철도망 완성의 상징이었다.〈그림 5〉 1908년에 설치된 '철도원鉄道院'은 사업 확대에 따라 1920년 '철도성鉄道省'으로 승격하여 철도망의 주축을 담당하게 되었다.

기선汽船에서 기차로

철도망의 발전이 순풍에 돛단 듯 순조로운 것만은 아니었다. 이용객 확보를 둘러싸고 다른 교통수단과 격렬한 경쟁을 벌여야 했다.

먼저 해운업과 경쟁한다. 일본 국내의 물류·교통 네트워크는 해운이 앞서 발달했다. 1854년안세이 원년 막부는 에도·오사카 간 항로의 나카마카부仲間株[13] 제도를 폐지하고 자유경쟁을 도입하는 등 개혁에 착수하였다. 메이지 신정부는 막부 정책을 계승해 증기선을 대여·불하 받아 외국 해운업에 대항할 만한 일본 연안 해운업의 육성을 도모하였다. 1884년 중

---

13 가부나카마(株仲間)라고도 한다. 이는 도매상 등이 만드는 일종의 카르텔을 말한다. 주식을 소유함으로써 구성원으로서 인정받았다.

〈그림 5〉 그림엽서 〈(제국 수도의 명소) 마루노우치(丸の內) 도쿄정거장호텔〉, 1914~1917년 무렵

소 선주가 연합하여 오사카상선大阪商船 회사를 설립했고, 1885년에는 미쓰
비시三菱와 교도운수共同運輸 회사의 합병으로 일본우편선日本郵船 회사가 탄생
하였다. 그러나 1891년 도쿄－아오모리 간 민영철도의 완전 개통을 계기
로, "육로 운송과 하천 운송을 묶고, 이를 하천 항구를 통해 국내 해운으로
연결해 전국적 운수 조직을 완성시킨다는 식산흥업 정책 구상은 큰 전환
점"을 맞이하였다.[9] 이로써 간선철도를 축으로 한 전국적 운수시스템이
구축되기 시작했다. 이 전환 과정에서 국내 여객운수 사업을 두고 해운업
과 철도의 치열한 경쟁이 각지에서 벌어졌다. 1889년 6월 신바시역과 고
베역을 연결하는 도카이도東海道선이 완전 개통될 무렵, 일본우편선회사는
"도카이도철도 개통은, 화물 운송에 별 영향이 없지만 여객수송에는 큰
영향을 미치기 때문"[10]에 여객 운임의 대폭 인하를 결정하였다. 예를 들
어, 고베－요코하마 간 증기선 하등 칸 운임은 4엔에서 2엔 50전으로, 중

〈그림 6〉 그림엽서 〈벳부 명소 화려한 정기 여객선〉, 1918~1932년 무렵

등 칸은 10엔에서 6엔으로, 상등 칸은 16엔에서 10엔으로 내렸다. 도카
이도선의 신바시-고베 간 철도 운임은 하등 칸이 3엔 76전, 중등 칸이
두 배인 7엔 52전, 상등 칸이 세 배인 11엔 28전이었다.[11] 가격 인하로
운임은 기선 쪽이 훨씬 저렴했지만, 소요시간은 기선이 3~4일인 반면 철
도는 약 20시간에 불과했다. 어느 쪽이 편리한지는 분명했다. 이 시기 기
선과 기차 간 경쟁은 신문에도 자주 보도되었다. 예를 들면, "산요山陽 철도
선과 간사이동맹 기선 간 치열한 경쟁",[12] "기차와 기선의 대경쟁, 사누키
讚岐 철도 대 동맹 기선의 운임 대책"[13] 등이 있다. 그중 후자의 경쟁에 대
해서는 "다도쓰多度津 기선 중계업자와 사누키철도의 경쟁이 점점 격심해
져 중계업자는 결사대를 조직해 철도사원에게 위해를 가하려는 불온한
형세를 보이고"[14]라며 그 심각성을 보도하기도 하였다. 또 1909년 6월에
는 "철도원이 국유화 이후 예상한 수입을 거두지 못한 것을 고민한 나머

지 승무원 감소와 소모품 비용을 절감한 것까지는 괜찮았다. 그렇게 했음에도 예상 순익을 거둘 수 없다는 데 당혹해, 철도원은 국내 연안 선운과의 경쟁에서 말도 안 되는 운임을 앞세워 해운업계를 강하게 압박"[15]하였다. 결국 기슈紀州의 귤, 호쿠리쿠北陸의 쌀, 에치고越後의 쌀, 엣추越中의 쌀 수송을 철도가 담당하게 되었다. 기차와 기선의 경쟁은 1917년경까지 보도되었다. 그러나 적어도 벳부온천행은 쇼와 초기까지도 기선이 주요 교통편이었다.〈그림 6〉[16]

민영철도 · 사영철도와 관영철도 · 국영철도 간 경쟁

두 번째로 철도 내부에서는 민철民鉄 · 사철私鉄과 관철官鉄 · 국철国鉄 간의 경쟁이 있었다. 예를 들면 간사이철도는 현재 구사쓰草津 노선과 간사이 본선 등을 운영하는 사철로 1900년 나고야─오사카 간 노선이 개설되면서 관철인 도카이도東海道 노선과 소요시간 단축이나 서비스 등에서 경쟁이 본격화되었다. 1902년 8월부터는 운임 인하 경쟁이 격화되어 간사이철도는 1904년 1월 운임을 대폭 낮추었다. 더욱이 의자에 가죽방석을 깔고 객차 안에서 승무원이 돌아다니고, 나고야─오사카 간 승객에게는 유명 도시락을 증정하는 등의 서비스를 시작하였다.[17]

이러한 경쟁은 러일전쟁 발발에 따라 1904년 4월 중개자를 내세운 협상으로 일단락되었는데, 이후 간사이철도는 철도국유법에 의해 1907년 국유화되었다. 그러나 여객 확보를 둘러싼 국철과 사철 간 경쟁은 사철의 새로운 전개와 더불어 지속되었다. '철도국유법鉄道国有法'에 따라 1906년부터 1907년에 걸쳐 정부는 17개 사철 회사를 매입해 주요 노선을 국유화하였다. 그러나 지방교통 발전을 위한 '경편철도법軽便鉄道法'1910[14]과 '궤도법軌道法'1924[15]에 따라 사철은 전기 철도를 중심으로 새롭게 발달하기 시작하였다.

> 러일전쟁부터 제1차 세계대전 기간에 걸친 전기 철도의 (…중략…) 비약적 발전은 도쿄, 오사카에 인접한 대도시들을 연결시켰고, 대도시와 그 근교를 묶어 주었다.[18]

분양된 교외주택지나 근교로 나가는 행락은 사철 사이의 경쟁, 나아가 사철과 국철 간 경쟁의 무대였다. 회사원 등의 중간계층을 주요 고객으로 하는 여객수송의 측면에서 사철은 오히려 국철을 능가하게 된다.

3) '휴일'의 제도화와 활용

메이지 말부터 대도시의 변모는 도시인구의 급증을 낳았는데 그 특징 중 하나가 봉급생활자와 자영업자로 대표되는, 소위 '신중간계급'의 증가다. 1920년을 전후해 전국민 대비 신중간계급 비율은 5~8%이며, 도쿄시전 취업자 중 21.4%로 추정된다.[19] 관리, 군인, 교육 관계자가 이러한 신중간계급의 중심이었지만, 차츰 일반 기업의 회사원이 다수를 차지하게 되

---

14 경편철도는 부설 절차를 기술한 법률로 1910년 4월 21일 공포, 8월 3일에 시행되면서 지방철도법 시행에 따른 1919년 8월 15일에 폐지됐다. 1906년 철도국유법으로 17개의 사설철도가 국유화 된 이후, 일본의 철도는 '사설 주도에서 국유 주의'로 방침이 변경되었다. 이 법은 중앙정부에 의한 지방철도 부설이 여의치 않자, 보다 쉬운 조건으로 지방철도 건설을 추진을 위해 제정되었다.

15 일반 대중의 운수사업을 목적으로 한 궤도를 감독하는 법률로, 1921년 4월 14일 공포, 1924년 1월 1일에 시행. 궤도법은 철도가 아닌 노면전차, 모노레일, 경전철 등을 대상으로 한다.

었다. 도시의 행락이나 간단한 여행의 활성화 측면에서 주목할 점은 이러한 신중간계급에게 적용된 '일요일 휴일'이 '공장법'을 둘러싼 논의 속에서 일반노동자에게도 적용되기 시작했다는 것이다.

1833년 영국의 공장법 이래, 근대화·공업화를 시작한 선진국들은 아동, 소년, 여성을 포함한 노동자 보호를 위한 여러 시책을 강구하였다. 특히 8시간 노동이 국제노동운동의 목표가 되어, 19세기 말부터 20세기 초에 걸쳐 미국, 프랑스, 영국에서는 부분적으로 실현되었다. 나아가 제1차 세계대전 후 1919년 국제노동기관ILO의 창설에 의해 선진국 정부들은 노동자보호의 대책을 강구하는 것이 공통과제였다.

일본의 경우, '공장법',[16] '개정 공장법',[17] '상점법'[18] 등의 법제도 공포, 그리고 경영자층의 강한 반발로 시행이 연기되거나 적용 제외가 확대되는 등의 타협을 거치며 서서히 개선되었다.[20] 노동시간 단축과 휴일 제정은 보통선거제도를 요구하는 '다이쇼 데모크라시'의 분위기 속에서 광범위한 관심을 불러일으켰다.

노동시간 단축과 휴일제도의 적용 방식은 관청과 민간기업이 다르고, 업종이나 기업규모 등에 따라 차이가 컸다. 게다가 자료도 잘 정리되어 있지 않아 확실한 실태는 알기 어렵지만,[21] 몇 개의 개별 조사를 통해 그 일면을 살펴보고자 한다.

'공장법'이 모든 노동자의 휴일을 직접적으로 규정한 것은 아니지만, '공장법'을 계기로 첫째와 셋째 일요일을 휴일로 삼자는 움직임이 노동자

---

16   1911년 제정, 1916년 시행.[본문 설명]
17   1923년 제정, 1926년 시행.[본문 설명]
18   1938년 제정·시행.[본문 설명]

〈그림 7〉 그림엽서 〈가네보 시모교(鐘紡下京) 공장 기숙사실장 위안회(비와코(琵琶湖) 유람)〉(부분) 1907~1917년 무렵

측뿐 아니라 기업과 업계에서도 나타났다.〈그림 7〉 이후 관청, 군대, 학교, 정부관계기업, 민간기업 사무직 등에까지 일요일 휴일이 확대되었고, 1919년에는 각 업계에서 정기휴일 혹은 공휴일을 정하자는 움직임으로 이어졌다. 예를 들면 미쓰코시三越 오복점은 그 해 10월부터 "모든 점원에게 적어도 세간의 일반적인 휴가일인 일요일 중 이틀의 휴양을 부여"[22)하기 위해 매월 첫째, 셋째 일요일을 정기휴일로 발표했다. 중소기업 단체인 '실업조합연합회實業組合連合会'는 '공휴일' 제정을 추진하였다. 그해 연말 검시청 조사에 의하면 다음과 같이 업계마다 '공휴일'을 설정하였다.

1일과 15일이 공휴일인 업종

양복점, 세탁소, 과자제조업, 양품점, 표구사, 다다미 장인, 인쇄업, 목수, 사시모노指物[19] 업종, 상자제작점, 염색점, 대장간, 검술도구 제조업

20일이 공휴일인 업종

쌀집, 고깃집, 건어물점, 설탕집, 황물집荒物商,[20] 땔감집, 석탄집, 신발집, 이불집, 고물상, 유리집, 전당포, 빈병 코르크집

첫째, 셋째 일요일이 공휴일인 업종

철냄비집, 비료집, 모자대리점帽子問屋, 모자도매상帽子卸商, 수건보자기대리점, 수건보자기도매집, 모슬린대리점, 모슬린도매집, 장식용 깃 대리점, 메리야스대리점, 메리야스도매집, 옷감대리점, 양산대리점, 솜대리점.[23]

1920년 5월 오사카시 교육부 청년교육과와 사회교육과는 큰 회사와 상점 약 300여 개를 대상으로 공휴일의 유무 등을 조사해 97개가 응답하였는데 그 집계 결과는 다음과 같다.

일요일과 마쓰리祭日 16곳, 첫째와 셋째 일요일 18곳, 둘째와 셋째 일요일 1곳, 둘째 일요일 4곳, 1일과 15일 13곳, 1일과 16일 1곳, 10일과 23일 2곳, 2일과 16일 1곳, 2일-10일-17일-24일 1곳, 10일-11일-23일 1곳, 21일 6곳, 23일 1곳, 11일과 18일 3곳, 부정기 휴일 9곳, 공휴일 없음 18곳.[24]

무응답한 회사와 공휴일을 정하지 않은 곳을 감안하면 공휴일을 제정하지 않은 회사나 상점이 다수이지만, 그래도 약 21%는 공휴일을 설정하고 있다.

---

19 널빤지로 짜서 만든 가구·기구.

20 초물(草物, 짚이나 풀로 만든 물건의 총칭), 통·조리·비 종류의 잡화를 파는 상인 혹은 가게.

1924년 10월에 도쿄부가 행한 노동조사에 따르면 922개 공장과 12만 9,152명의 노동자 가운데 "공휴일은 이틀이 다수"[25]였다.

다이쇼기를 거치며 공장과 상점의 월 2회 휴일은 관청, 학교, 정부관계 기업, 민간기업 사무직 등으로 이어졌다.

휴일인 일요일은 '일가단란家團樂'의 날로 자리매김하였다. "의식주와 사교에서 일체의 사치를 덜어내고 허례허식을 없애는 방향으로 생활양식을 개선하여 한층 합리적으로 사는 것"[26]을 취지로 하였다. 1920년 문무성 외각단체로 설립한 '생활개선동맹회生活改善同盟会'는 1922년에 재단법인이 되었고, 1924년 발행한 『생활개선 안내서生活改善の栞』를 통해 각 분야별 개선사항을 제안하였다. "5. 방문, 접객, 송영에 관한 건"의 '남의 집 방문' 항목에는 "휴일은 일가단란하고 휴양오락으로 사용하는 것이 요즘 보통이므로, 되도록 피한다"[27]고 적혀 있다. 1920년대 중반, 휴일에 가족과 즐거이 보내는 것이 '보통'이 된 것이다.〈그림 8〉

〈그림 8〉 그림엽서, 저금국(貯金局) 그림엽서 〈다이쇼10년 일요일 표〉. 생활개선의 하나로 일요일의 활용을 권장하고 있다.

그러나 휴일의 제도화가 진행되면서 독신의 젊은 남녀가 휴일을 어떻게 사용할 것인가의 문제가 함께 제기되었다. 회사원, 노동자, 특히 청년 남녀를 대상으로 한 휴일 활용의 검토 및 실시가 사회적 과제로 인식되었고, 이러한 맥락에서 하이킹이나 행락이 거론되었다. 또 그 연장선으로 여행의 질 향상 역시 중요시되었다.

정부는 1911년부터 조사를 시작해 1919년 통속교육주임관과 보통학무국 제4과를 설치, 1924년 사회교육과로 개칭, 1929년 사회교육국으로 승격하였다. 이러한 과정을 거치면서 도서관·박물관, 특수교육, 청년단, 성인교육, 민중오락개선, 생활개선 등에도 힘썼다.

이러한 조치의 첫 번째 배경에는 휴일 제정에 따른 휴일 활용의 문제가 있었다. 예를 들면 오사카 교육부 청년교육과 및 사회교육과는 1920년에 공휴일 제정과 그 이용 실태에 관해 300개의 상점과 공장을 대상으로 조사하면서 다음과 같이 문제제기하였다.

근래 공휴일의 제정이 사회문제로 크게 다루어짐에 따라 공휴일이 공장노동자뿐 아니라 회사, 은행, 상점, 관청 등에서 일하는 많은 고용인에게 점차 보급되었다. 따라서 공휴일을 어떻게 활용할 것인가가 중요한 문제가 되었다. 노동자들의 노동운동에 힘입어 어렵게 얻은 시간과 수입을 잘 활용하지 못해 심신에 악영향을 끼치는 경우가 적지 않다. 공휴일에 대해서도 같은 우려가 있다. 그러므로 공휴일이 생긴 것과 함께 이를 잘 활용하는 방법을 생각하는 것은 사회교육 상 매우 긴요한 일이다.[28]

"노동시간을 단축하여 공휴일을 설정하였어도 구관누습이 개선되지 않아 자신의 것이 된 시간의 사용방법을 몰라 힘들어하는 경우가 있는가 하면, 또 휴일을 오봉이나 정월명절처럼 여겨 주색에 빠지는 경우도 적지 않다"[29]는 지적도 있었다.

앞서 오사카의 300개 단체를 대상으로 한 조사에서 공휴일을 정한 곳이 116곳 정도에 불과했음에도, 휴일 활용을 위해 다음과 같은 방안을 실시하였다.

> ▲ 체육시설 : 소풍 17, 등산 3, 해수욕 2, 운동회 6, 야구 1, 정구庭球 1, 유도 검도 3, 합계 33, ▲ 보습교육시설 : 학과복습(평상시 보습교육이 없는 경우) 5, 문고열람 5, 강연회 7, 토론회 1, 현장강연 1, 사적답사 5, 합계 24 ▲ 덕육시설 : 수양 강회講話 13 ▲ 권업시설: 견학 1 ▲ 오락시설: 바둑 1, 만담, 나니와부시浪花節[21] 1.[30]

'휴일 이용'의 문제는 도서관의 설립, 직업교육 등의 청년교육, 스포츠 진흥 등 사회교육의 제반 시책과 연결된다. 또 등산, 하이킹, 캠핑, 해수욕 등의 여행 · 행락도 이 범위 안으로 들어가게 되었다. 한편 민간사회에서는 이러한 정부 · 행정의 움직임보다 몇 년 앞서 '일요일' 혹은 '휴일'을 적극적으로 활용하기 시작하였다.

'일본걷기회日本ｱﾙｶｳ숲'는 1914년에 창립한 등산여행단체이다. 회칙 제 1조에 "매월 2~3회 격주 일요일에 적은 비용으로 주로 긴키近畿[22] 지역의 산에 오르고, 그중 한 번은 특히 한신阪神[23] 지역 근처의 산야를 선택하여" 라며, '일요일' 활용을 분명히 밝히고 있다.

또 1911년 6월 21일 『요미우리신문』은 '도쿄걷기회' 설립을 보도하는 다음과 같은 기사를 게재하였다.

---

21 샤미센 반주로 의리나 인정을 주제로 한 대중적 노래.
22 일본 혼슈 중서부 지방. 교토 · 오사카의 2개의 부와 시가(滋賀) · 효고(兵庫) · 나라(奈良) · 와카야마(和歌山) · 미에(三重)의 5개 현을 일컬음.
23 일본 긴키 지방 오사카와 고베를 잇는 지역. 오사카와 고베를 묶어 부르는 이름.

「다야마 가타이 등을 고문으로 '도쿄걷기회' 설립, 휴일을 활용한 가벼운 여행취미를 알린다」

　재작년 오사카에서 걷기회가 설립되었다. 여행을 좋아하는 사람은 물론 그리 좋아하지 않는 사람도 휴일을 이용해 평상시의 바쁜 생활에서 벗어나 가벼운 여행을 즐기는 것이 유행이다. 특히 지식계급의 사람들이 기뻐할 것으로, 도쿄에서도 이번에 민간 여행기관 '도쿄걷기회'가 설립되었다. 다야마 가타이, 다니구치 리카谷口梨花, 고구레 리타로小暮理太郎[24]가 고문이며, 와세다대학 교수인 다케다 노시로武田農四郎, 미요시 도난美代司斗南 등을 간사로 하여 일반에게 여행취미 선전과 휴일을 이용한 가벼운 여행의 실행을 꾀한다. 회원 상호조합으로 여행에 드는 실제 비용 외 회비는 없다. 입회비 2엔은 매월 여행안내서, 회보, 기타 알림비용으로 사용한다. 당분간은 월 1회의 당일치기 또는 1박여행으로 진행되고 머지않아 여성부를 만들어 당일치기의 가벼운 여행을 기획할 예정이라 하며,

　여기에서도 '휴일 이용', '가벼운 여행', '당일치기 또는 1박'이 핵심어이며, 이는 '휴일' 활용을 둘러싼 사회적 논의와 무관하지 않음을 분명히 보여주고 있다.

　다음에서 살펴볼 '일본여행문화협회'[25]는 국내 교통망의 발전과 정기 휴일제의 정착을 기반으로 한 국내여행 중심의 여행조직이다.

24　고구레 리타로(木暮理太郎)의 오기. 1873~1944. 인문학적 산악연구의 선구자이자 등산가. 저서로는 『산의 추억(山の憶い出)』(龍星閣, 1938)이 있다.

25　1924년 창립, 1927년 '일본여행협회'로 개칭.[본문 설명]

'희빈회喜賓会'와 '재팬 투어리스트 뷰로Japan Tourist Bureau'

1893년에 창립된 '희빈회'[31)는 방일 외국 관광객을 환대하는 "외국 손님 접대 기관外客接遇機関"[32)이다. 이런 희빈회의 취지를 계승한 '뷰로'가 철도원의 강력한 영향 아래 외국 손님의 적극적 유치와 외국인 관광여행 알선이라는 목적으로 1912년에 창립되었다. 다음 해 6월 기관지 성격의 잡지 『투어리스트』는 "관광객 비즈니스 촉진 토론, 담화, 본부·지부·안내소의 상시 업무 보고, 외국 손님 왕래, 불만접수, 여행업계의 폐습개선, 각지의 유람안내 등 여러 종류의 기사를 실음으로써 외국 여행객의 질문에 응하는 데 참고하는 것"[33)을 목적으로 발간되었다. 『투어리스트』는 격월 발간으로, 제3호부터 영문란을 마련하는 등 전문성 높은 잡지였다. 독자층이 확대됨에 따라 일반인을 대상으로 한 기사를 늘리고 유료광고를 실어 실비 판매를 하는 등 편집 방침은 "1918년을 기점으로 크게 달라졌다".[34)

'뷰로'는 제1차 세계대전 불황의 위기를 타개하고자 1918년 무렵부터 방일 외국인 여행자의 유치와 알선사업에 그치지 않고, 내국인 대상의 대리점 기능 강화, 여행상해보험, 여행자수표발행, 호텔사업 등 수입 증대를 목표로 한 일반 내국인 대상의 사업을 확대하기 시작하였고,[35) 그 결과 '뷰로'는 외국인, '일본여행협회'는 내국인 담당이라는 기능 분담이 무너져버렸다.

3. 잡지『다비旅』의 성립과 두 가지 흐름

'일본여행문화협회' 창립

잡지『다비』〈그림 9, 10〉의 발행 모체인 '일본여행문화협회'의 창립식은 1924년다이쇼13 2월 22일 도쿄 마루노우치 철도협회에서 거행되었다. "철도성을 비롯해 만철滿鉄, 일본우편선, 오사카상선을 중심으로 도쿄, 오사카, 고베 등지의 각 여행단체 대표자들이 참석한, 여행업계에서도 기념할 만한 매우 의미 있는 회합이었다."36) 회장은 전 만철 총재인 노무라 류타로野村龍太郎, 부회장과 전무이사 1명은 철도성의 관료, 그 외 전무이사 2명은 '뷰로' 간사와 소속이 없는 미요시 젠이치三好善一37)였다. 또 11명의 이사는 철도성에서 1명, 일본우편선 등의 민간 교통사업 회사에서 6명, 민

〈그림 9〉『다비』1931년(쇼와6) 5월호 표지 〈그림 10〉『다비』1934년(쇼와9) 7월호 표지

간 여행단체에서 4명을 선출했다.

'일본여행문화협회'의 설립과 기관지 『다비』의 발행과정에 대한 여러 기록이 남아 있는데,[38] 『일본교통공사 70년사交通公社七十年史』는 다음과 같이 기술하고 있다.

> 본회 발족의 동기는 다음과 같다. 다이쇼기에 들어와 국내 여행자가 급속히 증가하였고, 각지에서 다양한 여행클럽이 조직되어 그 수가 수백을 셀 정도에 이르렀다. 이것이 전국적 제휴를 요청하는 계기가 되었고, 철도성 여객과장을 역임한 오이타 도라오種田虎雄가 전국적인 여행기관의 필요성을 느껴 협회 설립에 힘을 썼다. 같은 철도성 여객과의 고바야시 유조小林勇蔵, 나가사키 소노스케長崎惣之助 등 젊은 사무관들도 이를 강력히 지지하여, 결국 철도성 외곽단체로 '일본여행문화협회'가 창립된 것이다. 이러한 사유로 협회 사무소는 당초 철도성 운수국 내에 있었다. (…중략…) 협회 업무를 전담한 이는 미요시 젠이치였다. 원래 화가 지망생이었던 미요시는 당시 관심이 커지던 하이킹 활동을 높이 평가하고 걷기회 등의 회원 목소리에 귀를 기울여 여행 잡지 발행을 기획하고, 출간을 위해 철도성에 협력을 요청하였다. 철도성이 전면적으로 잡지의 출간에 협력한 결과 『다비』 창간호는 1924년 4월 1일자로 '일본여행문화협회'에 의해 발행되었다. 발행인은 미요시 젠이치이며, 국판 크기로 정가는 40전이었다.[39]

이러한 과정에서 흥미로운 것은 사회적 성격이 근본적으로 다른 두 흐름이 한 개의 조직과 기관지에 합쳐져 있다는 사실이다. 두 가지 흐름 중 첫 번째는 각지에서 자발적으로 만들어진 여행단체들이 전국적 제휴를 지향했다는 것이고, 두 번째는 정부기관인 철도성이 전국적 규모의 여행

관련 조직이 필요하다고 판단했다는 것이다.

전국 각지의 여행단체

'일본여행문화협회'가 설립될 당시 전국에 여행단체나 여행클럽이 다수 존재했다는 점과 이 단체들이 전국적 제휴를 지향했다는 점에 주목하여야 한다. 예를 들면, 당시 철도성 운수국 여행과장인 무라카미 기이치村上義一는 "물론 이런 단체 또는 클럽 중 일부는 다소 영리적이어서 이름은 그럴 듯하지만 실상은 그렇지 않은 곳이 절반에 달합니다. 대다수의 비영리 여행단체는 수년 전부터 종종 연합회를 개최하면서 서로 제휴하여 전국적으로 활동하려는 움직임이 있었습니다"[40]라고 지적하였다. 비영리 여행단체 쪽에 선 미요시 젠이치나 『다비』의 편집에 장기간 관련한 사토 마사오佐藤正雄 측에서 보자면, '일본여행문화협회'는 자발적 민간 여행단체의 하나인 '도쿄걷기회'가 발전한 조직이었다. 미요시 젠이치는 1948년 8월 『다비』를 종간하면서 창간 당시의 상황을 다음과 같이 말했다.

『다비』는 1924년 4월에 창간되었는데 대지진의 기억이 아직 생생할 무렵이었다. 게다가 그 이전인 1921년 '도쿄걷기회' 창립과 함께 『탐방여행探勝旅』이라는 60쪽 분량의 회보를 냈고, 이것이 말하자면 『다비』의 전신이다. '걷기회'가 '일본여행문화회'로 바뀌는 발전적 해산으로 말미암아 문화회의 기관지도 『다비』로 이름을 바꾸었다. 나아가 대지진 다음 해 철도성 여객과장 오이타 도라오의 주선으로 '일본여행문화협회'가 설립되면서 새로운 『다비』 제1권 제1호가 발행되었다. 상세한 경위를 모두 쓸 수 없지만 당초 『다비』는 여행가에게 지침을 주는, 전국 여행단체의 기관지라는 사명을 가지고 있었다. 오마치 게이게쓰大町桂月, 다야마 가타이 등의 문사가 기고를 하는 동시에 고문을 맡았다. 그리고 초대 편집자는 다야마 가타이의 제자 세키구치 시즈오關口鎭雄였다. 세키구치 시즈오가 불행하게도 요절하여 그 후 지금까지 사토 마사오가 편집장을 맡았다.[41]

또 사토 마사오는 이미 창간호의 「편집후기」에 '도쿄걷기회'에서 '일본여행문화회'를 거쳐 '일본여행문화협회'로 이어지는 세 조직의 연속성을 기관 잡지의 연속성과 함께 강조하고 있다.

> 본회의 전신은 '도쿄걷기회'이다. '도쿄걷기회'에서 '일본여행문화회'가 생겨났다. '일본여행문화회'가 다시 조직을 변경해 '일본여행문화협회'가 된 것이다. 기관지 『다비』도 중단과 재발행 과정이 있었는데, 계속 발간되었다면 응당 제4년 몇 호가 되어야 할 터이다. 그러나 이제 모든 것을 새롭게 시작한다. 답습을 바로잡는다는 의미에서 구『다비』를 깨끗이 버리고 새로운 『다비』를 창간하게 되었다. 창간호에 관여했던 사람들에게는 양해를 구한다.
> 그러나 '도쿄걷기회'가 사라진 것이 아니다. 우리의 손을 떠났어도 도쿄의 유수한 여행단체 중 하나로, 오늘도 매월 여러 방면으로 유익한 여행을 기획하면서 견실한 활동을 이어나가고 있다.[42]

1921년에 창립한 '도쿄걷기회' 외에도 '수백' 개로 추정되는 각지의 민간 여행단체의 활동이 『다비』의 「각지 여행단체 소식」란에 소개되었다. 예를 들어 『다비』 1927년 2월호의 「각지 여행단체 소식」란에는 다음과 같은 31개 단체의 활동이 소개되어 있다. 도쿄등산회東京登山會, 조호쿠등산

회城北登山会, 도쿄여행클럽東京旅行クラブ, 도쿄새벽산악회東京曉山岳会, 일본탐방클럽日本探勝俱樂部, 선샤인여행회サンシャイン旅行会, 고토산악회江東山岳会, 요코하마건기회橫浜アルカウ会, 오사카의 꽃 여행회大阪の花旅行会, 비등족클럽飛登足倶樂部, 오사카순례회大阪巡禮会, 각반회ゲートル会, 청유회淸遊会, 오사카미유키회大阪ミユキ会, 오사카여행클럽大阪旅行クラブ, 나니와산악회浪花山岳会, 긴키등산회近畿登山会, 미도리회みどり会, 호가노회好加勞会, OS산악회OS山岳会, 덴차회天茶会, 와라지회わらぢ会, 일본악우회日本岳友会, 금강회金剛会, 선로회유회線路廻遊会, 악진클럽岳進倶樂部, 간사이용행회関西勇行会, 오사카탐구클럽大阪探驅倶樂部, 도키하회ときは会, 육오도보회六五徒步会, 고베도보회神戸徒步会. 이러한 여러 민간단체 중 '국민여행회國民旅行会', '에스에스회エスエス会', '나니와산악회浪花山岳会', '고베아이잔협회神戸愛山協会'에서 '일본여행문화협회' 초대 이사 4명이 나왔다(각지 '여행단체'의 실태와 배경, '일본여행문화협회─일본여행협회' 설립 과정에서 이들 여행단체의 역할은 본서 제2장 「산악미의 발견과 여행단체」에서 상세히 다루고 있다).

'일본여행문화협회' 성격의 이중성

교통사업자들은 여행객을 늘리기 위하여 철도 등 공공 교통기관에 바라는 점이나 불편사항, 나아가 건설적인 의견을 이런 단체들에게 듣고 싶어 했다. 철도 당국에 대한 무리한 비난이나 현실을 무시한 요구가 나온 것은 "철도와 궤도에 대한 희망적 의견이나 대표적인 의견을 우리에게 전해 주는 적당한 기관이 지금까지 없었기 때문"[43]이라고 생각했기 때문이다. 교통기관은 이미 우리 생활의 일부가 되었고, 이용자도 관심을 가져야만 함에도 불구하고 "교통기관이 발전함에 따라 사업자와 이용자 간 거리가 생기고 그 때문에 이용자 입장인 우리는 항상 교통기관을 남의 일로 여기고, 교통업자도 일반 이용자를 영업자 입장에서만 바라보았다. 따라서 그 본질을 직접적으로 다루지 못하는 형국이 되어버렸다"[44]는 인식이 생겨났다.

그러나 철도 사업자의 여객 확보라는 관점을 국책과 결부시키면 이용자에 대한 요망이라는 계발적 구상이 유도, 훈련, 지도와 같은 국책 수행적 구상으로 전환할 수 있는 잠재성을 갖게 된다. 국책 수행의 관점은 이미 1924년 5월호에 당시 철도성 운수국 여객과장인 무라카미 기이치의 글에 잘 나타나 있다. 그는 제1차 세계대전 후 구미의 "대규모 세계 유람여행 기운의 발흥"을 근거로, 외국 여행객유치를 위해 "세계 유람여행의 분위기에 따라 교통기관, 료칸, 여행설비의 개선을 가장 먼저 생각해야 한다"고 하면서 "교통사업자와 민중의 공력일치共力一致"가 필요하다는 결론을 내렸다.[45] 열차 내 예절이 필요하므로 '공공심公共心', '공중도덕公德心'의 향상을 호소하는 주장은 처음부터 있었다.[46] 국책수행에 대한 협력이나 공중도덕 향상을 호소하는 경향은 1934년 '뷰로'와 합병된 후 전시체제 하에서 더욱 강조되었다. '일본여행문화협회'와 잡지 『다비』의 설립이 자발적인 각지 여행단체들과 정부기관인 철도성의 협력 속에서 탄생했다는 점은 바로 사회와 국가 간 긴장을 포함하는 중간영역이라는 의미를 갖는다. 그것은 '일본여행문화협회'와 『다비』가 '여행'이라는 사회문화적 현상에 국한된다할지라도 '시민적 공공권'[47]의 성격을 갖고 있음을 보여주는 것이다. 그렇지만 동시에 사업자 관점에서 보면, 철도성은 사업자와 대규모 이용자라는 대중 사회적 관계뿐만 아니라 매스미디어를 이용해 대중을 유혹하는 "조작적 공공권"[48]의 기능 역시 수행했던 것이다. 그러나 '일본여행문화협회'는 적어도 설립 당시부터 1934년 '뷰로'와 합병될 때까지는 교통사업자 입장의 조직은 아니라고 인식되었다. '여행 애호가의 단체' 내지는 사업자를 상대하는 "민중의 대표 기관"[49]이라는 이해와 "교통사업자와 대중 사이에서 중재 역할을 담당하는 기관"[50]이라는 이해는 미묘하고도 중대한 차이를 내포하고 있지만 이러한 차이는 새로운 문화를 창조한다는 가능성을 품고 있었다.[51]

4. '건전한 여행취미'의 탐구

이념으로서의 '건전한 여행취미'

'일본여행문화협회'는 "여행이 조금이라도 안락하고 또 유쾌할 수 있도록 교통업자와 일반 민중의 중간 입장에서 또 조직의 입장에서 고찰해야 하고, 건전한 여행취미의 육성, 여행안내와 주의사항, 나아가 일본, 조선, 만몽滿蒙, 중국 등의 인정과 풍습의 소개 등 모든 방면에서 일본인 본래의 성정을 보육하고 지키는 것을 목적"[52]으로, '건전한 여행취미'가 총괄적 이념이었다. 그리고 건전한 여행취미 육성을 위한 여러 가지 사업 중에서 기관지『다비』의 발행이 "주력을 다해야 하는" 핵심 사업이었다. '일본여행문화협회'를 민간 여행단체들의 자발적 연합 또는 '민중 측 대표기관'으로 간주하든, 혹은 '교통업자와 일반 민중의 중간조직'이라고 간주하든, '건전한 여행취미의 육성'이라는 공통 목표가 자발적 여행단체와 국가기관인 철도성, 나아가 철도성을 포함한 교통사업자가 하나의 조직과 하나의 잡지에 합류하도록 만든 이유였다.

'건전한 여행취미의 육성'이라는 과제는 '철도 이용'이라는 새로운 경험과 '료칸 숙박'이라는 전통적 경험이 보급되기 시작할 때 나타난 문화 상황에 대한 일종의 문제의식을 잘 보여주고 있다.

종래 '수행'의 의미를 내포한 여행이라는 행위가 대중 교통기관을 이용하면서 경멸의 의미가 깔린 '유람여행'이라는 명칭으로 불리게 되었다. 게다가 러일전쟁 후의 일시적 호황을 계기로 '유람여행'이 서서히 확산되면서, 이 새로운 문화 현상은 다양한 시각에서 비판을 받았다. 『다비』가 지면을 통해 지속적으로 다룬 대표적인 현상과 그 문제점에 대해서, 두 개의 비평문을 소개하고자 한다.

첫째는 일본 사회학 개척자의 한 사람인 다케베 돈고建部遯吾가 지적한 것처럼 열차 내 매너와 공중도덕의 해이함에 관한 것이다.

> 기차 이용은 이제 실로 현대사회가 초래한 중대한 사회생활이자 예법의 무대이다. (…중략…) 실로 일본 기차 내 예법 생활은 난잡함이 극에 달해 어찌할 도리가 없을 정도다. 도카이산요東海山陽 방면으로 가는 기차는 꽤 훌륭한 열차로, 협궤철도라 부르는 9피트 4인치 4분의 3의, 서양에서도 뒤떨어지지 않는 당당한 대형 보기bogie차다. 내부도 매우 훌륭하게 장식되어 있다. 그럼에도 무례한 승객으로 인해 금세 귤이나 사과 껍질이 (…중략…) 왕왕 객실 의자는 물론 바닥에까지 널려있다. 열차 보이가 30분마다 톱밥 같은 것에 소독약을 섞은 가루를 뿌리며 청소를 함에도 불구하고 실내 상태는 엉망진창이다.[53]

'여행문화의 퇴화'

다케베 돈고의 이 같은 지적은 다이쇼 말기의 일이었고 교통기관 이용 시 매너와 공중도덕 향상의 문제가 협회의 당면과제였음에도, 1935년대까지는 전면적으로 다뤄지지 않았다. 이에 비해 특히 지식인과 문화인들에게 널리 공유된 여행문화에 대한 비판을 살펴보는 것은 협회의 취지를 이해하는 데에 매우 중요하다. 예를 들어 다음은 도보가 아닌 공공 교통기관을 이용함으로써 '여행의 퇴보'가 일어났다는 야나기타 구니오柳田國男의 견해이다.

> 여행이라고는 하지만 가솔린 악취가 가득한 대로를 조금 걷는 것이 고작이다. 그 밖의 대부분도 호객하는 안내기案內記에 유혹되어 신사, 불당佛閣, 일본 삼경 등을 보는 정도이다. 모두들 고심하는 수준이 숙소 따위를 어떻게 하면 도쿄풍, 오사카풍으로 할 것인가 정도이다. 사시미만 먹이면 능사라고 만족한다. (…중략…) 여행을 보양保養으로 여기는 사치스러운 풍조를 없애거나 끊지 않으면 이 방면에서 새롭고 좋은 문화를 개척하지 못할 뿐 아니라 모처럼 획득한 것조차 잃어버리게 될 것이다.[54]

야나기타 구니오는 이 글에서 도시와 농촌의 실질적 상호교류라는 커다란 문제를 제기하고자 했다. 그러나 관광 현실에 대한 그의 이해에 국한해서 보면, 근대적 교통기관을 이용하는 새로운 문화로서 여행이 여행의 문인적文人的 전통을 상실하고 도시 생활의 연장에 불과하다는 점을 비판하고 있다.[55]

여행 대중화와 '지도기관'
그러나 '일본여행문화협회'가 내세운 '건전한 여행취미'라는 목적은 야나기타 구니오가 '여행의 퇴보'라고 본 상황과 표면적으로 비슷해도 근본적으로 다르다. 근대 교통기관의 이용문화에 관한 시시비비는 협회에서 다룰 문제가 아니었기 때문이다.

초대 회장인 노무라 류타로는 최근의 '여행 열풍과 이와 관련한 여행단체'의 활성화는 자연과의 관계 회복이라는 현대 여행의 본래 의미에서 유래한다면서 두 가지 문제점을 지적하고 있다. 첫째, 오늘날 대부분의 여행이 "그저 단순한 흥미 이외에는 하등의 정견定見이 없다"는 점, 둘째, "여행 관련 업자가 여행을 사리사욕에 이용하려는 경향"이 있다는 점이다. 이러한 현실을 탈피한, "영리를 목적으로 삼지 않은 지도기관"이 사회 문화적으로 필요하다고 하였다.[56]

'정견 없는' 여행이란 도대체 어떤 것인가. 노무라 류타로의 주장은, 대중이 여행업자 폭리의 희생양이 되어 가벼운 흥미에 치중한 여행을 하고 있으므로 '지도기관'이 필요하다는 것이다. 그러나 이러한 계몽적 견해에는 부유층의 여행 스타일에 대한 비판 역시 포함되어 있음에 주목해야 한다.

사토 마사오는 1943년 8월 『다비』 종간을 맞이해 협회 발족 당시의 여행을 둘러싼 상황을 다음과 같이 회상하였다.

> 당시 여행업계는 정말 어지럽고 난잡했다. 돈을 내면서도 아무 여행이든 좋다고 했고, 의뢰 받은 쪽도 여행자에게 아양을 떨며 서비스를 권해 빈축을 사는 시대였다. 여행업계의 숙정肅正은 초미를 다투는 일이었다. 따라서 본지의 가장 중요한 임무는 부정함을 바로잡아 건전한 여행취미를 고취하는 잡지를 만드는 것이었다.[57]

'숙정'이라는 강한 표현을 비롯해, 이 글이 전시체제 아래 여행억제를 당하던 시점에 쓰인 것임을 감안해야 한다. 그럼에도 불구하고 '건전한 여행취미'의 확립이라는 문제의식을 가지고 있었다던 이러한 주장에는 대중이 폭리를 일삼는 여행업자의 희생양이 되었다는 문제뿐 아니라 부유층과 중간층의 방만한 여행 스타일의 비판을 담고 있었다는 점에 주목해야 한다.

같은 맥락에서 당시 '일본여행클럽' 주사였던 아키타 사다오秋田貞男의 합리적인 단체여행이나 하이킹, 효능을 알고 온천을 이용하자는 등과 같은 주장은, 『다비』가 제안한 새로운 여행이 무엇인지를 잘 보여준다.

> 산이, 온천장이, 스키장이 특정 계급 사람들이 일삼는 제멋대로의 행동거지로 유린되었다. 게다가 이 특정 종류의 사람들을 불러들여 최상의 고객으로 받들어 모시고 있다.
>
> 기량보다 복장, 단련보다 자기 위안, 계몽보다 타락이라는 실로 끔직한 현상이 신성한 대자연을 무대로 전개되고 있다. 분별 있는 사람은 여행도旅行道의 퇴폐, 관광지의 타락에 대한 각성을 촉구하며, 건전한 국민생활의 파괴를 우려하였다. (…중략…) 자유주의적 개인주의 사상이 가장 노골적으로 나타난 당시 여행업계에 새 시대의 여행 정신을 설파하고 새로운 형식의 여행을 장려해도 좀처럼 받아들여지지 않는다. 클럽이 제안하는 여행을 할 수 있는 사람은 막상 돈도 시간도 없는, 따라서 여행 따위는 엄두도 못내는 계급이라고 경멸하는 이도 많다.[58]

"온천지 근처에 아직까지 홍등가가 있어 지분 냄새가 콧날을 간지럽게 하는 것으로 체면을 세운다"[59]고 하는 온천장의 상태, "게다가 온천지나

해안은 벼락부자 때문에 다 망가지고 있다"[60]라는 야나기타 구니오의 비판과 겹치는 상황이다. 부유층과 중산층의 자기 현시적이고 사치스러운 여행이 한편에 있었다면 다른 한편에는 음주와 전통적인 환락, 또 영화 같은 대중의 일상적 오락[61]으로서의 여행이 있었다. 이러한 양극의 문화구조 속에서 공공 교통기관을 이용한 새로운 여행문화의 입장에서 보면, "이 무렵의 여행은 별로다. 역시 예전처럼 짚신각반草鞋脚絆에 관립管笠 쓰고, 가벼운 지팡이를 짚는 것이 재미있다"라는 문인다운 비판은, 소수자밖에 향유할 수 없는 즐거움을 추구하는 것이며, "종래 몇몇 사람만 유쾌한 맛을 느꼈던 것을 과학의 힘, 문명의 힘으로 다수 사람들이 향유"하는 방향으로 발전하고 있는 '근대의 조류'에 대한 몰이해인 것이다. '여행의 민중화, 사회화'의 필요를 말하고 있다.[62] '일본여행문화협회'가 목표로 삼은 여행의 근대화란 여행의 대중화와 사회화에 그치지 않는다. 부유한 사람들의 사치스러운 여행도, 일부 사람들만 향유할 수 있는 문인적인 수양의 여행도 아닌 것으로, 여행업자의 이익을 위해 대중이 희생양이 되지 않는 새로운 여행으로 바꾸는 것, 그것이 바로 자발적 여행단체 지도자와 철도성 관료가 일치하는 지점인 '건전한 여행취미'라는 이념이었다.

그렇다면 '민중 측 대표기관'으로서 혹은 '교통업자와 일반민중의 중간 조직'으로서 '일본여행문화협회'의 '건전한 여행취미 고취'는 구체적으로 어떻게 전개되었을까?

5. 료칸의 탈전통화 - 전통적 관습의 재검토

다이쇼 말기부터 쇼와 초기에 걸쳐
『다비』〈그림 11〉가 계속해서 때로는 캠
페인의 형태로 다룬 주제 가운데 '료칸
의 개선'과 '단체여행의 개선'을 살펴
보자. 여성의 여행, 관광지의 옥외광고
로 인한 경관 파손, 명승지의 발견과
비평, 일본 8경 선정문제, 여행정보 등,
이 시기 『다비』가 다룬 주제들은 각각
주제별로 탐구되기도 하고 경우에 따
라서는 심도 깊게 논의되었다. 그중 료
칸과 단체여행은 다른 주제보다 훨씬
많이 다루어진 내용이다. 여행의 근대

〈그림 11〉『다비』1934년 9월호 표지

화, 즉 여행의 민중화와 사회화 측면에서 특히 료칸과 단체여행이 중요했
다. 기차나 전차 같은 공공교통기관은 근대의 산물이며 따라서 합리적 규
준에 따라 운영되었다. 이에 비해 긴 전통을 가진 료칸은 근대적 형태와
규준의 측면에서 여전히 불명확했고, 단체여행이라는 새로운 형태의 여
행은 '수학여행'을 제외하고는 아직 바람직한 신문화로 간주되지 않았다.

'차다이茶代'

문제이쇼기에 료칸의 건립이 활발하게 진행되어 "1926년에 이르면 도
쿄 시내에 약 900개, 교토 시내에는 700개의 료칸이 생겨 전국적으로 3만

채 이상이 번성하였다".[63] 일본 료칸에는 '숙박료' 이외에 팁으로 '차다이'
를 지불하는 전통적 관행이 있었다. 이 '차다이'의 액수가 애매해서 여행자
들의 공통적 골칫거리였다. 1906년에 출간된 나쓰메 소세키夏目漱石의 『도
련님坊ちゃん』에서도 고액의 '차다이'를 주고, 사닥다리 계단 밑 어두운 방을
2층 15첩의 다다미방으로 바꿨다는 대화[64]가 나온다. 1940년의 여행안내
책자에서도 다음과 같은 설명을 볼 수 있다.

> 료칸에 따라 차다이를 받는 곳이 있는데, 차다이에는 정해진 표준이 없습니
> 다. 사치스러운 사람은 숙박료의 세 배, 다섯 배까지 내기도 합니다. 이 정도는
> 예외라 해도, 숙박료만큼 내야 한다는 사람이 있는가 하면, 숙박료의 5할이 지
> 당하다는 사람, 3할이면 충분하다는 사람도 있습니다. 지나치면 바보 같고 적
> 으면 체면이 구겨진다고 여깁니다. 아무튼 여행자로 하여금 차다이는 료칸을
> 불쾌하게 만드는 제도입니다.
> 요컨대 차다이는 여행자 뜻에 맡겨야 하므로, 그때그때 적당히 판단해서 낼
> 수밖에 없습니다.[65]

'차다이 폐지'는 『요로즈초호万朝報』의 사카이 도시히코堺利彦의 주장으로
시작되었지만, 여행의 대중화와 맞물려 '생활개선'의 일환으로 거론되면
서 일종의 사회문제가 되었다.[66] 1920년 뷰로의 산하기관으로 설립된
'일본여행클럽'도 이러한 관점에서 차다이 폐지를 제창하였다.[67] 잡지
『다비』역시 이미 창간호의 문필가 마쓰자키 덴민松崎天民의 글에서 "이 은
혜를 베푸는 듯한 풍습을 타파하고 숙박업소는 숙박소로서 독립적으로
영업하는 것이 일대 급무이다"라고 말한다. 1925년 1월호부터 1926년 1

월까지 1년 넘게 연속적으로 게재된 특집 「숙박업소 연구」는 여행객 측 의견과 료칸 측 의견을 교환하는 장으로서 기능했다.

료칸에 대한 여행객 측 요청사항은 침구 등의 청결, 요리, 아이에 대한 배려, 무례한 손님에 대한 지적 등의 양상이었고 차다이 폐지에 대한 요청도 당연히 있었다. 이에 비해 료칸 측은, 차다이는 '오랜 인습'으로 전면 폐지는 '시기상조', '고려 중', 정과 의리의 문제라면서 '자연스럽게 하는 것이 좋다' 혹은 차다이를 폐지한 료칸은 요금을 올린다는 등의 소극적 의견이 많았다. 이를 통해 전통적 관례를 폐지하고 투명하고 근대적인 관계를 수립하는 것이 얼마나 어려운 일이었는지를 잘 알 수 있다.

이와 같은 의견교환을 거쳐 1925년 7월호에 마쓰자키 덴민은 「차다이 폐지 불가론」이라는 냉소적 논고에서 세간의 차다이 폐지론의 재고를 촉구하였다. 그는 "차다이 폐지로 숙박료가 지금보다 훨씬 비싸진다면, 모처럼 차다이 폐지 등을 운운해도 여행객 호주머니에서 나가는 돈은 마찬가지"며, 또 차다이는 료칸이라는 존재 그 자체에 관한 문제이기 때문에 "객실, 음료, 출입 그 밖의 것을 지금 상태로 그대로 두고 차다이만 호텔식으로 폐지하는 것은 '타협불가한 일'"이라고 하였다.[68] 나아가 미요시 젠이치 역시 "료칸에서 차다이만큼 여행자를 불쾌하게 만드는 것이 없다"고 하면서도, '폐지'를 요청하면 할수록 오히려 료칸은 차다이를 받는 것이 '권리'가 되어 버리기 때문에 차다이를 사양하는 료칸과 차다이를 내지 않는 손님이 늘어나는 방식으로 해결할 수밖에 없다면서 '폐지론'이 아닌 차다이 '사양론'으로 전환할 것을 주장하였다.[69] 이렇게 캠페인은 점차 정리되었고, 다른 한편에서는 서비스 비용이 요금에 포함되어 차다이가 불필요한 료칸의 쿠폰 발매나 각지에서 결성된 료칸조합이 차다이 폐지를 결의함에 따라 실질적인 폐지가 진행되었다.

이후의 경과를 살펴보았을 때 이 캠페인에서 주목할 점은, 차다이를 '불쾌'하고 '귀찮다'고 느끼기 때문에 폐지를 요구한다는 사실이다. 이 '불쾌'나 '귀찮음'을 파헤친 글은 보이지 않지만, 다음과 같은 의견이 있었다. 차다이의 액수를 이용자의 판단에 맡기는 것을 불유쾌한 귀찮음으로 받아들이는 감각은 "눈을 멀뚱멀뚱 뜨고 손해 보는 것이 싫다"[70]는 불합리하고 불공평한 감정이었고, 차다이가 겉으로는 임의라고는 하지만 여행자의 계층을 노골적으로 보여준다는 점에서 '불유쾌'였다. 곤다 야스노스케權田保之助는 동시기에 '모던 생활'의 실태를 '거리의 생활'에서 찾았고, 그 성립요인으로 '생산 생활의 탈피'와 '근대 생활 해방의 흐름'을 거론하였다. 특히 후자를 "계급, 지위, 직업을 비롯한 각종 조건을 따르는 봉건제적 생활구성을 타도하고, 각자 자유롭게 동등한 권리를 가지고 생활을 건설하고 향유하는 것이 가능하게 된 것"[71]이라고 설명하였다. '모던 생활'의 한 요인인 '생활 해방의 흐름'에 대한 곤다 야스노스케의 설명을 원용하면, 일상의 생활권에서 이탈을 의미하는 근대의 여행은 '생산을 탈피한 거리'와 마찬가지로 일시적이나마 부나 지위에서 자유로운 지대에 머무는 것을 기대할 수 있는 영역이다. 차다이 지불액의 차이를 료칸 측에서 합리적으로 설명해야만 하며 이용자의 신분적 차이와 무관해야 한다. '불유쾌'의 이유를 이렇게 이해하면, 차다이 문제는 탈신분적 '모던생활'과 전통적 권위주의 관습의 충돌이었다.

료칸 개선

료칸에 대한 요청사항은 차다이 문제 이외에 설비에 관한 것이 많았다. 예를 들어 철도성의 하가 소타로芳賀宗太郎는 도쿄-시모노세키 간 급행열차

〈그림 12〉 그림엽서 〈하코네 마쓰자카야(箱根松坂屋) 료칸 실내〉. 일본식 방에 의자와 테이블을 갖추고 있다. 1918~1932년 무렵

내 여행객의 복장을 조사하여 약 54%가 양복 차림이며, 특히 1등 칸과 2 등 칸은 75% 이상이 양복차림이었음을 밝혔다. 이를 근거로 료칸 측에 양복 입은 사람을 위한 양복장과 옷걸이, 모자걸이, 양복 솔, 다리미, 바지 프레스, 구둣솔, 슬리퍼 등을 갖출 것을 요구하였다.〈그림 12〉[72] 객실을 서 양식으로 바꾸자는 요구는 생활개선 운동에서도 '의자식 객실'로 전환하 자고 제기한 것이다.[73]

그 밖에 방과 방 사이의 경계가 맹장지나 미닫이 정도인 것, 지배인이나 하녀가 자꾸 찾아와 물어 대는 것, 여관주인이 쓸데없이 인사하러 오는 것, 아침에 손님이 자고 있는데도 화로에 불을 넣는 것, 밤에 그림엽서를 팔러 오는 것, 안마사가 오는 것, 방 밖 툇마루로 손님이 오가는 것, 이런 것들 때문에 다이쇼 시대의 료칸은 관습적으로도 건물 구조적으로도 사생활이 지켜지지 않는다는 점에서 커다란 불만이 있었다.[74] 물론 여러 문제를 한

꺼번에 해결할 수는 없지만 이러한 불만이나 요구사항을 드러냄으로써 잡지 『다비』는 '민중 측의 대표 기관'이라는 공공적 기능을 수행했다.

6. '단체여행'을 둘러싼 의견 차이

전통적 관습을 따르는 료칸에 대한 개선 요구와 더불어 『다비』가 중점적으로 다룬 것이 단체여행의 개선이었다. 료칸에 대한 요구사항은 철도성의 외곽단체인 협회 입장에서 외부 문제이지만, 단체여행에 대한 요구사항은 내부 문제이자 동시에 홍보의 요소를 내포한 문제였다. 철도성은 하나의 시스템이고, 시스템이 계속 작동되기 위해서는 지속적인 이용이 있어야 하며, 시스템 확대를 위해서 이용이 늘어나야 한다. 철도성 역시 사철과의 경쟁 속에서 그동안의 권위주의적이고 시혜적인 태도에서 벗어나 영업수익을 늘리기 위한 이용자 확대를 적극적으로 추구하기 시작하였다. 메이지 말부터 시작한 이러한 경향은, 다이쇼 말과 쇼와 초기에 걸쳐 『일본안내기』 등의 여행안내서 발행이나 철도성 자체의 '단체여행' 주최라는 형식으로 실행되었다.[75] 오늘날 여행의 한 형태로 정착한 '단체여행'에 대해 당시에는 어떤 논의가 있었을까?

단체여행 개선에 대한 의견은 하가 소타로의 「단체여행의 목적과 효용」[76]에 잘 정리되어 있다.

1926년 도쿄 철도국 관내 국철 단체여행자 수는 19,464건 2,841,686명이었다. 자세한 내역을 살펴보면, 학생단체 13,105건 2,202,407명, 직공단체 559건 14,294명, 일반단체 4,983건 435,626명, 기타 817건 63,359명이다. 이처럼 그해 단체여행은 학생 단체여행 즉 수행여행 등이 압도적 다수를 차지하였다. 하가 소타로는 이미 사회적 평가를 받고 있는 수학여행 단체와 비교해 일반단체와 직공단체가 상대적으로 소수인 것을 문제 삼았다.

또한, 하가 소타로는 편리성 측면을 다음 네 가지로 말했다. 첫째 단체할인 활용에 따른 비용 절감, 둘째 시간 절약 즉 "많은 사람들이 일률적으로 행동하기 위해서는 시간을 정확히 지켜야만 하기 때문에, 자연경치 감상, 유람, 구경, 시찰 등에 소요되는 시간을 낭비하지 않게 되어 시간을 대단히 경제적으로 사용할 수 있음", 셋째 신사, 불당, 제조공장, 관청, 개인 저택과 정원 등 단체에게만 공개되는 시설을 견학할 수 있다는 혜택, 넷째 정신적 측면의 효용으로 단체행동은 '공존공영', '상호부조'라는 말의 참된 의미를 파악하는 기회가 됨으로써 공중도덕의 시험장이라는 것이다.[77]

하가 소타로가 단체여행의 효용을 새롭게 정리한 것은 단체여행이 아직 사회적 평가를 받지 못했기 때문이다.

> 오늘날의 일본인은 단체로 여행하는 것을 다른 사람에게 말하기 꺼리는 경향이 있습니다. 적은 경비로 여행을 하는 일이 부끄러운 일인가요? 시간을 절약하는 단체여행은 피할 일이 아닙니다. 많은 사람들과 여행을 함께 했다는 일이 저주받을 일인가요? 나는 세상 사람들이 단체로 여행을 하는 일에 쓸데없이 수치심을 보이는 것은 유치한 허영심의 발로라고 믿습니다. 이러한 하찮은 허영심은 조속히 버리고 정정당당하게 단체로 여행할 것을 장려하고 싶습니다.[78]

단체여행에 대한 저평가 원인은 "소위 단체 여행사의 악랄한 영리 추구" 때문이었다. 악질업자는 여행객을 늘리기 위해 여행경비를 형편없이 낮게 설정하였다. "그 결과는 료칸의 경우 여행객에 대한 형편없는 대우와 질 낮은 음식으로 나타나고 있습니다. 따라서 단체 여행객 사이에서 불평불만의 목소리가 생기고, 모처럼의 여행 취지를 손상시켜 여행 전체를 매우 불쾌하게 만들어 버립니다"라고 말한다. 나아가 하가 소타로는 단체여행의 증가를 위한 또 다른 방법으로 유람여행이나 신불참배, 과학이나 연구를 목적으로 한 단체여행, 자본가 측의 이해를 구해 '직공들에게 행복을 나누어 주기' 위한 직공 단체여행을 늘릴 것을 권했다. 요컨대 단체여행의 효용과 의의에 대한 이해를 넓히는 것이 중요하다는 점을 상기시켰던 것이다.

이러한 철도성의 문제 제기에 앞서, 잡지 『다비』에는 민간단체 출신인 미요시 젠이치 개인의 문제 제기가 먼저 있었다. 미요시 젠이치는 단체여행의 개선을 지도자의 역량 형성이라는 측면에서 접근하였다. "작금의 단체여행 대부분은 그 단체의 지도자가 지도하고 있다기보다 오히려 지도자가 끌려 다니고, 쫓기는 느낌이 드는 경우가 많다. 그래서 단체여행을 위한 훈련의 필요성을 깨닫고 지도자 자신의 중대한 임무를 자각하기를 바란다"[79]고 서술하였다. 그는 단체여행의 의미를 집단오락이 아니라 오히려 사회교육, 상호교육의 관점에서 다루어야 하며, 여행 담당자에게는 무엇보다도 '계획성'이 요구된다고 말하였다. 여행단체는 조직방법에 따라 ① 모집이 필요 없는 일정 정원의 단체, ② 필요할 때마다 모집하는 단체, ③ 매달 모집하는 단체로 구분되는데, 특히 ②와 ③의 경우는 '담당자의 커다란 능력을 요구'한다. 즉 사전 현지답사, 여행 장소에 대한 사전 회의, 홍보, 교통경로 조사, 단체여행의 일반 주의사항 등 담당자가 계획을 작성할 때의 유의사항을 지적하고 있다. "여행이 성공적일 경우 단체 모두가 대단히 기뻐할 뿐 아니라 스스로도 실로 유쾌합니다"[80]라고 한 것처럼 미요시 젠이치는 일관되게 비영리적 민간단체 담당자 입장에서 말했다.

하가 소타로와 미요시 젠이치의 '단체여행'론을 비교해 보면 '단체여행'의 개념 자체에 커다란 차이가 있다. 하가 소타로에게 '단체여행'은 수학여행을 제외하고 오늘날 '슈사이主催여행'[26]이라 부르는 것인데 비해, 미요시 젠이치에게 '단체여행'은 비영리 조직에 의한 단체여행이고, 참가자가 이미 확정되어 있는 '데하이手配여행'[27]에 속하는 것이다. 그러나 보다 중요한 것은 각각을 사회·문화적 의미에서 이해하는 것이다. 슈사이여행에서는 경제적 측면의 합리적 행동이 중요하고 교육적 측면의 의미는 '훈련' 정도로 간주되었다. 데하이여행은 '사회교육'이라고 하지만 주로 '단체 구성원 상호 간 교육'을 의미한다. 이 '상호 간 교육'으로서 단체여행에 대해 천황기관설 공격으로 유명한 헌법학자 우에스기 신키치上杉慎吉는 다음과 같이 말했다.

일찍이 나는 단체여행을 장려하였다. 특히 가볍게 한 잔 하는 취미를 고취하려는 것은 첫째 상호 간 교육의 취지에서 나왔다. 일요일 하루 수백 명의 회원이 모여 가까운 야산을 거닐고, 말할 수 없이 좋은 기분이 들 때 쌀집 종업원은 우연하게 학교 선생과 길동무가 된다. 나란히 걷는 옆 사람이 군인이라서 구라파전쟁[28] 이야기를 하고, 한쪽은 은행원이라 금융권 소식을 들려준다. 변호사와 화가가 법률과 미술 방면의 심도 깊은 이야기를 하면서 걷는다. 상호 간 교육에서

---

26 여행사가 여행의 목적과 일정 등을 정한 후 여행자를 모집하는 형태로 흔히 패키지 투어라 부른다.
27 일본 여행업법에서 정한 여행 형태의 하나로, 여행자가 여행사에게 여행서비스를 위임하는 형태의 여행이다. 슈사이여행과 달리 여행사에게는 여정 관리의 책임이 없다.
28 제1차 세계대전을 의미.

이보다 좋은 방법은 없다. 홀가분하면서도 즐거워 부지불식간에 사회 다방면을 경험하는 효과를 얻어, 지식을 넓히고 완전한 인격이 되어 갈 것이다.[81]

여기에서 묘사하는 '단체여행'은 '유람여행物見遊山'이나 '관광'이라기보다 이른바 '사교'라 할 만한 것으로, '단체여행'에서 기대할 수 있는 하나의 문화적 의미를 제시하고 있다. 근대 일본에서 단체여행 사업은 이세(伊勢 참배의 전통을 계승하여 신사와 불당의 참배 여행으로 시작되었다. 이후 철도성을 비롯한 교통 사업자들은 종교 공동체나 지역 공동체에 속하지 않는 개인을 대상으로 수백 명 규모의 벚꽃놀이, 단풍놀이, 폭포구경, 달구경, 해수욕 등의 '유람열차'를 기획하거나 '매월 여행회' 등을 조직하였다. 이렇게 해서 여행의 탈종교화 내지 세속화는 이러한 목적을 가진 보편적 여행 형식을 낳았고, 무엇보다도 사람 수로 규정되는 '단체' 여행이라는 형식으로 나타났다. 단체여행은 기능의 합리적 측면과 '사교'라는 문화적 측면 모두에서 그 의미를 찾을 수 있다. '사교' 측면에서는 1934년에 시작된 '일본여행클럽'에서도 "사회 각 방면의 참가자가 모임에 따라 여행에서 미지의 친구를 많이 사귈 수 있고 그 친구로부터 다양한 사회 지식까지 얻을 수 있다"[82]는 것이 장점이 되었다. 사업자 측면에서 이는 고객 집단의 사교적 기능이 계속 이어지는 것이다.

7. 여행 사업자와 '여행 애호가' 간 관계 재편 – 여행의 산업화

'뷰로'는 1918년경부터 수입 증대를 목표로 자국민을 대상으로 하는

〈그림 13〉『투어리스트』 1931년 10월호 일본어판 표지

〈그림 14〉『여행일본』 1933년 5월호 표지

사업을 확대하여, 1932년에는 '국내부'를 설치하기에 이른다.

『여행일본』

'뷰로'는 여행 애호가 조직으로, 1920년에 '일본여행클럽日本旅行俱樂部'을 설립하고 잡지『투어리스트』〈그림 13〉를 기관지로 삼았다. 그런데 회원 엄선주의 방침에 따라 100명 정도만 회원으로 받던 '일본여행클럽'과 달리, '국내부' 설치 때에는 보다 대중적인 '도쿄 투어리스트클럽東京ツーリスト俱樂部'을 비롯해 전국에 '투어리스트클럽'을 설치하였다. '도쿄 투어리스트클럽'의 기관지로 발행한 것이 잡지『여행일본旅行日本』〈그림 14〉이다.

이처럼 쇼와 초기에는 국내여행을 취급하는 철도성 관련 두 단체 즉 '뷰로'와 '일본여행협회'와 세 개의 여행 잡지 즉 『다비』, 『투어리스트』, 『여행일본』이 병존하는 상태였다.

'재팬 투어리스트 뷰로'와 '일본여행협회'의 합병

1934년 10월 '일본여행협회'는 '뷰로'와 합병하였고, 『다비』는 협회 내 여행단체로 새로 설립된 '일본여행클럽'83)의 기관지로 재출발하였으며, 『여행일본』은 폐간되었다. 쇼와 초기 '일본여행협회'와 '뷰로'의 합병이 과제로 떠올랐는데 특히 미요시 젠이치의 강한 반대로 난항을 겪었다. 여기에는 여행이라는 새로운 문화를 둘러싸고 출발점이 다른 두 개의 조류가 얽혀 있었다. 『교통공사 70년사交通公社七十年史』는 합병의 과정을 다음과 같이 서술하였다.

쇼와로 접어들면서 일본여행협회에서는 뷰로와 1920년 설립된 '일본여행클럽' 업무의 일부분이 중복된다는 의견이 강해졌다. 당시 협회 전무이사 다카히사 진노스케高久甚之助가 뷰로와의 합병을 제안하였다.

그러나 '일본여행협회' 측에서는, 협회는 여행애호가들이 모인 소위 이용자 측 기관인 반면 뷰로는 피이용자 측에 선 기관이므로 이해가 일치하지 않는다는 주장에 따라 합병은 쉽게 결말이 나지 않았다. 특히 잡지 『다비』를 포함해 일본여행문화협회의 창시자로 자처하는 미요시 젠이치는 합병에 강한 반대 의견을 표명했고 양측의 교섭은 긴 난항을 거듭했다. (…중략…) 뷰로 내부에서도 이용자 측의 조직체가 생겨났기 때문에 철도성도 어느 쪽을 지지할지 고민이 많았다. 그러나 국철여객의 수입 증가가 예상되는 일임에도 외부조직과 손발이 잘 맞지 않자 철도성이 나서게 되었다. 철도성의 주선으로 급속하게 합병 대화가 진행되어 결국 1934년 10월 뷰로와 일본여행협회가 합병되었다. (…중략…) 원래 외국인 여행객을 대상으로 설립된 '뷰로'였지만 이를 계기로 일본어 회사이름을 갖게 되었고, 한층 적극적으로 국내 여행객 사업과 여행문화 향상의 일을 본격화하였다. 이런 의미에서 1934년 가을은 전전戰前 뷰로 역사상 주목할 만한 사업 확대의 시기였다. 그러나 이를 계기로 협회를 만들었던 미요시 젠이치는 협회를 떠나게 되었다.[84]

이미 언급했듯이 합병 이전의 『다비』에는 「각지 여행단체 소식」란이 있어 각지에서 자발적으로 활동하는 사교 여행단체 소식이 매월 게재되었다. 그러나 발족 당시 20~30개였던 단체는 합병 직전 10개로까지 감소하였다. 아마도 이는 각지의 단체가 뷰로계의 여행 애호가 지부로 변경되었거나 등산이나 스키 등의 스포츠계 전문 조직으로 소속[85]을 바꾼 것으로 추측된다. 이는 미요시 젠이치로 대표되는 기반이 사라진 것을 보여주거나 혹은 여행자가 '여행 애호가'에서 '이용자'로 스스로에 대한 인식을 바꾼 것일지도 모른다. 물론 여행자라면 누구나 교통기관이나 료칸 등의 이용자이지만 이들을 '여행가'로 통합하는 일이 불가능하거나 불필요하게 되었을 가능성이 있다. 어느 쪽이든, 합병 후 『다비』에서는 「각지 여행단체 소식」란 자체가 없어지고 「지부의 여행보고」로 바뀌었다.

여행의 산업화와 다양화

그러나 여기서 주목할 점은 여행 애호가 단체가 사업자 조직의 하위기관으로 간주되지 않았다는 사실이다. 1939년 발행된 『일본여행클럽이란 무

<그림 15> '재팬 투어리스트 뷰로(일본여행협회)'
창립 25주년 팜플렛 표지 1937년

엇인가日本旅行倶樂部とは』라는 소책자에 따르면, '일본여행협회뷰로'는 국유철도, 대부분의 사철, 기선 회사, 자동차 회사, 시, 마치町, 상공회의소, 관광협회, 호텔 료칸업자를 비롯한 여러 교통 관련 사업자 중심의 단체였다. 반면 일본여행클럽은 이용자 중심의 단체로 일본여행협회의 '자매기관'이라고 설명하면서 협회와 구별하고 있다. 그러나 실제 상황을 살펴보면, 클럽의 "회장을 사단법인 일본여행협회의 회장이 담당하였고, 이사는 사단법인 일본여행협회의 전무이사가 담당하여, 뷰로 직원이 일본여행클럽 사무에 종사하고 있었다". 따라서 이 합병으로 출발이 다른 두 흐름이 일거에 일원화된 것은 아니었다. 그러나 전체적으로 볼 때 아래서부터의 흐름이 위로부터의 흐름에 포섭되는 경향이 있었으며, 또한 '지도와 계몽 기관'이 불필요할 정도로 시스템과 여행자가 성장했다는 점 역시 매우 획기적인 일이었다. 합병으로 만들어진 '뷰로일본여행협회'는 이후 내국인과 외국인을 대상으로 한 종합적인 여행알선회사로 발전하였다. 창립 25주년을 맞이한 1937년 무렵에는 직원이 700여 명, 표를 파는 안내소는 국내외 90여 곳, 연간 내국인 알선 약 238만 명, 외국인 알선 약 81만 명, 국내 선전물 배포 약 132만 부에 달했다.〈그림 15〉86)

한 개의 조직과 한 개의 잡지가 관광, 교통정책, 기행과 안내, 경험의 교류, 교통사정, 관광지 정보 등 여행에 관한 전부를 취급하는 것은 매우 어려운 일이기에 기능적 분화가 일어났다. 여행이 '영리 목적이 아닌 연구와 계몽', '건전한 여행취미의 고취'라는 종합적 과제, 바꿔 말하면 여행 문화의 방식을 전체적으로 또 근본부터 질문하는 문제의식은 이 새로운 상황에서 달라졌다. 여행은 더욱 다양해지는 개인의 취미에 속하는 과제로 남아 항상 교류하면서 묻고 답하는 것이 가능해졌다. '건전한 여행취미'라는 통합적 이념은 다채로운 '취미 여행'(제5장 참조)의 확산으로 현실화하였다.

제2장

산악미의 발견과 여행단*
다이쇼 · 쇼와 초기**의 등산 열풍

1. 들어가며

야나기타 구니오柳田国男는 여행을 여가를 즐기는 방법으로만 보지 않고 '국민의 생활 행복 증진'과 관련이 있다고 생각했다. 그는 이러한 관점을 가지고 전통적 형태의 단체여행인 '순례'가 철도 발달에 따라 '유람 본위'의 근대적 단체여행으로 전환되는 과정을 분석했다. 그는 먼저 '순례'의 형태와 심성에 대해 다음과 같이 말한다.

일본에서 순례가 변화해 간 과정은 매우 흥미롭다. 처음에는 구마노熊野로 가는 순례자가 줄어들었다. 그리고 점차 이세伊勢의 니노미야二宮로만 순례자가 몰리게 되었다. 이러한 과정을 단순히 신앙의 발전으로 볼 수는 없으며 이제는 찾

---

* 이글은 이현희, 허보윤이 번역하였다.
** 저자에 따르면 '쇼와 초기'는 1934년(쇼와9) 무렵까지를 뜻한다. 시기 구분은 서장의 미주 3번 참조.

아보기 힘들 정도로 흔적조차 희미하다. 근대에는 몇십 개의 성지를 연이어 방문해 일부러 여행의 목적을 산만하게 만든다. 참배의 가장 큰 의의는 사실 그 여정에 있다. 이세 참배를 하러 가는 김에 교토京都를 구경하고 야마토까지 둘러보거나, 작정하고 고토히라琴平·미야지마宮島까지 보는 식의 여행도 신앙심의 표현으로 인정받았다.[1]

이 글에서 야나기타 구니오는 순례와 신앙의 관계가 약해졌음을 이야기한다. 또한, 순례의 방법 가운데 하나였던 정상등배山頂登拜[1]도 마치 성년식처럼 결속강화를 주요 목적으로 삼게 되었다고 한다. 하지만 신앙의 그늘에 가려져 있던 '순례'의 즐거움은 사라지지 않았다고 결론짓는다.

어떤 지방에서는 산의 정상등배를 마치 성년식처럼 여기는 일도 있었다. 일생에 한 번뿐이라면서 성년이 되면 무리해서라도 이 여행에 참가한다. 멀지 않는 곳이라면 여자아이들도 참가했다. 이러한 특별한 방법으로 한 번 더 결속을 다졌으며, 세상을 아는 것은 그다음이었다. 여행의 즐거움은 잊기 힘든 경험으로, 메이지기에도 순례는 절대 쇠퇴하지 않았다.[2]

이처럼 야나기타 구니오는 순례의 연장으로 당대의 단체관광여행을 평가했다.

신앙과 상관없이 여행의 동반자를 자유롭게 선택한다면, 순례는 곧 오늘날

---

1   신앙심을 가지고 겸허한 마음으로 산 정상에 오르는 일. 또는 산등성의 성지를 순례하는 일.

의 명소 돌아보기라 할 수 있다. 여행에 심취했을 때에는 우울하고 괴로운 자들이 여행을 떠났다. 하지만 지금의 여행자는 기차 안에서 무리의 힘을 등에 업고 기세가 등등하여 고향에서는 엄두도 내지 못하는 행동을 제멋대로 한다.[3]

야나기타 구니오의 글은 근대 여행문화를 에도 시대의 '고講'[2]를 중심으로 한 여행문화의 연장으로만 보아서는 충분하지 않다는 것을 잘 보여준다. 세계에서도 드물게, 에도 시대에 이미 여행문화가 존재했다고 하더라도,[4] 그것이 근대 일본의 여행문화로 바로 귀결된 것은 아니다. 성지 순례의 여행에서 현대의 '명소 순례' 즉 관광여행 사이에는 "신앙과 상관없이 여행의 동반자를 자유롭게 선택"하는 탈전통화 혹은 세속화 요소가 필요했다. 적어도 이 두 가지 조건, 즉 '신앙과의 분리'와, '공동체와의 분리'가 근대 여행이 대중화하기 위한 사회문화적 전제조건이었다. 그러나 분리의 과정은 결코 간단하지 않았다.

물론 전통적 여행문화와 근대적 여행문화의 연속성을 완전히 부정할 수는 없다. 유명 신사나 고적지를 참배하는 순례길에 많은 민영철도가 만들어졌듯이, 전통문화가 근대화의 기반이 된 사례도 있었다.[5] 그러나 이 또한 여객확보를 위해 전통적 행동이 재발견된 것이지, 전통문화를 위해 철도가 건설된 것은 아니다. 그러므로 근대 여행의 다양한 가능성을 이해하기 위해서는 우선 비연속성의 관점을 가질 필요가 있다. 그렇다면 여행의 탈전통화·세속화의 계기는 무엇이었을까.

---

2   고(講)는 불교 경전을 강설(講說)하는 법회를 지칭하는 말로 사용되다가, 지방의 토착 민간신앙과 결합하여 촌락을 중심으로 한 신앙 조직으로 정착되었다. 또한, 에도 시대부터 고(講) 조직을 중심으로 일본 북알프스의 산을 오르는 신앙등산이 유행하였다.

이때 주목해야 할 것은 전통적인 '신앙등산'이나 '고講의 등산'과 달리, 등산 자체를 목적으로 하는 단체들의 등장이다. 메이지 말기부터 다이쇼, 그리고 쇼와 초기에 걸쳐 '여행단'이란 이름으로 사회인 등산단체가 대도시를 중심으로 결성되었다. 특히 "등산 인구의 저변 확대 측면에서는 교토京都, 고베神戸, 오사카大阪 등 간사이関西 지역의 산악계가 도쿄 지역을 뛰어넘는 발전을 이루었다".[6] 이 장에서는 이러한 도시 사회인 등산단체를 "등산의 역사 안에 자리매김"[7]하기보다 여행문화사 맥락에서 주목하고자 한다. 먼저 2절에서는 메이지 말부터 다이쇼기의 사회인 등산단체의 실태를 개괄하고, 3절에서는 이들 단체의 결성 계기가 된 일본산악회日本山岳会의 강연회 활동을 살펴볼 것이다. 4절과 5절에서는 근대 등산이 근대 여행문화 발전에 어떻게 기여했는지에 대해 고찰하고자 한다.

2. 다이쇼기 등산 열풍과 '여행단'

각 지역의 여행단체

오늘날 여행문화 형성과 보급에 커다란 영향을 미친 일본여행문화협회가 1924년 창립되었다. 철도성鐵道省과 일본우편선日本郵船을 비롯한 도쿄·오사카·고베 등의 도시 민간 여행단체가 협회의 주요 구성원이었다.[8]

이 단체들의 세부 내용을 알기는 어려우나, 몇몇 자료를 통해 그 실태를 파악할 수 있다. 일본여행협회는 1927~1928년과 1929년 두 차례, 각 지역 여행단체의 명부를 작성했다.[9] 1927~1928년에는 총 43개 단체, 지역별로 간토関東 18개, 간사이 17개, 히로시마広島 2개, 나고야名古屋 5개, 후쿠오키福岡 1개의 단체를 수록했다. 또한, 1929년 조사 결과에는 총 65단체가 실려 있으나 모두 도쿄 지역의 단체였다. 〈표 1〉은 두 조사를 종합하여 정리한 것이다. 이들 여행단체는 사무실, 공장, 학교, 상점 등 도시 고유의 조직이나 장소를 기반으로 결성되었다. 그러나 두 조사 모두 일본여행협회 창립 시기의 자료는 아니다.

〈표 1〉 각 지역 여행단체명부(일본여행협회 조사)

단체명	사무실 소재지
1927년 11월호 게재	첫 번째
탐방단 행각회 (探勝団 行脚会)	오사카시 미나미구 구로에몬초 (大阪市南区九郎右衛門町)
여성·아동 유락회 (婦人子供 楽遊会)	오사카시 미나미구 구로에몬초 (大阪市南区九郎右衛門町)
호연회 (浩然会)	고베시 니노미야초 고베제일중학교 동창회 (神戸市二宮町神戸第一中学校内同窓会内)
스즈키상점여행회 (鈴木商店旅ノ会)	오사카시 니시요도가와 일본아연광주식회사 (大阪市西淀川日本亜鉛鉱株式会社内)
나니와탐방와글와글회 (浪花探勝ケラケラ会)	오사카시 니시요도가와구 (大阪市西淀川区)
구로이소여행클럽 (黒磯旅行倶楽部)	도치기현 구로이소초 구로이소은행 (栃木県黒磯町黒磯銀行内)
도쿄시 후카가와구 청년단 산악회 (東京市深川区青年団山岳会)	도쿄시 후카가와구 (東京市深川区)
구레걷기회 (呉あるこう会)	구레시 니시도리 (呉市西市)
미도리우타의 벗 산악회 (緑歌之友会山岳会)	고베시 와키노하마초 (神戸市脇ノ浜町)
1927년 12월호 게재	두 번째
오사카시전기 가스카데 건각회 (大阪市電春日出健脚会)	오사카시 고노하나구 가스카데 차고 내 야마우치 운동구점(大阪市此花区春日出車庫内山内運動具店)
시덴 길동무회 (シデン 旅友会)	도쿄시 시바구 시바우리쓰키미초 시덴 시바우라 공장 (東京市芝区芝浦月見町シデン芝浦工場内)
와카야마와라지회 (和歌山和楽路会)	와카야마시 신나카도오리 5초메 (和歌山市新中通五丁目)
나고야남북산악회 (名古屋南北山岳会)	나고야시 미나미구 아쓰타 (名古屋市南区熱田)
산세이도걷기회	고지마치구 오테마치 1-1 산세이도

단체명	사무실 소재지
(三省堂アルカウ会)	(麹町区大手町一ノ一三省堂内)
일본탐방클럽	도쿄 스테이션 호텔
(日本探勝倶楽部)	(東京ステーションホテル内)
후쿠야마체육산악회	후쿠야마시 히가시마치
(福山体育山岳会)	(福山市東町)
나니와탐방 태융회	오사카시 기타구
(浪花探勝 太融会)	(大阪市北区)
여행회	도쿄시 간다구
(旅々会)	(東京市神田区)
요코야마걷기회	요코하마시 모토마치 5초메 주식회사 모토마치은행
(横山いこう会)	(横浜市元町五丁目株式会社元町銀行内)
도쿄걷기회	도쿄시 교바시구
(東京アルカウ会)	(東京市京橋区)
일본걷기회	
(日本アルカウ会)	
일본여성걷기회	오사카후 도요노군
(日本婦人アルカウ会)	(大阪府下豊能郡)
성지참배회	오사카시 미나미구 신마치도리 재단법인 불교봉사회
(霊蹟巡拝会)	(大阪市南区新町通財団法人仏教奉仕会内)
동양포경주식회사 데쿠로회	오사카시 니시구 야마구치초 14 동양포경회사
(東洋捕鯨株式会社テクロ会)	(大阪市西区山口町十四 東洋捕鯨会社内)
도요타레키여행클럽	나고야시 니시구 사코초 고메다 도요타방직회사
(豊田礫旅行倶楽部)	(名古屋市西区榮生町米田 豊田紡織社内)
나고야가가미회	나고야시 나카구
(名古屋 加雅美会)	(名古屋市中区)
요코스카산수회	요코스카시 다우라마치
(横須賀山水会)	(横須賀市田浦町)
고레노리길동무회	고베시 교마치82 고레노리 운송점
(是則旅友会)	(神戸市京町82 是則運送店内)
하카타테쓰탐방길동무회	후쿠오카현 가스야군 스에역
(博鐵探勝旅好会)	(福岡県糟屋郡須恵駅内)
오사카탐방호노가회	오사카시 니시요도가와구
(大阪探勝 好勞加会)	(大阪市西淀川区)
선샤인여행회	도쿄시 시바구
(サンシャイン旅行会)	(東京市芝区)
야산걷기회	지바현 마쓰도마치
(野山ヲ歩ム会)	(千葉県松戸町)
두수회	아이치현 하즈군
(抖擻会)	(愛知県幡豆郡)
사카이미치즈레회	오사카 사카이시
(境道つれ会)	(大阪境市)

단체명	사무실 소재지
조슈은행공유회	다카사키시 다마치
(上銀公遊会)	(高崎市田町)
1928년 1월호 게재	세 번째
요코스카산수회	요코스카시 다우라초
(横須賀山水会)	(横須賀市田浦町)
나고야남북산악회	나고야시 미나미구 아쓰타
(名古屋南北山岳会)	(名古屋市南区熱田)
다이세이여행안내사	도쿄시 아카사카구
(大成旅行案内社)	(東京市赤坂区)
SSD걷기회 오사카지부	오사카시 미나미구 스케이초 1-41 산세이도
(SSDアルカウ会大阪支部)	(大阪市南区須慶町一ノ四一 三省堂内)
와세다대학여행회	도쿄시 우시고메구
(早稲田大学旅行会)	(東京市牛込区)
조슈은행위안회	다카자키시 다마치초 주식회사 조슈은행
(上銀慰会)	(高崎市田町 株式社上州銀行内)
미유키회	도쿄시 고지마치구 유락초 도쿄가스주식회사
(みゆきかい)	(東京市麹町区有楽町 東京瓦斯株式会社)
산우회	도쿄시 니혼바시구 미쓰이광산주식회사
(山牛会)	(東京市日本橋区 三井鉱山株式会社)
호악회	교토시 오가와도리 미이케사가루 데라이호
(互楽会)	(京都市小川通御池下ル寺井方)
1929년 2월호 게재	첫 번째
시덴길동무회	도쿄시 시바구 시바우리쓰키미초 시덴 시바우라 공장
(シデン旅友会)	(東京市芝区浦月見町 市電芝浦工場内)
산악동무클럽	도쿄후 기타시나가와
(岳友倶楽部)	(東京府下北品川)
걷기회	교바시구 오카자키초 사쿠라바리도리(와타나베 하카
(ゆかう会)	마 상점)(京橋区岡崎町櫻橋通(渡辺袴店))
야마노테회	니혼바시구 쓰루가와초 1(미쓰이광산주식회사)
(山手会)	(日本橋区駿河町一(三井鉱山株式会社))
미유키회	고지마구 유락초 (도쿄가스주식회사)
(みゆき会)	(麹町区有楽町(東京瓦斯株式会社))
와세다대학여행회	와세다대학
(早稲田大学旅行会)	(早稲田大学内)
다이세이여행안내사	아카사카구 무로마치
(大成旅行案内社)	(赤坂区室町)
데이카클럽	니혼바시구 가부토초 4
(鼎香倶楽部)	(日本橋区兜町四)
시라카바여행회	도쿄후 스기나미초
(白樺旅行会)	(東京府下杉並町)

단체명	사무실 소재지
도보토보회 (とぼ〻会)	니혼바시구 아오모노초 (日本橋区青物町)
도쿄야지키타회 (東京ヤジキタ会)	니혼바시구 도리아부라초 (日本橋区通油町)
와세다실업학교걷기회 (早稲田実業学校アルカウ会)	우시고메구 와세다실업학교 (牛込区早稲田実業学校内)
도쿄달팽이회 (東京蝸牛会)	도쿄시외 다카다초 (市外高田町)
일본여행회 (日本遊行会)	혼고구 산반초 (本郷区三番町)
혼타카여행클럽 (本高旅行倶楽部)	혼조구 요코즈나초 (本所区横綱町)
걷기회 (ユカウ会)	고이시카와구 (小石川区)
아자부중학교산악회 (麻布中学校山岳部)	아자부구 기무라초 (麻布区木村町)
스타클럽 (スター倶楽部)	시바구 미타토보초 (芝区三田同胞町)
구바라광업주식회사 체육회 소풍부 (久原鉱業株式会社体育会遠足部)	마루노우치 (丸の内)
난치쿠 청년단 자명회 (南筑青年団紫明会)	교바시구 오다하라 (京橋区小田原)
일본탐방회 (日本探勝会)	혼조구 고이즈미초 (本所区小泉町)
종방걷기회 (鐘紡ユカウ会)	도쿄시외 무코지마 (東京市外向島)
미즈모노무레 (みづものむれ)	도쿄시 교바시구 미나미 핫초호리 이시카와 상점 (東京市京橋区南八丁堀 石川商店内)
1929년 3월호 게재	두 번째
시바센샤당 (芝千社党)	도쿄시 시바구 미타 (東京市芝区三田)
도쿄도쿠로회 (東京トクロウ会)	교바시구 미나미텐마초 (京橋区南伝馬町)
도쿄다도여행단 (東京旅茶団)	혼조구 가야바초 (本所区茅場町)
로토제빙주식회사 직원상호회 여행부 (ロ東製氷株式会社職員相互会旅行部)	혼조구 (本所区)
도쿄피크닉클럽 (東京ピクニック倶楽部)	도쿄시외 오오사키초 (市外大崎町)
도쿄산악부 (東京山岳部)	도쿄시외 시나가와초 (市外品川町)

단체명	사무실 소재지
여행회 (旅々会)	간다구 사카에초 (神田区栄町)
산세이도걷기회 (三省堂アルカウ会)	고지마치구 오테마치 (麹町区大手町)
미쓰미시걷기회 (三菱足之会)	마루노우치 미쓰비스합자회사 (丸ノ内三菱合資会社内)
당일치기여행회 (日帰り旅行会)	시타야구 가미네기시 (下谷区上根岸)
오모리이케하라동심회 (大森池原同心会)	도쿄부 이리아라이마치 (府下入新井町)
일본여행회 (日本遊行会)	혼고구 유미초 (本郷区弓町)
국민여행회 (国民旅行会)	교바시구 국민신문사 (京橋区国民新聞社内)
철족회 (鐵足会)	혼고구 유미초 (本郷区弓町)
교분여행회 (交盆旅行会)	간다구 (神田区)
헬스회 (ヘルス会)	니혼바시 가부토초 마루야 상점 (日本橋区兜町丸谷商店)
분우회여행부 (盆友会旅行部)	간다구 (神田区)
경신행각회 (庚申行脚会)	니혼바시구 (日本橋区)
일본여행회 (東京旅行会)	우시고메구 (牛込区)
일본여행클럽 (日本旅行倶楽部)	도쿄역내 재팬 투어리스트 뷰로 (東京駅内ジャパン・ツールスト・ジューロー内)
일본탐방클럽 (日本探勝倶楽部)	도쿄 스테이션 호텔 (東京ステーションホテル内)
록색클럽 (リユツクサック倶楽部)	혼고구 (本郷区)
도쿄등산회 (東京登山会)	시타다니구 (下谷区)
도쿄여행클럽 (東京旅行クラブ)	고이시카와구 (小石川区)
도쿄걷기회 (東京アルカウ会)	교바시쿠 미나미카지마치 (京橋区南鍛冶町)
데쿠리회 (テクリ会)	니혼바시구 혼마치 (日本橋区本町)
도쿄아카모후산악회	시타다니구

단체명	사무실 소재지
(東京赤毛布山岳会)	(下谷区)
도쿄들판걷기회	아사쿠사구 하다고초
(東京野步路会)	(浅草区旅篭町)
도쿄미시마산악회	시바구 미시마초
(東京三島山岳会)	(芝区三島町)
백마회	마루노우치 도쿄철도국
(白馬会)	(丸ノ内東京鉄道局)
성북산악회	도쿄부 미나미센주
(城北山岳会)	(府下南千住)
극동산악회	도쿄부 요도바시
(極東山岳会)	(府下淀橋)
도쿄산악회	혼고구 기쿠자카초
(東京山岳会)	(本郷区菊坂町)
도쿄리쿠산악회	아사쿠사구 고토부키초
(東京陸山岳会)	(浅草区寿町)
야마후키클럽산악회	아사쿠사구 아베카와초
(山吹倶楽部山岳会)	(浅草区阿部川町)
도쿄아이가쿠회	시타야구 도요스미초
(東京アイガク会)	(下谷区豊住町)
건국산악회	도쿄부 스나마치
(建国山岳会)	(府下砂町)
고토산악회	후카가와구
(江東山岳会)	(深川区)
재팬캠프클럽	마루노우치 마루빌딩 4층
(ジャパン・キャンプ・クラブ)	(丸ノ内丸ビル四階)
도쿄산령회	우시코메구
(東京山嶺会)	(牛込区)
노텐등산악회	간다구 이즈미초
(野天登山岳会)	(神田区和泉町)
일본명승연구회	도쿄부 노가타마치
(日本名勝研究会)	(府下野方町)

'오사카여행단연맹회大阪旅行團聯盟會'

일본여행협회 창립과 가까운 시기의 자료로, 긴키近畿지방[3]에 한정된 것이기는 해도, '오사카여행단연맹회 본부'가 발행한 소책자『오사카여행단

---

3 일본 혼슈 중서부 지방. 교토·오사카의 2개의 부와 시가(滋賀)·효고(兵庫)·나라(奈良)·와카야마(和歌山)·미에(三重)의 5개 현을 일컬음.

〈그림 1〉 오사카여행단연맹회 창립총회. 『오사카여행단 연감 부록 간부 명부』 제2판, 1925년

연감 부록 간부 명부大阪旅行団年鑑附記幹部名簿』제2판 1925가 있다. '오사카여행단연 맹회'는 1923년에 결성되었고 명부 제1판은 같은 해 발행되었다. 이 단체 는 육상대회나 연맹합동여행을 시행하였다. 〈그림 1〉은 오사카여행단의 창립총회 규모를 알 수 있으며, 〈그림 2〉는 합동여행의 규모를 짐작할 수 있게 한다. 두 그림 모두 당시 여행의 인기를 잘 보여준다.

이 소책자에는 오사카·고베·교토의 134개 단체 명칭이 게재되었다. 이 가운데 '오사카여행단연맹회' 소속 59개 단체에 대해서는 설립 시기와 취지, 간부와 정회원 수, 활동상황 등이 소개되었다. 〈표 2〉는 오사카의 단 체 명칭과 정회원 수, 고베·교토의 단체 명칭을 정리한 것이다. 오사카· 와카야마和歌山의 각 단체의 창립 시기는 다음과 같다. 1913년 1개 단체,

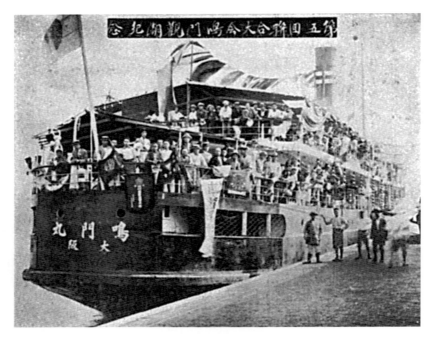

〈그림 2〉 제5회 연합대회 나루토 간초(鳴門觀潮). 『오사카여행단 연감 부록 간부 명부』 제2판, 1925년

1916년 1개, 1917년 2개, 1918년 1개, 1919년 3개, 1920년 4개, 1921년 2개, 1922년 16개, 1923년 11개, 1924년 11개, 1925년 7개 단체이다. 이로써 여행단체가 1922년부터 비약적으로 늘어난 것을 알 수 있다.[10]

〈표 2〉 게이한신(교토·오사카·고베) 지역의 여행단체(1925년 10월 조사)

오사카(와카야마 포함)	회원수	고베(고베아이잔(愛山) 협회가맹단체)	교토
오사카탐방 청유회 (大阪探勝 青遊会)	1,284	고베야지키타회 (神戸ヤジキタ会)	에스에스회 (エスエス会)
산악탐방 니코니코회 (山岳跋渉 ニコニコ会)	90	고베기풍회 (神戸箕楓会)	교토와카바회 (京都ワカバ会)
등산탐방 사카이미치즈레회 (登山探勝 境道ずれ会)	1,528	일본사구로회 (日本サグロ会)	교토철각회 (京都鉄脚会)
탐방여행 오사카요타요타회 (探勝旅行 大阪ヨタヽ会)	180	탐방단일본마와로회 (探勝団日本マワロー会)	히야메시회 (ヒヤメシ会)

오사카(와카야마 포함)	회원수	고베(고베아이잔(愛山) 협회가맹단체)	교토
탐방 오사카선탐회 (探勝 大阪仙探会)	320	고베후키아이동창 청년단 (神戸葦合同窓青年団)	교토속전건강단 (京都束箭健康団)
사찰참배 오사카순례회 (社寺巡拝 大阪巡禮会)	1,200	고베오오히라산악회 (神戸大平山岳会)	교토건각회 (京都建脚会)
오사카도로회 (大阪등ロウ会)	183	독보회 (獨歩会)	건동동지 (建錬同志)
오사카탐방 마이로회 (大阪勝 マイロ会)	300	일본단풍회 (日本モミヂ会)	오하요클럽 (オハヨウ倶楽部)
오사카탐방 용행회 (大阪探勝 勇行会)	376	탐방단걷기회 (探勝団ユカウ会)	미키회 사키사키부 (三木峠々会部)
질실강건탐방여행 (質実剛建探勝旅行) 　　오사카비미아지회 　　(大阪比彌芽志会)	264	고베에데도보회 (神戸エーデ徒歩会)	교토산악회 (京都山岳会)
오사카탐방 등산회 (大阪探勝 登運歩会)	825	고베타도로회 (神戸タドロウ一会)	교토우로쓰코회 (京都ウロツコ会)
오사카탐방 금강회 (大阪探勝 金剛会)	920	고베야마도리도보회 (神戸山登里徒歩会)	교토여행클럽 (京都旅行倶楽部)
와카야마와라지회 (和歌山和楽路会)	100	돌파령회 (突破嶺会)	교토신우회 (京都信友会)
등산탐방 나니와산악회 (登山探勝 浪花山岳会)	196	고베명휘도보회 (神戸明輝徒歩会)	교토산천회 (京都山川会)
나니와탐방 기행회 (浪花探勝 紀行会)	375	고베아사히산악회 (神戸旭山岳会)	A핀클럽 (Aピン倶楽部)
우주관찰 오사카스미레회 (宇宙観察 大阪スミレ会)	280	고베아유무회 (神戸あゆむ会)	종방교토지점등산부 (鐘紡京都支店登山部)
오사카탐방 자리아류회 (大阪探勝 紫里我瑠会)	245	고베게이에이 산회 (神戸海榮登山会)	친우회산악부 (親友会山岳部)
오사카탐방 죽마회 (大阪探勝 竹馬会)	520	고베탐방회 (神戸探勝会)	일본테쿠로회 (日本テクロ一会)
나니와탐방 오사카걷기회 (浪花探勝 大阪アルコー会)	500	기타쿠마청년회등산부 (北限青年会登山部)	교토여행단체연합회 (京都旅行団体聯合会)
오사카탐방 히사고회 (大阪探勝 ヒサゴ会)	756	고베기독교청년회도보회 (神戸基督教青年会徒歩会)	후시미산악회 (伏見山岳会)
탐방등산 오사카청년등산회 (探勝登山 大阪青年登山会)	50	고베상업실업학교등산부 (神戸商業実修学校登山部)	
오사카탐방 미유키회 (大阪探勝 ミユキ会)	89	고베무역청년회산악부 (神戸貿易青年会山岳部)	
오사카탐방 아시나미회 (大阪探勝 あしなみ会)	120	고베등산회 (神戸登山会)	
나니와탐방 아시베회	180	나가사청년회산악부	

오사카(와카야마 포함)	회원수	고베(고베아이잔(愛山) 협회가맹단체)	교토
(浪花探勝 あしべ会)		(長狭青年会山岳部)	
등산탐방 일본메구리회	212	고베용행도보회	
(登山探勝 日本めぐり会)		(神戸勇行徒歩会)	
산악여행 나니와공락회	150	고베삼사등산부	
(山岳旅行 浪花共楽会)		(神戸三四登山部)	
오사카탐방 일행회	250	고베다카네등산회	
(大阪探勝 一行会)		(神戸タカネ登山会)	
오사카탐방 고쇼회	500	고베산악회	
(大阪探勝 コーショ会)		(神戸山岳会)	
나니와산악 간사이용행회	90	고베도보회	
(浪花山岳 関西勇行会)		(神戸徒歩会)	
나니와산악 와라오회	160	고베야보로회	
(浪花山岳 わらお会)		(神戸野歩路会)	
탐방여행 데쿠테쿠회	272	아카즈키회	
(探勝旅行 テクテク会)		(曉会)	
오사카탐방 아유미회	380	고베참행회	
(大阪探勝 あゆみ会)		(神戸参行会)	
오사카탐방 여행회	213	KE등산회	
(大阪探勝 遊行会)		(KE登山会)	
나니와탐방 덴구클럽	560	고베데쿠로회	
(浪花探勝 天狗倶楽部)		(神戸テクロー会)	
탐방여행 와카야마이로회	160	오오기소탐방회	
(探勝旅行 和歌山マイロ会)		(扇湊探勝会)	
도보취미 각반회	160	고베아노야마회	
(徒歩趣味 ゲートル会)		(神戸アノヤマ会)	
등산단승 오사카스즈나리회	85	고베계명도보회	
(登山単勝 大阪鈴鳴会)		(神戸鶏鳴徒歩会)	
오사카 탐방호가로회	150	고베히바리등보회	
(大阪探勝 好加勞会)		(神戸ヒバリ登歩会)	
오사카탐방 에가호회	250	고베토구파회	
(大阪探勝 エガホ会)		(神戸兎亀巴会)	
오사카탐방 무쓰미회	160	고베미등리산악회	
(大阪探勝 むつみ会)		(神戸美登里山岳会)	
산악사적탐방	125	고베산악코에로회	
(山岳跋渉史蹟探勝)		(神戸山岳コエロー会)	
일본알펜클럽			
(日本アルペン倶楽部)			
오사카탐방 초코초코회	270	일본행각회	
(大阪探勝 チョコ〻会)		(日本行脚会)	
미쓰분회산악부	182	고베히노마루회	
(御津分会山岳部)		(神戸日の丸会)	

오사카(와카야마 포함)	회원수	고베(고베아이잔(愛山) 협회가맹단체)	교토
오사카탐방 메쓰보회 (大阪探勝 メツボー会)	95	고베선유회 (神戸扇友会)	
오사카탐방 서오사카극유회 (大阪探勝 西大阪克遊会)	80	육오도보회 (六五徒歩会)	
나니와탐방 악진클럽 (浪花探勝 岳進倶楽部)	105	산악동호회 (山岳同好会)	
오사카탐방 행로보회 (大阪探勝 行路歩会)	215	고베일요등산회 (神戸日曜登山会)	
오사카탐방 아카즈키회 (大阪探勝 曉会)	55	고베진답회 (神戸進踏会)	
등산탐방 일본산악클럽 (登山探勝 日本山岳倶楽部)	60	효지쓰산악회 (兵実山岳会)	
등산탐방 오사카 덴차회 (登山探勝 大阪天茶会)	270	효고다카토회 (兵庫多加登会)	
오사카탐방 축등보회 (大阪探勝 蹴登走会)	85		
탐방여행 오사카아유미회 (探勝旅行 大阪阿湯美会)	147		
나니와탐방 애악회 (浪花探勝 愛岳会)	110	고베데커케로회 (神戸デカケロ会)	
나니와탐방 유미회 (浪花探勝 遊美会)	80	센코와카바회 (扇港若葉会)	
등산탐방 일본악유회 (登山探勝 日本岳遊会)	180	효고종방등산회 (兵庫鐘紡登山会)	
나니와탐방 걷기회 (浪花探勝 ユコー会)	350	하야시다실업 청년단 산악부 (林田実業青年団山岳部)	
오사카탐방 쓰바메회 (大阪探勝 つばめ会)	560	일본걷기회 (日本アルコウ会)	
오사카탐방 참청회 (大阪探勝 参晴会)	60		
등산탐방 오사카등산회 (登山探勝 大阪登山会)	75		

 '오사카여행단연맹회' 소속 59개 단체의 대표자 또는 회장 가운데 9명은
『오사카 인명록大阪人名錄』[11]에 이름이 실려 있다. 그중 8명은 목재상회니코니코
회 대표, 모자상회오사카스미레회 대표, 마대상회오사카선탐회 회장, 양산상회악진클럽 부장,
떡집마이로회 회장, 식료품상회기행회 회장, 동·놋쇠판제조업에가호회 회장, 건축재료

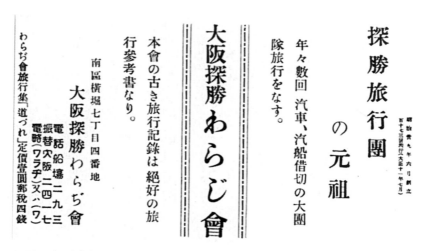

〈그림 3〉 '오사카탐방 와라지회' 안내. 일본걷기회 편, 『산악미(山岳美)』 1922년

상회청유회 대표 등과 같이 업종도 기록되어 있다. 그 외에도 회사원이나 공무원 여행단체가 분명히 존재했으나, 이 자료에는 여행단체를 조직하고 활동한 상점 혹은 공장 경영자의 경우만 드러나 있다.

〈그림 3〉의 '오사카탐방 와라지회大阪探勝わらぢ会'는 이 명부에 기록되어 있지 않지만, 1906년 창립되었으며 '탐방여행단의 원조'12)라고 자칭할 정도로 대규모 단체였다. "매년 수차례, 기차나 기선을 전세 내어 대형 단체여행"13)을 실시했고, "어떤 때에는 백 명, 천 명이 넘는 사람을 모아 경치 좋은 곳으로 놀러 가거나, 십수 명의 청년들이 깊고 험준한 산과 위험한 계곡을 정복하는 등"14) 1922년에는 이 단체의 여행횟수가 200회를 넘어설 정도였다. 여행 참가를 원하는 회원은 출발 전날까지 간단한 서류와 회비를 26군데에 있는 참가신청소에 제출하거나, 본부에 우편으로 보내면 된다. 이러한 방식은 오늘날 모집형 기획여행으로 발전했다.

마키 유코槇有恒의 아이거 미텔레기Eiger Mittellegi 첫 등반

1921년 9월 13일 여러 신문에 「일본 청년 알프스 아이거 등반 성공」이라는 짧은 외신 기사가 실렸다.

> 많은 사람이 도전했지만 성공하지 못했던 아이거 등반, 세 명의 세르파와 함께 험준한 산을 돌파하다. 11일 국제 베른. 많은 산악인이 시도했으나 정복하지 못한 알프스의 아이거. 도쿄에서 온 일본 청년 요코마키横巻[4]가 등반에 성공하였다. 요코마키는 세 명의 세르파와 함께 미텔레기 입구에서 출발하여 아이거 등반에 성공했다. 일행은 험준한 등반을 마치고도 원기 왕성했다고 한다.[15]

여행단체의 결성에서도 알 수 있듯이, 점차 등산 열풍이 불기 시작했다. 1880년 여름 후지산 등반자는 2만 명을 넘어섰고, 그 가운데 400명이 여성이었다.[16] 1921년 7월에는 당시 중고등학교 등산회의 동향이나, 외국인의 방일 등산의 동향을 바탕으로 일본 알프스 각 지역에 안내소 설치, 안내서 제작, 철도·마차·버스의 편의 대책 등을 마련하였다.[17]

같은 해 9월 당시 27세였던 마키 유코의 아이거 미텔레기 최초 등반 뉴스는 등산에 관한 관심을 한층 더 높이는 결정적인 계기가 되었다.[18] 한 개인이 이룬 성공 소식이 많은 도시 생활자의 참여를 불러일으키려면 적어도 두 가지 요인이 필요하다. 하나는 단체의 상호 교류와 외부를 향한 직접적인 정보 발신이라는 조직적 요인이고, 다른 하나는 집단적 열광이라는 정서적 요인이다. 그리고 이를 실현하는 매체로서 '산악강연회'라는

---

4   요코마키(横巻)는 마키(槇)의 오타.[본문 설명]

이벤트가 있었다.

'산'에 관한 강연회

'고베도리나리鷄鳴도보회'의 시로타니 도라이치城谷寅一는 창간 10주년 기념 『다비』에서 일본여행협회 설립 과정과 관련해서 민간단체의 실태와 역할에 대한 흥미로운 사실을 기술했다. "미요시 젠이치三好善一 선생(십수 년간 본직이었던 그림을 그만둔 후 여행계에서 쌓아올린 업적을 기려 선생으로 존칭함. 미요시 도난美代司斗南을 가리킴)께서 이 방면에 사명감을 가지고 오사카 중앙 공회당에 긴키 지방의 등산여행단체를 불러 모은 이후, 얼마 지나지 않아 일본여행협회가 창립되었다."[19] "얼마 지나지 않아"라는 부분은 설명이

〈그림 4〉〈산에 관한 강연회〉(1921년). 일본걷기회 편 『산악미』1922년

〈그림 5〉 야리가타케(槍ヶ岳)에서 여성 걷기회 회원들. 일본걷기회 편, 『산악미(山岳美)』 1922년

〈그림 6〉 일본여성걷기회 회원들의 '롯코산(六甲山) 산행'. 일본걷기회 편, 『산악미(山岳美)』 1922년

필요하다. 일본여행협회는 1923년에 설립될 예정이었으나, 9월 1일 간토 대지진으로 1년 연기되었다. 위의 시로타니 도라이치의 기술에서 두 가지 점에 주목하고자 한다. "이 방면에 사명감을 가지고"라는 것은 일본여행 협회의 제안자인 당시 철도성 여객과장 오이타 도라오種田虎雄의 의향이었 다. 그리고 "오사카 중앙공회당에 긴키 지방의 등산여행단체를 불러 모은 이후"라는 것은 1921년 6월 26일, '일본걷기회日本アルコウ会'와 '일본여성걷 기회日本婦人アルカウ会' 주최로 오사카 중앙공회당에서 개최된 '산에 관한 강 연회' 이후를 말한다. 앞서 기술한 바와 같이 그 강연회 이후 1922년부터 오사카 지역에서 비약적으로 여행단체가 늘어났다.

『오사카아사히신문大阪朝日新聞』은 정오부터 밤 10시까지 열린 강연회 규 모를 다음과 같이 전했다.

지상에서 '산의 즐거움'을 주야에 걸친 산악 강연

26일 낮 12시 반부터 오사카 나카노시마中之島 중앙공회당에서 일본걷기회,

剛健、質素、天下の覇者
日本アルカウ會
攝津 御影町

古き歴史と實力とを有せる
吾日本アルカウ會は、偏へに
多の抱負を持つ。やがてこ
れを實現するか、ことにこそ
く天下の模範となる筈であ
る。會とか掛とか相片寄ら
すして演繹として各別趣味
者と協力して事業を進めた
い。これ吾等の念願である。

〈그림 7〉 여행단체 안내 ① 일본걷기회 편, 『산악미 (山岳美)』1922년 광고란

일본여성걷기회 주최 '산'에 관한 강연회가 열렸다. 일본산악회 회원 하마야演谷의 개회사에 이어 히가시쿠니東久邇,[5] 아사카노미야朝香[6] 두 전하의 시로우마白馬,[7] 야리가타케鑓ヶ嶽[8] 등정을 인도한 나가노현長野県 고등여학교 교장 고노 레이조河野齡蔵가 단상에 올라 일본 알프스의 지형과 기온에 관해 상세하게 설명했다. 회원인 시무라 우레이志村烏嶺[9]는 '일본 알프스 하리노키針木를 넘어서'라는 제목으로 젊은이들에게 열정적으로 모험담을 이야기했고, 교토 제2중학교 교장 나카야마 사이지로中山再次郎는 교묘한 비유와 재치 있는 말로 '스키 이야기'라는 제목의 강연을 했다. 고요甲陽중학교 에노야 데쓰조榎谷徹蔵는 유럽 알프스 마터호른의 장관과 엄청난 산사태 이야기로 흥을 돋웠고, 산악회 간사 고구레 리타로木暮理太郎는 인적미답 구로베黒部[10] 협곡의 대마경大魔境 탐험담을 강연하면서 곰들에게 쫓기고, 뱀의 습격을 당한

---

5 1887~1990. 히가시쿠니노미야나루히코(東久邇宮稔彦), 일본의 황족으로 군인이자 정치가. 제43대 일본 내각총리대신.

6 1887~1981. 아사카노미야노야스히코(朝香宮鳩彦), 일본의 황족으로 아사카노미야 가문의 초대 당주.

7 시로우마다케(白馬岳)를 지칭한다. 시로우마다케는 히다(飛驒) 산맥 즉 일본 북알프스의 북부 우시로다테야마(後立山) 연봉에 있는 표고 2,932미터의 산으로 나가노현과 도야마현에 걸쳐 있다.

8 나가노현과 기후현(岐阜県)의 경계에 있는 북 알프스 제2의 높은 봉우리. 표고 3,180미터.

9 1874~1961. 일본 교육자, 고산식물 연구가, 사진가, 등산가.

10 도야마현(富山県)에 위치한 협곡.

경험과 도벌꾼의 생활을 이야기했다. 이어진 다니모토 도메리谷本富 박사의 '산과 종교' 이야기를 끝으로 휴식시간을 가졌다.

7시 30분부터 시작한 저녁 강연에서는 슬라이드를 사용한 쇼인樟蔭고등여학교 아사히 기타루朝輝記太留의 '미국 레이니어Rainier 등산담', 시무라 우레이의 '타이완 신고산新高山 등반담'이 있었고, 이후 교토 이시자키 고요石崎光瑤 화백의 사진 '히말라야 연봉'을 에노야 데쓰조의 친절한 설명과 함께 들었다. 마지막에는 황태자가 관람하는 영예를 얻은, 슬라이드 강연 '다카야마의 동식물'을 고노 레이조가 자세한 설명과 함께 산 정상의 아름다운 경치를 보여주는 것을 끝으로 10시에 마쳤다.[20]

이 강연회의 여러 사진과 자료, 그리고 1922년 6월에 오사카마이니치신문사大阪每日新聞社 주최로 개최된 두 번의 마키 유코 강연을 추가해서 일본걷기회 편, 『산악미山岳美』1922로 출간되었다.

〈그림 4〉는 오사카 중앙공회당에서 개최된 '산에 관한 강연회' 모습이고 〈그림 5〉는 『산악미』1922에 실린 야리가타케에 선 여성걷기회 회원들의 모습, 〈그림 6〉은 같은 책에 실린 일본여성걷기회 회원들의 '롯코산 산행' 사진, 〈그림 7~9〉는 책의 끝부분 광고란에 게재된 여러 여행단체의 안내 광고이다.

오늘날 '등산'은 스포츠의 하나로 여겨져 개념적으로도 실태상으로도 '여행'과 멀어졌고, '관광'의 영역에서도 특수한 경우로 취급된다. 그러나 '일본여행협회'의 성립과정은 '등산' 또는 '산행'이 오늘날의 여행문화와 관련이 깊다는 사실을 잘 보여준다. 특히 근대 여행의 세속적 성격, 즉 '신앙과의 분리'와 '공동체와의 분리'는 '근대 등산'이 준 문화적 충격과 관

〈그림 8〉 여행단체 안내 ② 일본걷기회 편, 『산악미 (山岳美)』 1922년 광고란

〈그림 9〉 여행단체 안내 ③ 일본걷기회 편, 『산악미 (山岳美)』 1922년 광고란

계가 깊다. 오사카의 '산에 관한 강연회'나 산악과 등산을 주제로 한 각 지역의 강연회가 일으킨 등산 열풍 덕에 여행단체들이 결성되었다. 또한, 1921년 시점에는 철도성이 '산악강연회'에 영향력을 미쳤던 것과는 달리, 메이지 말기의 초창기 '산악강연회'는 순수한 문화적 프로젝트였다.

3. 메이지 말기에서 다이쇼 초기 일본산악회의 강연회 활동

일본산악회와 산악강연회

1921년 '산에 관한 강연회' 강연자가 대개 일본산악회의 회원이었던 것에서 알 수 있듯이, '일본산악회'는 일본의 근대 등산 보급에 결정적인 역할을 했다. 영국 선교사 월터 웨스턴Walter Weston[11]의 적극적인 추천과 지원을 받아, 1905년 10월에 결성된 '산악회'가 잡지 『산악山岳』의 발행사업에서 한발 나아가 일반 시민을 대상으로 계몽 활동을 시작한 것은 1908년 5월 17일 '산악회 제1대회'부터였다. 도쿄시 니혼바시구日本橋区에 있는 도쿄지학협회東京地學協會 회관에서 열린 대회는 사진, 지도, 표본, 회화, 서적, 등산용구 등을 다수 전시했고, 더불어 강연을 개최했다. 강연 내용은 고지마 우스이小島烏水[12]의 '러스킨John Ruskin의 산악론', 시무라 우레이의 착색 슬라이드를 사용한 '일본 알프스 잡관雜觀', 그리고 야마사키 나오마사山崎直方[13]의 '유럽 알프스 잡관'이었다. 참가자는 회원 70명, 비회원 21명으로 총 91명이었다. "참석자의 직업은 신문기자, 토지측량부원, 천문대원, 상인, 농업인, 교원, 학생, 미술가, 저술가, 은행원, 공업인 등 다방면이었고……"[21]라고 기록되어 있다. 그러나 1912년 3월 9일 간다구神田区 히토쓰바시 제국교육회一ツ橋帝国教育會에서 열린 '월터 웨스턴의 일본 알프스 강연회'에서는 양상이 크게 달라졌다. 마치 '유지有志 만찬회'와 같이, 산악회의 범위를 뛰어넘어 600명 규모로 개최되었다. 이 강연회에서도 슬라이드 환등기가 사용되었고 "호오산鳳凰山[14] 오벨리스크 형상의 암벽등반 모험담은 큰 갈채"[22]를 받았다. 그러나 이 강연회의 통역자 중 한 명이었던 고지마 우스이는 후에, "그때까지 암벽등반이라는 것이 일본 등반가들 사이에 행해진 적이 없었고, 오히려 그러한 일을 곡예 따위로 여겨 사이비

---

11 1861~1940. 영국 선교사로 일본에 3회 장기체류하며, 일본 각지의 산을 오르고 『일본 알프스 등산과 탐험』 등을 저술했다.
12 1873~1948. 일본 등산가, 건축가, 문학비평가, 우키요에와 서양 판화 수집·연구가.
13 1870~1929. 일본 지리학자. '일본 근대 지리학의 아버지'로 불림.
14 야마나시현(山梨県) 남 알프스의 북동부에 있는 3개 산의 총칭. 일본 남알프스국립공원 내에 있다.

등산이라고 생각했기 때문"에, 알프스 암벽등반 사진 중 한 장은 "관중이 받아들이지 못했다"[23]고 이야기한다.

　다이쇼기에 들어서자 사진자료·등산용구의 전시회와 슬라이드 강연을 조합한 '산악강연회'가 한층 더 번성하였다. 『산악』에 실린 기사를 통해 간사이 지방의 '산악강연회' 개최와 등산 열풍의 확산을 들여다보자.

　1913년 10월 18일 산코三高[15]산악회의 결성을 기념하여, '산코산악회 주최 강연회'가 개최되었다. 일본산악회에서는 고지마 우스이, 쓰지무라 이스케辻村伊助,[16] 다카노 다카조高野鷹蔵[17]를 보냈고, 강연회 참가자는 600명이 넘었다. 행사를 주최한 학생들은 다음과 같은 상세한 기록을 남겼다.

　　이 기회를 놓치지 말고 재빨리 손을 써서, 그저 강연만으로는 초보자에게 흥미가 적으니 환등기를 사용하자. 또한, 이 지역의 대학교수님, 일본산악회의 여러 간사님들이 출연한다면 나무랄 데가 없을 것이다. (…중략…) 이번 행사는 산코 학생들뿐만 아니라, 간사이 지역에 산악취미를 널리 보급하고자 하는 공개 행사이다. 장소는 관련 회합에 가장 적당한 교토대 학생집회장을 (…중략…) 빌리고, (…중략…) 시중에 배포할 전단지의 그림은, 쓰바쿠로다케燕岳[18]에서 보이는 와시바네鷲羽[19] 고와시小鷲 일대의 스케치인데 기이하고 거친 느낌의 풀 컬러였다. 인쇄소에 매일 들러 명사들 초대장을 챙겼다. 전단지를 가모가와鴨川[20] 교고쿠京極

---

15 第三高等学校의 약칭. 옛 관립 고등학교 중 하나. 1869년(메이지2) 오사카에 세워졌으나, 1889년(메이지22) 교토로 이전. 이후 교토와 오카야마(岡山)에 자리 잡았다. 현재 교토대학 종합인문학부 및 오카야마대학 의학부의 전신이다.
16 1886~1923. 일본 원예가, 등산가.
17 1884~1964. 일본산악회 발기인 중 한 명.
18 나가노현 북서부에 있는 산.
19 와시바네다케(鷲羽岳)의 준말. 북알프스산 중 하나.
20 교토시 동부를 관통하는 강.

3번가 기온祇園[21] 부근에서 나눠주고, 시내에 사는 산악회원을 방문해서 출품을 요청하고, 모든 방면으로 설명하며 알렸다. (…중략…) 마침내 당일이 되었다. (…중략…) 접수처에 가보니 놀랍게도, 오늘 입장자는 200명쯤으로 생각했는데, 줄줄이 끝없이 들어온다. (…중략…) 자, 드디어 강연이다. 환등기가 돌아간다. 가슴이 뛰어 위층으로 가보았다. 이건 또 무슨 일인가. 다다미 2백 장 크기의 광활한 회장이 청중으로 꽉 차있다. (…중략…) (오가와小川 박사, 고지마 우스이 강연이 이어지고─인용자) 이제부터 인기가 많은 슬라이드다. (…중략…) 다카노 다카조가 (…중략…) 단상에 올랐다. 다테야마立山 등산로의 초원을 찍은 사진은 마치 실제로 눈앞에 있는 것 같았다. 상세한 설명, 등장하는 사진들, 바뀌는 영상에 청중들은 찬탄을 아끼지 않았다. 다테야마, 야리가타케에서 아리미네有峰 마을에 이르는 걸작 풍경 30여 장은 빨리 넘어가는 것이 아쉬울 정도였다. 항상 야리가타케가 모든 산맥의 위로 뾰족하게 솟아올라 있는 것을 보면 정말로 오르고 싶어진다. (…중략…) 폐회사가 들리자, 6백여 청중은 아쉬움을 남기고 일어났다. 대성공을 거두고 해산한 것이 밤 열 시였다.[24]

이 강연회가 게이한신京阪神[22] 등산 열풍의 계기가 되었던 것에 대해 고지마 우스이의 동생인 고지마 사카에小島榮는 다음과 같이 말했다.

잊을 수 없는 작년 10월 18일, 산코산악회와 게이한京阪 회원의 노력으로, 미증유의 성대한 산악 슬라이드 강연회가 실현되었다. (본지 제8년 3호 잡록雜錄 참조) 그 이래 게이한신 지방에서는 산악 열풍이 매우 만연하였다. 특히 교토

---

21 교토의 야사카(八坂)신사 또는 그 부근의 유흥가.
22 교토, 오사카, 고베를 아울러 이르는 말.

의 히에이잔比叡山은 등산객 때문에 정상이 헐벗을 정도다. 『오사카아사히신문』
등은 여름철에 산악란을 만들어 등산담을 실었다. 회원 이마무라今村 같은 이는
연일 기염을 토해냈다.[25]

제2회 간사이대회

　다음 해 1914년 11월 일본산악회 주최로 '일본산악회 제2회 간사이대
회'가 교토에서 열렸다. 전람회는 1일부터 3일까지 교토부립京都府立 도서
관에서, 1일 강연회는 교토대학 학생집회소에서 열렸다. 텐트, 일본 알프
스 지도, 등산용구, 식물채집용 기구, 후지산 사생 그림, 닛코日光·하코네箱
根 등을 그린 히로시게広重[23]의 니시키에錦絵,[24] 식물·광물의 표본, 다수의
산악 사진, 유럽 알프스 관련 서적 등이 전시되었고, 약 5백 명이 모여 대
성황을 이루었다. 강연 내용은 히키比企공과대학 조교수의 '산악과 암석',
고지마 우스이의 '히다飛騨 산맥 중 소로쿠타니雙六谷의 탐험', 이와무라岩村
이학박사의 '휨퍼Edward Whymper[25]와 유럽 알프스의 영봉 마터호른'환등기 사
용, 다카노 다카조의 '일본 알프스'환등기 사용이었다. 『오사카아사히신문』은
강연회의 모습을 다음과 같이 전했다. 일본 근대 등산의 역사와 소로쿠타
니 수원水源 여행을 보고한 고지마 우스이가 "큰 박수를 받으며 단상에 오
르고," 히키공과대학 조교수의 암석 종류와 긴키 지역의 단층군에 대한
강연은 "유머가 섞인 재미있는 이야기로 많은 청중의 갈채를 받았다". 그

23　우타가와 히로시게(歌川広重 1797~1858). 에도 말기 우키요에 화가.

24　여러 색으로 화려하게 찍어낸 우키요에(浮世絵) 판화.

25　1840~1911. 알프스 황금시대에 활약한 영국의 유명한 등산가. 1865년 마터호른산에
　　　처음 등정하였으나, 등반팀 7명 중 4명이 하산 중 추락·조난사하였다. 이 사고로 중상을
　　　입었음에도 이후 계속 최초 등정의 위업을 이루었다. 1880년 안데스산맥의 침보라소산,
　　　1901년 캐나다 로키산맥의 봉우리들을 처음으로 등정하였다.

리고 마지막으로 환등기를 사용한 다카노 다카조의 강연이 있었다.

영국의 휨퍼 씨가 마터호른 등반에 도전하여 여덟 번 실패하고 아홉 번째 결국 성공하는 흥미진진한 이야기에 흥분하여 마음이 들떴다. 특히 휨퍼 씨가 마터호른의 정상에 도달했을 때의 슬라이드는 청중들에게 등산의 유쾌한 기분을 선사했고, 하산하면서 3명이나 희생된 이야기는 슬픔을 자아냈다. 이 슬라이드 강연이 끝나고, 다음으로 일본 알프스의 슬라이드 영상이 시작되었다. 다카노 다카조가 설명했는데, 아무리 산을 싫어하는 남자라도 한 번은 일본 알프스에 오르고 싶다는 기분이 들게 했다. 이렇게 대성공을 거두고 오후 9시가 넘어서 행사를 마쳤다.[26]

이 강연회 때 다카노 다카조의 슬라이드에 대해 고지마 사카에는 더 전문적인 견해를 보인다.

40여 장 슬라이드의 일부는 총천연색이어서 매우 통쾌한 기분을 주었다. 특히 우시로다테야마後立山 산맥의 야쓰미네八ッ峰 봉우리는 몹시 험준해서 일본에서 유일하게 종주가 불가능하다라는 말을 듣고 흥분한 청중은 어깨를 들썩이고 무릎을 바싹 당겨 화면에 구멍이 뚫릴 정도로 주시하였다.[27]

간사이대회 등등

1915년에는 오사카시에서도 산악회 주최의 '간사이대회'가 열렸고, 연이은 소규모의 산악강연회는 더 대중적으로 확대되었다. 그 양상을 『산악』에 실린 두 번의 「각지의 산악회 보고」로 살펴볼 수 있다.

「각지의 산악회 보고 1」에는 산악회원 에노야 데쓰조를 강사로 한 총 3개의 산악강연회 보고가 실려 있다. 첫 번째는 1915년 6월 16일 오사카 잡화상공조합의 정례강연회로 참가자가 400명이 넘었다. 두 번째는 6월 22일 히가시히라노東平野 학교에서 열린 강연회로, 참가자가 학생을 포함하여 천명에 달했다. 세 번째는 7월 10일 히가시구東區 제2고등학교에서 열린 강연회로, 참가한 학생이 500명이었다. 이제 오사카 잡화상공조합의 정례강연회와 같이, 특별 산악강연회가 아닌 기존의 시스템 안에 산악강연회가 들어가기 시작한 것이다.

> 오사카 잡화상공조합은 자조회自助會라는 조직을 통해 매월 1회 유명인을 초청하여 수양 목적의 강연회를 개최하는데, 6월 모임에는 마침 오사카에서 알피니즘이 발흥하고 있는 것을 계기로, 에노야 데쓰조에게 일본 알프스 실제 탐험담을 의뢰했다. (…중략…) 이전의 모임에서는 매우 딱딱하고 관례적인 수양담을 들을 뿐이었다. 낮에 격렬한 업무에 종사하고 항상 새로운 사상을 동경하는 사람들인지라 이전에는 강연을 듣는 도중 꽤나 하품을 하거나 조는 경우가 많았다. 그러나 이번에는 상당히 놀라운 이야기였기 때문에 그 같은 사람들도 좀처럼 지루해하지 않았다. 모임 이래 가장 많은 4백여 명의 청중들이 계속 열심히 귀를 기울였다.[28]

이렇듯 이제까지 산악대회에 참가하지 않았던 광범위한 계층의 사람들에게 신선한 충격을 주는 새로운 길이 개척되었다. 같은 해 오사카시 교육회 주최의 '일본 알프스 답파단'이 4개 팀으로 나뉘어 북알프스에 오르고, 오사카시 6개 소학교도 요시노야마吉野山에 올랐다. 호치신문사報知新聞社는

본사에 '안심소安心所'를 개설해 '산악여행 자문' 활동을 개시하였다.[29]

이후 나라, 나고야 등 각지에서 산악강연회가 개최되었고, 산악·등산 열풍 또한 주변으로 확대되어 갔다. (다이쇼기 등산 열풍을 보여주는 참고자료: 〈그림 10, 12, 13, 14〉) 산악과 등산에 관한 관심은 엘리트층·학생에서 일반 시민으로 확대되었는데, 그 중요한 매개체가 되었던 것이 산악강연회였다. 강연회는 일본산악회 주최의 대규모 강연회로 출발하여, 소규모 강연회, 기존의 각종 민간 조직이나 공교육 관련 조직의 강연회로 이어졌다. 특히 슬라이드 상영이 '볼거리'로서 중요하고도 결정적인 역할을 했다. 앞서 살펴본 여러 강연회의 양상에 더해 1915년 6월 23일에 개최된 교토 강연회에 관한 다음의 기사는, 슬라이드 상영이 청중들에게 강한 정서적 반응을 불러일으켰음을 잘 보여준다.

> 다카노高野는 우레와 같은 박수를 받으며 단상에 올라 일본 알프스의 슬라이드 수십 장과 함께 상세한 설명을 했는데, 마치 알프스 계곡물과 같이 맑고 유창하게 이야기하였다. 오늘 저녁 알프스라는 것을 처음 접한 사람들이 많은 만큼 슬라이드가 한 장 한 장 넘어갈 때마다 놀라움과 기쁨과 진기함에 '아아' 하는 감탄사가 회관 전체에 울려 퍼졌다. 특히 뾰족한 봉우리의 끝이나, 산간의 온천이나, 고시키가하라五色ヶ原[26]의 식물이나 그 밖의 눈에 덮인 산 그림자 사진이 나올 때마다 감탄사와 박수가 터져 나와 영원히 그치지 않을지도 모른다는 의심이 들 정도였다.[30]

---

26 고시키가하라는 다테야마에서 야쿠시다케(藥師岳)로 이어지는 다테야마 연봉의 도중에 있는 대지. 도야마현 도야마시에 속해 있다.

〈그림 10〉 그림엽서 〈우사군(宇佐郡) 청년단 및 재향군인 연합 분회 묘켄산(妙見山) 등산 기념〉, 1921년 9월 3일

다이쇼 초기의 시민·대중의 등산 열풍 저변에 깔린 심상은, 앞서 종교적인 심상과는 전혀 관계없는 순수하게 시각적이고 미적인 감동이었다.

4. 근대 산악등산의 문화적 특성

'산악강연회'는 어떻게 그 많은 일반 시민들을 끌어들일 수 있었을까. 또한, 어떻게 지속해서 확장될 수 있었던 것일까. 이에 대해 대중사회의 성숙이라는 사회적 조건의 변화를 원인으로 설명할 수도 있을 것이다. 그러나 이 글에서는 광의의 '여행문화' 속에서, 산악등산이라는 새로운 활동이 가진 의미에 대해 첫째 탈전통성, 둘째 도시 중간층의 문화라는 두 가지 측면으로 검토하고자 한다.

탈전통성

창립한 지 얼마 지나지 않아 일본산악회가 대응할 수밖에 없었던 대외적인 일이 있었는데, 바로 시로우마산白馬山[27] 기슭에 있는 호쿠조마을北城村[28] 호소노구細野区 주민과의 협상이었다. 『산악』 제1년 제1호(〈그림 11〉)에 실린 「시로우마산과 호쿠조마을 호소노구의 미래」[31]에 따르면, 작년1905 여름, 이 지역 나가노현 기타아즈미군北安曇郡 호쿠조마을 호소노구 주민은 "등산객에게 악감정을 품고 소극적인 방해를 시도했다. 안내자의 공급을 거부했을 뿐만 아니라 안내를 한 주민에게 적지 않은 과태료를 부과한다는 취지의 규정"을 만들기에 이르렀다. 일본산악회는 "등산에 지장을 초래하는 일을 제거하고 산악 동지들의 편의를 도모한다는 본회 창립 취지에 맞는 첫 번째 사업이 될 수 있다고 생각"하여, 나가노현에 인맥이 있는 회원 조 가즈마城數馬에게 중재를 맡겼다. 협상 결과, 악감정이 "오해 혹은 의견 차이"에 의한 것임이 명백해 최종적으로 책임 있는 안내자를 제공하는 일, 안내자 표준 요금을 마련하는 일, 시로우마산 위에 작은 산장 건설 계획을 수립하는 것에 대해 호소노구 주민과 합의했다. 그러나 시무라 우레이는 그 원인이 단순한 "오해 혹은 의견 차이"가 아님을, 마에다 쇼잔前田曙山과의 공저 『산야ま』1907에서 밝히고 있다. 시무라 우레이가 식물채집을 위해 시로우마산의 세 번째 등산을 계획하고 호쿠조 마을에 도착했을 때

---

27 원문에 산(山)이라고 써 있으나, 이는 현재 일본의 시로우마야마(白馬山)가 아닌 시로우마다케(白馬岳)를 지칭한다. 시로우마다케에 관해서는 이 장의 각주 8번 참조.

28 나가노현 기타아즈미군(北安曇郡)에 있던 마을. 현재는 시로우마마을 호쿠조(白馬村北城).

〈그림 11〉『산악(山岳)』 창간호 표지, 1906년 4월

주민들의 반대에 부딪혔던 전말을 다음과 같이 썼다.

예로부터 시로우마산 아래 마을 주민들은 다케岳(마을 주민들은 시로우마산이라고 부르지 않고 보통 다케岳 혹은 니시다케西岳라고 부른다)를 신과 같이 혹은 두려운 악마와 같이 숭배했다. 만약 사람이 이 산에 올라 신성을 모독하면 산신령이 크게 노하는 산의 저주가 있다고 전해지는바, 서로 경계하여 산에 오르지 않았다. 사람의 지식이 점차 높아가는 오늘날에도 이러한 미신을 믿는 일이 적지 않다. 그런데 근래 등산 열풍이 불고 식물채집가들이 자꾸만 산에 오르자, 그 모습을 본 주민들은 큰 불쾌감을 느꼈다. 8월 초순 우리 일행이 등산을 하고 나서, 최근 매우 드물었던 폭풍우가 몰아쳤고, 주민들은 이를 보고 평소의 미신을 더 깊이 확신했다. 그 후 연일 비가 내리고, 계곡물이 사납게 흐르고, 강물이 범람하고, 논밭에 피해를 입는 등의 일이 있었다. 어쨌든 나쁜 날씨가 나아지지 않는다면, 곡식이 여물지 않고 굶주림이 필연적으로 닥칠 것이므로, 산 아래 호소노, 요쓰야四ッ屋, 오오데大出, 와라비타이리蕨平, 후카자와深沢, 신덴新田, 시오지마塩島 등의 작은 동네 주민들은 모두 동네 서낭당鎮守에 모여 천기제天気祭(심한 가뭄에는 기우제라는 이름으로 비가 오기를 기도하고, 안개와 비霧雨에는 천기제라는 이름으로 청명함을 기도하는 이 지방의 습속)를 지내며 맑은 하늘을 기원했다. 그때 시로우마산에는 몇 명의 채집가와 호소노 안내인이 체류하고 있었고, 이 사실을 안 주민들은 크게 분노하여 마을 대표들이 호소노에 모였다. 다른 지방 사람이 산에 있는 것은 어쩔 수 없다 해도, 산 아래 마을 호소노구 주민이 산 위에 있다는 것은 말이 안 되는 일이다. 우리는 매일 아이를 돌보고 노인을 부양하고 마을 신사에서 기도드리는 일로 하루를 보내는데, 그런데 하늘이 맑지 않은 까닭은 그들이 산 위에 체류하기 때문이니 즉시 하산하여야 한다. 또한, 등산객이 원해도 호소노구 주민이 안내하지 않으면 산에 오르는 것이 불가능하기 때문에, 지금부터 일절 안내자의 등산을 금지한다. 호소노구에서도 이에 동의하여 안내자를 하산시키기 위해 두 명을 파견한다. 또한, 일체 등산할 수 없다는 규약을 만들고, 만약에 위반하는 일이 있으면 상당한 제재를 받게 될 것이다. 산 위에 올라갈 두 명은 목숨을 걸고 안내자를 하산시키고, 그러면 산 위에 있는 사람들은 매우 곤란한 상황이 될 것이라고 전하라.[32]

"마을 사람은 우리가 산에 오르는 것을 보고 좋아하지 않았다. 논밭에서 보고 괭이를 집어든 사람, 길에서 만나는 사람 모두 불쾌한 눈빛으로 우리를 바라보았다"[33]는 분위기 가운데 시무라 우레이는 결국 다른 마을 안내자를 고용해 산에 올랐다. 반발의 정도는 이보다 가볍지만, 다케다 히사요시武田久吉[29] 역시 1901~1904년 무렵에 가이코마甲斐駒의 산에서 고講의 등산객 일행을 만났던 일화를 적었다.

작은 오두막에 들어서자 거기에 행자 무리가 있었는데, 그 선도자로 보이는 사람이, 행자복도 입지 않고 안내인에게 무거운 짐을 맡긴 나를 이단 사도의

---

29 1883~1972. 일본의 식물학자, 등산가.

침입자로 보았던 것인지, 무엇 때문에 왔냐고 질문을 퍼부었다. 식물채집을 위해서라고 답했는데, 그 말을 믿을 수 없었는지 밖으로 나가 나리꽃 한 대를 뒤에 숨겨와서는, 이 풀을 알고 있는지 시험했다. 내가 쉽게 대답하니 안심하는 듯한 모양새가 우스웠다. 그 무렵에는 신앙 이외의 이유로 높은 산에 오르는 사람이 매우 드물었음을 알 수 있다. 후에 알게 된 것이지만, 식물채집을 위해 그 산에 올랐던 사람은 내가 세 번째였고, 이전의 두 명 중 한 사람은 고슈甲州에서, 다른 한 사람은 신슈信州에서 올랐던 것이다.[34]

근대 등산의 개척자들은 괴짜 취급을 받았고, 몰이해와 산기슭 주민의 산에 대한 전통적인 관념 그리고 전통적인 고講의 등산단체와 갈등을 겪을 수밖에 없었다.[35]

물론 고講의 등산에 동행하는 경우도 있었다. 그러나 그러한 경우에도 그들이 얻은 것은, 신앙에 대한 깊은 확신도, 공동체에 대한 귀속의식 강화도 아닌, 산의 정상에서만 얻을 수 있는 개인적인 미적 감동이었다. 시무라 우레이는 1906년 일본 알프스 3대 봉우리를 횡단할 때, 도야마富山에서 온 참배 집단과 함께 다테야마에 올랐다. 그가 쓴 아래의 글에서 고講의 등산과 근대적 등산의 대비가 선명하게 드러난다.

8월 12일 오전 3시.
판 두드리는 소리에 맞춰 3백여 명의 참배자 모두 무로도室堂[30] 앞마당에 나

---

30 무로도는 원래 수행자가 숙박하거나 기도를 드리는 신당으로 산신제를 지내는 산에 세우는 경우가 대부분이다. 이러한 의미에서 유래하여 지명이 되기도 하는데, 다테야마 등산의 거점인 다테야마 무로도를 일반적으로 무로도로 부르기도 한다.

　越中立山雄山神社

〈그림 12〉 그림엽서 〈엣추에 있는 다테야마 오야마(雄山)의 신사〉, 1907~1917년 무렵

선다. 신관이 등산객의 고향과 이름을 부르면 모두 대답을 한다. 인원 점검을 마치고, 신관은 흰옷에 검은 모자를 쓰고 깨끗한 신을 신고 하쿠누사白幣[31]를 흔들며 앞서 산을 오르고 대중은 뒤를 따른다. 사방은 아직 칠흙같이 어둡고 별이 반짝인다. 우리 또한 뒤를 따른다. (…중략…) 어제와 같은 등산로를 따라 다시 다테야마의 정상을 향한다. 이치노코시一ノ越, 니노코시二ノ越[32]를 거쳐 길이 험해지자, 모두 입을 모아 육근청정六根淸淨[33]을 왼다. 앞뒤로 줄지어 나아간다. 등산자의 대다수는 엣추越中[34]의 청년들이다. 엣추의 습속에 따르면, 남자는 반드시 한 번은 이 산에 올라야 한다. 같은 마을에서 여러 명이 그룹을 지어 등산하기도 한다. 다테야마의 정상에 도달하면 즉시 하산한다. 등산을 한 후에 마을의

---

31 신에게 예물로 바치는 물건. 혹은 종이나 천 조각을 막대에 드리운 것.
32 이치노코시와 니노코시는 다테야마 연봉으로 표고 각 2,705미터, 2,793미터이며, 도야마현에 속해 있다.
33 육신의 집착을 끊고 깨끗해짐, 영산(靈山)에 오를 때 외는 말.
34 옛 지명, 현재 도야마현.

The way to up mt Fuji from Gotenba　景實ㄣ力見ㅓ山水賣ㅏ否山登目合六　〔道山登口富殿御〕

〈그림 13〉 그림엽서 〈(고텐바(御殿場)[36] 입구 등산로) 로쿠고메(六合目)[37]를 오르는 등산객과 호에이산
(宝永山)이 보이는 풍경〉, 1918~1932년 무렵

신사에 참배함으로써 명예를 얻는다. 만약 아프거나 힘들어서 도중에 쓰러진
다고 해도 신벌神罰이라 생각하고 자신을 돌이켜 보면 된다. 지금 여기 청년들은
모두 원기 넘치고 의기충천의 기세다. 고노코시五ノ越[35]에 도달하니 오전 4시,
드디어 동쪽 하늘이 붉어 온다. 산 정상에는 20명 내외의 사람이 앉기 어려우
니, 먼저 석실 부근에 모두 모여 차례로 신전에 참배한다. 신관의 주도로 불제祓
い[38]를 지낸다. 신관이 치는 천고天鼓[39]의 소리가 온 산에 둥둥 울린다. 동쪽에서
는 이미 아침 해가 옆으로 길게 뻗은 구름을 뚫고 선명하게 솟아올라 천지의 어

---

35 다테야마 연봉으로 이치노코시에서 이어지는 마지막 봉우리이자 정상이라고 할 수 있다.
약 3,000미터에 달한다.
36 시즈오카(静岡)현 동부에 위치한 도시. 후지산 주변.
37 후지산을 오를 때 거치는 봉우리, 표고 2,390미터. 등산객을 위한 산장 등이 있다.
38 신에게 빌어 죄나 부정함을 없애는 의식.
39 불교 법당에 있는 북. 치지 않아도 저절로 울린다는 전설이 따르기도 한다.

〈그림 14〉 그림엽서 〈후지산, 장엄하기 그지없는 일몰 풍경을 석실에서 바라보다〉, 1920년

둠을 밝히고 시작을 알린다. 높은 산에서 보는 일출의 광경은 웅장하고 통쾌한 절경이다. 그런데 이러한 멋진 광경은 후지산에서도, 시로우마산에서도, 야리가타케에서도, 온다케御岳[40]에서도 모두 볼 수 있다. 오로지 이 다테야마의 정상에서만 볼 수 있는 천하의 장관, 우주의 장관은 무엇인가.

이른바 일본 알프스의 연속된 능선이 눈앞에 펼쳐지고 한눈에 다 들어오는 광경은, 수려한 후요봉芙蓉峰[41]의 정상에서도, 가파르고 험한 야리가타케의 정상에서도, 웅대한 시로우마산의 정상에서도 볼 수 없다. 오호라, 다테야마의 정상에 서서 이 장관을 마음껏 바라본 경험이 없는 이는 감히 일본 알프스를 입에 담지 말지어다. 산을 사랑하는 사람이라면, 바라건대 반드시 한 번은 다테야마 정상에 올라보라. 이 장관은 말로도 글로도 전할 수 없다.[36]

---

40 나가노현에 있는 표고 3,067미터의 독립봉.
41 후지산(富士山)의 별칭.

근대 등산의 개척자들은 근대 등산 혹은 '즐거움을 위한 등산', '등산을 위한 등산'[37]이 본질적으로 비전통적 때로는 반전통적일 수밖에 없다는 자각을 공유하고 있었다. 일본은 산악국가이며 산에 오르는 습관은 나라의 전통에 속하는 것으로 예를 들어 후지산을 비롯해 많은 산이 신앙의 대상이 되어 등산 역시 번성했다는 의견이 있다. 그러나 그에 대해 산악회의 발기인 중 한 명이자 재정지원자였던 니가타新潟의 대지주 다카토 진베에高頭仁兵衛[41]는, "그것은 미신일 뿐 진정한 신앙의 깊이를 몰라서 하는 일로, 신앙을 위한다며 가파른 바위를 오르고 절벽을 타며 신불을 기원하는 것은 산을 깊이 사랑하는 것이 아니다. 우매한 이들이 백팔배御百度를 하거나 목욕재계를 하는 것과 다르지 않다. 그러니 몇몇 산을 제외하고는 등산로나 산의 형상을 절대로 상세히 기록할 수도 없었다"[38]며 엄격하게 거부하는 자세를 보인다.[39]

　　산악회 초기에 실질적으로 중심에 있던 사람은 고지마 우스이였고, 그는 다수의 저작을 통해 산악등산의 유행이 일시적인 것이 아니라 인간과 자연의 철학과 연관된 것임을 사상적으로 논증하고자 했다. 거기에도 항상 전통적 신앙과의 관계를 부정하는 것이 전제되어 있었다. 그는 "오늘날에 산을 신성시하여 죄업의 소멸이나 사후의 명복을 기원하는 일이 지식인 계급에는 절대 없어야 한다"[40]는 인식을 가지고 있었다. 고지마 우스이를 비롯하여 오늘날에도 산악등산에 관심을 가진 거의 모든 사람이 '왜 산에 오르는가'를 물을 수밖에 없는 것은, 바로 등산의 전통적 의미를

41　다카토 쇼쿠(高頭式)라고도 함. 1877~1958. 메이지~쇼와 시대의 등산가. 1905년(메이지38) 고지마 우스이, 다카노 다카조 등과 함께 일본산악회를 결성, 2대 회장을 역임. 『일본산악지(日本山岳志)』 저술.

부정한 결과이다.

고구레 리타로는 메이지유신 이전 신앙등산과 근대 등산의 연속성에 관심을 기울여 "자연애의 사상"[41]에서 그 근거를 찾는다. 그러나 고구레 도 "유신 후 모든 문물이 변한 것과 마찬가지로 등산의 형식과 내용 모두 변했다", "현대 등산은 유신 이전 등산의 연장이라고 말할 수 없다"[42]는 것은 자명하다고 말한다. 또한, 유신 이전 등산은 "형식이 고정되어 매해 같은 등산을 반복하는 것일 뿐, 그 내용에 조금도 변화가 없다. 양이 늘어도 질로는 여전히 종교등산이고, 한 걸음 나아가 종교와 분리된 등산은 끝내 이루지 못했다"[43]라고 했다. 더불어 "메이지 초기 근대 문화로서 등산은 유신 이전 문화로 남아 있던 일본 알프스에서 태어나 자랐다. 이 지역은 어쨌든 재미있는 등산을 제공하는 무대로서 국내에서는 타의 추종을 불허하는 곳이다. 종교등산의 잔해에 만족할 수 없었던 메이지 중기와 후기의 등산가들이 경쟁·활약한 곳도 이곳이었다. 다이쇼부터 쇼와에 걸쳐 젊은 등산가가 암벽등반이나 겨울철 등반에 필요한 등반기술을 연마한 곳도 바로 여기였다. 이곳이야말로 메이지 이래 근대 등산의 발상지이자 등산을 오늘날과 같이 융성하게 만든 요람의 땅"[44]이라고 말한 바 있다. 그는 전통적인 종교등산과 근대 등산의 결정적 차이를 '형식과 내용'의 고정성·획일성 대 발전성·다양성으로 분석하고 있다.

도시 중간층의 문화

전통적 신앙등산과의 단절과 함께, 도시근로자·생활자의 활동이라는 정체성 또한 근대 등산의 개척자들에게 공통적으로 보이는 특징이다. 일본 근대 등산의 효시로 알려진 1902년 8월 '야리가타케 탐험'은 요코하마 쇼킨正金은행 행원이었던 고지마 우스이와 스탠더드 석유회사 사원이었던 오카노 긴지로岡野金次郎[42]가 감행한 것이었다. "하루하루를 만금으로 바꿀 수 없을"[45] 정도의 제한된 여름 휴가 기간에 이루어진 일이었다. 더욱이 고지마는 "근래 일본인들은 온갖 하계강습회나 무의미한 '온천욕', '해수욕'을 벗어나 다양한 등산 모임을 계획하고 실행하는 일이 점차 많아지고 있으니, 이는 바로 내가 바라는 바"로, "여름 휴가는 서민·대중에게 주어진 안식일이니 배불리 먹고 잠을 자는 것으로만 헛되이 보내서는 안 된다"[46]고 말한다.

고지마 우스이는 더 나아가 산악에 대한 동경을 도시화한 '근대' 안에 자리매김한다. 이는 현대 도시 생활조건에 대한 사회심리적인 분석이며, 근대 등산이 근대 도시 생활자와 깊이 결부되어 있을 가능성을 잘 보여준다. "우리 현대인은 이제 생활의 욕구로 뿌리내린 번잡, 소란, 번민, 노고 때문에 어떤 것에도 자극받지 않고 아무것도 신기하지 않아, 남은 것은 그저 육체적 권태뿐이다. 도피·은둔적이라고 해도 바위가 우뚝 솟은 곳에서 천국의 행복을 맛보려고 한다. 그곳에 도달하려면 여전히 고행과 금욕적인 자기희생이 필요하다. 그에 뒤따르는 고통을 감수하는 산악숭배 무리가 나오는 것도 퇴폐적 경향의 근대적 현상으로, 그저 유사한 껍질을 씌운 것에 불과하다. 괴테가 말했듯이 '모든 것의 절정에는 멈춤이 있다'. 그러니 적어도 생애의 며칠은 멈추기를……."[47]

또한, 등산과 도시의 관계에서 보면, 다나베 주지田部重治[43]와 고구레 리

---

42 1847~1958. 메이지-쇼와기 등산가. 1894년(메이지27) 고지마 우스이와 함께 1894년 도노타케(塔ヶ岳), 1899년 노리쿠라다케(乗鞍岳), 1902년 야리가타케를 등반하였다. 초기 일본산악회 회원. 여행, 연극, 우키요에 애호가.

43 1884~1972. 일본 영문학자, 등산가. 도쿄제국대학 영문과를 졸업하고 재학 중 고구레

타로의 지치부秩父 산행은 새로운 미의 발견이라는 의미 외에도 도쿄와 가까운 지리적 조건과 철도편이 용이하다는 조건이 중요한 요소가 되었음[48]을 잘 보여준다.[49] 또한, 스가누마 다쓰타로菅沼達太郎는 "산에 오르는 일은 차치하고 그저 도쿄를 떠나 산에 가는 것만으로도 충분히 만족스럽다"[50]고까지 말한다. 그는 산행의 이유로 산과의 긍정적인 관계보다 도쿄와의 부정적인 관계를 더 중시하고 있다.

다이쇼기와 쇼와기를 거치며 등산과 산행의 지향점은 전통적 종교성에서 분리되어 다양한 방향으로 해방되었다. 그 형식과 내용, 어떤 산을 어떻게 오를 것인지, 산, 계곡, 고원, 봉우리 어디로 갈 것인지, 정상을 목표로 할 것인지 말 것인지, 스포츠성과 정신성의 관계 등등 산에 대한 접근법이 다채롭게 전개되었다. 그리고 다른 한편으로는 도시를 기반으로 한 자발적인 '여행단'의 결성이 이어졌다.

5. 사회인 여행단체의 지향성

사회인 등산에 대한 비판

야나기타 구니오는 일본 근대 등산을 "등산가의 공상은, 산악회라는 것을 조직하고, 산악회 너머로 모임을 확장하고, 여름 휴가에는 휘장 같은 것을 달고 진기한 봉우리에 오르거나, 등산 보고서를 멋진 글솜씨로 발표하는 일"[51]이라고 비꼬았다. 근대 등산은 일본 알프스를 무대로 한 초기

리타로를 만나 산에 관심을 갖게 되었다. 19세기 영문학을 연구했으며, 일본 알프스, 치치부(秩父)산 등을 등반하였다.

의 탐험시대를 끝내고, 다이쇼기에 보급과 다양성의 시대로 접어들었다. 다이쇼기의 시민 '여행단'이나 '등산단체'에 대한 가장 신랄한 비판은 『R·C·C 보고』 III1929에 게재된 미즈노 쇼타로水野祥太郎[44]의 「오후 3시의 산」일 것이다.

경기회와 같은 '등산단체'에 속해 있는 다수의 등산가. 그러나 실상 대다수는 그저 정관적靜觀的 산책자, 미온적 건강유의자, 스포츠로서 등산의 세례를 받은 사람들이다. 가벼운 신앙인나 골동품 감상가로 사찰에 '등산'을 가고, 정관적 자연 감상가로 비와코琵琶湖[45]에 '등산'을 가고, 파괴적 자연 감상가로 요시노야마에 꽃을 따러 '등산'을 간다. 하지만 그런 사람들도 역시나 '등산가'의 이름을 참칭하는데 누구도 이를 결코 이상하게 생각지 않는다. 걷기취미라고 말하는 것처럼 '등산을 즐기는 사람이 등산가'라고 한들, 과연 그가 관심을 둔 것은 등산일까, 자신의 건강일까, 풍경일까, 산세일까, 식물일까. 편백나무 채취에 목숨을 거는 즐거운 등산이라 해도 결코 그들에게 등산가의 이름을 허락할 수 없음이 너무나도 명백하다. 걷기회와 같은 모임에 속한 대다수 사람은 '등산가'라는 이름을 얻고도 해맑은 얼굴을 할 정도로, '산'이나 알피니즘에 대해서 애매하고도 무관심한 모던 알피니스트에도 미치지 못하는 극히 소박한 '등산가'인 것이다.[52]

취지의 다양성과 사회인 정체성

미즈노 쇼타로는 앞의 글에서 알피니즘의 순수화를 위해 민간대중단체

---

44 1907~1984. 일본의 정형외과 의사, 등산가.
45 시가현에 있는 일본 최대의 호수.

와 분리되어야 한다고 주장하는데, 왜냐하면 그러한 단체들이 너무나 잡다한 지향점을 가지고 있었기 때문이다. 이 단체들의 취지문에는 건강증진, 체력증강, 친목, 취미의 함양에서 애국적인 경신숭조에 이르기까지 거의 모든 목표가 들어가 있다.

'일본걷기회'의 사례를 보자. '일본걷기회'는 1913년 2월 25일, 구사나기草薙, 가와모토河本라는 두 사람이 미카게御影[46]에서 시작해 롯코六甲[47]를 거쳐 아리마有馬[48]까지 걸어서 갔다오는 것으로 시작되었다. "회원의 다수는 게이한신 지역 사람들이었다. 재향군인, 상공업계 사람 등 직업과 상관없이 서로 어울려 친목을 도모한다. 자연의 아름다운 친근함과 숭고한 산신령 가까이에서 신체를 연마하고 정신을 고무하고, 그래서 평일 각자의 업무를 성실·검소하게 수행하는 데에 도움이 되는 소위 걷기취미를 가진 모임이라는 특색이 있다." '일본걷기회 회칙'에는 "제1조 본 회는 산악의 수려한 풍경에 취미가 깊은 소풍을 통해 신체를 단련하고 강건활달한 기풍을 일으키는 것을 목적으로 한다. 이와 같은 목적의 실행을 위해 월 2~3회 일요일에 근소한 비용으로 긴키 지역의 산악에 오르고, 특히 그중 1회는 한신阪神 지역에서 가까운 산야를 택한다"[53]라는 문구가 있다. 비록 취지가 잡다하기는 하지만, 직업을 가진 도시 사회인의 견실한 활동을 지향하고 있음을 잘 알 수 있다.

도쿄에 있는 사회인 단체의 주도자는 '유복한 상인 집안'이 많았다. 도쿄

46　고베시 히가시나다구(東灘区)의 일부로 롯코산로쿠(六甲山麓)를 흐르는 강 부근의 화강암의 산지.

47　효고현(兵庫県) 남동부, 고베시 북부에 위치한 롯코(六甲)산지의 주요 봉우리들. 동롯코산은 해발 931미터, 서 롯코산은 해발 804미터.

48　효고현 남동부의 옛 군(郡)의 이름. 고베시 북구 롯코산지 북서쪽에 위치한 온천지.

에서 이 종류의 단체의 최고참인 '도쿄야보로회東京野歩路會'의 "주도자는 혼다 겟코本田月光라는 야나기바시柳橋[49]의 세토瀬戸[50] 도자기점의 주인이었다"[54]고 한다. '도쿄야보로회'는 "매달 두 번 정도 휴일에만 모일 수 있는 직업을 가진 사람들이 자연을 가까이 할 수 있음은 물론 서로의 관계가 강력해지니" "산에 오르자, 산과 친해지자"고 주장한다. 또한, "최근 떠들썩하게 알피니즘의 본질 문제에 관해 이야기하고 있지만, 한 달에 한 번이나 두 번 휴일에나 만나는 직장 등산인들은 관심이 없다"[55]고 한다.

회사원을 중심으로 한 도쿄의 사회인 단체 '안개여행회霧の旅会'[56]는 마쓰이 미키오松井幹生가 쓴 「취지서를 대신해서」에서 자신들의 일상생활을 다음과 같이 묘사하고 있다.

우리의 대부분은 전동기가 끊임없이 돌아가는 소리를 듣거나, 마이크로미터 수준으로 일만 분의 일 초를 다투는 사람들이다. 혹은 주판알을 튕겨 수천만의 금액을 오차 없이 계산해야 하는 사람들이다.

종일 톱니바퀴의 괴로운 소리를 듣거나, 오가면서도 자동차의 방향을 살피거나, 전차에 올라타기 위해 애태워야 하는, 일분일초의 틈도 없는 비참한 일상생활. 그러니 반드시 무언가 위안이 될 만한 것을 찾아야만 한다.[57]

'안개여행회'는 "무리하지 않는 등산"을 표방하고 경제적 형편과 일정, 그리고 난이도를 고려한 활동을 했다. 예를 들어, 다나베 주지는 기관지 『안개

---

49 도쿄 다이토구(台東区) 남동부의 지명.

50 아이치현(愛知県) 중북부의 야타카와 상류변에 자리 잡은 요업 도시로 도자기 식기 생산지로 유명함. 세토야키(瀬戸焼)는 가마쿠라 시대부터 시작됐다고 전함.

여행霧の旅』〈그림 15〉에서 등산의 본래 의미는 산에 대한 미적인 정신 활동과 충분한 육체 활동의 조화이고, "산을 관상하지 않고 그저 정상에 도달하는 것을 목적으로 하는 등산"은 "잘못된 것"[58]이라고 단언한다.

또한, 게이한신 지역의 단체도 마찬가지였는데, 『오사카여행단 연감』제2판에 게재된 단체들 대부분이 월 1회 휴일을 이용해 모임을 진행하였다.

다이쇼 후기에 소개된 알피니즘 기술에 학생이나 전문 등산가가 매료되었던 반면, 이들 사회인 단체는 사회인으로서의 한계 혹은 견실함을 유지했던 것이다. 이 견실함을 바탕으로 잡다한 목표들이 함께 존재했다. 이는 도시 중간층이 '여행'을 다채로운 목적을 가진 것으로 추상화할 수 있었다는 의미이다. 이제 '신앙'은 여행의 다양한 동기와 목표 중 하나로까지 상대화되었다. 이러한 사회인 단체가 가지고 있던 목표의 종합성은, 고구레 리타로와 다나베 주지가 개척한 새로운 등산 스타일인 '낮은 산 등산 취미'로 이어졌다.

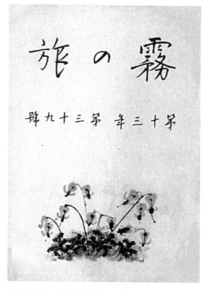

〈그림 15〉『안개 여행(霧の旅)』 1932년 6월호 표지

여행의 자율화와 다양성

서두에서 소개한 야나기타 구니오의 "전국민의 생활 행복 증진"이라는 관점은, 여행이 "지금까지는 칩거했던 사람들이 (…중략…) 세상을 알아야 손해 보지 않는 일"이라고 생각한 데에 근거하고 있다. 메이지 근대화 이래 일본인이 여행을 나서게 되는 과정은 에도 시대 여행의 단순한 연장도, 철도

부설로 인해 저절로 진행된 것도 아니다. 대도시에서 자발적으로 형성된 다수의 '여행단', '등산단체'가 사람들을 새로운 여행으로 꾀어낸 것이다. 온천여행도 아니고 전형적인 계절 행락도 아니었고, 그저 '관광 중심'이라는 비아냥을 받으면서도 산이나 고원으로 갔다. 그로 인해 등산과 신앙·마을공동체의 전통적인 관계는 해체될 수밖에 없었다. 만약 '일본산악회—산악강연회—여행단'이라는 연속적인 연결과 확대가 이루어지지 않았다면, 산에 오르는 일은 신앙심이 돈독한 사람이나 괴짜뿐이었을 것이고, 일반인의 여행은 온천지에서 게이샤를 불러 연회를 즐기고, 계절마다 벚꽃, 단풍, 폭포를 즐기고, 명소 고적으로 정평이 난 곳을 방문하는 등의 진부한 내용을 벗어나지 못했을 것이다. 새로운 풍경의 아름다움을 발견하는 것도, 도시를 미적으로 재발견하는 것도, 여행의 새로운 형태를 탐구하는 것도, 하물며 이질적인 타인과 만나는 일도 없었을 것이다. '여행의 형식과 내용'은 구태의연한 상태로 머물렀을 것이다.

현대의 여행이 어떠한 내용도 담을 수 있는 형식으로서 발전했다면, 그 단초는 바로 전통적 신앙을 배제하고 부단히 발전한 근대 등산이다.

제3장

도시미의 발견과 '도회취미'*

기노시타 모쿠타로木下杢太郎[1]의 고바야시 기요치카론小林清親論[2]

1. 들어가며

근대와 전통이 공존하면서 끊임없이 바뀌는 대도시의 풍경은 산악미와 더불어 새롭게 발견된 미美적 감동이이었다. 막부 말기부터 메이지 초기에 제작된 수많은 니시키에錦繪[3]를 비롯해서, 소설가들의 도시 묘사, 신판화新

---

* 이 장은 김연숙이 번역했다.
1 1885~1945. 의사이자, 시인 · 희곡가 · 미술평론가 · 문예평론가. 도쿄대학 의과 졸업. 1907년 '신시사(新詩社)'에 참가하며 문학 활동을 시작했고, 소위 남만(南蠻)문학의 시풍을 일으켜 기타하라 하쿠슈(北原白秋) 등에게 큰 영향을 미쳤다. 특히 기타하라 하쿠슈 등과 같이 편집한 『옥상정원(屋上庭園)』은 그 시대의 대표적 시 잡지였으며, 유미주의(唯美主義) 문예운동을 일으켰다.
2 1847~1915. 우키요에 판화의 대표 작가, 메이지 유신 이후 도쿄의 풍경을 묘사하기 위해 빛과 그림자를 이용한, 독창적인 목판화 연작을 1876년에 발표했다. 특히 이 연작들이 기요치카의 '광선화'로 알려지며, 메이지 시대 새로운 스타일의 우키요에가 되었다. 1881년 이후에는 풍자화를 제작하며 저널리즘에 깊이 관여했고, 이후 청일전쟁에 관한 일러스트도 많이 발표했다.
3 풍속화를 색도 인쇄한 목판화.

版畫, 서양화 등은 그런 변화를 잘 드러내고 있다.[1] 그중에서도 나가이 가후永井荷風[4]의 모순을 내포한 시선은 하나의 전형을 보여준다. 하지만 이 글에서는 그보다 한 세대 젊은 기노시타 모쿠타로木下杢太郎가 메이지 전기에 활약했던 판화가 고바야시 기요치카小林淸親를 재발견한 것을 도시미 발견의 한 전형으로 보고자 한다.

고바야시 기요치카[2]가 초창기에 그린 몇몇 그림은 나중에 〈도쿄 명소도名所圖〉라고 불린 연작으로 이어졌다. 그가 판화가로 활동하기 시작한 것은 1876년으로, 초대 히로시게初代広重가 〈명소名所 에도 백경〉을 내놓기 시작했던 1856년부터 20년이 지난 때였다. 〈도쿄 명소도〉는 1881년 여름까지 출판되었고, 그 후〈무사시 백경武蔵百景〉1884~1885 등 몇몇은 판화시리즈였으나, 차츰 신문 잡지 등의 삽화나 풍자만화, 육필화로 옮겨갔다. 30여 년쯤 후인 메이지 말경에는 고바야시 기요치카의 〈도쿄 명소도〉는 거의 잊혀져 있었다.

그렇게 잊혀졌던 기요치카의 〈도쿄 명소도〉를, 다이쇼 초기에 재발견한 사람이 기노시타 모쿠타로였다. 그는 ① 잡지 『예술藝術』 제2호1913년 5월에 「고바야시 기요치카의 도쿄 명소화집林淸親が東京名所圖會」을 발표하고, 이어서 ② 잡지 『중앙미술中央美術』 제2권 제2호1916년 2월에 「고 고바야시 기요치카 옹故小林淸親翁の事」을 실었으며, 간토대지진1923과 제도帝都 부흥사업 사이에는 ③ 후스이쇼보浮水書房에서 발행한 전람회 안내장1925년 4월에는 「고바야시 기요치카의 판화小林淸親の版畫」라는 짧은 글을 게재하고, ④ 1928년 9월 헤이

---

4 1879~1959. 소설가·비평가. 에밀 졸라의 자연주의의 영향을 받았으며 『지옥의 꽃』(1902),『꿈의 여자』(1903) 등으로 일본 자연주의의 기수가 되었다. 1910년『미타분가쿠(三田文學)』을 주재했고, 초기 서양 문명에 대한 동경과는 달리 에도 문화를 찬미하고 화류계에서 취재한 시적 산문『히요리게타(日和下駄)』도 썼다.

본사平凡社가 발행한 『세계미술전집世界美術全集』 제31권에 〈이마도바시今戶橋〉의 해설을 게재했다.

나가이 가후는 『히요리게타日和下駄』[5]에서 기요치카의 판화를 다음과 같이 언급한다. "이미 지난 해 기노시타 모쿠타로 씨는 『예술藝術』 제2호에 고바야시 옹의 풍경판화에 관한 새로운 연구를 발표했다. 고바야시 옹의 경력을 밝히며 그 예술에 대해 상세한 연구를 시도한 것이다"라며 모쿠타로의 기요치카론을 소개하고 있다.

고바야시 기요치카의 재발견이라는 모쿠타로의 선구적 위치는 오늘날에도 인정받고 있으며[3] 나아가 그 내용을 기요치카 연구의 준거로 삼는 경우도 적지 않다.[4]

이 글은 모쿠타로가 기요치카를 재발견하는 과정에서, 기요치카의 초기 판화를 도시미의 발견으로 바라본 시선의 특징을 살펴보고자 한다. 그리고 모쿠타로가 기요치카론을 통해 말하는 '도회정조' '도회취미'를 찾아내려 한다. 하나의 단서는 '시타마치下町'적인 것이다. 노다 우타로野田宇太郞[6]는 "야마노테山ノ手[7]에서는 자연주의가 흥하고, 시타마치에서는 예술지상주의가 흥했다"[5]라고 말한 적이 있다. 젊은 모쿠타로와 그의 동료들이 '판노카이パンの会'[8]에서 추구했던 예술지상주의·탐미파적 흐름이 가진 문

---

5   히요리게타는 맑은 날씨에 신는 굽이 낮은 일본 나막신을 지칭한다. 나가이 가후는 게타를 신고 도쿄 구석구석을 산책하며, 근대화라는 기치 아래 에도의 흔적을 무참히 지워버리는 풍경, 도쿄의 자연과 가난한 서민의 삶이 펼쳐지는 골목 풍경을 글로 남겼다. 이 글을, 1914년부터 1915년 6월까지 『미타 분가쿠(三田文學)』에 연재했고, 『게다를 신고 어슬렁어슬렁―가후의 도쿄산책기』(정수윤 역, 정은문고)라는 제목으로 한국어판이 나와 있다.

6   1909~1984. 일본의 시인, 문예평론가. 상세한 내용은 이 책의 제7장 참조.

7   도쿄 중심부의 고지대 지역. 저지대 서민 마을을 이르는 시타마치(下町)과 대비된다.

8   메이지 말기 낭만파 신예술을 지향했던 청년문예·미술가들의 모임, '판(パン)'은 그리

화사적 의의 중 하나가 바로 도시미의 발견이다. 그런데 왜 그들은 '시타마치'를 그 발견의 무대로 삼았을까.

도시미에 대한 이와 같은 문제의식에 기초해서, 우선 고바야시 기요치카에 관한 모쿠타로의 평론 네 개의 특징을 정리하고, 둘째로 '도회정조'에 관한 선행 수필과 소설의 특징을 고찰하고, 셋째로 모쿠타로와 그의 동료들이 미의식을 키운 니혼바시日本橋[9] 동쪽 경관의 변천 자료를 개괄하고, 넷째로 위와 같은 고찰을 근거로 삼아, 모쿠타로의 '도회취미' 혹은 '도회정조'의 사상적 특징과 중기·후기의 연구로 이어지는 그 변용을 분석하고자 한다.

2. 고바야시 기요치카 재발견과 네 개의 기요치카론

나가이 가후의 기요치카론

나가이 가후는 1914년 8월 『미타분가쿠三田文學』에 「히요리게타日和下駄」를 연재하기 시작했다. 여기에서 가후는 기요치카의 판화를 세 번 언급했다. 첫 번째는 모토야나기바시元柳橋의 버드나무가 언제까지 있었던가를 확인하는 자료이고, 두 번째는 류호쿠의 수필柳北の隨筆, 요시이쿠[10]의 니시키에芳幾の錦繪와

스 신화에 나오는 목신(牧神)으로, 향락의 신이다. 1894년 베를린에서 결성된 예술운동 '판의 모임(パンの会)'에서 기인했다고도 한다. 20대 일본 예술가들이 도쿄를 파리로, 스미다가와(隅田川)를 파리의 세느강으로 여기고, 매월 여러 번 스미다 강변의 서양요리점에 모였다. '판노카이'는 반자연주의, 탐미주의적인 경향의 새로운 예술운동의 장이었고, 1908년 말부터 1913년까지 계속되었다.

9   도쿄 주오구(中央区)의 니혼바시가와(日本橋川)를 가로지르는 다리. 1911년에 완성되었고, 현재 국가 중요문화재로 지정되어 있다.

나란히 기요치카의 명소회淸親の名所繪를 언급하며, 그것들과 〈도쿄 지도〉를 비교해가며 "메이지 초기 신시대의 혼돈스러운 감각"을 접하는 도시산책의 즐거움을 설명하는 부분이다. 세 번째는 〈소토사쿠라다 원경外櫻田遠景〉이라는 그림을 소재로 삼아 기요치카의 풍경판화에 담겨있는 문화사적 가치를 살펴보는 문맥이다. 나가이 가후의 기요치카 평가가 집약되어 있는 것은 이 세 번째의 언급이다.

> 메이지 10년경 고바야시 기요치카 옹이 새로운 도쿄의 풍경을 그린 수채화를 목판으로 찍은 도쿄명소도 중에 〈소토사쿠라다 원경〉이 있다. 이 그림은 멀리 나무 사이로 병영의 정면이 바라보이는 풍경을 그린 것이다. 당시 도쿄 평민은 황성의 문밖에 새로 지은 서양식 건축물을 올려다보면서, 어떤 신비로운 염원과 숭배의 정에 휩싸였던 것일까. 신진 화공의 소위 치기 어린 새로운 화풍과 고풍스러운 목판인쇄 기술이 맞물려 그런 감정이 유감없이 생생하게 드러났다. 한 시대의 감정을 표현했다는 점에서 고바야시 옹의 풍경판화는 대단히 가치있는 미술임에 틀림없다.[6]

"치기어린 새로운 화풍"으로 표현된 것은, 기요치카 개인의 감정을 넘어서 당대 사람들이 널리 공유하고 있던 "한 시대의 감정"이고, 그 핵심은 점점 늘어나고 있는 서양식 건축물에 대한 "신비로운 염원"과 "숭배의 정"이다. 시대의 보편 감정을 표현하는 데 성공했다는 것, 그것이 바로 기요치카 판화의 의의와 가치이다.

---

10 오치아이 요시이쿠(落合芳幾, 1833~1904), 막부 말기에서 메이지에 걸쳐 활약한 우키요에 화가.

앞에서 고바야시 기요치카 재발견의 공을 모쿠타로에게 돌린 것은, 모쿠타로가 기요치카 판화의 사회문화사적인 의의를 지적하는 이런 문맥 때문이다. 지금부터는 모쿠타로의 네 개의 글을 살펴보면서, 기요치카를 재발견한 그의 관점을 정리하고자 한다.

「고바야시 기요치카의 도쿄명소화집」

모쿠타로의 첫 번째 논고는, 「히요리게타」 연재가 시작되기 전 해인 1913년 5월 1일 발행된 『예술藝術』 제2호에 게재되었고, 이후 단행본 『지카잇샤쿠집地下一尺集』에 수록된 「고바야시 기요치카의 도쿄 명소화집小林清親が東京名所圖會」이다. 앞서 나가이 가후가 언급한 그 글이다.

이 평론은 소론이긴 하지만, 모쿠타로가 기요치카의 어떤 점에 제일 먼저 주목했는지를 잘 드러내고 있다. 자신이 가지고 있던, 1880년에 발행된 『한 권의 도쿄 명소화집一卷の東京名所圖會』에 수록된 그림을 소개하면서, 모쿠타로는 "도쿄 거리의 아름다운 경관은 눈 내린 밤과 다음 날 새벽에 가장 잘 나타난다"라는 특징을 지적한다. 에도 시대의 우키요에는 이미 "눈 덮인 거리"를 수없이 그렸고, "도쿄 설경의 아름다움"은 기요치카에게도 공통적인 미의식이었지만, 모쿠타로에게 그것은 특히 시타마치의 아름다움이다.

생각건대 눈 온 날, 삼라만상이 씻긴 듯 깨끗해졌을 때, 상점 처마 끝에 상점 이름을 쓴 남색 노렌을 보는 상쾌함은, 도쿄 시타마치의 정서를 열렬히 사랑하는 사람이 한결같이 느끼는 바로 그것이다.

"도쿄 시타마치의 정서"야말로 모쿠타로가 기요치카에게 주목한 점이다. 많은 작품 가운데 이런 정서를 단적으로 표현한 "도회취미의 그림"들은 더욱 높이 평가할 만하다. 〈료코쿠両国 대화재의 정경〉, 〈후타마타 에이타이바시ニつ又永代橋의 원경遠景〉, 〈아사쿠사바시淺草橋의 저녁 풍경〉, 〈핫폰쿠이百本杭[11]의 새벽〉, 〈스미다가와隅田川의 마쿠라바시枕橋〉, 〈혼쇼오쿠라바시本所御藏橋〉, 〈료코쿠의 불꽃놀이〉, 〈이마도今戸 아리아케로有明楼의 야연夜宴〉, 〈이마도의 여름달夏月〉 등이 그러하다. 그러나 이 작품들을 깊이 이해하기 위해서는 에도 고유의 전설이나 민담에 대한 예비지식이 있어야 하고, 그 시대의 감정도 알아야 한다. 기요치카의 작품이, 같은 시기의 도회를 묘사한 삼대 히로시게 三代広重,[12] 요시토시芳年,[13] 요시토라芳虎,[14] 구니마사国政 등과 다른 점은 "에도 시대에서 전승된 일종의 서정적인 정서"를 가지고 있다는 것이다.

그렇다고 해서 "에도 시대에서 전승된 일종의 서정적인 정서"가 감정을 속박하는 인습 같은 전통을 뜻하는 것은 결코 아니다. 기요치카가 표현하는 "평민의 시경詩境"은 "자유광활한 한 평민이 추모하고 경탄하는 시대에 대한 심경"이다. 이처럼 자유롭고 대범하면서도 동시에 전통적인 "평민의

---

11 스미다 강가에 박혀 있던 백 개의 말뚝.

12 3대 우타가와 히로시게(三代目 歌川広重, 1842~1894), 본명은 안도 도쿠베(安藤德兵衛). 에도 시대에서 메이지시대에 걸쳐 활동한 우키요에 화가.

13 쓰마오카 요시토시(月岡芳年, 1839~1892). 막부 말기부터 메이지 전기에 걸쳐 활약한 우키요에 화가. 다양한 우키요에를 그렸는데, 특히 충격적이고 잔인한 그림(無惨絵)을 그리는 사람으로도 알려져 '피투성이 요시토시'라는 별칭도 있다. 우키요에가 수요를 잃어가는 시대에 가장 성공한 우키요에 화가이자, 마지막 우키요에 화가라는 평가를 받기도 한다.

14 우타가와 요시토라(歌川芳虎, 생몰연대 미상). 에도 시대 말기부터 메이지 중기에 걸쳐 활동한 우키요에 화가. 일본 전설화, 역사적 영웅화, 미인화 등 다양한 활동을 했으며, 당시 일본에 머물고 있던 서양인들의 모습이나 생활, 서양 과학기술과 문명을 주제로 한 '요코하마에'(요코하마의 판화라는 의미)로도 명성이 높았다.

시경"을 알아차리는 것이야말로, 기요치카의 그림을 이해하는 진정한 즐거움이다. 기요치카의 그림은 "태평시대"였던 "메이지 10년대 사회정서"의 표현이다.

「고 고바야시 기요치카 옹古小林清親翁の事」

두 번째는 1916년 2월 1일 발행한 『중앙미술中央美術』 제2권 제2호에 게재된, 나중에 단행본 『게이린칸포藝林閒歩』에 수록된 「고 고바야시 기요치카 옹古小林清親翁の事」이다. 이는 모쿠타로의 기요치카론 중에서 가장 잘 정리된 글이다.

이 글은 우선 기요치카를 메이지 초기라는 시대와 관련지어 설명한다. 다음으로는 모쿠타로가 1913년에 기요치카를 방문했던 것과 그 이후의 일, 셋째, 기요치카의 경력과 업적 개관, 넷째, 기요치카 업적 중에서도 특히 초기 판화와 사생첩이 "'도쿄 개명사東京開明史'의 중요기록"이라는 의미를 확인한다. 나아가 참고자료로 고바야시 겐타로小林源太郎의 「고바야시 기요치카와 도쿄 풍경판화小林清親と東京風景版畫」에 대해서 기술하고 자신이 작성한 도쿄 풍경판화 목록을 실었다.

모쿠타로는 기요치카가 활약했던 시대, 특히 나중에 〈도쿄 명소화집〉이라고 통칭된 작품들을 발표했던 1876년메이지9부터 1881년메이지14 사이를, 일본문화사에 수차례 나타났던 "발효의 시대醱酵の時代"라고 특징짓는다. 일본문화사에는 점진적이지 않은 비약적인 시기가 있었다. 불교가 전래된 덴표기天平期, 중국문화가 대량으로 이입되었던 무로마치기室町期, 기독교가 전파된 도쿠가와德川 초기, 그리고 서양문명이 일거에 몰려들었던 메이지 초기가 그러하다. 이런 부조화 이후에 새로운 것이 생겨나는 "발효의 시대"가 출현한다. 그리고 주목해야 하는 것은 "일반 평민의 내부에서 일어난 발효의 모습"이다.

에도 시대에서 전승된 전통문화 감정이 남아있어, 그것이 건축이나 시가지 풍경에도 나타난다. 또한 사람들의 생활양식에도 남아있다. 거기에 외국주의가 뒤섞인 문화감정이 침투한 것이다. 우에시오上潮 강물에 바닷물이 거슬러 소용돌이치듯이, 또한 여명의 구름 위에 동녘의 붉은 빛이 비춰지듯이.

새로운 문화 상황 속에서 일어난 "발효"에 주목하자면, 메이지 초기는 발효가 조용히 진행된 "꿈의 시대"이자, 앞으로 다가올 미래를 감각하는 "예감의 시간"이었다.

> 이 시대는 꿈의 시대라고 일컬을 만하다. 새벽 어스름, 아직 불이 켜져 있는 전통 등불과 어슴푸레 밝아오는 태양이, 서로 빛을 다투는 광경을 상상하면, 일종의 어렴풋한 꿈의 쾌감이 솟아오른다. 예감의 시간에 느끼는 즐거움이다.

기요치카의 초기 도쿄 풍경판화는 '광선화光線畵'라는 평판을 받았다고 전해지는데, 이 '광선'은 에도 시대의 전통적인 등불과 신시대의 여명이 뒤섞인 빛이다.

이어서 기요치카를 방문했던 일과 부고를 들었다는 사실을 간결하게 서술하고 있다. 이후 다른 글에서 기요치카의 딸 고바야시 가쓰小林哥津는,[15] 모쿠타로가 기요치카를 직접 방문했던 때의 상황을 다음과 같이 상세하게 회상한다.

기노시타 모쿠타로 씨가 기요치카를 방문했다(기요치카의 아내 사망 이후였다). 검은 중절모자에 검은 옷. 똑같은 복장의 나가타 히데오長田秀雄[16] 씨와 함께였다.

세 번째 방문으로, 언제나처럼 아버지의 스케치, 밑그림 등 쓸데없는 것까지 다 보고 갔다. 또 모쿠타로 씨는 어릴 때 자신의 부친이 도쿄 기념품으로 사온 메이지 초기의 기요치카 판화를 많이 가져왔다.

이 그림들은 그 당시 가격이 어느 정도였을까요, 아마 정가 5전 정도였을 겁니다, 라는 대화를 했고, 비로소 나도 예전 가치를 알게 되었다.

스케치북에 있던 긴자의 박래 식품가게 그림을 보고, 둘이서 기타하라 하쿠슈에게 보여주고 싶네, 라고 연거푸 말했다. 커다란 램프가 상품들을 어렴풋이 비추고, 사고 파는 사람들은 얼굴도 희미하다. 그러나 묘한 활기가 넘치고 있었다.

아버지는 오래된 스케치북에서 옆모습의 여자 그림 한 장을 뜯어서 모쿠타로 씨에게 주었다. 다음 해 모쿠타로 씨의 『이즈미야 염색점和泉屋染物店』이라는 소설집에 나오는, 이가미 본고ㅆ伊上凡骨[17] 씨가 직접 판에 새겨 넣은 선대先代 오히라大平 씨 부인의 모습이다.

---

15 1894~1974. 일본 여성 소설가. 고바야시 기요치카의 다섯째 딸로, 1911년 잡지 『세이토(青鞜)』의 편집을 도우며, 『세이토(青鞜)』에 희곡 「여름의 슬픔(お夏のなげき)」과 소설 「마취제(麻酔剤)」 등을 발표했다. 1914년 세이토사(青鞜社)를 퇴직하고 외국문학을 번역하며, 도쿄 회상이나 아버지인 기요치카에 대한 연구자료 등에 대한 저술 활동을 했다.

16 1885~1949. 시인, 극작가. 문예지 『묘조(明星)』에 참가했고, 기노시타 모쿠타로, 기타하라 하쿠슈와 시 잡지 『옥상정원(屋上庭園)』을 창간했다. 탐미적인 시 창작으로 널리 알려져 있으며 후에 극작가로도 명성을 얻었다.

17 1875~1933. 판화가로 일본 근대 전통 목판화 부흥에 큰 기여를 했다.

이때 두 사람은 독일어를 많이 섞어 말했다. 무엇 때문에 그렇게 외국어를 사용한 것일까, 여러 해 동안 나는 그 점이 궁금했다. 한번 물어봐야겠다고 생각했지만, 결국 때를 놓치고 말았다.[7]

그리고 모쿠타로는 직접 찾아낸 기요치카의 경력에 대해서 간단하게 서술한다. 잡지 『마루마루친문團團珍聞』[18]에 게재한 새로운 스타일의 풍자화나 화조도花鳥圖, 1884년경의 〈무사시 백경武蔵百景〉 등의 업적도 거론하는 가운데, 모쿠타로가 가장 높이 평가한 것은 "'옛 도쿄'의 전설적인 아름다운 경관"을 표현한 초기 판화이다.

> 소위 '옛 도쿄'의 정취를 묘사하는 데 있어 기요치카 옹을 제1인자라 칭해 마땅하다. 『도쿄 명소도화집東京名所圖會』은 도쿄 역사 편찬에 중요한 자료이다.

이 글에서 모쿠타로의 평가는 첫째 "'도쿄 개명사開明史'의 중요기록"이라는 것과 둘째 "평민 시인의 예술품"이라는 점에 집중되어 있다.

「고바야시 기요치카의 판화小林清親の版畵」

세 번째는 간토대지진 이후의 새로운 상황을 토대로 한 글로, 말미에 1925년 4월 모일이라고 적혀 있다. 후스이쇼보浮水書房가 개최한 기요치카의 유작전람회용 안내장에 게재되었던 글인데, 나중에 단행본 『게이린칸포藝林閒步』에 「고바야시 기요치카의 판화小林清親の版畵」라는 제목으로 실린다.

---

18 1877년 창간된 시사풍자 주간지.

간토대지진 이후, 거리 재건의 키워드로 '문화'를 내세웠던 시기에, 모쿠타로는 기요치카에게 기대어 여러 차례 "전기 도쿄前期東京"에 대한 추억을 말한다. 그는 러일전쟁 즈음까지의 도쿄를 "전기 도쿄"라 부르고, 그 이후를 "지진 전 도쿄"라 부른다. 그리고 글을 쓰던 당시는 "지진 후 도쿄"라 한다.

"'전기 도쿄'는 그 시가지, 생활과 함께 유흥 면에서 기록으로 남겨두고 싶은 것이 많다." 구체적으로 말하자면, '후카가와深川의 하오리羽織 풍속',[19] '고몬小紋[20] 하오리하카마를 입은 에사시[21]의 대범한 차림새', '욧카이치四日市 강변의 창고들' '무코지마向島의 고찰古刹' 등이다. '욧카이치 강변의 창고들'은 1880년에 준공된, 벽돌로 지은 창고 일곱 동으로 이른바 '미쓰비시三稜의 일곱 창고'를 가리키는 것이다. 지진 후 그 당시 재건사업 중인 도쿄에 비해서, 전기 도쿄 내지 "전기前期의 문명개화시대 쪽이 훨씬 골계적이고 그로테스크했다는 것도 사실이긴 하지만, 좀 더 깊이있고 섬세한 정취가 있었다".

모쿠타로가 가장 좋아했던 작품은 〈눈 덮인 스루가초駿河町〉라는 그림이다. 이 작품은 주오도리中央通의 서쪽에서 남색 노렌을 늘어뜨린 '에치고야ゑちごや'의 모퉁이를 바라본 풍경이다. '에치고야' 뒤쪽으로 1874년 2월에

---

19 후카가와의 게이샤는 남자처럼 하오리를 입는데, 파는 것은 기예뿐 하오리 안은 팔지 않는(성관계는 하지 않는다는 뜻) 게이샤로서의 긍지가 높았다고 한다. 후카가와의 하오리게이샤라고 부르기도 한다.

20 일본 기모노의 일종으로, 전체에 잔무늬가 들어가 있어서 유래한 명칭. 고몬은 상하 방향에 관계없이 무늬가 들어가 있는데 보통 예복이나 정장으로는 입지 않는다. 그런데 멀리서 보면 무지처럼 보이는 에도 고몬은 다이묘의 복장에서 유래하였기 때문에 다른 고몬에 비해 격이 높고, 이를 서민들이 따라하면서 다양하게 발달하였다.

21 (특히 매사냥에서 매의 먹이가 되는) 작은 새를 끈끈이 장대로 잡는 사람.

〈그림 1〉 고바야시 기요치카(小林淸親), 〈눈 덮인 스루가초(駿河町)〉. 모쿠타로는 자신의 책『지카잇샤쿠집(地下一尺集)』(1921)에 이 그림을 게재했다.

준공된 화양절충 양식의 미쓰이구미三井組 하우스가 보인다.〈그림 1〉

　건물 지붕과 지면, 오가는 사람들의 우산 등에 눈이 쌓여있다. 모쿠타로는 이 작품을 "특히 옛 도쿄 시타마치의 눈 내린 아침 풍경을 이 정도로 뛰어나게 재현한 것은 그 어디에도 없을 것이다"라고 평가하며, 이 그림을 자신의 책에 실었다. 모쿠타로는 기요치카를 평할 때 "그리운 적막함"이나 "아아, 옛 동경은 한가로이 게을렀다"라는 말을 사용한다.

"그리운 적막함"

　모쿠타로의 두 번째 글이 일본문화사에 수차례 있었던 "발효의 시대"라는 객관적인 자리매김에 근거하고 있다면, 세 번째 글은 "그리운 적막함"

"나태한 한가로움"이라는 정서적인 이해에서 나온 것이다. 글 자체의 성격이 다른 점은 차치하더라도, 두 번째 글과 세 번째 글 사이에 1923년의 간토대지진이라는 단절이 있다는 것을 감안하면 이런 내용적인 차이가 우연은 아닐 것이다. "발효의 시대"나 "예감의 시기에 느끼는 즐거움"에 대한 공감은 "전기 도쿄"와 "지진 후 도쿄"와의 차이 때문에 희미해졌다. 이러한 단절감은 고바야시 기요치카를 바라볼 때 "옛 감회노스탤지어"를 떠오르게 하는 계기가 되었다. 이것과 기요치카 자신이 "옛 감회"를 표현하고자 했다는 것은 당연히 다르다.

기요치카는 15세 때 혼쇼오쿠라야시키지本所御藏屋敷 총두취総頭取를 물려받고, 막부 신하로서 막부의 붕괴를 겪었다. 이 점에 주목해서 그의 도쿄 명소화名所圖에 짙게 나타나는 정조와, 후대의 감상자가 발견하는 "그리움"은 다르다고 보는 견해도 있다. 그 견해는, 명소화의 정조를 기요치카의 작품이 원래 가지고 있는 "옛 감회노스탤지어"로 보고, 그로부터 "격변하는 사회에서 과거의 가치있는 것을 기록하고 기억하게 하는 힘"[8]을 찾아내려는 것이다.

그러나 후대의 감상자가 그림이 제작된 당대의 노스탤지어를 느끼는 것과, 작가가 의도적으로 옛 감회를 표현했다는 것은 근본적으로 다르다. 기요치카가 그린 도쿄 풍경은 대부분 '근대'의 어떤 부분을 구성요소로 포함하고 있다. 인력거, 마차, 가스등, 조명, 전봇대, 전선, 석조나 벽돌건축물, 증기기관차, 용광로, 외륜선外輪船 등이 그런 요소인데, 한편 현대의 시점에서는 지나쳐버리기 쉬운 것도 등장한다.

예를 들면 〈모토야나기 료코쿠바시 원경元柳橋両国遠景〉라는 작품이 있다.〈그림 2〉 앞쪽 중앙에서 약간 왼쪽으로 굵은 가지를 늘어뜨린 늙은 버드나무가,

〈그림 2〉 고바야시 기요치카(小林淸親), 〈모토야나기 료코쿠바시 원경〉, 『기요치카화첩 전(淸親畵帖 全)』

오른쪽으로 스미다가와隅田川가 그려져 있고, 멀리서 희미하게 보이는 료코쿠바시両国橋는 그림의 뒤쪽을 가로지르고 있다. 버드나무 오른쪽에는 강의 상류 쪽을 바라보는 기모노 차림의 남자, 버드나무 왼쪽에는 그 남자를 바라보는 여성이 그려져 있다. 기모노를 입은 여자가 남자를 바라보고 있다.

나가이 가후는 『히요리게타』에서 이 그림을 다음과 같이 묘사한다. "강의 수면에 자욱한 아침 안개로 어스름해진 료코쿠바시 건너쪽 기슭에 굵은 버드나무 한 그루가 비스듬하게 서 있다. 그 나무 그늘에 줄무늬 기모노를 입고 수건을 어깨에 걸친 한 남자가 흐르는 강물을 돌아보고 있다. 한가하고 우아한 정취가 절로 화면에 넘쳐나고, 어쩐지 나룻배의 노 젓는 소리와 갈매기 울음소리가 들리는 듯한 기분이다."[9]

분명 시타마치적인 이야기를 간직한 암시적인 그림인데, 여기에서 주목해야 할 것은 멀리 희미하게 보이는 료코쿠바시이다. 다리의 실루엣에서 중요한 것은 보강 트러스[22]구조로 세운 Y자형 교각이다. 일본 에도 시대의 전통적인 목조다리 교각은 상판과 직각으로 짜는데, 상판 방향으로 보강 트러스트 구조를 설치하는 방식은 없다. Y자형 교각은 평평한 상판과 함께 메이지 초기 서양식 목조다리의 가장 큰 특징이고, 호우즈에바시方杖橋라고도 부른다. 료코쿠바시가 서양식 목조다리로 바뀐 것은 1875년 12월이다. 니혼바시는 그보다 일찍 1873년 5월에, 기보시擬宝珠[23] 장식의 일본풍 다리에서 인력거나 마차 등의 통행에 적합한, 평평한 상판의 서양식 목조다리로 바뀌었다.[10] 에도 시대 시타마치 정서가 짙은 이 그림도 사실은 선진적인 서양식 교량으로 바뀐 모습을 배경으로 한 근대적인 풍경인 것이다. 기요치카가 묘사한 것은 대부분 전통적인 배경에 근대적인 것이 비집고 들어간 정경이며, 전기前期 도쿄에서는 최첨단이었다.

「이마도바시今戸橋」

네 번째 글은, 1928년 9월 헤이본샤平凡社 발행의 『세계미술전집世界美術全集』 제31권의 「도판 해설圖版解說」란에 실린 〈이마도바시今戸橋(고바야시 기요치카 그림)〉이다. 〈그림 3〉

쇼와 초기 기요치카의 판화는 높이 평가받아왔다. 그의 그림에는 시詩가 있다는 점, 한편으로는 '문명개화'에 대한 '소박한 호기심과 경탄', 다른 한편으로는 에도 시대 이래 전통적 정취의 부유浮動라는 깊이가 기요치

---

22 직선 봉을 삼각형으로 조립한 일종의 빔(beam), 교량·건축물 등의 골조 구조물에 널리 사용된다.

23 양파 모양의 일본식 난간 장식.

〈그림 3〉 고바야시 기요치카, 〈이마도바시(今戶橋) 저녁풍경〉

카의 매력이었음을 재확인할 수 있다.

시타마치 서민 내부의 발효

모쿠타로가 기요치카론의 주제로 명확하게 제시한 것은 "일반 평민의 내부에서 일어난 발효의 모습"이다. 여기에는 두 개의 축, 요컨대 시타마치의 평민·서민의 감성이라는 축과 이 감성을 가능하게 했던 전통과 근대의 공존이라는 축이 얽혀 있다.

전자는 시타마치를 무대로 그린 '평민'의 미적 감성, 전통을 간직한 채로 근대를 동경하는 "신기함과 숭배의 정情"나가이 가후을 표현한 미적 감성이다. 시타마치의 서민이야말로 에도 시대부터 전승된 감성 혹은 '서정시적 정서'의 담당자였다.

후자는 시타마치 서민의 생활과 감성에 근대에 대한 두려움이나 반발이 없다는 것이다. 에도적인 전통과 서양적인 근대와의 행복한 공존, 새로운 것을 도출하는 정적인 '발효'야말로 기요치카를 통해 모쿠타로가 읽어낸 '도회취미'의 핵심이었다. 이 행복한 공존을, '평민'의 일상과 생활의 장場인 '시타마치'를 무대로 표현할 수 있었던 것은, 시타마치야말로 전통을 그대로 계승하고 있는 장소였기 때문이다.

3. '강변河岸'의 발견

기노시타 모쿠타로의 다이쇼 시대 고바야시 기요치카론은 메이지 말기 니혼바시 근처의 강변을 무대로 한 몇몇 수필과 단편소설의 연장선 위에 있다. "시타마치의 평민 정서"나 "발효의 시대"라는 표현의 함의를 모쿠타로의 젊은 시절 작품을 통해 이해해 보자. 그러한 수필이나 단편은 모쿠타로 자신의 도시산책과 사색의 결과였다. 친구인 나가타 히데오長田秀雄는 모쿠타로의 젊은 시절 문학적 기호와 밀접하게 결부되어 있는, 니혼바시 주변의 산책을 다음과 같이 회상한다.

모쿠타로군은 고등학교에 다닐 때, 투르게네프에게 매우 경도되어 있었다. 대학에 들어갈 즈음에는 괴테를 읽었는데, 특히 『이탈리아기행』은 정말 좋아해서 자주 이야기했다. (…중략…) 그 무렵 모쿠타로군은 낡은 대학 교복에 해진 구두를 신고 헝클어진 머리 그대로 니혼바시 뒷골목의 상점 거리를 어슬렁거리고 다니는 것을 좋아했다. 그의 초기 소설에 나오는 아라메바시荒布橋 부근

도 틈만 나면 자주 돌아다녔다.[11]

모쿠타로 스스로도 말년에 이르러 고등학교 시절 강변 추억을 회상하면서 다음과 같이 서술한다.

거기(고아미초小網町 강변)에는 다쓰노 유타카辰野隆의 아버지[24]가 젊은 시절에 설계한 베니스풍의 시부사와渋沢사무소[25]가 있다. 멀리서 바라보면 한편으로는 에도적이면서 다른 한편으로는 이탈리아적인 불가사의한 인상을 준다. 고등학교 때 이와모토 간岩元禎 선생에게 괴테의 『이탈리아 기행』을 배웠던 나는 고아미초를 베니스에 견주며 공상에 빠졌던 것이다.

한편 수필 「도쿄의 강변東京の川岸」은 니혼바시 부근을 주로 산책했던 바로 그 시기를 다음과 같이 기술하고 있다.

도쿄의 강변은 — 단지 강변이라는 말만으로도 — 한때 나 자신을 맹렬히 자극했다. 이른바 노인의 추억追懷같은 것으로, 실제로 내가 강가에 끌렸던 것은 재작년부터 작년 가을에 걸친 일 년간이었다.

---

24 다쓰노 긴고(辰野金吾, 1854~1919). 일본의 건축가. 제국대학 공과대학 학장, 건축학회 회장을 역임하고, 와세다대학 건축과를 창설하는(1912) 등 건축계에 많은 업적을 남겼다. 특히 튼튼한 설계로 이름을 날리며 '다쓰노 견고(辰野堅固)'라고 불릴 정도였다.
25 시부사와 에이이치(渋沢栄一)의 저택. 시부사와 에이이치는 메이지 · 다이쇼 시대에 대장성 관료이자 다이이치국립은행의 초대 총재를 지냈다. 도쿄증권거래소, 히토쓰바시대학, 도쿄경제대학 등 다양한 기업과 학교를 설립하고 운영에 관여했으며, '일본 자본주의의 아버지'로 불린다. 시부사와의 저택은 1969년 다쓰노 긴고의 설계로 지었는데, 1901년 이후에는 시부사와사무소로 사용되었다.

이 수필이 발표된 것은 1907년 10월 23일 발행된 『호슌ホ寸』 제1권 제5호이기 때문에, "재작년부터 작년 가을에 걸친 일 년간"은, 1905년 후반부터 1906년 후반을 의미한다. 모쿠타로의 강변 발견 시기는 그의 21세부터 22세에 걸쳐, 제1고등학교 마지막 학년부터 도쿄제국대학 의과대학에 입학하기까지 진로선택의 시기였다.

「증기 냄새蒸氣のにほひ」

수필 「증기 냄새蒸氣のにほひ」는 『묘조明星』 1907년 3월호에 게재된, 모쿠타로의 첫 작품이다. 이 작품은 그가 니혼바시의 고아미초에 그림을 그리러 갔던 일을 주제로 삼아, 자신의 관심이 어디를 향하고 있는지, 어떻게 구조화되고 있는지를 명확하게 드러내고 있다. 특히 전체적으로 두 개의 대조가 나타난다는 점에 주목하고 싶다. 첫 번째는 생활 장소와 여행 장소의 대조, 혹은 생활자 관점과 여행자 관점의 대조이며, 두 번째는 전통적인 풍경·생활과 근대적인 활동과의 대조이다.

강변에 대한 그의 관심은 일종의 '여행자'가 갖는 관심이었고, 우연히 그곳의 사람들과 어울렸다 하더라도, 그것이 그의 입장을 바꿔 놓지는 않았다.

다시 고아미초小網町를 그리러 나갔다. 요즘에는 니혼바시日本橋가 제일 마음에 든다. 그럴만한 이유도 있다. 우선 니혼바시에 가면 나그네가 된 기분이 든다. 혼고 주변을 어슬렁거리면 이 사람 저 사람 다 나에게 비슷한 수작을 건다. '이봐, 모든 게 다 무너져 내렸잖아. 말하자면 여기는 다 타버렸어. 우리는 호시절에 태어났던 노동자야'라고 말을 걸어오면 나도 가만히 있기는 힘들다. 그런데 니혼바시에 오면 여기는 완전히 다른 곳이다. 그런 것들이 이미 구름이나 연기처럼 지나가버린 곳이다. 사람들은 모두 바빠 보인다. 그러나 그 안에 잘 정리된 나름의 인생관이 있어서, 그것을 옆에서 보고 있자면 모든 것이 하나의 초점으로 모이는 그림처럼 틀에 딱 맞춘 것 같다.

둘째, 회상하는 과거뿐만 아니라 현재에도 짙게 남아있는 전통적인 풍경·생활세계와, 노면전차로 상징되는 근대 산업사회의 대조이다. 아홉 살 무렵 아버지를 따라와 이 지역의 상점 주변을 어슬렁거렸던 때의 회상 등, 그곳은 그에게 유년의 행복한 기억과 결부된 그리운 장소였다. 하지만, 지금은 히로시게広重의 에도 백경百景 이후 전통적인 세계와, 바로 옆 니혼바시를 건너는 노면전차의 경적 소리로 상징되는 현대의 첨단 세계가 접합하는 장소가 되었다. 동시에 이 대조는 수상공간과 육상공간의 대조이기도 하다.

고아미초―그때부터 나는 그곳을 자주 갔다.
그동안 그곳은 번화해졌다. 갑자기 전차 소리가 어디선가 시끄럽게 울렸다. 조용한―에도 백경百景 시절의 물이 흘러가는 이 개천 뒤쪽에는 육지 도쿄의 현대 활동이 있다는 것을 깨달았다.

「도쿄의 강변東京の川岸」

수필 「도쿄의 강변東京の川岸」은 1907년 10월 23일 발행『호슨方寸』제1권 제5호『강변(河岸の巻)』에 실렸던 작품이다. '강변川岸'은 고바야시 기요치카나 그의 제자 이노우에 야스지井上安治[26]에게 중요한 소재였다.〈그림 4〉

또 그 당시 『호슨』 동인인 이시이 하쿠테石井柏亭 등도 '강변'에 대한 공통적인 미의식을 드러냈다.

이 수필에서 모쿠타로는 "강변이 주는 미감美感"을 다음과 같이 나열하고 있다. 첫 번째로, 고아미초 부근의 강변 창고 안에서 "캄캄한 가운데 확연하게 드러나는 창문"으로 보는 바깥 풍경이다. 액자 속 그림처럼 "검은 액자의 왼쪽에서 오른쪽으로 강에 배가 떠간다. 배가 또 하나 지나간다. 수면은 죽은 듯이 고요하지만, 물은 오래된 전설처럼 흘러간다. 예나 지금이나 물은 '강의 생활'을 싣고 있다. 강물 소리에는 옛 세계의 풀지 못한 원망이 남아있다".

〈그림 4〉 이노우에 야스지(井上安治), 〈아사쿠사바시(淺草橋) 저녁풍경〉, 『기요치카 화첩 제3질(淸親畵帖 第三帙)』

---

26 1864~1889. 메이지 전기의 우키요에 화가·판화가. 고바야시 기요치카의 수제자였으며, 비록 짧은 생애였지만, 뛰어난 광선화 작품을 여럿 남겼다.

두 번째, '가을날 오후'의 빛을 받아 반짝이는 경관이다. 모쿠타로는 색채의 풍부함에 주목한다.

> 석양에 물든 벽돌, 흰 벽의 집, 여기저기 솟아있는 암적색 굴뚝, 전봇대, 거기에서 보이는 고아미小網 1초메 도자기가게의 붉은 토관들, 버드나무, 강가의 돌담, 강변 창고의 창, 서류와 화물이 드나드는 입구, 건조장, 드문드문 보이는 강변의 집 (…중략…) 이들의 형상이 석양에 물들면, 외광파外光派[27] 팔레트 위의 주홍, 코발트 등 갖가지 색으로 등장한다.

이런 색채의 풍부함은 인상파, 외광파가 묘사하려 했던 색채 세계를 연상시킨다. 이런 생각의 배후나 저변에는 에밀 졸라가 그린 "파리 시가지, 세느 강가 등의 섬세하고도 생생한 묘사를 좋아하고, 또 그와 같은 것을 나 자신이 일본에서도 찾아내고 싶은 욕구"가 있었다. 그 욕구가 "어두운 가운데에서도 매우 번화하고 복잡한 시타마치의 이면을 저도 모르게 찬미하도록 만들었다". 나아가 이런 욕구의 배경으로 "물질문명이 번성한 오늘날에-고국에 대한 쓸쓸한 추억, 신성新星을 향한 동경, 숲에서의 명상으로는 만족할 수 없어서, 좀더 근대적인, 도회적인, 좀더 복잡한 인생의 욕구, 활동으로부터 뭔가를 찾으려는 경향"이 있다고 지적한다.

그러나 세 번째로, 더 전체적으로 보자면, "강변이 주는 미감美感"의 본

27　넓은 의미로는 19세기 프랑스에서 아틀리에의 인공조명을 거부하고 실외의 빛을 받으며 그림을 그리려는 태도 혹은 그런 화가의 유파를 지칭한다. 일본에서는 메이지 초기 프랑스 외광파 라파엘 코렝(Louis-Joseph-Raphael Collin)에게 사사했던 구로다 세이키(黒田清輝), 오카다 사부로스케(岡田三郎助), 구메 케이치로(久米桂一郎) 등이 귀국 후 백마회(白馬会)를 결성했고, 이후 그 모임에 소속된 화가들을 외광파라고 불렀다.

질은 "도쿄에서 구문명과 신문명의 혼재를 시타마치 특히 강변에서 회화적으로 본다"는 것에 있다. 한편으로 강변은 도쿠가와시대의 에도나 아직 전차가 다니기 전의 도쿄를 연상시키고, 수로와 운하를 통해 "전차나 기차의 굉음으로 깨어나는 육지 도쿄"에 지난 시대의 냄새를 가져다준다. 이런 신구의 뒤섞임이 감동을 준다. "현대인도 '구시대'의 자식이다. 자신들이 무너뜨린 구시대의 옛 터를 바라볼 때, 그 비애는 너무나도 감미롭다". 그리고 "강변 숭배의 호사취미dilettante는, 한시라도 빨리 이 흥미로운 강변이 새로운 색채와 새로운 붓터치를 통해 미술작품으로 나타나기를 간절히 바란다"고 말한다.

「아라메바시荒布橋」

소설 「아라메바시荒布橋」는 1908년 가을에 집필되어서, 1909년 『스바루昴』 제1호에 게재되었다. 아라메바시는[12] 지진 이전의 에도바시江戸橋 북쪽 끝에서 동쪽으로 니시호리도메가와西堀留川[28]에 세워진 다리다. 이 다리 부근을 무대로 삼은 소설이 「아라메바시」이다. 이 소설은 가족과 친척들로부터 자립해나가는 청년의 번민을 주제로 한 단편으로, 가을 오후 아라메바시의 남서방향을 묘사하면서 시작한다.

에도바시 건너편에 붉은 창고들이 불타오르는 것처럼 늘어서 있다. 그 앞을, 풀어헤친 듯이 서 있는 버드나무 앞을, 황색으로 비추는 와사등 유리 아래를, 정사각의 새빨간 우편마차가 연이어 달려간다. 요코하마橫浜에서 미쓰비시三菱

---

28 도쿄 주오구에 있는 하천. 니혼바시가와(日本橋川) 북쪽에서 무로마치(室町)방향으로, L자형으로 흐르는 하천이다.

창고로 석유와 설탕을 운반하는 배가 여기저기 다리 아래를 잔뜩 지나간다.

간토대지진 이전 에도바시 남쪽 끝단의 서쪽인 욧카이치四日市에 프랑스인 건축가 쥘 레스카스Jules Lescasse[29]가 설계한, 벽돌 건물 7동인 소위 '미쓰비시의 7개 창고'가 건설된 것은 1880년의 일이다. 또 1871년에는 남쪽 도로 건너편 땅에 우체사駅逓司와 도쿄 우편사무소가 세워졌고, 그것이 1874년에 우체료駅逓寮가 된다. 1892년에는 니혼바시 우편국이 우체료 부지에 세워져, 우편 마차가 많이 오가는 장소가 되었다. 이어서 소설의 시선은 아라메바시 남쪽 부근의 강 위를 자유롭게 날고 있는 제비무리를 향한다.

모든 본능, 모든 욕망이 모조리 그 운동을 위한 듯 모든 근육, 모든 힘줄, 모든 혈관에 힘을 모아 흑요석처럼 빛나는 가슴을 젖히면서 제비무리는 의기양양하게 햇빛이 자욱한 강 수면을 날아오른다.
높이 솟은 우편국 시계탑 끝에서 (…중략…) 마치 검은 점이 춤추듯 내려오면서, 다리橋의 아치에 잠깐 그 그림자를 감춘 듯하다가, 어느새 낙하하여 고아미초의 수면에 다다라 있었다. 긴 꼬리를 수면에 미끄러뜨리며 또다시 튕기듯 하늘 높이 하늘 높이 날아가더니, 갓 스며드는 고향의 아침 향기를 즐기는 듯이, 잠시 몸을 혼돈의 가운데로 감추고, 쉽게 다시 내려오지 않았다.

---

29 1841?~?(생몰연대 불분명). 프랑스 건축가이자 토목기술자. 1871년 일본으로 와서, 공부성(工部省)의 기사(技師)로 일하며, 효고현(兵庫県) 이쿠노 광산(生野鉱山) 공장, 사이고 쓰구미치(西郷従道, 메이지 유신의 공신이었던 사이고 다카모리(西郷隆盛)의 남동생) 저택 등을 지었다.

이런 제비의 자유로운 비상을 보면서, 주인공인 '나'는 인생의 선택을 구속하는 가족·친척을 벗어난 해방감을 만끽하고, "이 격렬한 자연과 도회의 활동을 보노라면, 나의 심정도 대단히 경쾌해진다". 그리고 진정한 자유란, 광야가 아니라 "도회의 한복판, 고아미초의 어느 거리에서 오히려 자유로워지는 경지에 이른다"고 한다. '나'는 아라메바시 부근을 진정 자유로운 공간으로 발견한다. 이와 같이 아라메바시 부근은 모쿠타로의 해방된 상상력을 확장하는, 커다란 그릇의 기능을 담당한다.

「강변의 밤河岸の夜」

소설 「강변의 밤河岸の夜」은 1911년 3월 1일 발행한 『미타분가쿠三田文學』 제3권 제3호에 게재되고, 소설집 『당지표지唐紙表紙』에 수록되었다. 「강변의 밤」은 겨울밤, 원로 서양화가를 방문한 세 청년이 니혼바시 부근 가게에서 서양화가에게 빌린 몇 장의 스케치에 대해 이야기를 나누면서, 자신들의 예술적 감성의 기반에 흐르고 있는 에도적인 것을 깨닫는 이야기이다.

존경하는 서양화가를 방문했던 그들의 고양된 감성은, 니혼바시 부근의 정경이나 그 주변을 배회하던 일과 겹쳐 묘사된다. 그들은 교바시京橋에서 니혼바시의 우오가시魚河岸 부근 서양요리점을 지나 고아미초 근처를 걷는다. 그중 한 사람이 말한다. "어때, 기분 좋지 않아? 우오가시의 한복판에 있으면, 나는 도쿄에 있는 것 같지가 않아. 전혀 알지 못하는 외국에 온 느낌이야. 여행자 기분이 들어. 오늘밤에도 어딘가를 걷고, 걷고, 또 걷고만 싶은 기분이야." 이런 여행자 기분을 바탕으로, 우오가시에서 에도바시, 고아미초 부근에 이르는 정경이 그들을 시각과 청각의 감성으로 표현되는 '에도적인 것'으로 이끌어간다.

가끔은 우오가시 쪽으로 되돌아가서, 파출소의 붉은 불빛이 보이는 곳에서 강가로 나왔다. 강과 강변 창고 사이에 요코바시橫橋의 좁은 길이 있다. 낮에는 이곳에 잡화점들이 문을 연다. 또 건장한 주인이 낡은 가죽장화를 수선하는 구둣방이 있다. 작은 가게에는 때때로 짐꾼들이 모여서 장기를 둔다. 또 대문이 열려있는 집 부엌의 반질반질한 부뚜막이, 지나가는 사람들 눈에 띈다. 건너편은 에도바시이다. 고아미초 거리의 상가 불빛이 반짝거리며 수면에 길게 드리워져 있다.

두 사람이 거리로 나왔을 때는 이미 인적이 끊긴 다음이었다. 노랗다기보다는 차라리 푸르다 할 달이 정말이지 겨울밤다운 빛으로 온 지붕을 물들이고 있다.

때때로 물결이 부딪치는 소리가 들리고 이윽고 에도바시 아래에서 소리없이 움직이는 배의 불빛이 보이기 시작한다. 마치 마음을 가진 생명체처럼—가운데 새빨간 숯불을 피운 배가 은빛 수면 위를 미끄러져갔다.

이와 같은 미적 감동에 대해 주인공은 다음과 같은 사색을 이어간다. "일본의 하이쿠나 교쿠[30]라는 시 형식은, 이런 정취를 아름답게 보는 방식을 가르쳐주었다"며, "이러한 정취의 희곡 및 여타 예술은 확실히 도회의 옛 문명이 낳은 일종의 '참真'이다"라고 한다. '개인주의'를 추구하면서도 전제적인 도쿠가와 시대의 예술을 찬미하는 나가이 가후의 "논리상의 모순"을 아무리 지적해도, "어쨌든 그런 정조는 우리들의 마음 속에 숨어 있다"는 것과 "감정은 보수적인 것"이라는 사실은 부정할 수 없다. 이리하여, 논리적으로는 "취미라는 것도 독립적으로 존재할 권리가 있다"는 것

---

30 狂句. 에도 후기에 성행했던 익살맞은 하이쿠 또는 하이쿠 형식의 재담.

을 인정하게 된다.

「강변의 밤」에 묘사된 니혼바시의 강변은, 에도 시대 말기 평민 생활의 정조가 짙은 장소였다. 「강변의 밤」이 발표된 1911년 3월은 바로 니혼바시가 근대적인 르네상식식 석조 다리로 완성되고 이 일대의 근대화가 진행되고 있었음에도 불구하고, 이 지역은 모쿠타로에게 한결같이 에도취미를 시각과 청각으로 구현하는 장소였다. 현재의 니혼바시가 착공된 것은 1908년이었고, 「강변의 밤」은 공사 중인 니혼바시 옆에 가설된 좁은 다리를 다음과 같이 묘사한다.

> 예전 니혼바시는 목재로 가려져 있고, 볼품없는 작은 다리 위로 많은 사람들이 지나다니는데, 얼굴은 잘 보이지 않는다. 빈 수레를 끄는 인력거꾼의 등롱은 푸른 물 위를 깜박이며 떠가는 듯하고, 그 황색 불빛은 뭐라 말할 수 없이 그립다. 제임스 휘슬러James Whistler와 우타가와 히로시게歌川廣重가 뒤섞인다.

러일전쟁 이후 제국의 위신을 구현하는 니혼바시의 대공사도, 모쿠타로에게는 히로시게의 모티프를 채용한 휘슬러James Abbott McNeill Whistler[31]의 〈푸른색과 금색의 야상곡, 옛 배터시다리Nocturne : Blue and Gold, Old Battersea Bridge〉와 당대 히로시게의 우키요에를 떠올리게 하는 아름다움이었다.

다음 장에서는 모쿠타로가 메이지 말의 급격하게 변하는 도회 안에서 선택했던 것을 좀더 선명하게 드러내기 위해서, 도회 특히 니혼바시 강변

---

31 제임스 애벗 맥닐 휘슬러(1834~1903), 유럽에서 활약한 미국의 화가. '예술을 위한 예술'을 표방하고 회화의 주제 묘사로부터의 해방을 주장했다. 파리에서 마네와 친교를 맺고, 인상주의의 영향을 받아, 인상파의 선구자가 되었다.

의 변천과 다른 평론가의 비평을 검토하고자 한다.

4. 에도바시·아라메바시 부근－그려진 것과 그려지지 않은 것

개화기 명소開化名所

기노시타 모쿠타로가 초기 작품에서 에도의 정서를 그려냈던 장소는, 니혼바시에서 그 강의 동쪽, 에도바시, 아라메바시, 고부나초小舟町, 고아미초 부근이다. 니혼바시강 부근은 1964년 이후 수도고속도로首都高速道路로 덮여졌고, 또 침식방지 시설 때문에 도로에서 강까지의 시야도 막혀버렸다. 그러나 메이지 말기에 모쿠타로를 매료시켰던 지역은, 오히려 3대 히로시게三代廣重, 2대 구니테루二代国輝, 요시토라芳虎, 4대 구니마사四代国政 등이 그린 메이지 초기의 긴자 렌가가이銀座煉瓦街,[32] 또 메이지 중기에 기요치카淸親, 야스지安治 등이 니시키에나 판화로 수없이 그린 '개화기 명소'나 '도쿄 명소'였다.

건축·교량의 변천

니혼바시 부근과 그 동쪽 주변의 경관을 이루는 주요 건축물이나 교량을 건설 시기 순으로 정리하면 다음과 같다.

---

32 1872년 대화재를 계기로, 도쿄의 긴자는 도시의 불연화(不燃化)를 목표로, 벽돌로 지어진 서양식 건물이 늘어선 거리로 조성된다. 또 차도와 인도가 구분되는 길, 가로수와 가스 등이 생겨나고 전차와 마차가 다니는 근대적인 모습으로 바뀌어 문명개화의 새로운 명소가 되었다. 이 거리를 '긴자 렌가가이'라 불렀다.

1871년 우편사업 창설에 따라, 욧카이치초四日市町(현재 주오구中央区 니혼바시日本橋 1초메)에 역체시駅逓司와 도쿄우편사무소 설치.

1872년 2대 시미즈 기스케清水喜助가 설계한 화양절충의 미쓰이쿠미 하우스三井組ハウス가 준공. 다음 해인 1873년 다이이치국립은행第一国立銀行에 양도.

1873년 니혼바시, 다리 상판이 평평한 서양식 목조 다리로 교체.

1874년 욧카이치초에 역체료駅逓寮 완성.

1875년 에도바시, 석조 다리로 교체.

1875년 가이운바시海運橋(별칭 가이조쿠바시海賊橋), 석조 다리로 교체.

1876~1881년 기요치카「도쿄명소도東京名所図」

1878년 도쿄 주식거래소(초대初代) 준공.

1880년 욧카이치초에 벽돌 창고(「미쓰비시의 일곱창고」) 준공.

1885년 가에데가와楓川에 가부토바시兜橋 준공.

1888년 다쓰노 긴고辰野金吾 설계로 시부사와 에이이치渋沢栄一 저택, 다이이치국립은행 북쪽에 완성.

1888년 요로이바시鎧橋, 철골 트러스교로 교체.

1891년 니시가시바시西河岸橋(초대初代) 완성, 궁형弓形 보우스트링 트러스bow-string truss식 철제 다리.

1892년 도쿄 우편전신국郵便電信局, 역체료駅逓寮가 있던 자리에 준공.

1898년 도쿄 주식거래소東京株式取引所(2대) 준공.

1901년 에도바시江戸橋, 철제다리로 교체.

1902년 다이이치국립은행(2대) 준공. 다쓰노 긴고 설계.

1910년 서양요리점 '메종코노스メイゾン鴻の巣' 개점, 요로이바시鎧橋의 고아미초 쪽 다리 부근.

1911년 니혼바시, 현재의 석조 2연속 아치교로 교체.

1913년 5월 기노시타 모쿠타로木下杢太郎『고바야시 기요치카小林淸親의 도쿄 명소

　　화집東京名所圖會』

그림 자료

메이지 중기에 '개화명
소'로 묘사된 것은 석조양
식의 에도바시나 아라메
바시, 욧카이치초의 우체
료駅遞寮, 미쓰비시의 일곱
창고, 시부사와 저택, 다이
이치국립은행,[33] 가이운바
시,[34] 요로이바시[35] 등이었

〈그림 5〉 도쿄 체신관리국 편찬, 〈도쿄시 니혼바시구 전도〉(부분), 1911년
10월 발행

다. 다음의 그림 자료를 통

해 '개화기 명소'나 '도쿄 명소'로 평가된 곳들이 어떤 경관이었는지 확인해
보고자 한다.

첫째, 1911년 10월에 발행된 도쿄 체신관리국 편찬 〈도쿄시 니혼바시
구 전도全圖〉에는 해당 지역이 표시되어 있다.〈그림 5〉

그림을 통해 니시가시바시,[36] 니혼바시, 에도바시, 요로이바시, 가부토바시,[37]

---

33 1873년에 시부사와 에이이치가 세운 일본 최초의 은행.

34 가에데강(楓川)을 건너는 다리 중 하나.

35 도쿄 주오구(中央区)의 니혼바시가와(日本橋川)를 가로지르는 다리. 왼쪽(북동)은 니
혼바시 고아미초, 오른쪽 상류는 니혼바시 가부토초, 하류 쪽은 니혼바시 가야바초(日本
橋茅場町)로 도쿄 증권거래소에 인접해 있다.

36 니혼바시에서 이치이시바시(一石橋)까지의 니혼바시가와 오른쪽 강변의 이름인 니시

<그림 6> 가쓰야마 에이자부로, <도쿄 대일본 명승 중 아라메바시 요로이바시의 원경> 제40호, 1891년

<그림 7> <에도바시 부근의 그림>, 『신찬 도쿄명소화집』(임시증간 풍속화보 제209호 니혼바시구 편 권1, 1900, 춘양당(春陽堂)

가이운바시, 아라메바시, 시안바시思案橋[38] 등의 위치를 알 수 있다.

둘째, 1891년에 출판된 가쓰야마 에이자부로勝山英三郎의 <도쿄 대일본 명승 중 아라메바시 요로이바시의 원경>이다.<그림 6>

일반적으로 이 지역을 묘사하는 방식은 아라메바시에서 남쪽 방향으로 바라보는 것이다. 오른쪽 서양관西洋館은 시부사와 에이이치의 저택이고, 뒷쪽으로 철골 트러스구조 다리인 요로이바시鎧橋, 왼쪽에는 고아미초의 하얀 창고들이 그려져 있다.

셋째, 1900년에 발행된 『임시 증간 풍속화보 제209호 니혼바시구 편 권1 신찬 도쿄 명소화집臨時増刊風俗畫報第二百九號日本橋区之部巻之一新撰東京名所図会』에 수록된 <에도바시 부근의 그림>은, 아라메바시에서 약간 남서쪽 방향을 본 것이다.<그림 7>

에도바시, 아라메바시, 가부토바시, 다이이치국립은행, 우체료, 미쓰비시의 일곱 창고 등이 그려져 있다.

가시초(西河岸町)에서 유래된 이름. 1894에 활궁형 보스트링 트러스트라는, 당시 최신식 철교로 가설되었다.
37 다리의 동쪽 끝단이 가부토초(兜町)에 인접해있어 유래된 이름의 다리.
38 도쿄 주오구 고아미초 1초메에서 2초메의 수로를 가로지르는 다리. 유곽의 거리로 번성했던 마루야마로 들어가기 전, 그 입구에서 '고민하는 다리'라는 유래에서 이름 붙여진 다리이다.

〈그림 8〉 고바야시 기요치카가 그린 에도바시(江戸橋) 남쪽의 스케치, 공예학회 마포미술공예관 학예과 편(工芸学会麻布美術工芸館学芸課 編),『고바야시 기요치카 사생첩(小林清親写生帖)』, 공예학회, 1991년

넷째, 고바야시 기요치카의 『사생첩』에 수록되어 있는 다이이치국립은행, 석조양식의 에도바시, 우체료를 스케치한 것이다.〈그림 8〉

세 번째의 〈에도바시 부근의 그림〉과 비교하자면, 기요치카의 그림은 실제 높이에서 본 것이다. 이외에도 〈도쿄 명소화집〉에는 에도바시에서 서쪽을 본 그림, 요로이바시에서 북쪽을 본 그림이 있다.

다섯째, 기요치카의 제자인 이노우에 야스지의 〈에도바시에서 요로이바시 원경〉제작연대 미상이다.〈그림 9〉

아라메바시에서 남서·남·남동쪽을 바라본 것으로, 시부사와 저택을 중심으로 이 지역의 특징적인 건축물과 나룻배의 빈번한 왕래를 묘사하고 있다.

여섯째, 1911년에 발행된 『도쿄 풍경東京風景』에 게재되어 있는 오가와 잇

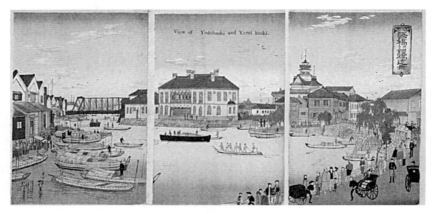

〈그림 9〉 이노우에 야스지, 〈에도바시에서 요로이바시 원경〉, 우정박물관(郵政博物館) 소장

신小川一眞[39]이 촬영한 사진이다.〈그림 10〉

이 사진은, 오가와 잇신의 책에서 「료코쿠의 불꽃놀이両國の煙火」라는 제목으로 소개된 두 장 가운데 한 장인데, 아라메바시 부근에서 남쪽의 요로이바시를 바라다본 풍경이 분명하다. 오른쪽이 시부사와 저택, 왼쪽이 고아미초이다.

이 지역의 경관에서 중심은 1888년 말에 다쓰노 긴고辰野金吾의 설계로 완성된 시부사와 에이이치의 저택인데, 그 외관과 내부에서 바라본 풍경은 다음과 같다.

우선 외관에 대한 평이다.

이 건축물은 공학박사 다쓰노 긴고의 설계로, 시공은 시미즈 만노스케清水満之助[40]가 맡았다. 그 안팎의 모습은 대체로 다음과 같다. 저택은 가부토바시兜橋 근처

---

39 1860~1929. 일본의 사진가로 사진 촬영·인쇄·사진 건판(감광판)의 국산화를 시도하는 등, 일본 사진문화 발전에 큰 영향을 미쳤다.

〈그림 10〉 아라메바시(荒布橋) 쪽에서 요로이바시(鎧橋) 방향을 바라봄. 오가와 잇신 촬영 인화, 『도쿄풍경』, 오가와 사진제작소 소장, 1911

남쪽 강가에 있으며, 전체적으로는 벽돌로 지은 2층 건물이다. 우선 외부를 보자면, 모난 창의 처마는 청석靑石으로 나선형 꽃무늬가 조각되어 있고, 벽은 담황색이며, 중앙 현관은 남향이다. 서북쪽은 곧바로 강에 접하는데, 서쪽에는 반원형의 베이 윈도우bay window를 돌출시켰고, 북쪽에는 일곱 칸 정도의 낚시터가 있다. 강 기슭에는 돌계단을 만들어서 곧장 배를 타고 내릴 수 있게 했다. 동쪽에 주방을 만들었고, 동남쪽에는 마구간과 하인들의 거처, 하인 대기소까지 마련해놓았다. 또 돌기둥과 철 대문은 남쪽 도로에 접해 있고, 그 양쪽 기둥에 구리로 만든 새 모양의 서양 등롱을 걸어놓았다. 철책은 서남쪽으로 정원을 빈틈없이 에워싸고,

---

40   1804년 창업한 시미즈 건설(清水建設)의 3대 점주. 시부사와 에이이치(渋沢栄一)가 30여 년간 시미즈건설 주식회사 임원을 하며, 조언과 지원을 하기도 했다.

〈그림 11〉 기노시타 모쿠타로, 니시가시바시(西河岸橋)를 그린 미완성 그림, 이토시립 모쿠타로기념관 (伊東市立杢太郎記念館) 소장

정원 가운데에는 기암괴석과 함께 큰 소나무가 우뚝 솟아있고, 백일홍·은행나무·석류나무·파초·대나무 그 밖의 초목이 다채롭게 늘어서 있다.[13]

저택 안에서 니혼바시 쪽을 바라보면 다음과 같다.

저택 뒤에는 에도바시와 요로이바시 사이를 흐르는 강이 있어 아라메바시·시안바시까지 한눈에 보인다. 앞쪽 기슭에는 고아미초의 강변 창고들이 있고, 근해近海를 드나드는 너벅선·거룻배가 끊임없이 모여든다. 보소房総 지방에서 우오가시의 도매상으로, 활기찬 신선함을 실어 나르는 배들이 아침저녁으로 창 아래를 서로 다투듯 오간다. 실로 도쿄의 상업지역을 한눈에 볼 수 있다.[14]

마지막 일곱 번째 그림자료로 기노시타 모쿠타로의 미완성 그림을 소개하고자 한다.〈그림 11〉

이는 니혼바시 남쪽 끝단에서 서쪽에 있는 '니시가시바시西河岸橋'를 그린 것이다. 이 다리는 건설 당시 최신식의 궁형弓形 보우스트링 트러스트bow-string trust 구조의 철제 다리로, 인력거가 다리 위를 지나가고 있다. 다리 뒤로는 제국해상운송보험회사 빌딩을 볼 수 있다.

니혼바시 · 에도바시 주변의 변화

이 지역은, 메이지 20년대에야 겨우 개발이 시작된 마루노우치丸ノ內보다 앞선 근대적인 상업 지구이다. 또 이곳은 에도 시대의 전통을 계승한 메이지 초기부터 금융과 유통의 중심지였고, 니혼바시로 상징되는 육상교통의 요충지인 동시에 강과 운하로 이어진 수운水運 네트워크의 중심지이기도 했다. 그리고 이와 같이 중요한 사회적 기능을 가진 네트워크가 미적인 감동을 가져다주는 경관까지도 만들어냈다.

예를 들어, 다이쇼 초기에 발행된 외국인 대상 일본 가이드북『테리의 일본제국 안내Terry's Guide to Japan』의 초판1914년에서는 도쿄운하를 다음과 같이 소개하고 있다.

그림처럼 아름다운 도쿄의 수많은 장소 중 하나로 운하에 접한 구역들이 있다. 고풍스럽고 인형의 집 같은 집들이 빽빽하게 모여 있다. 집들 가운데 뒤쪽에 퇴창의 형태로 발코니가 있는 경우도 있다. 화려하게 꾸며진 발코니는 나무말뚝 위에 지었는데 가로대나 받침대로 지탱된다. 새들이 지저귀는 새장이나 꽃들로 가득 차 있을 때는 이탈리아나 스페인 남부 풍경이 떠오른다. 끊임없이 이 물길 위로 짐을 나르는 거룻배, 오가는 범선과 나룻배, 고풍스러운 무지개다리가 자아내는 아름다운 그림자가 매력을 한층 더한다.[15]

그렇지만, 메이지 중기까지 근대화의 첨단이었던 '개화명소'는 메이지 말기 마루노우치와의 경쟁으로 밀려났다. 마루노우치는, 1894년 미쓰비시 1호관의 준공을 시작으로 1911년에는 소위 "런던 1번가"[41]라고 불릴 만큼 상업지구로 변모했다.〈그림 12〉

이런 시기의 니혼바시 지역에서 모쿠타로가 찾아낸 가치는, 역동적인 근대화의 선진 지역이라는 점이 아니었다. 앞서 보았듯이 이는 "도쿄에서 구문명과 신문명의 과도기"를 미적인 충만감으로 느낄 수 있는 특별한 공간이라는 것이다.

나가이 가후도 이 지역에서 높은 미적 가치를 포착하긴 하지만, 그것도 단순히 근대화의 선진 지역이라는 의미는 아니었다.

운하의 조망은 후카가와深川의 오나기가와小名木川 부근뿐만 아니라 어디에서든 스미다가와의 강변보다 좀 더 통합된 감흥을 불러일으킨다. (…중략…) 니혼바시를 등지고 에도바시 위에서 마름모꼴을 이루는 넓은 강의 한쪽으로는 아라메바시와 그 뒤의 시안바시를, 다른 한쪽으로는 요로이바시를 바라본다. 그리하면 강변의 창고들, 거리와 다리 위의 번화함까지 더해져 도쿄 시내의 운하 중에서 최고의 장관을 볼 수 있다. 특히 세모의 야경처럼 다리 위를 오가는 차

---

41 1890년 미쓰비시(三菱)가 불하받은 육군 용지를, 영국 경제 중심지인 런던 롬바드가 (Lombard Street)를 본따 상업지역으로 조성한 것에서 기인한 별칭이다.

〈그림 12〉 〈바바사키몬도리(馬場先門通り)〉, 오가와 잇신 촬영 인화, 『도쿄 풍경』, 오가와(小川)사진제작
소 소장, 1911

의 불빛이 강변의 등불과 서로 어우러져 물 위에서 흔들리면, 멀리 보이는 긴자

거리의 등불보다 훨씬 아름답다.[16]

니혼바시 의장意匠과 비교

이들 그림자료와 나가이 가후의 평가, 즉 "최고의 장관"이라는 평가의

의미를 살펴보기 위해서, 같은 시기에 목조에서 석조로 교체된 2연속 아

치형 다리인 니혼바시의 의장意匠과 비교해보고자 한다.〈그림 13〉

니혼바시 건설계획에서 다리의 의장을 담당했던 쓰마키 요리나가妻木頼

黄[42]의 디자인 제안은 다음과 같았다.

---

42 1859~1916. 일본의 건축가. 메이지 건축계의 3대 거장 중 한 명.

〈그림 13〉 〈완성 직후의 니혼바시 부근〉, 오가와 잇신 촬영 인화, 『도쿄 풍경(東京風景)』, 오가와사진제작소, 1911년

오늘날 도쿄시는 도시개혁의 발걸음을 착착 내딛고 있으며, 가옥도 점차 서
양풍 혹은 화양절충으로 바뀌어 가니, 바야흐로 구시대의 면모를 새롭게 하고
있다. 이런 때에 교량만 구태를 유지해야 하는가. 마땅히 크고 화려하게 바꾸
어, 제국 수도의 일대 장관으로 만들어야 함은 물론, 에도 명소의 하나로서,
300년 역사의 고적을 회고하도록 해야 한다. 이 목적을 달성하기 위해서 토목
가와 건축가가 협력해야 할 것이다.[17]

크고 화려하게 바꾸는 것과 함께 "에도 명소의 하나"로 만들자는 취지
도 포함되어 있다고는 하지만, 그것은 "300년의 역사를 가진 고적古蹟으로
회고하도록 할 필요" 때문이지 결코 서민 생활의 기억과는 관계가 없다.
기린麒麟이나 사자 형상이 '일본 정서'의 표현이기는 했지만, 그것은 권위
의 상징이었다. 하버마스Jurgen Habermas의 용어를 빌리자면, 새로운 니혼
바시는 제국과 도쿄시의 권위를 구체화하는 '표상적 공공성representative

Öffentlichkeit'18)의 일환으로 구상되었으며, 여기서 역사성 또한 "제국 수도의 일대 장관"의 현재성을 구성하는 하나의 요소였다.

이에 반해 나가이 가후와 기노시타 모쿠타로는, 하나하나의 건물이나 다리가 아니라, 마름모꼴로 수면을 둘러싸고 있는, 일종의 경관 '통합'으로부터 이 지역에 대한 미적인 '감흥'이나 '정서'를 끌어내고 있다. 에도 시대부터 늘어서 있는 흰색 창고, 철제 다리, 베네치아풍의 호화로운 서양식 가옥, 석조 다리, 화양절충의 건축물, 붉은 벽돌 창고들, 하나하나 제각각의 양식과 시대성을 담은 건축물들이 나룻배와 소형 증기선이 떠다니는 강을 에워싸고 있다. 이렇게 응축된 불가사의한 공간, 그리고 그 주변까지 많든 적든, 이런 잡다한 시대적 요소가 쌓여있었다. 이와 같은 혼재성이 표상하고 있는 것은 적어도 어떤 커다란 권위나 권력에는 존재할 수 없는, 강 위에 투영된 평민적인 일상생활세계의 맥박이었다. 짐을 가득 실은 작은 배, 하역노동자, 우편마차의 질주, 그리고 수면 위를 날아다니는 제비무리 등등, 소비생활보다도 우선 노동의 장이다. 그곳은 풍부한 자연 속 생활공간이었다.

5. '도회취미·도회정조'의 사상과 그 변용

'도회정조'

1905년 후반부터 1906년 후반의 강변에 대한 큰 관심은 1910년 전후 '도회정조·도회취미'라는 예술적 지향성으로 이어졌다. 평민적인 일상생활에 대한 관심은 도회취미의 또 다른 극단, 분명하게 확대되고 있던 근대적인 상업이나 소비생활·오락생활의 확대에 대한 관심으로도 이어졌다. 이것은 전통이 짙게 남아있는 평온한 일상과 약동하는 근대 영토의 감각적인 대조를 점점 더 강력하게 드러냈다. 잡다한 요소로 구성되어 있으면서도, 하나의 통합을 보여주고 있는 강변의 경관은 소위 시대의 전체상으로 확장되어갔다. 1909년 잡지 『옥상정원屋上庭園』 골패란骨牌欄의 다음과 같은 서술은 이런 관점을 잘 보여준다.

우리는 항상 관능에 신선한 자극을 주고 싶어한다. 특히 눈이나 귀, 코에 자극을 주고 싶다. 사람들은 에도가 도쿄가 되고, 도쿄가 다시 날로 증가하는 속악무잡俗惡蕪雜이 되었다고 흔히들 말한다. 전차, 가로등, 공원의 분수, 도시인의 유락 등등 도쿄에서도 극히 번화한 곳에서 볼 수 있는 여러 형상이 우리에게는 매우 흥미롭다. (통상 관능뿐만 아니라, 오감의 측면에서도 외래 문명에 반응하는 일본인의 태도가 흥미롭다.) 우리의 내적 존재는 그런 것에 대해서 일일이 반응한다. 또 우리는 마음의 반응을 형상으로 내보이고 싶어 한다. 혹 우리의 소란스러운 관능이 진지한 고찰을 방해하고 있을지도 모른다. 어쨌든 어디까지 갈 수 있는지, 할 수 있는 데까지 해보자. 우리는 아직 젊으니까.

'불가사의한 나라'

이즈음 기노시타 모쿠타로는 "불사사의한 나라"라는 말로 현대사회를 파악하고 있었다. 전통적인 것과 근대적인 것을, 과도기라는 연속 관계가 아니라, 오히려 병존관계, 대조관계로 파악하는 것이다.〈그림 14, 15〉

그는 1919년에 1910년 즈음을 다음과 같이 회상한다.

〈그림 14〉 그림엽서 〈긴자거리(銀座通り)의 야경(夜景)〉, 1918~1932년 즈음

아직 해가 떠 있어서 푸른 저녁 분위기 속에 마치 8월의 잡초 낙화생 꽃처럼 따스하게 노란 불빛을 밝히는 에이타이바시永代橋의 와사등에도, 붉은 석양 아래 강변에 퍼지는 약국의 노래에도, 모든 도쿄 시타마치의 색, 소리, 울림에는 어느 것이나 불가사의한 정서가 물들어있다. 스케치북을 들고, 나카노中野의 들이나 다바타田端같은 곳이 아니라, 고아미초小網町, 후카가와深川의 강변을 돌아다녔던, 아직 젊은 시절의 필자에게는 붉은 벽돌 관청이나, 번쩍거리는 황동빛 은행을 거쳐서, 우타자와歌澤[43]나 신나이新内[44]의 '악의 꽃惡の華'이 시들지 않고 피어 있는 것을 보는 것이 더할 나위 없이 흥미로웠다. 대학교수들은 검은 프록코트

---

43 우타자와부시(歌沢節)의 준말. 샤미센(三味線) 반주로 부르는 에도 시대 말기의 속요(端唄)의 한 가지.

44 신나이부시(新内節)의 준말. 조루리(浄瑠璃)의 일종으로 쓰루가 신나이(鶴賀新内)가 만든 분파에서 시작. 슬픈 곡조에 맞춰 비련의 여성의 인생을 노래하면서 큰 인기를 끌었다.

〈그림 15〉 그림엽서 〈스미다가와 타케야(隅田川竹屋)의 나룻배〉, 1907~1917년 즈음

를 차려입고 공자 탄생제孔子誕生祭를 지낸다. 몬쓰키 하카미紋付袴[45]에 중산모[46]를 쓴 이도 있다. 그리고 문 밖에는 신나이新內가 흐르고 있다. 나는 이런 이상한 대조 때문에, 이 혼잡한 시대를 '불가사의한 나라'라고 이름 붙였다. 물론 경멸의 의미 따위는 조금도 없다.

1910년 1월에 쓰여진 수필 「거리를 산책하는 사람의 마음市街を散步する人の心持」은 대조와 모순, 시대착오로 가득 찬 현대 도시 도쿄를 묘사하고 있다. 그러나 그는 동시대의 작가들 예를 들어 나가이 가후와도 다르다. 모쿠타로는 그런 혼란을 긍정적·낙관적으로 수용하려 했다.

---

45 가문(家紋)을 넣은 일본 예복의 하의.
46 꼭대기가 둥글고 높은 서양 모자.

"어떻게 하면 오늘날의 일본에서, 자신들의 일생에서 진심으로 만족할 만한 취미의 조화를 이룰 수 있을까"라는 스스로의 물음에 "나는 이미 마쓰모토 운슈松本雲舟[47]나, 마쓰오 바쇼松尾芭蕉[48]나, 한림고목寒林枯木[49]을 그린 그림이나, 한산습득寒山拾得[50]의 시로 만족할 수 없다. 그렇다 하더라도 서양풍의 예술은 아무래도 아직까지 낯설다. 나카무라 후세쓰中村不折,[51] 하시모토 호스케橋本邦助[52] 등의 신예술新藝術, 쓰나시마 료센綱島梁川,[53] 에비나 단조海老名弾正[54] 등의 신종교에도 아직은 만족할 수 없다. 그렇다면, 오늘날의 세상은 완전한 조화를 바라는 것이 도저히 불가능한 시대이다"라고 하는 가운데, 모순을 견디면서도 즐기는 감성을 드러낸다.

서로 어울릴 수 없는 것들, 시대착오적인 것, 운하에 돛을 편 군함, 서양관西洋館에서 들려오는 나소리納曽利[55]의 옛 곡조, 벽돌 벽 옆 격자문 신등神燈, 공자상 앞에

---

47 1882~1948. 도쿄마이니치신문(東京每日新聞), 요미우리신문(読売新聞) 등의 편집인·번역가. 폴란드 소설 『쿠오 바디스(Quo Vadis)』를 처음으로 번역한 『어디로 가나이까(何処に行く)』로 유명하다.

48 1644~1694. 에도 시대 하이쿠 시인. 당시의 담림풍(談林風)의 산문성(散文性)이나 비속성(卑俗性)을 벗어나 하이쿠에 높은 문학성을 부여한 쇼풍[蕉風]을 창시하였다. 전국 각지를 여행하여 많은 명구와 기행문을 남기며, 하이쿠의 예술성을 높인 것으로 평가받고 있다.

49 한림과 고목은 동양화의 주된 화제(畫題)이다.

50 한산과 습득은 중국 당나라 시대의 선승(禪僧)으로, 두 사람 모두 뛰어난 시를 남겼으며, 저서로 『삼은시집』(일명 한산시집(寒山詩集))이 전해진다.

51 1866~1943. 일본 서양화가. 나쓰메 소세키(夏目漱石)의 『나는 고양이로소이다(吾輩は猫である)』의 삽화를 그린 것으로 널리 알려져 있다.

52 1884~1953. 일본 서양화가. 구로다 세이키(黒田清輝) 등의 영향을 받았고, 일본화나 잡지·단행본 삽화도 그렸다.

53 1873~1907. 일본 기독교 사상가이자 평론가. 폐병을 앓고 난 이후에는 신비적인 종교관에 근거한 수필을 발표, 당시 청년층에 큰 영향을 끼쳤다.

54 1856~1937. 일본 기독교 사상가·교육가·목사.

55 일본 아악(雅楽)의 일종. 암수 용(龍)이 즐겁게 노는 모습을 표현한 악곡으로 '쌍용무(双

머리를 조아리고 있는 프록코트 차림의 박사들— 이러한 불가사의한 광경에 우리 뇌가 느끼는 경악을 통해 우리의 취미를 만족시켜야 한다.

이런 조잡한 대조는 도쿄 시내 어디에서든 볼 수 있다.

긴자거리, 지장보살의 잿날, 열심히 자기 자리를 찾고 있는 '맹인의 샤미센 연주', 푸른 은빛으로 빛나는 '담배공장의 지붕', '고등여학교 스튜던트student'의 합창, '강변 기슭에서는 나베 야끼우동이 끓고 있다', 벽돌담 쪽의 와사등에는 마쓰바松葉[56] 테두리에 '우타자와歌澤'라고 또렷하게 쓰여 있다. 이런 제각각의 인상에 대해서 "나는 어느 나라에 왔는가! 라는 기분이 들어 화가 날 정도였다". 그러나 이런 초조함도 "좀 더 세상이나 자연에서, 아름답고, 재미있는 것을 찾아 즐기고 싶다"는 방향으로 모아졌다.[19]

강변을 둘러싼 서민적인 일상생활의 통합을 다층적으로 확대시켜 '불가사의한 나라'라고 현대사회를 파악하는 방식은, 전통적인 것과 근대적인 것, 일본적인 것과 서구적인 것의 모순과 부조화로 가득 찬 근대사회에 대한 경악과 적극적인 호기심을 드러내고 있다. 모순이나 부조화라 해도 기피해야 할 것이 아니라, 오히려 즐길 만한 것이다. 근대사회는 평면적이고 한 가지 모습만 가진 사회는 아니다. 그 곳은 비동시성, 다층성, 입체적 음영이 풍부한 사회일 수밖에 없다. 이와 같은 모순과 부조화의 감각이 역사적인 시간에 투영되었을 때, 특정한 시대가 '발효의 시대'로 떠오르게 된다.

龍舞)'라고 부르기도 한다.
56 일본에서 사용하는 가문(家紋)의 종류 중 하나.

평민 · 서민의 발견

1910년경 '불가사의한 나라'에 대한 모쿠타로의 관심은 1916년 기요치카론의 '발효의 시대'로 이어졌다. '불가사의한 나라'로 파악하는 방식이 직관적이라면, '발효의 시대'로 파악하는 방식은 좀 더 보편화된 문화사적인 사상이다. 일본문화사에는 연속성이 끊어지는 비약의 시기가 있다. 조용한 섬나라에 외부의 새로운 문화가 건너와 생긴 혼란의 시기가 그것이다. 이 시기에는 부조화와 발효 동화라는 두 개의 계기가 있다. 이와 같이 문화사적 흐름으로 바뀌는 가운데, 모쿠타로가 관심을 기울인 것은 뛰어난 영웅이나, 국가의 권위나, 선진산업의 약동을 드러내는 것이 아니었다. 도시에 등을 돌린 전원이나 농촌취미도 아니었다. 그는 도시의 "일반 평민의 내부에서 일어난 발효의 모습", 즉 모순을 받아들이면서 삶을 꾸려나가는 "평민적 문화와 그 생활양식"에 관심을 기울였다.

야나기타 구니오柳田國男[57]는 근대도시의 미관美觀이 도시인의 활기와 결부되어 있다는 사실에 주목한다.

> 도시는, 영원히 자리잡고 살겠다고 다짐한 자가 많아지면 활기가 생겨난다. 하나하나로는 실패한 건축이라도, 그것이 모여 있으면 특별한 일종의 정경을 만든다. 간혹 한쪽 구석에 권태롭고 지쳐버린 옛 집이 남아있고, 또 이가 뽑힌 것처럼 빈 터가 섞여 있고, 그 보기 흉한 것을 애서 감추고 겉만 새하얗게 칠한 위선적인 모습을 증오하는 자도 있을 것이다. 그러나 동정하는 자의 눈에는 그것 역시 성장하는 힘을 나타내는 것으로, 오히려 고상한 취향으로 활용하는 여유가 있다.[20]

---

57 1875~1962. 일본의 민속학자. 고급 행정관료 출신으로 1923년에 제네바에 머물면서 유럽 인류학의 시각을 배워 이를 바탕으로 '일국(一國) 민속학'의 체계를 도모했다.

표면적인 잡거성을 향유하는 '불가사의한 나라'로 파악하는 방식을 거쳐, 기요치카론의 자유롭고 관용적인 평민문화에 대한 이해로 나아간 모쿠타로의 도시미의 발견은, 전통의 색깔을 짙게 남기면서도 근대화로 매진하기 시작했던 도시를 서민 생활의 장으로서 발견한 것, 달리 말하자면 "영원히 도시에 자리잡고 살겠다고 다짐한" 서민의 발견이기도 했다.

제4장

여행 가이드북의 '볼거리'[*]
『공인 동아 안내』 일본편과 『테리의 일본제국안내』를 중심으로

1. 들어가며

영국의 문학연구자 이안 우즈비Ian Ousby[1]는 근대 가이드북의 특징을 '비개인적impersonal'이라는 키워드로 파악하고, 다음과 같이 분석했다.

19세기 중엽부터 외부인의 눈길을 끌만한 것들에 관한 정보가 체계화되면서 머레이Murray, 브라크, 베데커Baedeker[2] 같은 종합적이고 '비개인적'인 핸드북이 나타났다.

이리하여 땅은 이중의 의미로 알려지게 되었다. 땅은 지역 내 교통보다는 장거리 도로에 의해 관통되었다. 그리고 그 땅은 여행자가 속한 계급의 취향과 시각을 보여주는 가이드북에 의해 설명되고 해석되었다. 이러한 두 가지 변화는

---

*   이 장은 남효진이 번역했다.
1   1947~2001. 영국의 역사학자이며 편집자.
2   근대 여행안내서를 개척한 독일의 출판사 혹은 그 출판사에서 나온 여행안내서.

지도를 작성하는 관례에서 구체적으로 드러난다. (…중략…) 삽입된 지도는 어떤 의미에서 투어리즘의 승리를 보여준다. 즉 어딘가로 가는 지도의 도정을 보면 그 장소에 관해 알려진 것, 혹은 알 가치가 있는 것들을 알 수 있다.[1]

　가이드북을 여행문화의 관점에서 부정적으로 평가할지[2] 긍정적으로 평가할지 여부는 별개로 두고 살펴보자.『머레이』나『베데커』같은 가이드북을 보면 우선 그 나라나 도시, 혹은 지역 전체에 관한 일반정보를 기재하고 그 안에서 여정을 설정한 다음, 그 여정에 관한 일반정보에 이어 주변의 명소를 차례차례 설명하고, 주요 지역에 관한 지도를 삽입하는 식으로 편성되어 있다. 이런 가이드북이 도로망과 철도망의 성립이라는 근대적인 조건 아래 생겨난 것은 분명하다. 이런 제한된 의미에서조차 근대화의 산물임이 분명한 여행 가이드북이, 형식과 내용면에서 '개인적' 성격이 짙은 '도중기道中記[3]'라는 두터운 전통을 가진 일본에서는 어떻게 나타났을까?

　이 글은 근대 여행문화의 구성요소 중 하나인 '여행 가이드북'이 다양한 형태로 등장한 사회문화 현상에 주목하였다. 그리고 전쟁 전 일본 철도성鐵道省을 주축으로 이루어진 그 발전 과정을 더듬어보고 분석함으로써 여행을 뒷받침하는 정보의 객관성과 비평성의 차이를 밝히고자 한다. 이를 위해 철도원鐵道院・철도성[3] 및 재팬 투어리스트 뷰로가 편집한 가이드북을 주로 살펴보았다. 그것은 이안 우즈비가 지적했듯이 근대의 가이드북이 본질적으로 '비개인적'이고, '평균적인 여행자'를 대상으로 한 계획적이고 조직적인 협동작업의 산물이기 때문이다.

3　에도 시대 여행안내기로, 숙소・명소・유적지 등을 기록하였음.

제일 먼저 1927년쇼와2부터 간행되기 시작하여 1936년에 완결된『일본안내기日本案內記』전8권4)을 개관한다. 두 번째로 이러한 국내 여행을 위한 가이드북의 발전과, '외국인 관광객 유치'라는 정책의 일환이었던 외국인 대상의 영문 일본가이드북의 관계를 고찰한다. 셋째 철도원·철도성 및 재팬 투어리스트 뷰로가 만든 영문 일본가이드북과 외국인이 쓴 일본가이드북을 비교하여 '보여주고 싶은 것'과 '보고 싶은 것'의 차이를 분석하고 그 차이로부터 '가이드북'의 기본성격인 정확성, 객관성, 공평성, 비평성을 고찰해보고자 한다.

2. '일본 국내외 여행안내기 전람회內外案內記類展覽會'와 『일본안내기日本案內記』

공인 '시간표'의 출현

정보와 지知의 근대화라는 관점에서 봤을 때, 가이드북에 앞서 변화의 흐름을 보여준 것은 '여행안내'라고 하다가 나중에는 '시간표'로 부르게 된 '시각표'였다. 데즈카 다케마사手塚猛昌4가 경영하는 고인신시사庚寅新誌社는 1894년메이지27 일본 최초의 전국판 교통시간표인『기차여객선 여행안내汽車汽船旅行案內』를 발행했다. 이후 교통망이 확충됨에 따라 고에키사交益社, 하쿠분칸博文館도 시각표를 발행하였고, 다이쇼 초기에는 이들 세 회사가 치열하게 경쟁했다. 철도원의 검열 업무가 확대되면서 검열담당자와 시

---

4 1853~1932. 일본에서 '시각표의 아버지'로 유명한 실업가.

간표 출판사 사이에 바람직하지 못한 관계도 생겨났다. 이런 사정으로 인해 1914년다이쇼3 운수국장인 기노시타 도시오木下淑夫의 주도로 3사 합동의 '주식회사 여행안내사'가 설립되고 시간표도 일원화된다. 그 결과 『공인 기차여객선 여행안내公認汽車汽船旅行案内』〈그림 1〉가 나오게 되었다.

일본 전체에서 "공인받은 '여행안내'는 우리 여행안내뿐"[5]이라고 하듯이, '공인'이라는 권위를 붙이는 것이 여행에 관한 정보가 근대화로 나아가는 중요한 방향이 되었다. 여기서 '공인'은 "이상적인 여행안내"[6]를 의미했다.[7]

'일본 국내외 여행안내기 전람회'

여행 가이드북에 대해 철도원이 가진 문제의식은 무엇이었을까? 1912년메이지45에 철도원의 외곽단체로 설립된 재팬 투어리스트 뷰로는 1919년다이쇼8 7월에 '일본 국내외 여행안내기 전람회'를 개최한다. 이 전람회의 모습을 『요미우리신문』은 다음과 같이 전했다.

도쿄역 구내 재팬 투어리스트 뷰로사에서는, 여행 철을 맞은 요즘 국내외 명승고적을 두루 소개하고 여행자의 편리를 제공한다는 취지에서 4일부터 6일까지 도쿄역 출구 팔각탑 2층에 국내외 여행안내기, 명소 안내, 지도 등을 진열한 전람회를 열고 있다. 외국 여행에 관해서는 나라별로 여행안내기, 사진첩 등을 정리해놓았으며, 국내 여행은 각 현별로 지도, 안내기, 사진첩, 그림엽서 등을 다양하게 모아놓았다. 오래된 것으로는 오바 가코大庭景秋[5]의 〈에조치 전도蝦夷地全図〉, 안세이安政 2년 무렵의 것들, 『에조 노정편람蝦夷 路程便覧』, 에미 스인江見水蔭[6]의 닛코日光 명소 그림, 구로다 후미코黒田富美子의 교토 일람京都一覧 등이 흥미롭다. 전람실에 발을 들여놓으면 지금까지 잘 몰랐던 명승지도 손쉽게 알 수 있어 여행 욕구가 크게 일어난다.[8]

그러나 이 전람회에 대한 『지지신보時事新報』의 기사 「천여 종을 모아놓아도 제대로 된 것이 없는 여행안내기를 개선-투어리스트 뷰로의 전람회」[9]를 보면, 기존 가이드북에 관한 문제의식을 읽을 수 있다.

그 기사가 지적한 기존 가이드북의 문제점은 다음과 같다. 첫째, 기행문과 객관적 정보의 구별이 애매하다. 현재 많은 가이드북이 "현대에 맞지 않는 한문투나 미사여구를 쓸데없이 늘어놓고 여행자에게 가장 필요한 경비, 여정 등의 구체적인 정보는 소홀하게 취급하고" 있다. 당시 유행하기 시작한 일본알프스 등산에 관해서도 등산가의 기행문밖에 없고, 도와다十和田 호수 기행문을 봐도 숙박이나 교통에 관한 정보가 없으니 가보려 해도 어떻게 가야 할지 알 수가 없다.[10]

두 번째로 지적한 문제점은 광고와의 관계이다. "가장 곤란한 것은 안내기를 펴낸 사람이 돈에 좌우되어 맞지도 않는 정보를 싣거나 돈벌이를 위한 광고만을 목적으로 펴내기 때문에 사사로움에 치우쳐 공평한 비평,

---

5   1872~1924. 일본의 신문기자, 수필가.
6   1869~1934. 일본의 소설가, 번역가, 잡지발행인, 기행가.

안내가 불가능하다"는 것이다. 『베데커』는 광고를 원칙적으로 게재하지 않는다는 방침을 취하고 있는데, 일본에는 이런 방침을 가진 회사가 없다고 말한다.

수많은 가이드북의 저자인 마쓰카와 지로松川二郎도 "일반 여행안내서에 대한 믿음이 땅에 떨어지는 것이 우려된다"며, 낡은 정보를 갱신하지 않은 채 그대로 게재한 것, 지명을 잘못 읽은 것, 무단게재 등을 지적하였다.[11]

한편으로는 『머레이』나 『베데커』 같은 유럽의 예가 있고 다른 한편으로는 에도 시대 이후 '도중기'라는 풍부한 전통이 있는 가운데, 가이드북 본연의 자세를 따지고 있는 것이다. 당시 일본 '가이드북' 상황을 보면, 한문투나 미사여구의 기행문이 주를 이루고 있었다. 이 같은 여행안내서는 종종 잘못된 정보를 담고 있거나 여행을 위한 실제 정보가 불충분했다. 게다가 광고와 구별되지 않는 경우도 많았다. 이처럼 철도원과 뷰로가 가이드북의 쇄신에 힘쓰기 시작한 시기에 가지고 있었던 문제의식은, 정보의 '객관성', '정확성', '공평성'에 관한 것이었다.

"현대에 맞지 않는 한문투"라는 지적은 예를 들면 다음과 같은 것이었다.

니혼바시日本橋는 주오도리中央通 잇초메一町目와 무로마치室町를 잇는 번화교繁華橋인데 사방으로 통한다. 니혼바시 다리는 대로大路로 그냥 도리通라고도 부르며, 가옥들은 도조즈쿠리土蔵造り[7]이고, 마차철도[8]가 부설敷設되어있다. 마차나 인력거 소리가 항상 요란하며 인마人馬가 끊임없이 왕래往來한다. 그리고 니혼바시 북

---

7   도조(土蔵)는 일본의 전통 건축양식의 하나로, 건축물의 뼈대와 외벽을 흙으로 만든 다음 회반죽으로 마무리한다. 이 양식으로 세워진 건축물을 도조즈쿠리라고 부른다.
8   말을 동력으로 하여 운행하는 철도.

쪽에서 가장 명고名高한 거리는 혼마치本町와 오덴마초大伝馬町 · 요코야마초横山町인데, 여기가 바로 가장 활발한 상업 중심지이다. 가옥들은 니혼바시도리와 마찬가지로 도조즈쿠리이며 스루가초駿河町에 미쓰이三井은행이 있는데 고루미려高樓美麗한 건축이다. 강 반대편은 욧카이치四日市로, 우편선 회사의 창고가 있으며 우편본국 전신국을 오가는 차마車馬가 끊이질 않는다. 니혼바시 북쪽 강가는 우오가시魚岸라고 통칭하며 사방에서 어선이 모여드는데 조시朝市가 가장 번성하다.[12]

정보의 양 · 객관성 · 정확성

'일본 국내외 여행안내기 전람회'의 문제의식에서 알 수 있듯이 한문투나 미사여구같은 문체를 문제삼은 것은, 읽기 쉬운 문체 확립 외에 정보의 객관성 · 정확성과도 밀접한 관계가 있다. 철도원은 이미 1910년메이지43부터 『철도원 철도 주변 유람지 안내鐵道院線沿道遊覽地案內』라는 가이드북을 발행했는데, 구어체로 바꾼 것은 1914년다이쇼3부터였다. 그러나 더 중요한 변경은 1924년 8월에 발행한 『철도여행안내鐵道旅行案內』에서 일어났다. 이때 종형에서 횡형으로 판형이 바뀌었고, 조감도나 명소 그림을 삽입하면서 외견상 변화가 컸는데, 무엇보다 정보량이 크게 증가했다. 도쿄 중심부에 관한 1924년 7월판과 8월판의 기술을 비교해보자.

7월에 발행한 『다이쇼13년판 철도여행안내』는 철도 주변 지역 안내라는 그때까지의 형식을 답습하여 운임, 역 주변의 명소, 호텔, 여관의 명칭을 열거하는 식으로 아주 간단하게 기술했다.

도쿄

역은 마루노우치에 있으며 부근에는 궁성 외에 관청, 대회사, 대상점, 대은행이 많이 있다. 지방에서 이곳에 오는 것은 교바시, 니혼바시, 간다神田, 고지마치麴町에서 용무를 보기 위해서다. 다른 구로 가려고 하면 역내에 바로 관선 열차가 있다. 역전에는 시가전차[9]가 있기 때문에 편리하다. 궁성, 니혼바시, 우오가시魚河岸, 니혼바시도리스지日本橋通筋, 시로키야白木屋[10] 오복점吳服店, 미쓰코시三越 오복점 등에 갈 때도 여기에서 내리는 것이 좋다. 여관은 도쿄역호텔(역내) (…중략…)

유라쿠초(有樂町)

도쿄역에서 ○리哩 5분分 운임 (이등) 13전 (삼등) 6전

역은 도쿄시 고지마치구麴町區 유라쿠초에 있는데 기차는 서지 않는 전차역이다. 도쿄와 요코하마 사이에는 시간에 맞춰 전차만 서는 역들이 있다. 부근에는 '시청', '히비야대신궁日比谷大神宮', '히비야공원', '제국호텔', '궁성 니주바시二重橋', '제국극장', '유라쿠자有樂座', '교바시京橋', '긴자', '다이콘가시大根河岸', '가부키자歌舞伎座' 등이 있다. 가까운 여관은 제국호텔 (…중략…)

신바시(新橋)

도쿄역에서 1리 2분 운임 (이등) 13전 (삼등) 6전

역은 도쿄시 시바구芝區 가스모리초鳥森町에 있다. 역 뒤편에 가스모리 환락가, 가까이에 신바시 환락가가 있다. 부근에 볼만한 곳으로는 '신바시', '하마리큐浜離宮', '도라노몬 곤피라虎の門金毘羅', '가스미가세키霞ヶ關', '아타고야마愛宕山' 등이 있다. 가까운 여관은 아즈마야吾妻屋 (…중략…)[13]

이에 비해 정보량이 대폭 늘어난 8월 발행판은 도쿄에 관해 지진으로

9　시가지를 달리는 노면전차를 말한다.
10　도쿄 니혼바시에 있던 오래된 백화점으로, 도큐백화점(東急百貨店)의 전신이다.

인한 피해 복구를 다음과 같이 개관하면서 시작한다.

도쿄와 그 부근

도쿄시는 일본 혼슈本州의 동부 간토關東평야의 중앙 무사시노쿠니武藏國의 동남쪽 해변에 닿아 있으며, 태평양 연안 도쿄만의 북쪽에 있다. 에도 막부 3백 년의 번영에 더해, 메이지유신 이후 궁성이 자리하면서, 푸른 소나무가 울창한 지요다千代田 성을 비롯해 옛날 무사시노武藏野의 일부까지 포함한, 동양 제일의 대도시로서 세계에 그 이름을 빛냈다. 그런데 불행하게도 다이쇼12년 9월 1일 대지진으로 인해 간다, 니혼바시, 교바시, 시바, 시타야下谷, 아사쿠사, 스미다강 쪽 혼조本所, 후카가와深川, 이른바 시타마치 방면은 거의 전소하였으며, 야마노테山手 방면의 고지마치, 아카사카赤阪, 혼고本郷 일부도 피해를 입었다. 아자부麻布, 요쓰야四谷, 우시고메牛込, 고이시카와小石川 4구만 옛 모습을 약간 유지하고 있을 뿐이다. 지금 관민이 모두 협력하여 제국 수도의 복구와 부흥에 노력하고 있다. 인구도 다이쇼9년의 국세조사國勢調査 당시 217만 명이었는데 대지진 후인 다이쇼13년 11월 현재는 152만 9천 명으로 감소했다. 부흥과 함께 점차 늘어나리라는 것은 의문의 여지가 없다. (…중략…) 지진 재난 이후 시의 번화가는 일시적으로 야마노테로 옮아갔는데, 우시고메 가구라자카도리神樂坂通가 가장 활발하며 혼고오도리本郷大通, 고이시카, 하쿠산우에白山上, 요쓰야, 아카사카, 아오야마青山 등이 그 뒤를 쫓고 있다. 시부야 도겐자카道玄坂 부근은 신아사쿠사라고 불릴 정도로 활황을 보이고 있다. 교바시의 긴자도리, 니혼바시의 오도리大通, 닌교초人形町, 간다神田 고카와초小川町 등 도쿄의 중심가는 바라크식 건축[11]으로 문화적 색채가 풍부한 부흥의 기운이 끓어오르고 있다. 시타야의 히로코지広小路, 아사쿠사 간노몬

마에雷門前도 우에노上野, 아사쿠사 두 공원과 마찬가지로 지진 전 번영을 되찾아 가고 있다.[14]

다음으로 ① 교통, 관청, 학교, 은행, 대기업, 지리 같은 일반정보에 이어 ② 궁성, 우에노공원 같은 공원, 메이지신궁明治神宮 등의 신사와 사원, 가부키자 같은 극장에 관해 소제목 없이 기술하고, ③「도쿄 및 부근의 유람력遊覽曆」으로 월별 행사 · 제례 · 꽃놀이 장소를 소개하고, ④ 주요 산물과 지진 피해에 관한 정보를 덧붙였다. 또 요시다 하쓰사부로吉田初三郎의 조감도가 다수 삽입되어있는 것도 이 8월판의 특징이다. 그래서 파노라마처럼 볼 수 있도록 가로가 긴 판형으로 바뀌었다.

『일본안내기』

여러 시도[15]를 거쳐 철도성 여객과는 1926년다이쇼15부터 『일본안내기』 편집 작업에 들어갔다. 그리고 1929년쇼와4「도후쿠東北편」부터 차례로 간행하기 시작하여 1936년「홋카이도北海道편」을 끝으로 완결한다. 이『일본안내기』 간행 과정을 일본교통공사의 『오십년사五十年史』[16]는 다음과 같이 정리하였다.

다네다種田 씨가 여행문화 방면에 남긴 가장 큰 업적은『일본안내기』의 편찬이라는 대사업을 시작했다는 것이다. 다이쇼13년 규슈의 모지門司철도 관리국

---

11 바라크는 임시로 만든 가건물을 뜻하는데, 일본에서는 간토대지진이나 도쿄대공습 후 함석이나 목재, 파괴된 건축물을 모아 비를 피할 정도의 바라크가 대량으로 세워졌다. 간토대지진 시기 곤와지로(今和次郎)는 '바라크장식회사(バラック装飾社)'를 설립하고 바라크를 화려하게 디자인하여 거리를 꾸몄는데, 바라크식 건축은 이를 말한다.

장으로 한동안 본청을 떠났던 다네다 씨는 다이쇼15년 본청으로 돌아오자마자 기쿠치菊地 여객과장, 이노우에 마스조井上万寿藏 사무관, 다니구치 리카谷口梨花 촉탁, 세 사람에게 이 대사업을 구상하도록 했다. 초안을 다듬는 데 1년이 걸렸고, 다음 해인 쇼와2년 3월에 준비를 마치고 편찬에 들어갔다. (…중략…)

처음에는 전 6권으로 마무리할 계획이었는데 다네다 씨가 철도국을 떠난 다음 후임인 가케이筧 운수국장 시절에 긴키近畿편을 상하 2권으로 나누게 되었다. 쇼와4년에 도호쿠편 출판을 시작으로 해마다 간토편, 주부中部편, 긴키편 상, 긴키편 하, 주고쿠中國·시코쿠四國편, 규슈九州편, 홋카이도편이 차례차례 간행되어 쇼와11년에 전 8권이 완성되었다.[17]

도쿄, 가나가와神奈川, 사이타마埼玉, 군마群馬, 도치기栃木, 이바라키茨城, 지바千葉를 다룬 『일본안내기 간토편』을 보면 「개설」과 「안내편」으로 나누어져 있고, 「개설」에는 다음과 같은 항목들이 있다.

위치·구역 / 지형·지질 / 기후 / 동식물·식물·동물 / 행정구역 / 풍속 / 방언 / 산업·농업·잠업·목축업·수산업·임업·광업·공업 / 석기시대의 유적 및 유물 / 고대 유적 및 유물 / 연혁 및 사적 / 신사 / 사원 / 불상 및 불화 / 학술 관련 시설 / 유명 온천 및 해수욕장 / 등산 및 스키, 스케이트 / 교통 / 여행일정안

마지막에 있는 「여행일정안」에서는 다음과 같이 33개 여정을 제시하고 있다.

1일여행 유람지, 미우라三浦반도 일주, 하코네온천 일주, 즈소툐相온천 일주, 오시마大島, 미나미이즈南伊豆 일주, 미노부산身延山 참배, 미호三保 · 구노잔久能山 구경, 오쿠타미奧多摩, 후지산 등산, 후지산자락 일주, 다이보사쓰레이大菩薩嶺 등산, 마스토미增富 · 쇼센교昇仙峽 일주, 지치부연봉秩父連峯 등산, 아사마야마淺間山 등산, 아카기산赤城山 등산, 이카호伊香保, 조모上毛온천 일주, 오제尾瀬 구경 및 히우치가타케燧岳 등산, 닛코 구경, 난타이산男體山 등산, 시라네산白根山 등산, 닛코에서 오쿠조슈奧上州로, 시오바라塩原온천 일주, 시오바라에서 기누가와鬼怒川 계곡으로, 다카하라야마高原山 등산, 나스那須온천 일주, 나스다케那須岳 등산, 미토水戶 및 미하마三浜 일주, 가토리香取 · 가지마鹿島 일주, 가토리 · 가지마 · 조시銚子 일주, 보소房總 일주

그리고 「개설」에 나오는 일반정보는 「안내편」의 「도쿄 및 그 주변」에도 덧붙여져 있으며 거기에는 다음과 같은 항목들이 열거되어 있다.

연중행사, 궁성 및 이궁離宮,[12] 관공서, 병영, 대공사관大公使館, 학교, 도서관, 은행, 신탁회사, 식품공장, 신문사, 회관, 클럽, 이름있는 빌딩, 공원, 식물원, 동물원, 박물관, 극장, 노能 무대, 활동상설관, 요세寄席,[13] 백화점, 호텔, 여관, 일본요리점, 서양요리점, 중국요리점, 과자, 빵, 과일, 시내 구경거리

이어서 도쿄시를 여덟 방면(1. 마루노우치 및 니혼바시, 교바시 방면 / 2. 시바,

---

12 왕궁과 별도로 지은 궁전. 태자가 기거하는 태자궁이나 왕이 왕궁 밖으로 나갔을 때 머무는 별궁이나 행궁이 이에 속한다.
13 사람들을 모아 돈을 받고 재담 · 만담 · 야담 등을 들려주던 일본의 대중적 연예장.

아자부, 시나가와 방면 / 3. 고지마치, 아카사카, 하라주쿠 방면 / 4 . 요쓰야, 우메고시, 신주쿠 방면 / 5. 고이시카와, 스가모巣鴨 방면 / 6. 간다, 혼고 방면 / 7. 시타야, 아사쿠사 방면 /8 혼조, 후카가와 방면)으로 나누어 각각의 명소와 볼만한 곳을 설명하고 있다.

본문의 기술은, 예를 들면 다음과 같다.

니혼바시도리

니혼바시에서 교바시에 이르는 약 1킬로미터의 거리, 남쪽은 긴자도리, 북쪽은 무로마치도리로 이어지는 번화한 상점가이다. 백화점으로는 시라키야, 다카시마야高島屋, 오복점呉服店으로는 니시카와西川, 반덴伴傳, 서점으로는 마루젠丸善 등이 있다.

긴자도리

교바시에서 신바시까지 약 1킬로미터 되는 거리. 메이지 5년 무렵 서양풍 상점을 조성하면서 점점 번창하여 지금은 도쿄에서 가장 중요한 상점가가 되었다. 백화점으로는 마쓰야松屋, 마쓰자카야松坂屋, 시계점으로는 덴쇼도天賞堂, 핫토리服部, 식료품점으로는 메이지야明治屋, 가메야亀屋, 문방구점으로는 이토야伊東屋, 규쿄도鳩居堂 등이 있다. 긴자도리라는 이름은 게이초慶長 17년1612 순푸駿府에 있던 은화주조소 긴자銀座를 여기로 옮긴 것에서 기원한다. 그 주조소는 지금으로 말하면 긴자 2초메에 있었는데 간세이寛政 12년1800 가키가라초蠣殼町로 이전되었다.[18]

『일본안내기』는 "일본 전국의 명승, 사적, 산업, 경제, 인정, 풍속, 지질 등을 여행안내서 형식으로 기록하고자 한 것"[19]이라고 했듯이, 「개설」이나 상당 부분을 극히 학술적으로 기술했다는 점이 가장 큰 형식적 특징이다.

이런 '여행안내서 형식'은 분명 『머레이』나 『베데커』를 따라한 것이다. 베데커의 1890년판 영국안내서를 보면, 개관INTRODUCTION은 11개 항목(I. 화폐, 여행비용, 여권, 세관, 시간 / II. 영국으로 가는 여정, 영국에서 출발하는 여정 / III. 철도, 마차, 증기선 / IV. 여행계획, 도보여행 / V. 호텔 / VI. 스포츠, 오락 / VII. 영국사 개관 / VIII. 웨일즈와 웨일즈어 / IX. 문헌목록 / X. 영국의 역사적 건축물 스케치 / XI. 고대유적)으로 구성되어있다. 여정별 안내에서 런던 부분을 보면 다음과 같은 항목이 기재되어있다.

> 도착, 철도역, 증기선, 호텔, 레스토랑, 카페, (1897년판에는 지하철, 템즈강의 증기선 추가), 공공마차, 승합버스, 노면전차, 대형마차, 극장, 뮤직홀, 오락시설, 그림전시장, 미국공사관, 여성가이드협회. (1897년판에는 주요 명소 추가)

철도원·철도청·뷰로의 여행 가이드북은 이런 과정을 거쳐 발전했다. 한문투나 미사여구를 늘어놓는 기행문, 또는 광고와 구별되지 않는 애매모호한 기행문에서 벗어나 정확한 정보를 '공인公認'받아 제공한다는 방향성은 '경비, 여정 등의 상세한' 정보가 '여행자에게 가장 필요하다'는 인식으로 이어졌다. 뷰로는 1919년大正8부터 '여정과 비용'이라는 실용성을 전면에 내세운 가이드북을 발행했다. 또 같은 해 간행된, 다니구치 리카의 『기차 창문으로부터汽車の窓から』에 실린 서문에서 기노시타 도시오는 기존 안내서 "대다수가 여행기를 모아놓았거나 어느 한 지방에 제한되어 있어 소일거리로 읽기에는 좋지만, 실제 여행자를 안내하기에는 충분치

않다"[20]고 말한다. 이런 문제의식에서 『머레이』나 『베데커』 형식을 모델로 삼은 것이다.

그런데 이런 실용 위주의 인식과 '공인'이라는 형식은, 사회문화 현상인 가이드북에 반드시 필요한 '비평성' 문제를 '미사여구의 기행문'과 함께 뒤로 밀어내 버렸다. 하지만 비평성을 완전히 배제한 순수한 정보란 있을 수 없다. 그렇다면 그것은 어떤 형태를 띠었을까. 이 문제를 고찰하기 위해, 일본에서 만든 영문 일본가이드북과 외국인이 만든 일본가이드북을 비교해보고자 한다. 일본 국내의 여행 가이드북에서는 다양한 시도가 이루어졌다. 모리 도라시게參寅重·나가이 아이지長井愛爾 편저 『흥미로운 신철도여행 안내 혼슈 서부와 규슈 編興味を本位とした新鐵道旅行案內本州西部九州の卷』은 "종래의 무미건조한 기록이나 쓸데없이 감상적인 문구를 늘어놓는, 성격이 애매모호한 안내서"를 비판하고 "기억하기 힘들고 지루한 숫자는 꼭 필요한 것 외에는 가능한 생략하려고 애썼다"[21]고 말한다. 이렇게 실용 위주의 안내서를 비판한 경우도 있었다. 그런데 종합적인 영문 일본가이드북을 만들 힘은 공공 또는 비영리적인 조직만이 가지고 있었다.

3. 『공인 동아 안내An Official Guide to Estern Asia』와 『테리의 일본제국 안내Terry's Guide to Japan』

영문 일본가이드북

일본을 방문한 외국인을 대상으로 한 영문 가이드북을 최초로 만든 일본의 비영리조직은 1893년메이지26에 설립된 '희빈회喜賓會'였다. 그 출간 목적은, "우리나라 산하의 수려한 풍광, 아름다운 공예미술은 일찍부터 해외에서 찬사를 받아왔다. 멀리서 관광 오는 신사 숙녀가 점점 더 늘고 있는데, 그들을 대접할 시설이 잘 갖춰지지 않아 여행객을 실망시키는 일이 적지 않으므로 유감스럽다. 이를 개탄하여 멀리서 오는 신사 숙녀를 환대하고 여행의 기쁨, 관광의 편리를 누릴 수 있도록 하며, 간접적으로는 그들과 친밀한 관계를 맺어 무역 발달을 꾀하고자 한다"[22]라고 한다. 1905년메이지38 희빈회는 영문 일본여행 안내서를 출판했다. 사실 수년 전에 이미 출판 준비를 마쳤으나 이렇게 늦어진 배경에는 "메이지 34년[1901] 제1판 영문 일본안내서를 만들어 출판하기로 했으나 체임벌린과 메이슨의 항의로 간행되지 못했다"[23]라는 흥미로운 사실이 있다.

여기서 체임벌린과 메이슨은, 1891년에 런던의 머레이사에서 출판된 이후 1922년 제9판까지 개정된 『일본 여행자를 위한 핸드북A Handbook for Travellers in Japan』[24] 중 제3판1891 이후 저자인 체임벌린B. H. Chamberlain과 메이슨W. B. Mason을 말한다. '희빈회'의 영문 가이드북 제작에 대해 그들이 '항의'한 내용을 상세하게 알 수는 없다. 체임벌린은 자신들이 가이드북 제작에 엄청난 노력을 기울였으며, 가이드북 제작은 "인생의 가장 큰 기쁨"[25]이라고 말했다. 그런데 당시 그는 재정적으로 문제가 있었으며, 해적판 가이드북 때문에 골머리를 앓고 있었다.[26] 이런 사정들로 미루어 보건대 그들이 항의한 주요 이유는 경제적인 문제 때문으로 추측된다. 이런 외압을 받을 정도로 가이드북이 중요해지고 있었던 것이다.

이와 같은 체임벌린·메이슨의 가이드북 외에, 제1차 세계대전이 발발한 1914년 무렵에는 3종류의 영문 일본가이드북[27]이 새롭게 나타났다. 첫 번째는 뷰로가 발행한 『일본 포켓가이드Pocket Guide to Japan』, 두 번째는 철도원이 약 8년의 세월과 비용을 들여서 정밀한 조사를 바탕으로 만든 『공인 동아 안내－유럽과 아시아의 대륙횡단 연결*An Official Guide to Eastern Asia: Trans-continental Connections between Europe and Asia*』 전 5권[28] 이다. 그리고 세 번째는 신문사 통신원 출신 미국인 필립 테리[T. Philip Terry](29)가 만든 『테리의 일본제국 안내』이다.

『일본 포켓가이드』는 1912년[메이지45] 5월 2일에 열린 재팬 투어리스트 뷰로 제1회 이사회에서 정식으로 계획되었다. 당시 간사인 쇼노 단로쿠[生野團六]의 방침에 따라, "외국 관광객 유치와 일본 소개를 위한 해외배포용, 일본을 방문한 외국 관광객을 위한 국내배포용을 나누어 제작했다. 전자는 일반적인 흥미는 물론 여비, 교통, 소요 시간 등도 수록했다. 후자는 실용 위주로 편리제일주의 방침"[30] 아래 제작되고 개정되었다.

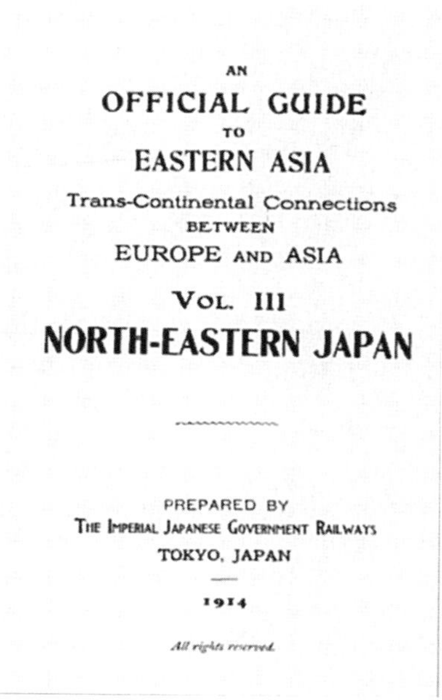

AN
OFFICIAL GUIDE
TO
EASTERN ASIA
Trans-Continental Connections
BETWEEN
EUROPE AND ASIA
VOL. III
NORTH-EASTERN JAPAN

PREPARED BY
THE IMPERIAL JAPANESE GOVERNMENT RAILWAYS
TOKYO, JAPAN
1914
All rights reserved.

〈그림 2〉『공인 동아 안내 제3권 일본 북동부(*An Official Guide to Eastern Asia Vol. III North-Eastern Japan*)』 표지, 1914

『공인 동아 안내*An Official Guide to Eastern Asia*』

『공인 동아 안내』는 제1권 만주·조선[1913], 제2권 일본 남서부[1914], 제3권 일본 북동부[1914, 〈그림 2〉], 제4권 중국[1915], 제5권 인도[1917]로 되어있다.

이것은 당시 철도원 총재였던 고토 신페이[後藤新平]의 업적[31]이라는 설도 있고, 철도원 영업과장이었던 기노시타 도시오의 업적[32]이라는 설도 있다. 어느 쪽이든 철도원이 조직적으로 제작한 것은 분명하며, 광대한 대상 지역과 면밀한 데이터 때문에 개정이 쉽지 않았다. 1933년에는 일본 부분만 한 권으로 압축해서 『공인 일본 안내*An Official Guide To Japan*』를 출판하였다.[33] 『공인 동아 안내』는 단순히 관광이라는 의미에서의 "외국 관광객 유치"뿐만 아니라 무역이나 투자 도입의 목적도 있다며 다음과 같이 말하고 있다.

> 이 『공인 동아 안내』의 주요 목적은 유럽이나 미국의 여행자가 여행지에서 만나는 흥미로운 대상을 즐기고 제대로 평가할 수 있도록 정보를 제공하는 것이다. 동아는 만주, 조선, 일본 본토, 중국, 인도차이나, 남양군도를 포함한다. 이런 동아에는 이색적인 자연과 인간의 모습, 오래전부터 내려온 전통과 진귀한 예술이 축적되어 있어 일반 여행자를 매료시킨다. 그뿐만 아니라 사업가와 자본가에게 사업이나 투자에 적당한 새로운 분야도 많다. 이 책이 제공하는 정보가 무역과 산업을 위해 유용하리라 기대한다.[34]

관광에 한정되지 않은 이런 시각에서 본다면, 기존의 머레이판 일본 안내는 불충분하다. "신뢰성이 높고 상세한 가이드북이 없다는 것이 많은 방문자가 느끼는 불만과 불편함의 원인"이며, 이렇게 "오랫동안 느껴온 요구를 충족시키기 위한 가이드북"이 필요했다.[35] 이런 관점에서 편집 형식은 베데커에 맞추었다.[36] 또 제2권 서문에서는 유럽의 자포니즘[14]에 맞춰 일본의 특징을 다음과 같이 정리하고 있다.

---

14 Japonism. 19세기 중반 이후 서양 미술에 나타난, 일본의 화풍이나 문화를 선호하는 현상.

일본은 거의 한 세기에 걸쳐 전 세계를 강하게 매료시켜왔다. 아름다운 자연 풍경과 공예품회화, 칠기, 도자기, 동제품 등은 널리 예찬을 받아왔다. 우아하고 매혹적인 관습들, 긴 역사와 유례없는 황통皇統, 무사도, 일본인들의 애국심과 충성심, 이 모두가 전 세계 호기심과 관심의 대상이 되고 있다.[37]

『테리의 일본제국 안내』

『테리의 일본제국 안내』〈그림 3〉는 제1차 세계대전 직전 세계적으로 교통망이 정비되면서 증가한 일반 관광객을 대상으로 하였다.

그 서문을 보면, 두 권으로 나온 『공인 동아 안내 일본편』과 차이를 두고자 했음을 엿볼 수 있다.

> 오늘날 많은 여행자가 일본, 일반적으로 극동 여행을 계획한다. 따라서 이 제국과 그 식민지 점령지역에 관해 믿을 만한 최신 가이드북이 시급하다. 가이드북이 없다면 일본만큼 이해하기 어려운 나라도 없다. 또 일본만큼 모든 면에서 여행자에게 매혹적인 나라도 없다. '대일본'은 변치 않는 독자적인 매력을 가진 나라이지만, 다른 곳에선 보기 힘든 수많은 관습들과 깊은 음영이 드리워진 부분들은 종종 베일에 싸여 있으며 게다가 섬세하기 때문에 이해하기 힘들다. (…중략…) 이 책은 비싸게 두 권보다는 가지고 다니기 편하게 한 권으로, 일본과 일본인에 관해 실용적이고 유익하면서도 한쪽에 치우치지 않은 풍부한 정보를 제공하고자 했다. 또 간결하고 정확하면서도 풍부한 정보에 대한 흥미를 가능한 살려서 삭막하거나 지루한 느낌을 주지 않도록 했다.[38]

"삭막하거나 지루한 느낌을 주지 않도록 했다"는 것은 아마도 『공인 동

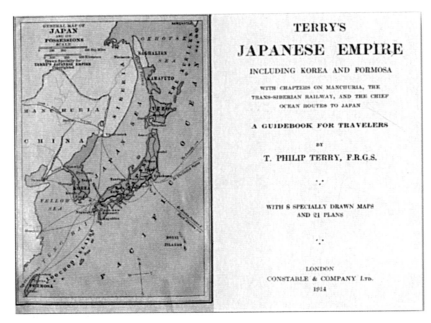

〈그림 3〉『테리의 일본제국 안내』 1914년판 표지

아 안내』를 의식한 표현으로, 자신이 만든 가이드북의 특징을 드러낸 것
이다. 다음 장에서는 두 가이드북을 비교해보고자 한다. 테리의 가이드북
은 지도나 교통 경로에 대한 설명이 부정확하다는 약점이 있었지만,[39]
1914년 초판 이후 1920년, 1926년, 1928년, 1930년, 1933년에 개정판
이 꾸준히 출판되었다. 즉 손쉽게 구할 수 있는 영문 일본가이드북으로서
꾸준히 독자를 확보했던 것을 알 수 있다.[40]

4. '볼거리'의 차이

추천 장소 비교

성격이 다른 이 두 가이드북을 비교하면서, 다루고 있는 항목에 나타난 시각 차이를 먼저 살펴보고자 한다. 두 가이드북 모두 『머레이』나 『베데커』 같은 기존 가이드북의 편집 형식을 답습하고 있는데 중요한 부분은 고딕체로 표기했다. 특히 『테리의 일본제국 안내』는 중요한 부분에 베데커처럼 별표를 붙였다. 〈표 1〉은 테리의 가이드북 제1판1914과 『공인 동아 안내』 제3권1914에서 도쿄에 관한 기술 가운데 고딕체로 표기된 부분이다.

〈표 1〉 고딕체로 표기된 지명

테리 제1판 1914년 (다이쇼3)	중앙지역 : 히비야공원, 일본우편선회사, 도쿄여객선회사, 철도중앙역, 긴자, 니혼바시, 닛폰은행(日本銀行), 러시아정교교회
	궁성과 인근 : *궁성, 구단자카(九段坂), *무기박물관(유슈칸(遊就館))
	남서지역 : 외국공관, *오쿠라(大倉)미술관, *시바공원(芝公園), *시바영묘(芝靈廟), 산몬(山門), 영묘(靈廟), 납골당, 팔각당, 탑, 안코쿠덴(安國殿), 벤텐(弁天)신사, 게이오(慶応)대학, 47지사의 묘, *히에(日枝)신사, 시미즈다니(清水谷)공원
	북동지역 : 고이시카와(小石川) 포병공장, 고라쿠엔(後樂園), 호국사(護国寺), 래프카디오 헌의 묘, *제국대학, *지질관측소, *우에노공원, 도키노카네(時の鐘), 청동대불, 시노바즈노이케(不忍池), *제국도서관, *동물원, *도쿄제국박물관, 도쿠가와(徳川)영묘, 히가시혼간지(東本願寺), *아사쿠사관음(浅草観音), 요시와라(吉原), 스미다가와, 스미다가와 동쪽, 무코지마(向島), 가메도(亀戸), 가메도 우메야시키(亀戸梅屋敷), 호리키리(堀切) 창포원, 에코인(回向院), 쓰키지(築地), 광물박물관, 상업박물관, *해군박물관, 니시혼간지(西本願寺), 도쿄만, 도쿄 교외, 메구로(目黒)
『공인 동아 안내 3권 일본 북동부』 1914년 (다이쇼3)	고지마치구(麹町區) : 궁성, 히비야 대신궁(日比谷大神宮), 제국의회 의사당, 참모본부, 영국대사관, 야스쿠니신사(靖国神社), 유슈칸, 히에신사, 산오(山王), 히라카와덴신(平川天神), 중앙역, 제국극장
	간다구(神田區) : 도쿄고등상업학교, 간다가와(神田川), 스루가다이(駿河台), 러시아정교교회, 오가와마치도리(小川町通), 야쓰코지(八つ小路), 청과

물시장, 만세이바시(万世橋), 간다묘진(神田明神), 온다케(御岳)신사
니혼바시구(日本橋區) : 니혼바시, 주요 거리, 우오가시, 은행가, 혼마치도리(本町通), 짓켄다나(十軒店), 니혼바시에서 교바시까지, 스이덴구(水天宮), 야쿠시(藥師), 사카모토(坂本)공원, 나카스(中州)
교바시구(京橋區) : 긴자, 청과물시장, 하마리큐(浜離宮), 가부키자(歌舞伎座), 농상무성(農商務省), 쓰키지, 쓰쿠다지마(佃島)와 쓰키시마(月島), 니시혼간지
시바구(芝區) : 시바구치도리(芝口通り), 신바시, 시바리큐(芝離宮), 시바우라(芝浦), 시바신메이(芝神明), 시바공원, 조조지(增上寺), 도쇼구(東照宮), 탑, 마루야마(円山), 벤텐이케(弁天池), 고요칸(紅葉館)과 산엔테이(三縁亭), 시장, 도쿠가와 쇼군가(德川将軍家)의 묘지, 유쇼인덴(有章院殿), 분쇼인덴(文昭院殿), 스겐인덴(崇源院殿), 다이토쿠인덴(台德院殿), 세이쇼인(青松院), 아타고야마(愛宕山)공원, 지케이(慈恵)병원, 덴토쿠지(天徳寺), 곤피라(金比羅), 게이오기주쿠(慶應義塾)대학, 센가쿠지(泉岳寺), 도구고쇼(東宮御所), 도젠지(東善寺), 전염병연구소, 즈이쇼인(瑞聖院)
아자부구(麻布區) : 젠부쿠지(善福寺), 아자부 황실 별장(麻布御用邸), 잇폰마쓰(一本松), 천문대
아카사카구(赤坂區) : 히카와신사(氷川神社), 도요카와이나리(豊川稲荷), 아오야마고쇼(青山御所), 아카사카리큐(赤坂離宮), 아오야마 연병장, 아오야마 묘지, 노기(乃木)장군 저택, 아오야마도리(青山通り)
요쓰야구(四谷區) : 스가신사(須賀神社), 사가지(嵯峨寺)
우시고메구(牛込區) : 가구라자카도리(神楽坂通り), 쓰쿠도신사(築土神社), 아카기신사(赤城神社), 소산지(宗参寺), 육군도야마학교(陸軍戸山学校), 아나하치만궁(穴八幡), 다카다노바바(高田馬場), 와세다(早稲田)대학, 이치가야하치만궁(市ヶ谷八幡), 육군군의학교, 겟케이지(月桂寺), 지쇼인(自証院)
고이시카와구(小石川區) : 도쿄포병공창(東京砲兵工廠), 고라쿠엔(後楽園), 유시마텐진(湯島天神), 덴즈인(伝通院), 곤고지(金剛寺), 도쿄제국대학식물원, 도쿄맹아학교, 하쿠산신사(白山神社), 스가모(巣鴨)정신병원, 도쿄고등사범학교, 고코쿠지(護国寺), 메지로후도(目白不動), 에도가와(江戸川), 스루카메 소나무(鶴亀の松), 일본여자대학
혼고구(本郷區) : 도쿄교육박물관, 도쿄여자고등사범학교, 오차노미즈(御茶ノ水), 레이운지(霊雲寺), 유시마텐진(湯島天神), 린쇼지(麟祥寺), 기리도시(切通), 도쿄제국대학, 대학병원, 제일고등학교(第一高等学校), 네즈곤겐(根津権現), 기치조지(吉祥寺)
시타야구(下谷區) : 우에노히로코지(上野広小路), 우에노공원, 도쿄제국박물관, 도쿄제국박물관의 동물원, 도쇼구(東照宮), 시노바즈노이케(不忍池), 위령당(慰霊堂), 간에이지(寛永寺), 우에노역, 야나카(谷中), 네기시(根岸), 오행소나무(五行松), 시타야신사(下谷神社)
아사쿠사구(浅草區) : 아사쿠사공원, 마쓰지야마(待乳山), 스미다가와, 고마가타도(駒形堂), 히가시혼간지
혼쇼구(本所區)구 : 료고쿠바시(両国橋), 에코인(回向院), 국기관(国技館), 호온

『테리의 일본제국 안내』제1판은 58개소,『공인 동아 안내』는 154개소를 고딕체로 표기하였다. 테리는 도쿄 중심부에 집중하였고,『공인 동아 안내』는 도쿄시 전 지역을 다루고 있다. 또 다른 특징은『공인 동아 안내』가 '도쿄맹아학교', '도쿄여자고등사범학교' 등 근대화의 상징이 될 만한 교육시설을 다룬 데 비해,『테리의 일본제국 안내』는 '오쿠라미술관', '래프카디오 헌Lafcadio Hearn[15]의 묘', '요시와라吉原[16]'를 다루었다는 것이다. 특히 요시와라에 관해서는 여러 페이지를 할애했다.[41]

두 가이드북 모두 간토대지진과 제2차 세계대전의 피해를 입기 전의 도쿄 명소를 보여주고 있어 매우 흥미롭다.『공인 동아 안내』는 외국인에게 '보여주고 싶은 도쿄'를,『테리의 일본제국 안내』는 외국인이 '보고 싶은 도쿄'를 담고 있다. '보여주고 싶다'는 것은 동시에 '보여주고 싶지 않은' 것이 있음을 암시한다. '보여주고 싶지 않은' 것을 게재 이전에 가려냈기 때문에 게재되었다는 것 자체가 '공인'되었다는 사실을 의미한다. 그러나 공인된 가이드북에서 이와 같은 선택을 찾아볼 수는 없다.

『공인 동아 안내』 니혼바시, 교바시, 긴자 주변

이런 시각 차이는, '볼거리'를 어떻게 기술했는지를 보면 한층 명확해진다. 니혼바시, 교바시, 긴자 주변〈그림 4〉에 관한 기술을 비교해보자. 먼

---

15 1850~1904. 그리스 태생의 신문기자, 기행문작가, 수필가, 소설가, 일본연구가, 일본민속학자. 1896년 일본 국적을 취득했으며, 일본 이름은 고이즈미 야쿠모(小泉八雲)이다.
16 도쿠가와막부 시대 에도에 있었던, 공인된 유곽 지역.

<Giza.>   道 街 座 銀

〈그림 4〉 〈긴자거리(銀座街道)〉, 오가와 잇신(小川一真) 촬영 인쇄, 『도쿄 풍경(東京風景)』, 오가와(小川) 사진제작소, 1911(메이지44)

저 『공인 동아 안내』의 설명을 일부 살펴본다.

　　도쿄의 첨단 비즈니스 거리. 이 지역은 궁성의 동쪽에 위치하며 고지마치구, 교바시구, 간다구, 아사쿠사구와 인접해있다. 그리고 '스미다가와'를 사이에 두고 후카가와구, 혼쇼구와 접한다. 이 지역 옆으로 스미다가와, 간다가와神田川, 운하가 흐르고 있는데, 운하는 궁성의 외호外濠와 스미다가와를 잇기 위한 것이다. 자연천과 인공 운하 모두 물류와 교통에 큰 역할을 하고 있다. 니혼바시구의 크기는 동서 1.2마일 남북 1.3마일이며, 인구는 125,292명으로 도쿄에서 인구밀도가 가장 높다.

　　'니혼바시'는 니혼바시구의 중심일 뿐만 아니라 도쿄의 중심이며, 실제로는 일본 전체의 중심이다. 또 옛날이나 지금이나 도쿄에서 제국의 주요 장소까지 거리를 재는 기점이기도 하다. 이 다리가 처음 세워진 것은 300여 년 전인데, 당시는 목조로 길이가 56야드였다. 4년 동안 51만 1,000엔의 비용을 들여 1911년에 새로 바꾸었는데, 화강암으로 길이 54야드 폭 30야드이다. (…중략…)

북쪽으로 다리를 건너면 바로 오른쪽에 "도쿄의 빌링즈게이트Billingsgate"라 할 수 있는 '우오가시'가 있다. 17세기 초에 만들어진 이 시장에서는 매일 아침 활기찬 풍경을 볼 수 있다. (…중략…)

닛폰은행의 반대쪽에는 회반죽과 나무로 지은 고풍스러운 건물이 있는데 바로 요코하마 쇼킨正金은행 도쿄지점이다.[42]

니혼바시로 다시 돌아와 남쪽으로 향하면 처음에 말한 구區 네 곳 중 가장 번창했던 구역이 나온다. 가장 번창하다고 말할 수 없지만 도쿄에서는 그렇다. 거리 개선작업으로 외관이 바뀌어 오늘날에는 서양 스타일의 건물이 회반죽·나무로 지은 고풍스런 건물과 뒤섞여있다. 가장 새로운 점은 아스팔트와 나무 블록을 사용해 도로를 다시 만든 것이다. 이런 혁신은 니혼바시 북쪽과 남쪽의 여러 구에서도 실험적으로 응용하고 있다.[43]

교바시에는 넓은 긴자거리가 있어 두드러진다. 이 거리에는 벽돌 건물들이 줄지어 있는데 그것은 메이지천황 통치기에 지진으로 인한 피해를 줄이기 위해 정부가 강제로 명령해 건설한 것들이다. 또 이 지역의 또 다른 특징은 아사히신문, 지지신보時事新報, 고쿠민신문國民新聞, 요로즈초호万朝報, 야마토, 주오신문中央新聞, 'Japan Advertiser', 'Far East' 등 도쿄의 주요 신문사 거의 전부가 모여 있는 것, 레이간지마靈岸島와 신보리新堀에 '술' 도매상들이 있는 것, 핫초보리八丁堀와 나카초中町에 중고中古 옷집들이 많은 것, '쓰키지'에 일찍부터 외국인 거류지가 있었다는 것 등이다.

'긴자'는 교바시와 시바의 경계인 신바시에서 북쪽으로 교바시까지 이어지는 도쿄의 주요 도로 중 하나로, 그 길이는 약 반 마일이다. 양쪽으로 벽돌 건물이 줄지어 있는 모델 스트리트로 재건축되었다. 대로는 인도와 차도로 나뉘어져 있으며 인도에는 벽돌을 깔았고 옆에는 버드나무를 심었다. 그러나 니혼바시와 다른 주요 지역들이 재건축되면서 모델 스트리트라는 긴자의 명성은 떨어지고 있다.[44]

『공인 동아 안내』가 지리적인 위치와 역사적인 과정에 대한 설명을 중시하고 '평가'나 '비평'을 가능한 피하고 있는 것은 분명하다. 그나마 '평가'라고 볼 수 있는 부분은 활기찬 '우오가시'에 관한 기술과 서양 스타일이 아닌 회반죽과 나무로 지은 일본식 건물을 "고풍스러운old-fashioned"이라고 표현하고 있는 점, 나아가 "모델 스트리트라는 긴자"의 지위가 떨어지고 있다는 지적 정도이다.

『테리의 일본제국 안내』 니혼바시, 교바시, 긴자 주변

이에 비해 『테리의 일본제국 안내』에서 긴자나 니혼바시에 대한 묘사는 '삭막한 느낌을 주지 않도록 했다'는 방침대로 수다스럽긴 하지만 기행문에 가깝다고 볼 수 있다. 다소 길지만 그 묘사의 일부를 소개한다.[45] 테리는 우선 도쿄에서는, 안전하고 난폭한 행동을 거의 볼 수 없으며 좁은 도시에 밀집해서 생활하는데도 불구하고, 거대한 군집이 예의바른 관계를 유지하고 있는 것이 "서양인에게는 항상 놀랍다"[46]고 지적한다. 그리

〈그림 5〉 그림엽서(繪葉書), 〈제도명소 스미다가와 마쿠라바시 부근(帝都名所 隅田川枕橋附近)〉(部分), 1918~1932년 즈음

고 운하 주변의 그림 같은 아름다움을 묘사하면서 악취와 알몸에 대한 관용을 "문화적인 도쿄에서는 배제해야 할 중세적 관습"[47)이라고 말한다. 먼저 도쿄 운하에 관해 다음과 같이 개괄한다.

롯폰기의 주요 운하와 많은 지류가 강부터 도시 안쪽까지 이어지기 때문에 상당히 큰 범선도 도쿄의 수많은 창고 입구까지 화물을 운반할 수 있다. 모든 물품이 이 작은 물길을 따라 들어오고 나간다. 시의 쓰레기 대부분도 운하에서 바다로 흘러나가고, 수산시장과 그 외 시장의 물품도 운하를 통해 공급이 이루어진다. 시의 기록에 따르면 범선 2,839척, 노를 저어 움직이는 배 2,135척, 증기선 278척, 유럽식 범선 96척, 화물선 27척, 정기적으로 22개 선착장 사이를 왕복하는 나룻배가 54척이 있다. 이 배들이 스미다가와와 그에 합류하는 운하를 오가고 있다.[48)〈그림 5〉

이어서 교바시구와 니혼바시구의 운하〈그림 6〉를 다음과 같이 소개한다.

그림처럼 아름다운 도쿄의 수많은 장소 중 하나로, 운하에 접한 구역들이 있다. 인형의 집 같은 고풍스러운 집들이 빽빽하게 모여 있다. 집들 가운데는 뒤쪽에 퇴창의 형태로 발코니가 있는 집도 있다. 화려하게 꾸며진 발코니는 나무 말뚝 위에 지었는데 가로대나 받침대로 지탱된다. 새들이 지저귀는 새장이나 꽃들로 가득 차 있을 때는 이탈리아나 스페인 남부 풍경이 떠오른다. 끊임없이 이 물길 위로 짐을 나르는 거룻배, 오가는 범선과 나룻배, 고풍스러운 무지개다리가 자아내는 아름다운 그림자가 매력을 한층 더한다.[49)]

〈그림 6〉〈도쿄 욧카이치 강변(東京四日市河岸)〉, 오가와 잇신 촬영 인쇄, 『도쿄 풍경풍속사진첩(東京風景風俗寫眞帖)』, 오가와(小川)사진제작소, 1910(메이지43)

외국인이 보기에 도쿄나 다른 도시의 운하 생활은 항상 다채롭고 그림처럼 아름답다. 이것은 어떤 의미에서 해양국가인 일본이 오랫동안 지켜온 수많은 전통과 양식 때문이다. 오랜 세월을 거친 낡은 배들은 20세기라기보다는 16세기를 연상시킨다. 또 어떤 냄새들은 머나먼 고대부터 봉건시대를 거쳐 전해져온 것으로 외국인에게 충격을 준다.[50]

이어서 테리는 남쪽에서 북쪽으로 긴자를 걷는다. 긴자 렌가거리의 유래를 설명한 후 '오래된 것'과 '새로운 것'이 소용돌이치는 긴자의 떠들썩함을 다음과 같이 묘사한다.

남서부에서 북동부로 대도시를 횡단하는 가장 큰 상업 간선도로인 긴자와 그 주변은 일본에서 가장 비배타적인 지역이다. 다른 어떤 거리보다 코스모폴리타니즘이 넘치는 동시에 가장 이해하기 쉬운 올드 재팬의 축소판이기도 한다. 노면전차의 이중 선로가 중앙을 통과하고 그 굉음에 수많은 인력거, 손수레, 증기가마蒸氣釜, 자전거가 가세한다. 공무용 차량 앞에는 심부름꾼이 바삐 움직이는 서민들 사이로 길을 열기 위해 소리를 지르면서 뛰어다닌다. 지금은 이행기移行期인지라, 상점 대부분이 일본 스타일부터 외국 스타일까지 모든 상품을 증기기관부터 해초까지, 자동차부터 양식진주까지 함께 진열해놓고 있다. 인상적인 몇몇 상점들은 주요 상품들을 매력적으로 진열해놓았는데 그 가운데에는 뛰어난 일본 예술품도 있다. 정면의 판유리 몇 개는 양키식 잡화나 싸구려 합금보석, 파리의 코르셋이나 뉴잉글랜드의 시계로 가득 차 있다. 그것들은 순박한 시골 사람들의 경탄을 불러일으킨다.[51]

〈그림 7〉 그림엽서(繪葉書), 〈메이지신궁 진자마쓰리 당일의 긴자거리(明治神宮鎭座祭当日の銀座通)〉, 1920년 11월 2일

　　만화경 같은 군집은 해 질 무렵부터 밤늦게까지 긴자를 따라 끊임없이 요동

친다. (…중략…) 거리는 귀여운 머리 모양을 한 가벼운 옷차림의 아이들, 유쾌

하고 순박한 가지각색의 사람들로 가득 차 있다. 기묘하게도 새로운 것과 오래

된 것이 매력적으로 뒤섞여 있다. 형형색색의 등롱, 표의문자가 적힌 채 펄럭이

는 수많은 노보리[17]들, 그리고 상품 못지않게 예술적인 상점 간판들이 거리에

활기를 더하고 있다.[52]〈그림 7, 8〉

　　『공인 동아 안내』가 '고풍스러운'이라고 표현한 건물이 여기서는 '오래된 일

본' 내지 본래의 것으로 간주되며, '새로운' 것은 '서양적'과 같은 의미이다. 그

17　위아래로 긴 직사각형 모양을 한 일본 특유의 깃발로 긴 장대에 윗부분을 고정시킨다.

리고 "모델 스트리트라는 긴자의 명성은 떨어지고 있다"는 것을 '이행기'의 '코스모폴리타니즘' 현상으로 이해하고 있다. 그러나 잡다한 건물이 만들어낸 거리에 관해서는 좋게 봐주지 않고 있다.

긴자와 그 주변의 추한 건물들은, 외국적이면서 그 거리의 오래된 특색인 낮고 작은 건물보다 좋은 것을 만들어내려고 한 진지한 고투를 그대로 보여준다. 그것은 외국스타일에 대한 일본인들의 생각을 기묘한 형태로 표현하고 있다. 빽빽하게 붙어있는 건물들, 거만스러워 보이는 탑, 대단히 보수적이고 수수한 작은 곳들로 이루어져 있다. 뉴욕의 브로드웨이만큼 불규칙적이다. 볼품없는 크기, 품위나 단순함과는 거리가 먼 개성, 어울림이나 진지함보다는 편리성 등이 구조적으로 뒤범벅된 이 거리의 두드러진 특징이다. '긴자'는 도쿄에서 '가장 번화한 거리'로 여겨진다. 그러나 지금의 긴자는 일본인들이 자신들의 독특하고 선험적인 예술의 정신적인 경고를 듣지 않고, 외국의 것을 경솔하게 빌려

〈그림 8〉〈긴자도리의 세모(銀座通りの歳晩)〉(부분), 기타가와 요시노스케(北川由之助) 편, 『시사사진 1914년(1913년 5월~1914년 4월) 時事寫眞 大正三年(自大正二年五月至大正三年四月)之卷』, 1914, 139면

와서는 외국인들이 이상하게 보지 않을 거라고 믿는 실수를 범하고 있다.[53]

"무너질 듯이 어깨를 맞대고 비를 맞고 있는 봉건시대의 유적" 같은 건물, "간판 건축"이라는 말까지 듣는 "간판으로 정면을 가려 중세적인 몸통을 숨긴"[54] 건물, 정면을 현란한 색깔의 타일로 뒤덮은 집, 이것들이 "고약하고 공격적인" 개성을 주장하며 전체의 조화를 깨고 있다. 그러나 거리의 이런 부조화와는 대조적으로 긴자에 몰려드는 사람들의 의상과 몸짓은 "만화경 같은 군집"[55] 차원에서 매우 매력적이다. 특히 석양이 지면, 긴자는 막부 말기·메이지 초기에 일본을 방문한 서양인이 자주 쓰던 표현대로 '요정의 나라'가 된다.

> 석양이 지면, 긴자는 그림처럼 도시 안에서 가장 아름다운 곳으로 탈바꿈한다. 축제 기간보통 매달 7일, 18일, 29일에는 노점상들이 낡은 청동제품, 목판화, 잡다한 골동품, 옛날 책, 이런저런 단것들, 먹거리, 장신구들을 길가에 늘어놓고 판다. 이것들을 번쩍이는 횃불이나 섬세하게 장식된 지등紙燈이 비추면 너무나도 매력적인 전시품이 된다. 어둠에 힘입어 건물의 잡종적인 윤곽이 감춰지고, 반딧불 같은 수많은 빛과 함께 일본은 요정의 나라 같은 매력을 다시 보여준다.[56]

골동품 가게가 즐비한 교바시의 뒷골목과 그곳의 생활에는 "본래의 닛폰 향취"가 아직도 남아있다.

> 극동에서 가장 큰 이 수도의 수많은 골목에는 오래된 에도가 이따금 자기를 드러내며, 조화로운 색채와 그림 같은 아름다움을 지녔던, 지나간 날들의 쾌활

한 생활이 살아 숨 쉬고 있다. 골목 가운데 몇몇은 경직되고 획일적인 서양의 유혹에 사로잡히지 않고, 본래의 닛폰 향취를 그대로 간직하고 있었다. 그 골목의 주민들은, 불교와 신도의 가르침에서 유래한 신뢰와 정신적인 평온과 쾌활함에 젖어, 인접한 길거리의 조급하고, 마음을 뒤흔드는 격렬함과는 거리가 먼 생활을 유지하고 있다. 그들은 오랫동안 지켜온 전통의 상징에 둘러싸여, 그들 본래의 단순함을 지키면서 자신들의 선조와 같은 삶을 살고 있다.[57]

이와는 대조적으로 니혼바시 주변은 상업 활동의 정점을 보여준다. 거리의 부조화는 긴자와 마찬가지지만, 거리의 활기와 운하의 흥청거림이 그것을 상쇄한다. "일본 사람이라면 누구나 '니혼바시'를 알고 있다. 그것은 천황의 모습과 마찬가지로 제국의 모습 그 자체이다. 모든 도시와 마을

〈그림 9〉 그림엽서(繪葉書), 〈닛폰은행 원경(日本銀行遠景)〉, 1907~1917년 즈음

에는 니혼바시의 복사물이나 축소형이 있다."[58] 니혼바시와 에도바시 사이에는 절인 생선 창고가 늘어서 있는데, 이곳이 바로 "유명한 태평양연어Oncorhynchus의 최대 유통 거점"[59]이다. 일본 북부의 번영은 이 태평양연어로 인한 것이다.

　　니혼바시를 건너면, 도로는 왼쪽으로 완만하게 굽으며 새로운 상업용 건물들 사이를 지난다. 그 주변은 번영을 누리고 있다. 이 가운데 가장 모던한 건물은 '미쓰코시三越 백화점'이다. 이 건물은 1914년에 완공되었는데 새로운 도쿄가 어떠해야 할지를 보여주고 있다. 뒤쪽 스루가초駿河町에는 거대한 오피스빌딩이 있는데 부와 권력을 가진 '미쓰이물산회사三井物産會社' 도쿄본사가 자리하고 있다. 이 회사는 선박, 탄광, 조선소, 부동산 등 다양한 것들을 취급한다. 미쓰코시 백화점 바로 뒤에는 '요코하마 쇼킨은행' 도쿄지점이 있다. 그 반대편에는 국립 닛폰은행 즉 'Bank of Japan'이 있는데 그곳에 제국의 부가 쌓이고 있다. 실제로 이 은행과 일본의 관계는 잉글랜드은행과 대영제국의 관계와 같다. 은행에 인접한 지역의 부자들은 이곳을, 서양을 따르는 모델 지역으로 만들려고 하며, 도쿄의 다른 지역에 어떻게 해야 하는지를 제시하고 있다.〈그림 9〉[60]

가이드북과 '비평성'

　　장정, 인쇄, 용지, 지도, 사진, 삽화 등의 면에서, 『공인 동아 안내』는 '일본의 베데커' 혹은 '베데커를 능가한다'고 유럽의 신문이나 잡지가 평가할[61] 정도로 완성도가 높은 출판물이다. 그러나 그 내용에 대해서는 "지나치게 서사에 충실한 결과 무미건조하여 불만이다", "다양한 방면에서 소재를 모으고 철도 주변 이외 장소까지 망라하여, 특히 우리나라 특유의 사물에 관해서는 전문가에게 의뢰하여 취향을 풍부하고 정확하게 서술했다면 한층 좋았을텐데"[62] 라는 감상을 말한 일반인도 있었다.

시종일관 사실을 기술하면서 '무미건조'해졌다거나 '취향'이 부족하다는 평가는 당시 여행 가이드북의 혼란스러운 양상에 대해 철도원·철도성이 고심한 결과였다. 요컨대 그것은 소위 관청 작업의 한계라기보다 '보여주고 싶은 것'을 '볼거리'와 동일시하여, '공인'이라는 형태로 정확성과 객관성을 보장하려 했기 때문이었다. '비평성'은 한문투·미사여구의 기행문과 함께 밀려나 버리고 말았다.

'파노라마식 지각'과 가이드북

'철도'라는 이동수단은 정치적, 경제적인 변동요인일 뿐만 아니라 감성을 포함한 문화적 변동요인이기도 하다. 맥루한M. McLuhan은 철도도 하나의 '매체'라는 견해를 일찍이 제시한 바 있다.

철도가 이동, 수송, 바퀴, 길 등을 인간 사회에 처음 도입한 것은 아니다. 그러나 철도는 완전히 새로운 종류의 도시들과 새로운 종류의 노동과 여가를 창조해냄으로써, 그것이 등장하기 전까지 존재해왔던 인간 활동들의 규모를 확대하고 속도를 가속화했다. 이런 일은 철도의 가설 지역이 적도지역인가 한대지역인가라는 점과는 무관하게 일어났으며, 철도라는 미디어가 운반하는 화물혹은 내용이 무엇인가와도 별 관계가 없는 일이었다.[63]

이런 '매체이론'적 발상의 계보와 직접 연결되지는 않지만 볼프강 쉬벨부쉬Wolfgang Schivelbusch도 철도라는 교통수단이 사회문화 현상 변동의 직접적인 요인이 되었다는 것을 특히 여행관, 풍경관의 변화에서 밝히고 있다. 쉬벨부쉬는 철도라는 새로운 교통체계에 적응하지 못하는 전통적인 인식과 그것을 "전적으로 받아들이는 인식"[64]이 동시에 발달하는 것에 착안하여, 이 새로운 태도를 "파노라마식" 인식이라고 특징지었다.[65] 전경前景과 입체감각이 사라진 결과, "기차의 속도는, 여행자를 그때까지는 자신이 속해있던 공간으로부터 떼어낸다. 여행자가 분리되어 나온 그 공간은 여행자들에게는 극적인 장면이 되어버린다(말하자면, 속도가 그를 지속적으로 변화하는 시점으로 이동시켜 놓음으로써, 공간은 그림들 혹은 장면들의 연속이 되어버린다는 것이다). 이러한 파노라마처럼 펼쳐지는 조망은 러스킨이 본 전통적인 시선과는 달리, 인식 대상과 마찬가지로 동일한 공간에 속하지 않는다".[66]

"파노라마식 인식"이 "대상과 더 이상 동일 공간에 속하지 않는다"고 하면, 그것은 쉬벨부쉬가 말했듯이 고독한 독서공간의 성립이라는 귀결[67]과 함께 지리적·조감도적 시각의 일반화로 귀결될 것이다. "대상과 더 이상 동일 공간에 속하지 않는" 일반 여행자에게 이런 동일성을 지적으로 회복시키는 매체가 된 것이 '가이드'와 '가이드북'인 것은 아닐까.

여행은 일반적으로 귀속된 장소로부터의 일시적인 분리, 다른 장소와의 일시적 결합이라는 두 가지 측면이 있다. 철도는 일시적으로 방문할 수 있는 장소를 일거에 확대시켰으며 그것은 각각의 장소를 조감하는 시각을 열었다. 동시에 도로나 철도의 주변을 축으로 공간을 재편하는 것이 가능하게 되었다. 나아가 이와 같은 사회적 전제 아래 특정한 나라나 지역을 개관하고 노정을 제시하는 『머레이』나 『베데커』의 편집 형식이 가능해졌다. 이 사회적 전제를 바탕으로 문화적 행위로서 여행의 내용이 다채롭게 전개되었다면, 비평이나 평가를 자제한 것은 일종의 기능적이고 합리적인 지향이라고 할 수도 있다. 그러나 가이드북 자체에 비평과 평가가 명시되지 않는다면 그것은 사전에 비공개로 행해질 수밖에 없다. 그리하여 일본에서 가이드북의 실용성, 기능성의 추구는 '볼거리'에 대한 평가를 회피하는 것을 의미했으며, 그에 따라 공인 가이드북과 기행문의 균열은 커질 수밖에 없었다.

제5장

'취미여행'과 '모던라이프'[*]
여행론의 전개

1. 들어가며

대니얼 J. 부어스틴Daniel J. Boorstin[1]은 여행자 유형의 변화를 통해 현대 여행문화의 발전을 설명한다. 그에 따르면 여행자 유형은, 위험하지만 농밀한 경험을 추구하는 능동적인 '여행자traveler'에서, 일상적이고 쾌적한 환경 속에서 인위적으로 만들어진 오락거리를 즐기며 가벼운 경험에 만족하는 수동적인 '관광객tourist'으로 변화했다.

여행의 편의가 향상되고 개선되고 저렴해짐에 따라 더욱 많은 사람들이 더 먼 곳으로 여행하게 되었다. 그러나 목적지에 도착할 때까지의 경험, 여행지에

---

[*]　이 장은 강현정이 번역하였다.

[1]　1914~2004 미국 역사학자. 시카고대학 석좌 교수로 25년간 미국사를 강의했으며, 로마대학, 제네바대학, 교토대학, 푸에르토리코대학, 소르본느대학, 케임브리지대학, 영국 트리니티대학 등 전 세계 여러 대학에서도 객원교수로 미국사를 강의했다.

서 체류하는 동안의 경험, 여행을 통해 얻는 것이 예전과는 완전히 달라졌다. 여행은 가벼워지고 이미 준비된 것을 경험할 뿐이다.[1]

이러한 설명은 여행객의 증가라는 사회 현상에 주목한 결과일 뿐 아니라, '능동적인 엘리트 여행자에서 수동적인 대중 관광객으로'라는 사회계층의 변화, 나아가 이런 변화를 "여행 기술의 상실the lost art of travel" 혹은 퇴보로 평가하는 가치 판단을 동반한다.

여행문화의 변화에 대한 이러한 비판을 엘리트주의적인 것으로 치부해 버릴 수도 있고, 또 이를 발판 삼아 새로운 여행 경험과 여행 유형 연구를 시도할 수도 있다.[2] 그러나 최소한 사회문화 현상에 대한 분석으로서, 예전의 여행은 우수한 것, 현대의 관광은 열등한 것이라는 평가는 불충분하다. 많은 사람들이 '퇴보'한 것에 매혹될 리 없고, 보편화한 여행문화를 여행문화의 퇴보나 가벼운 여행 경험이라고 의식했을 리도 없다. 중요한 것은 우선 여행자의 시점에서 여행에 대한 희망 또는 기대의 내용을 분석하는 것이다.

이 글은 다이쇼기부터 쇼와 전기에 걸쳐 '여행자'라는 주체가 어떻게 형성되었으며, 대중화된 여행에서 어떤 의미나 문화적 가능성을 발견할 수 있었는지 고찰한다. 이는 근대 여행문화의 발전을 여행자와 여행문화의 측면에서 살펴보는 시각을 열어 줄 것이다. 먼저 '취미여행'이라는 말에 주목하여 다이쇼기부터 쇼와 전기에 걸친 여행의 다양화와 대중화의 실태를 개관하고(2장), 여행의 효용이나 사회적 기능과 관련하여 주로 잡지 『다비旅』에 게재된 글들을 정리하고 가족여행의 보급을 살펴본다(3장 1절, 2절). 지식인들이 전개한 여행론의 전형으로, 오래된 도시 나라奈良를 향하는 와쓰지 데쓰로和辻哲朗[2]의 여행기와 이를 비판하는 가메이 가쓰이치로亀井勝一郎[3]와 야스다 요주로保田與重郎[4]의 글을 소개한다(4장 1절). 또 대중적인 관광여행에 대한 야나기타 구니오柳田國男[5]의 양가적인 문제의식을 살펴보고, 대중화한 여행과 문화로서의 여행이 가진 모순과 가능성에 대해 고찰한다(4장 2절). 마지막으로 여행을 일종의 유토피아적 경험으로 파악하는 미키 기요시三木淸[6]의 여행론을 검토한 후, 여행을 '후생운동'으로 파악하려고 했던 곤다 야스노스케権田保之助[7]의 시도가 '취미여행'의 종언을 시사함을 살펴보고자 한다(5장).

2. '취미여행'과 여행의 다양화

1913년다이쇼2, 시베리아 철도를 경유하여 신바시新橋[8]와 파리를 16일 만에 연결하는 '유라시아철도欧亜連絡鉄道線路'의 개통이 상징하듯이, 일본 국철은 "다이쇼 말기부터 쇼와10년에 이르기까지 흥성"하여 "동양 천지에서

---

2 1889~1960. 철학자, 윤리학자, 문화사가, 일본사상사가. 『고찰순례(古寺巡礼)』, 『풍토(風土)』 등의 저작이 유명하다.
3 1907~1966. 쇼와기 활동한 문예평론가. 일본예술원(日本藝術院) 회원.
4 1910~1981. 문예평론가.
5 1875~1962. 민속학자, 관료. 메이지 헌법 하에서 농무(農務) 관료, 귀족원(貴族院) 서기 관장을 지냈고, 패전 후에는 천황의 정예 자문기관인 추밀원(枢密院)의 고문을 맡아 폐지될 때까지 역임하였다. 일본민속학의 개척자로 불린다.
6 1897~1945. 교토학파 철학자. 호세(法政)대학 문학부 교수.
7 1887~1951. 사회학자. 도쿄 제국대학 철학과를 졸업한 후 1921년 오하라사회문제연구소(大原社会問題研究所)에 입사했다가 1924년에 유럽으로 건너간다. 후에 니혼(日本)대학 강사로 문부성 위탁을 받아 각지의 도시 연구를 진행했다.
8 도쿄도(東京都) 미나토구(港区) 북동부 지역.

〈그림 1〉 국제화된 철도망을 배경으로 한 모던라이프의 여행이미지. 『재팬 투어리스트 뷰로 창립 25주년 팸플릿』, 1937년 발행

비견할 것이 없는 근대적 대철도로 발달했다".[3]

1924년에는 다이쇼기의 등산 열풍을 배경으로 일본여행문화협회가 설립되었고 잡지 『다비』, 『시각표』, 각종 가이드북 등의 출판물을 통해 여행 정보가 정비되었다. 또 외국인 여행객 유치를 목적으로 1912년메이지45에 설립된 재팬 투어리스트 뷰로이하 뷰로는 1927년쇼와2에 임의 법인에서 공익 사단 법인으로 성격을 바꾸어, 차표를 대리 판매하는 등 국내여행 알선 분야로까지 사업을 확장했다. 1929년에는 온천 보호와 개발을 취지로 하는 일본온천협회日本溫泉協會[4]가 설립되었고, 1934년에는 뷰로와 일본여행협회가 통합하면서 종합적인 여행 알선 기관이 탄생하게 된다. 또 1936년에는 각지의 관광협회, 보승회保勝會[9] 등을 토대로 관광 연맹이 결성되었다. 나아가 관광 자원 보호 차원에서는 1919년다이쇼8에 '사적명승천연기념물보존법史蹟名勝天然記念物保存法'을 공포하여 사적과 명승, 천연기념물 보존의 틀을 세웠다. 미국의 국립공원을 모델로, 1934년부터 1936년까지 아칸阿寒, 다이세쓰잔大雪山, 도와다十和田, 닛코日光, 후지하코네富士箱根, 주부산

---

9 관광지나 명승지의 보호, 미화를 목적으로 조직된 단체.

악中部山岳, 요시노쿠마노吉野熊野, 오야마大山, 세토나이카이瀬戸内海, 아소阿蘇, 운젠雲仙, 기리시마霧島 12개 지역을 국립공원으로 지정하고, 관광 자원 정비를 시작했다. 사회적 조건의 정비가 빠르게 진행되면서 여행은 다양한 문화적 행동으로 전개되었는데, 이때 일본여행협회와 뷰로가 큰 역할을 했다. 그들은 스키, 스케이트 같은 겨울 스포츠뿐 아니라 등산, 하이킹, 피서, 단체여행, 월간여행, 신혼여행, 여성들의 1인여행 등 "각종 새로운 여행 형식을 계속 소개하면서 점차 국내여행계를 주도"5)했다.

일례로 스키는 다음과 같은 경로로 보급되었다. 동계 여객 확보를 기획한 뷰로 간사 이쿠노 단로쿠生野團六는 철도원이었던 야마나카 다다오山中忠雄에게 스키를 배우도록 지시한다. 이에 야마나카 다다오는 스키로 유명한 다카다 연대高田連隊의 다카하시高橋 대위에게 스키를 배워 1918년에 '도쿄스키클럽東京スキー倶楽部'10을 창설한다.6) 이 단체가 1922년 2월 묘코妙高 고원의 아카쿠라赤倉 산에서 일본스키선수권 대회를 개최한 것을 계기로, 같은 해 3월 '대일본체육협회大日本体育協会' 내에 스키부가 창설되고 각지에 스키협회, 스키클럽이 만들어진다. 겨울 스포츠가 보급되면서 봄·가을에 집중되었던 일본 관광여행은 새로운 테마로 국내외 관광객 유치에 새로운 가능성을 열었다. 다이쇼 말에 이르러 스키는 동계 오락거리로 정착했고〈그림 2. 3〉, 국철은 1925년부터 등산, 해수욕 등과 함께 스키, 스케이트용 계절할인권을 발매했다.

---

10 야마나카 다다오 포함 세 명의 간사를 둠.[본문 설명]

〈그림 2〉 그림엽서 〈이부키야마(伊吹山) 스키〉, 1918~1932년경

〈그림 3〉 그림엽서 〈나루코(鳴子) 스키장〉, 1933~1944년경

취미여행

다이쇼기부터 쇼와 초기까지 진행된 다양한 여행 스타일의 변화는 "산수山水여행에서 취미여행으로" 정리되었으며 이는 다음과 같은 문헌을 통해 확인할 수 있다. 『일본교통공사 70년사日本交通公社七十年史』는 "쇼와에 들어서 여행은 더욱 쾌적해졌고 대중의 여행 열기는 갈수록 높아졌다. 동시에 다이쇼의 '산수' 유람뿐 아니라 사적, 고미술, 민속, 전설, 천연기념물 나아가 민요, 민예 같은 취미의 요소도 더해졌다"[7]라며, 다이쇼기는 '산수열풍', 쇼와 초기는 '취미여행'을 각 시기의 특징으로 보고 있다. 사와 히사지澤壽次와 세누마 시게키瀬沼茂樹 역시 『여행 100년－가마부터 신칸센까지旅行100年－駕籠から新幹線まで』에서 이 시기의 변화를 "산수여행에서 취미여행으로"[8] 정리한다.〈그림 4, 5〉[9]

〈그림 4〉 그림엽서 〈(하코네 아시노호(芦之湖)) 호숫가의 캠핑 풍경〉, 1933~1944년경

〈그림 5〉 그림엽서 〈아카기산(赤城山) 오누마(大沼) 호반의 하이킹〉, 1933~1944년경

　'취미여행'이라는 표현은 '산수여행'과 마찬가지로 출판물의 제목에서 먼저 나타났다. 여행이 대중화되면서 다야마 가타이田山花袋의 『온천순례温泉めぐり』1917를 비롯해 산수 이외의 주제를 개별로 다루는 출판물들이 다수 발행되었다. 공인 가이드북 격으로 철도성은 『신사참배神まうで』전국유명신사안내, 1919, 『사찰순례お寺まゐり』1931를 비롯해 스키, 등산, 온천 등 분야별 가이드북을 출판했다.[10)]

　이와는 별개로 민간 출판사인 하쿠분칸博文館은 1919년 이래 다양한 주제로 여행을 다루면서 '취미여행 시리즈'를 간행했다. 이 시리즈에는 1919년 사사카와 린푸笹川臨風의 『고적순례古跡めぐり』, 1927년 후지사와 모리히코藤沢衛彦의 『전설을 찾아서伝説をたづねて』, 마쓰카와 지로松川二郎의 『불가사의를 찾아서不思議をたづねて』, 『명물을 찾아서名物をたづねて』, 『민요를 찾아서民謡をたづねて』, 1928년 곤도 후쿠타로近藤福太郎의 『센류를 찾아서川柳をたづねて』, 1930년 사이토 류조斉藤隆三

의 『옛 신사·사찰을 찾아서古社寺をたづねて』 등이 있다. 또 잡지 『중앙공론中央公論』은 1934년 6월호 별책부록으로 『취미여행안내趣味の旅行案内』를 발행했는데, 「일본을 걷다」, 「산 여행안내」, 「도쿄 피크닉 코스」, 「새로운 신혼여행코스」, 「도쿄인의 산책지」, 「비행기 여행안내」, 「여행 의학」, 「전국 온천 안내」등 다양한 여행 형식들을 다루었다.

이들 출판물의 제목과 내용에서 보듯 '취미여행'이라는 말은 산수미를 찾는 등산 같은 주제뿐 아니라, 신사 사찰이나 명승고적, 지방 음식, 민요, 온천, 피크닉, 신혼여행, 도시 산책 나아가 지리적 지식, 자연과학적 지식[11] 등을 내용으로 삼는 여행의 총칭이 되었다.

중간문화로서의 '취미'

그러나 출판물의 제목으로 쓰인 '취미'라는 말에는 복잡한 사정이 있다.

'일본여행문화협회' 회칙은 모임의 첫 번째 목적으로 "건전한 여행취미를 고취"한다고 명시했으며, 3년 후 '일본여행협회'로 명칭을 바꾼 뒤 작성한 「일본여행협회 사업요목」의 제1항에서도 "건전한 여행취미, 여행도덕을 고취하고 문화의 향상을 도모할 것"이라며 "건전한 여행취미"를 이념으로 거론했다.

'취미'라는 용어는 메이지 초기에 'taste'의 번역어로 등장했다가 문화개량, 오락개선운동 등의 맥락에서 키워드로 사용되기 시작하면서 점차 다양한 의미를 지니게 되었다.[12]

미나미 히로시南博는 쓰보우치 쇼요坪内逍遙의 문화 활동에 주목하여 다이쇼문화의 '취미' 개념은 '중간문화中間文化'를 창출하는 데 그 취지가 있다고 해석하며 다음과 같이 기술했다.

앞에도 썼듯이 문예위원회에서 상을 받은 쓰보우치 쇼요는 민간에서 문화개량운동을 추진한 대표적 인물이다. 사실 그는 관제官製 문화 측면에서 상을 받기에 가장 적합한 인물로, 메이지 말부터 다이쇼에 걸친 개량운동의 챔피언이다. 그의 목표는 '고급' 문화의 보급과 '하급' 문화의 향상이며, 그 사이에 있는 중간문화는 '취미'라는 말로 불리는데, 순수문학이나 예술보다는 통속적이고 민중오락보다는 수준 높은 것이었다. 이렇게 '취미'라는 이름 아래 예술과 오락의 중간을 겨냥하는 중간문화의 창출이 시도되었다.[13]

예술과 오락의 중간이라는 의미의 '중간문화'라는 점에서 보면 '산수여행'에서 '취미여행'으로의 변화는, 엘리트적·문인적 여행에서 대중적 여행으로, 초점이 고정된 여행에서 다양한 즐거움을 가진 여행으로, 정형화된 목적을 가진 여행에서 내용을 선택할 수 있는 자기목적적 여행으로의 변화였다. 대중성, 다양성, 선택성, 자기목적성이 '취미여행'의 특징을 이루었다.

다양한 여행의 즐거움

다양한 '취미여행'은 구체적으로 어떤 것이었을까. 마쓰카와 지로는 "일본 최초 프로 여행 작가", "취미여행을 보급시킨 공로자"[14]로 평가받는데, 그는 『진미를 찾아 떠나는 미각 여행珍味を求めて舌が旅をする』에서 여행의 즐거움을 다음과 같이 정리했다.

낯선 지역에서 색다른 것을 먹는 것은 확실히 즐겁다. 여행 백미의 반은 먹는 것이다. '숙소에 도착하면 빨리 유명한 ○○부시를 듣고 △△춤을 보고, 명물인 ××를 먹어야지' 하는 기대는 몇 대째 내려온 소나무를 보거나, 유명인의 오래된 묘를 방문하는 것보다 적어도 나에게 있어서는 분명 더 즐거운 기대이다. 하물며 맛있는 명물까지 먹을 수 있으니 당최 여행을 멈출 수 없다. 나는 역에서 파는 기차 도시락마저 흥미롭다.[15)

각 지역의 민요가 또 다른 여행의 즐거움이 된 배경에는 다이쇼 말부터 쇼와에 걸친 민요 열풍이 있다. 축음기, 레코드, 라디오의 보급 나아가 철도망의 발전으로 이동이 활성화되면서 지방의 전통적인 민요의 보급이 이루어졌다. 다른 한편 기타하라 하쿠슈北原白秋,[11] 노구치 우조野口雨情,[12] 사이조 야소西條八十[13] 등의 창작민요운동인 '신민요운동'이 교착하여, ~부시節, ~고우타小唄, ~온도音頭 등의 민요가 지방의 관광 진흥과 결부되어 퍼져 나갔다.[16)

1933~1934년에는 여행자들 사이에 역에 마련된 스탬프를 수집하는 것이 유행했다. 몇몇 잡지들은 각 역의 스탬프를 소개하거나 비평하는 기사를 게재하고, 교환 모임을 열었으며, 스탬프를 한데 찍을 수 있는 스탬프 수첩도 발매하였다. 역 스탬프 수집이 여행의 즐거움에 추가된 것이다.[17)

다이쇼 중기의 등산 열풍을 배경으로 1924년에 "건전한 여행취미의 육성"을 하나의 목적으로 삼은 일본여행문화협회가 발족한 것을 감안하면 '취미여행'과 '여행취미'는 광범위하게 국민이 참가할 수 있는 새롭고 건전한 문화로서 여행 방식을 표현하는 어휘였다. 이 둘은 모두 자유 선택에

---

11 1885~1942. 시인, 동요작가, 가인(歌人). 본명은 기타하라 류키치(北原隆吉).
12 1882~1945. 시인, 동요·민요 작사가. 기타하라 하쿠슈, 사이조 야소와 함께 동요계의 3대 시인으로 불린다.
13 1892~1970. 시인, 작사가, 불문학자.

기초한 여행을 중시한다는 점에서 공통적이었다. 이 경우에는 '취미taste'라는 용어의 가장 중요한 함의가 '개인의 선택'이다. '취미여행'은 신앙이나 사회적 전통, 권위, 직업, 지위 등의 사회적 속성에 구속받지 않는 자유로운 선택에 기초한 여행이었고, 색다른 것에 대한 개인의 욕구, 모험심, 도전의식, 교양이나 지성 등의 동기가 중요했다.

여행의 습관화, 자기목적화

일본여행협회 및 일본여행클럽이 발행한 잡지 『다비』는 종종 독자 설문조사 결과를 게재했는데, 이것은 '개인의 선택'이라는 특징과 병행하는 또 다른 경향을 보여준다. 즉 여행의 연중행사화라는 형태를 띤 자기목적화 내지 목적의 추상화이다.

다음의 〈표 1〉은 전쟁 이전에 발간된 잡지 『다비』의 목차 중에서 하나의 주제에 대해 비교적 응답자가 많은 기사 목록이다.

〈표 1〉 잡지 『다비』의 주요 설문조사(1924~1938년)

게재년월	설문조사 항목	응답자 수
1924년 7월	산에 대한 추억, 바다에 대한 추억	19명
1924년 8월	여름여행에 대한 인상	20명
1924년 12월	덴류(天龍)강 뱃놀이 감상	12명
1925년 1~2월	숙박 시설에 대한 감상	37명+29명
1925년 3~12월	여행객 입장에서, 료칸 입장에서(숙박시설 연구 1~10)	합계 118명+52료칸
1927년 1월	정월 3일간 30엔 여행	58명
1927년 6~8월	여름여행지로 어디가 좋았는가, 어디를 가고 싶은가	145명
1932년 7월	고향의 산을 자랑해보자	43명
1933년 2월	온천 1인 1화	16명
1934년 1월	정월에는 어디로 여행갑니까, 당신이 좋아하는 지방의 민요와 그 가사의 한 구절을 알려주세요	57명

게재년월	설문조사 항목	응답자 수
1934년 4월	구경 갔던 벚꽃 명소 중에서 어디가 좋았나요, 벚꽃에 관한 시가(詩歌) 중에서 좋아하는 것을 알려주세요	40명
1935년 3~5월	추천 여행 도서	39명
1935년 4~9월	여행의 감각	4월 7명, 5월 6명, 6월 13명, 8월 9명, 9월 13명
1935년 5월	추천하고 싶은 온천지와 료칸	10명 왕복 엽서 유명인 답변 10명
1935년 8월	살기 좋은 곳 응답 바람	34명
	미일 친선 인형 사절 여행	14명
1935년 10월	인상 깊은 단풍 명소	36명
	여행의 동반자	10명
1935년 12월	스키를 좋아하게 된 이야기	23명
	이번 겨울엔 이곳으로	17명
1936년 3월	후지산 케이블카 설치에 대한 찬반	20명
1936년 3~5월	여성 페이지	22명
1937년 4월	교외 산책 사전-3도(都)를 중심으로	24명
1937년 8월	마음에 드는 여름여행지	18명
1938년 6월	감동받은 여행 예절	10명
1938년 12월	여행 질의응답 견본	12명

이 설문조사는 다양한 이유로 여행을 갈 수 있게 되었다는 것을 보여준다. 이러한 설문조사의 질문과 답변에서 다음 두 가지를 읽어내고자 한다. 하나는 다양해지고 대중화된 여행이 계절별로 특화된 것, 말하자면 전통 연중행사와 같은 형태를 띤다는 점이다. 무엇보다 계절에 따른 행락은 오랜 전통을 가진 즐거움이며, 장거리 여행 또한 계절의 '행락'이라는 문맥 안에 녹아들었다. 「여름여행에 대한 인상」, 「정월 여행」, 「벚꽃 명소」, 「추천하고 싶은 온천지와 료칸」, 「인상 깊은 단풍 명소」, 「겨울여행지」, 「교외 산책」처럼 여행은 거리의 원근을 문제 삼지 않았다.

두 번째로 장소나 주제는 완전히 선택의 문제가 되었다는 점이다. 먼저 계절별 여행이라는 틀이 있고 여행 장소는 그 다음에 선택되었다. 말하자면 여행 자체가 목적이 되었다. 「정월 3일간 30엔 여행」, 「여름여행지로 어디가 좋았는가, 어디를 가고 싶은가」는 여행을 나서는 것 자체가 주목적이 되었음을 시사한다. 형식이 다양해진 '취미여행'은 '자기목적으로서의 여행'을 근거로 하고 있다.

교통기관망의 정비와 안전성의 확보라는 기초 조건이 마련되면서 '여행'은 다양한 의미나 목적을 담을 수 있는 그릇이 되었다. 즉 예술이 종교적 권위와 정치적 권위에서 자립한 것과 마찬가지로 여행은 특정한 목적, 특히 종교적 목적에서 자유로운 문화 형식이 되었다. 동시에 '여행의 새로운 내용'을 담을 수 있는 '여행의 새로운 형식'을 끊임없이 계속 개발하는 것이 문화의 과제가 되었다.

'산수여행에서 취미여행으로'라는 변화는 산악 등산이나 성지 순례 같은 특정한 여행 형태가 다양한 선택지를 가진 다양한 여행 형태로 전개·확산되는 과정이었다. '취미여행'은 일생에 몇 번 할까 말까한 일이 아니라, 현대의 일상생활에서 보통의 행동으로 바뀐 여행의 형태라고 할 수 있다. 많은 사람이 실제 얼마나 여행의 즐거움을 향유했는지는 별개로, 여행은 적어도 화제나 기대의 차원에서 평범한 것이 된 단계에 도달했다. 이때 여행은 사치나 무모한 모험이 아닌 '취미'라는 유행의 키워드를 안고 정착했다. 선택지가 다양해지면서 '여행의 관습화'가 이루어짐과 동시에 '여행의 관습화'는 다양한 선택지를 필요로 했다.

그럼 특정한 내용과의 연결에서 해방된 '여행 그 자체'는 인간생활에서 어떤 의미를 가질 수 있을까. '여행을 위한 여행'이 사치나 방자함, 쓸모없는 것이 아니라면 어떤 측면에서 사회적으로 인정받을 수 있을까. 일부 엘리트 룸펜 같은 방랑자가 아닌, 많은 사람들에게 여행이 어떤 의미인지를 만들어낼 필요가 있었다. '취미여행'의 다양한 확장 이면에 '여행 그 자체'의 의미를 찾는 여러 가지 '여행론'이 생겨났다.

3. 모던라이프와 여행의 의미

개인의 선택에 따른, 새로운 여행 형태가 보편화되기 위해서는 그럴듯한 이유가 필요했다. '무엇을 위한 여행'인가라는 질문에 답하지 못하면 사회적으로 정착하기 어렵다. 여행 자체가 목적이 되었다고 해도 현대사회에서 여행은 반드시 어떠한 의미가 있어야 했다. 잡지『다비』에는 여러 개의 소소한 여행론들이 등장하는데 여기에는 '현대생활에서 여행은 어떤 의미를 가지는가'라는 질문에 대한 다양한 답변이 포함돼 있다.

1) 잡지『다비』에 실린 여행론

잡지『다비』에 등장하는 여행론들은 현대 여행의 안이함에 위화감을 드러낸다. 예를 들면 도보 여행을 통해 그 땅의 역사나 실정을 이해하는 것이야말로 진짜 여행이라는 의견이 많이 나타난다.[18] 그러나 또 다른 글들은 여행의 주요한 동기로 근대 도시의 일상성과 여행의 비일상성 간의 차이나 이질성을 언급함으로써 현대 여행을 위치시킨다. 아래에 흥미로운 지적을 소개하고자 한다.

인생에 희망을 품고 사는 발랄한 생활자에게는 그저 활동이 있을 뿐이다. 그러나 인간에게 얼마 동안의 휴식은 수면처럼 절대적으로 필요하다. (…중략…) 가장 뜻 깊은 휴식이자, 취미가 되고, 호연지기를 키우고 나아가 활력을 배가시켜 인생에 맞서 나갈 수 있는 원동력이 되는 것은 뭐니 뭐니 해도 여행이다. 여행은 대자연을 맛보는 것이다. 우주를 아는 것이다. 인간 생활의 의미를 아는 것이다. 우리는 이처럼 여행을 원한다.[19)]

현대 도시생활 속에서 여행은 매우 훌륭한 구원이며, 기분 전환이다.

그래서 현대인, 특히 도시인은 여행을 사랑한다. 몇 년, 몇 개월이 걸리는 여행은 아주 소수의 사람들이나 가능하고 대다수 도시인은 생각할 수 없다. 그러나 1박이나 2박 아니면 당일치기 같은 가벼운 여행은 일반 민중들도 할 수 있다.

우리는 주말 교외 전차 속에서, 도시의 먼지에 더럽혀진 영혼을 정화하러 나서는 1·2박 또는 당일치기 여행객들을 자주 발견할 수 있다.

그때 그들의 얼굴이, 눈빛이, 얼마나 생생하고 기쁨으로 반짝이는지.

현대 도시인에게 여행은 무엇보다 뛰어난 예술이다. 이에 비하면 라디오도 영화도 보잘 것 없다. 그것들은 그저 사람들의 지친 마음에 일시적인 자극을 줄 뿐이다. 그리고 그 결과 사람들의 영혼을 더욱 피곤하게 한다.

그러나 여행은 사람들의 지친 마음에 청신한 바람을 불어 넣는다. (…중략…) 현대에 여행이란 낙원의 다른 이름이다. 이 세상에 있는 극락이다. (…중략…) 여행의 즐거움은, 예술로서의 여행은, 극히 근세적이어서 오히려 현대적인 것이라 할 수 있다.[20)]

여행만큼 내 마음을 명랑하고 유쾌하게, 기운 나게 또 우울하고 쓸쓸하게 하는 것은 없다. (…중략…) 이 속세의 한가운데서 의미 없이, 습관적으로 질질 시간을 보내기보다 어느 정도 생활다운 것, 살아있다는 것을 느낄 수 있어야 한다. (…중략…) 눈이 핑핑 돌 정도로 어지러운 도회생활 속에서 허덕일 때, 상쾌하게 다시 살아갈 힘을 부여해 주는 것은 여행이다.[21]

포장된 도로를, 여름의 태양이 태워버릴 듯 강렬하게 내리쬐고 있다. 참기 힘든 무더위다. (…중략…) 이 더위는 도시의 사람들, 여행에 익숙하지 않은 사람들까지 후끈거리는 땅을 떠나 멀리 산이나 바다로 떠나게 만든다. 그러나 사람들이 몰려든 땅—바다든 산이든—어딘가에서, 이 한여름 내내 혹은 고작 하루만이라도 더위에서 해방되어 맘 편히 시원하게 있을 수 있다면, 우리는 쫓기듯 대자연에 몸을 맡기긴 했지만, 오히려 자연을 정복하고 있는 것은 아닐까.[22]

현대의 여행은 하나의 취미로까지 진화했고, 왕년의 수행修行과는 다른 의미로서 교육 내지 교양의 중요한 요소가 되었다.[23]

오늘날처럼 책과 기계 속에서 하루하루 생명을 소진해가는 도시인들에게는, 산책하는 시간마저 충분히 부여되지 않는다. (…중략…) 시골에서 도시로 이주하여 1·2년 지나면 전기에 대한 흥분성이 높아진다. 그런 실험은 베를린에서도 진행되었다. 실제 도시인은 명민하다기보다는 오히려 신경쇠약에 빠져있다.

그래서 신체는 빈약하고 사상은 악화된다. 이를 구제하기 위한 방법은 사정이 되는 한 도시를 떠나는 것이다.[24]

이 글들은 필자 개개인의 지적에 그치지 않고, 대도시생활과 관련지어 현대 여행의 필요성이나 존재 이유를 논한다는 점에서 도시생활자를 주요 독자로 삼는 이 잡지의 기조였다고 말할 수 있다. 문인의 여행에서 도시생활자의 여행으로, 이 시대 여행자상은 이러한 변화 속에 있었다. 도시생활자의 여행의 의의는 무엇보다 도시생활 그 자체와의 관계 속에서 '기분 전환'이나 '스트레스 해소' 등 실리적이고 기능적으로 파악되었다.

2) 가족여행

『다비』의 기사에는 명시적으로 나타나 있지 않지만, 다이쇼·쇼와 초기에 여행의 이유로 빠질 수 없는 것이 '가족여행'을 요구하는 목소리다. '모던라이프'를 거리의 문화 현상으로 파악하는 경우가 많지만, 일상생활의 재검토, 생활 개선·생활 합리화의 동향 속에서, 바람직한 가정생활의

〈그림 6〉 그림엽서 〈(기리가미네(霧ヶ峰) 산막 원경) 즐거운 하이킹〉, 1933~1944년경

한 양상으로 '가족여행'이 정착해 있었다.〈그림 6〉

　이 책의 제1장에서 1920년대 중반 휴일에 가족이 모여 즐기는 것이 '보통'으로 여겨지게 되었음을 살펴봤는데, 이번 장에서는 휴일의 가족 동반 당일치기 행락 즉, 단기 가족여행이 보편화되었음을 시사하는 자료들을 살펴보고자 한다.

　1918년다이쇼7 아래와 같은 여성 독자를 향한 평론이 신문에 등장했다.

　　여행하기 좋은 계절이 되었습니다. 혹독했던 겨울과 잔인한 여름, 여행은 언제라도 나쁠 것 없지만 특히 지금부터 꽃이 피는 시기, 어린잎이 올라올 때는 기차 안에서 바라보는 것만으로도 몹시 아름다워 눈이 편안해집니다. 가정에 중학교나 소학교에 다니는 자녀가 있다면 방학에 자녀들을 데리고 2·3박에 걸친 작은 여행을 하시는 것도 좋겠습니다. 아직 보지 못한 명소나 산, 강이 자녀들의 마음을 위로하고, 학교에서 가는 수학여행이나 소풍과는 또 다른 흥취를 맛보게 하며, 유형무형으로 배울 것이 많으리라 사료됩니다.

　이 평론가는 계속해서 오늘날의 여행이 옛날처럼 위험하거나 불안하지 않고 안전하다고 설득한다. 또 여행이 독서만큼 유익하며, "일을 위한 여행"과 "여행을 위한 여행"을 구분하며 다음과 같이 끝을 맺는다.

　　인생에서 여행이 독서보다 더욱 필요한 것이라, 무언가 일이 있어야만 움직이는 게 아니라 사정이 허락하는 한 가볍게, 홀가분하게 여행하고 싶습니다. 일을 위한 여행이 필요한 것만큼 여행을 위한 여행도 유익하며 또 필요합니다.[25]

기노시타 도시오木下淑夫[14]가 철도원 영업과장을 했던 시절, 『요로즈초호万朝報』 기자였던 다니구치 리카谷口梨花는 영업과에서 여행안내 글을 쓰는 업무를 담당했다. 그는 다종다양한 가이드북을 출판했는데 그중 『가족여행家族連れの旅』1923의 머리말에서 가족여행의 유행을 다음과 같이 썼다.

> 가족여행은 최근 이상할 정도로 빠르게, 위아래를 불문하고 일종의 유행처럼 번지고 있습니다. 여행의 계절이 되면 신문도 잡지도 여행 분위기를 내야 환영받는 모양입니다. 이 책은 가족여행을 계획할 때 참고할 만한 여러 방면의 잡지나 신문에 나온 정보를 모은 것으로 여행 계획을 위한 입문에 해당합니다.[26]

가족여행이 "위아래를 불문하고 일종의 유행"이 되었다고 말했듯이 분명 1920년대 다이쇼 후반부터 쇼와 초기의 신문에는 사계절 행락 시즌마다 가족과 함께할 만한 행락지를 소개하거나 "매번 가족 동반 여행객으로 가득 찬 기차, 당일치기 피서로 붐비는 정거장들"[27]이라는 제목이 빈번했다. 이러한 상황 속에서 철도성은 1929년 5월에 "가족여행 할인"[28]을 실시했다.

이러한 여행론은 현대 도시의 일상생활과 가정생활에서 여행이 수행하는 실리적 기능이나 효용에 초점을 맞춘다. 그러나 어떻게 여행이 그러한 기능이나 효용을 가질 수 있었는지, 일상생활과 일상을 벗어나는 여행의 관계를 어떻게 생각하는지, 여행이 일시적인 즐거움에 그치는 것은 아니

---

14 1874~1923. 일본 철도 관료. 철도 사업을 여객서비스업으로 파악하여 철도서비스 향상에 힘을 쏟았다.

었는지를 묻지 않을 수 없다. 이에 주목하여 지식인의 여행론과 그 변화를 살펴보고자 한다.

4. 여행 융성기의 여행론

1) 와쓰지 데쓰로 - 자유로운 상상력과 그 모순

『고찰순례古寺巡礼』

'취미여행'이라는 새로운 유형의 여행을 개척한 책 중 하나로『고찰순례』초판, 1919를 들 수 있다. 이 책이 오늘날까지도 오랫동안 일종의 관광 안내 역할을 한다는 것은 저자 자신도 지적한 바 있다.[29]

이 책의 구성은 복잡하지만,[30] 기본 뼈대는 1918년 5월에 갔던 나라奈良 여행기의 형식을 취하고 있다.

우선 와쓰지 데쓰로의 이 여행 자체가 근대 관광여행의 실질을 갖추고

〈그림 7〉 그림엽서 〈나라 호텔〉(부분). 1918~1932년경

있음에 주목하고자 한다. 그는 이동할 때 철도와 인력거를 이용하고, 숙박은 서양식 호텔(그림 7)을 이용했다. 이런 점에서 그가 이미 근대적 사회 조건 속에 있었음을 알 수 있다. 특히 중요한 것은 불상이나 건축을 감상하는 데 있어 "자유로운 상상력의 비상"31)에 기초하고 있다는 점이다.

"자유로운 상상력의 비상"이란 어떤 것일까. 우선 이 여행의 취지에 대해 쓴 다음 글을 살펴보자.

> 사실 고미술을 연구한다는 것이 나에게는 옆길로 새는 일처럼 여겨진다. 이번 여행도 고미술의 힘을 향수함으로써 나의 마음을 정화하고, 풍요롭게 하고자 할 뿐이다. 무엇보다 감상을 위해서는 어느 정도 연구도 필요하며, 또 고미술의 뛰어난 아름다움을 동포에게 전달하기 위해 논문을 쓰는 것도 의미 없는 일은 아니다. 나는 그 일을 부끄러운 일이라 생각하지 않는다. 그러나 그것이 나 자신의 욕구를 만족시킬 수 있을까. 나의 흥미는 분명 타오르고 있다. 그러나 그 흥미는 진실로 미술 연구를 향하고 있는가. 나의 표현 욕구는 고미술에서 받은 인상을 말하는 데 있다. 그러나 그 표현 욕구는 진실로 고미술의 아름다움을 소개하는 데 있는 것일까. 나는 안일함에 빠져 나의 욕구를 얼버무린다는 인상에서 벗어날 수가 없다.32)

당시 30세 젊은이의 고민을 드러내는 부분이지만, 이 여행의 취지가 고미술 연구나 "고미술의 뛰어난 아름다움을 동포에게 전달하기 위해 논문을 쓰는"15 것에 있지 않고, 연구나 논문을 쓴다 해도 "고미술에서 받은 인상"을 말하고자

---

15 개정판에서 '논문'은 '인상기'로 바뀌었다.[본문 설명]

하는 "표현 욕구"에 기반하고 있으므로, 어디까지나 "나의 마음을 정화하고, 풍요롭게 하고자", 바꿔 말하면 교양[33]을 높이는 것이 여행의 취지인 것이다. 이런 입장에서 불상은 종교적인 우상이 아니라 어디까지나 미술작품이다.

　　나의 순례는 고미술에 관한 것이지 중생 구제를 한 부처에 대한 것이 아니다. 만약 내가, 불교문화에 대한 흥미에서 "예불하는" 기분이 들었다고 한다면 그 것이야말로 거짓이다. 설령 불상 앞에서 가슴 속에서부터 머리를 숙이고 싶은 마음이 든다거나, 자비의 빛에 감동받아 눈물을 흘린다 해도 그것은 분명 불교 의 정신을 살린 미술의 힘에 의한 것이지, 종교적으로 불교에 귀의하고 싶다는 것은 아니다. 종교적으로만 받아들이기에 나는 아직 초월적인 것에 대한 욕구 가 미약하다.[34]

이 경우 "자유로운 상상력"은 인상을 표현하는 힘으로, 그것은 대상을 미술작품으로 순수화하는 힘에 근거하고 있다. 대상이 가진 미술작품 이 외의 요소는 배제하는 것이다. "자유로운 상상력"에 의해 불상도 기가쿠 멘伎楽面[16]도 사원 건축도 그 종교적 의미를 박탈당한다. 일본의 역사에 관 한 지식이나 세계 문화 교류에 관한 지식은 이 상상력의 자유로운 비상을 위해 동원된다. "자유로운 상상력"은 『고찰순례』의 경우, 스이코推古 시 대[17]부터 덴표天平 시대[18]에 걸친 그리스 미술의 전파 등 국제적 문화 교류

16　고대 일본의 가면 무용극인 기가쿠(伎楽)에 사용되었던 가면. 세계에서 가장 오래된 가 면에 속한다.
17　아스카(飛鳥) 시대라고도 하며, 7세기 전반(538~710)에 속한다. 일본 불교미술이 가장 발전했던 시기.
18　미술사에서 사용하는 하나의 시대구분으로, 나라(奈良) 문화의 황금시대를 일컫는다. 약 8세기 경.

의 구체적 모습을 "공상空想"하는 것으로 끝을 맺는다.

가메이 가쓰이치로와 야스다 요주로의 비판

가메이 가쓰이치로는 이러한 와쓰지 데쓰로의 불상 감상에 대해 "불상은 언급해야 할 대상이 아니라 경배할 대상"이라며 불쾌함을 드러낸다.

> 나는 고미술 전문가는 아니다. 유명한 사찰이나 옛 불상들을 많이 접하지도 않았다. 그런 양식에 대해서도 정확히 알지 못한다. 그런 연구서라면 얼마든지 있다고 생각한다. 나는 옛 사찰을 순례하면서 그런 연구서들을 참고했으나 한편으로는 반발심을 느꼈다. 불상에 대해 말한다는 것은 예전에는 없던 현상이다. 불상은 언급해야 할 대상이 아니라 경배할 대상이다. 나는 이 분명한 상식을 가장 근본적인 도道라고 믿고, 미약하나마 발심하는 마음으로 또 여행자의 평온한 마음으로 옛 사찰과 불상을 대하고 싶다.[35]

야스다 요주로 역시 "『고찰순례』처럼 미문을 쓰기 위해 자기 감상적으로 불상을 보는"[36] 태도를 여러 차례[37] 비판했지만, 야스다 요주로의 비판을 통해 거꾸로 와쓰지 데쓰로의 특징이 드러난다. 야스다 요주로는 말한다.

> 고대 작품을 대할 때는 만든 사람이 들인 노력을 존중하고, 또 그 염원을 생각하고, 자신은 몇 배의 노력을 쏟지 않으면, 조금의 이해조차 얻을 수 없다는 것을, 부끄러운 마음으로 깨달아야 한다. (…중략…) 가벼운 감상적 관람으로 미술 취미나 고찰 순례가 유행하고, 겉만 화려한 미술사진책이 유행하고 있는 현상에, 나는 문명의 공백을 느낀다.[38]

『고찰순례』에 대한 야스다 요주로의 비판의 요점은 다음과 같다. "자칭 문화인"이나 "인텔리"는 "전통적인 생활"에 대한 무지와 콤플렉스에서 일본의 고전, 미술, 조각을 "완전히 이국의 것처럼" 혹은 "무국적의 것"으로 취급하고, "이국의 유산을 맛보듯 나라奈良의 불상을 보러다닐" 뿐이다. 그들의 관심은 "있는 그대로 보는 서민의 태도"로 이해하는 것이 아니라 "관상용 미문을 만드는" 것에 있으며 그 기저에는 "일종의 특권 의식"이 있다. 그 깊이가 얕기 때문에 "옛 사람의 작품에 대해 눈부시다고 말하는 사람이 있어도, 그 말은 미술 감상이나 예술학 혹은 문예학의 체계를 바탕으로 한 것이 아니다".[39]

야스다 요주로가 비판하는 "가벼운 감상적 관람"은 종교적 전통에만 국한된 것이 아니다. 보이는 대상을 문맥에서 분리하여 "이국의 것"처럼, "무국적의 것"처럼 간주하는 시각은 모든 것을 향해 있었다. 와쓰지 데쓰로가 친구 기노시타 모쿠타로木下杢太郎[19]의 방법으로 이해한 것은 와쓰지 데쓰로 자신에게도 해당할 것이다.

> 기노시타 모쿠타로는 이런 물상物象을 묘사함에 있어, 그것의 '아름다움' 이외에는 무엇에도 사로잡히지 않는 마음을 보여준다. (…중략…) 그는 미술사가처럼 그저 고미술의 유품만을 목적으로 여행하지 않는다. 그는 아름다운 것이라면 무엇에든 바로 마음을 여는 자유로운 여행자로서, (…중략…) 자신에게 영향을 준 모든 물상에 대해 편견 없는 사랑을 던진다.[40]

---

19 3장 역주 1번 참고.

근대 여행의 모순

비교하자면 "나의 마음을 정화하고, 풍요롭게 하고자 "한다는 인문적 의미에서의 교양을 쌓기 위한 여행과 "고대의 작품을 대할 때는 만든 사람이 들인 노력을 존중하고, 또 그 염원을 생각하고, 그보다 곱절의 노력을 쏟아도 온전히 이해할 수 없다는 것을, 부끄러운 마음으로 깨달아야" 하는 여행 사이에는 큰 격차가 있었다. 따라서 "아름다운 것이라면 무엇에든 바로 마음을 여는 자유로운 여행자"와 "있는 그대로 보는 서민의 태도"는 쉽게 양립하기 어렵다는 것을 이해할 수 있다.

이러한 관람 방식의 차이 혹은 대립은 '지식인'이나 '교양인'이 극히 소수였다는 시대 상황과는 기본적으로 관련이 없다. 오히려 '여행'이라는 근대의 행위 그 자체에 필연적으로 나타나는 것이다. 와쓰지 데쓰로의 "상상력의 자유로운 비상"과 야스다 요주로의 "있는 그대로 보는 서민의 태도"의 입장 차이는 '취미여행'이 상징하는 근대의 여행 그 자체의 모순을 드러낸다. 여행은 방문지의 고유성을 전제함에도 불구하고, 자유 선택에 기반한 근대 여행은 방문지의 고유성을 부정할 가능성을 내포하고 있기 때문이다. 바꿔 말하면 여행이라는 행위는 특정한 일상생활을 전제함에도 불구하고, 그 일상생활의 상대화를 본질적으로 내포하고 있다. 이 점에서 여행은 자신의 일상생활, 타자의 일상생활, 특히 암묵적으로 전제되어 있는 전통 혹은 기존의 일상생활과 모순되고 알력軋轢을 일으킬 가능성을 품고 있다. 그리고 이 알력의 가능성은 자유 선택에 기반한 근대 여행에서 더욱 현실적으로 드러난다. 야나기타 구니오의 여행론에서도 이러한 모순을 볼 수 있다.

2) 야나기타 구니오 - 『유람본의遊覽本意』와 지知의 교류

현대 관광여행 비판

야나기타 구니오는 일반화된 현대의 관광여행에 대해 비판하면서 '여행'의 바람직한 모습에 대해 언급했다.[41]

앞서 소개한 대니얼 J.부어스틴의 '관광'에 대한 비판은 1960년대 초 미국의 현상에 대한 것이었고, 잘 알려져 있듯 일찍이 야나기타 구니오도 쇼와 초기 일본의 상황에 비슷한 문제의식을 가졌다. 1927년 '여행의 진보 및 퇴보'라는 이름의 강연에서, "인간의 모든 사회적 행동과 마찬가지로 여행도 점점 가치가 높은 형태로 변해가는데, 때에 따라 퇴보하는 경우도 있기 때문에 방심해서는 안 된다"[42]고 했다. 또 "여행을 보양이라고 생각하는 사치스러운 풍조를 없애든지, 그것과 완전히 절연하지 않으면 우리는 여행을 통해 좋은 문화를 새롭게 개척할 수 없을 뿐 아니라 모처럼 얻은 것마저 잃어버릴 수 있다"[43]고 현대 관광여행의 경향을 비판한다. '유람 중심'의 단체여행에 대해 "기차 안에서는 특히 집단의 힘에 기대어, 고향에 있을 때는 감히 하기 어려운 방자한 행동을 한다. 대단한 것도 없는, 이동하는 연회 같은 것이 많아졌다". 또 '1인여행'에 대해서도 "자기 집처럼 편히 있는 것을 교통의 편리함이라고 해석하는 사람도 적지 않"고 "자거나 책을 읽는 동안 자기도 모르는 사이 도착했다는 것에 너무나도 만족해하는 사람"이 늘었다. 그 결과, "여행은 적어도 그 목적과 효과에 있어서는 50년 전보다 훨씬 단순"[44]해져서 "자전거로 근처를 돌아다니는 것과 마찬가지"[45]가 되어 버렸다.

또 숙소의 호객 행위에 대해서도 강하게 비판했다.

여행이라고는 하지만 역한 가솔린 냄새 가득한 길거리를 조금 걷는 것이 고작으로, 대부분은 호객하는 광고지에 홀려 신사, 절, 일본 삼경三景[20] 등을 돌아다닌다. 숙박업자들도 어떻게 하면 도쿄풍, 오사카풍으로 보일까 고심한다. 회라도 내놓으면 본인들이 할 수 있는 것은 다 했다고 생각한다. 회란 본래 오키나마스[21]라고, 어부가 먹는 즉석요리였다. 얼음을 넣어 산중으로 들어올 수 있게 되었지만, 바다에서 멀면 멀수록 맛이 있을 리 없다. 다른 환대의 방법도 모르면서 회를 가장 근사한 현지의 먹거리로 내놓아 흥미를 끄는 것처럼, 일부러 여행객들의 관심을 끌기 위해 애쓴다.[46]

이러한 현대 여행 비판의 배경에는 시대별로 나뉘는 세 가지 여행 유형이 있다.[47]

첫 번째는 근대 이전의 '근심과 괴로움'의 여행으로, 인내와 노력이 필요한 고행으로서의 여행이다. 두 번째는 '여행의 황금시대' 내지는 '이상적인 시대'의 여행이다. 그리고 세 번째가 현대의 여행으로, "여행도 점점 가치가 높은 형태로 변해가는데, 때에 따라서 퇴보하는 경우"처럼 본질적 모순을 내포하고 있는 여행이다.

"최근 삼사십 년이 여행 자체의 황금시대, 그것도 조금 과장이긴 하지만 여하튼 이상적인 시대였다"는 지적만 보자면, 야나기타 구니오의 현대 관광 여행 비판은 다야마 가타이 등이 짚신을 신고 산 넘고 물 건너다니던 메이지 중기부터 후기에 걸친 시기를 이상적인 모델로 전제하고, 세상이 발전하여

---

20   예부터 명승지로 잘 알려진 세 지역을 일컫는 말로, 교토(京都)의 아마노하시다테(天橋立), 히로시마(広島)의 이쓰쿠시마(宮島), 미야기현(宮城県)의 마쓰시마(松島)를 가리킨다.
21   바다(오키(沖))에서 잡은 생물을 배 위에서 바로 회(나마스(膾)) 쳐 먹는 것을 말함.

교통기관을 이용하는 현재의 여행은 퇴보로 파악한다. 그러나 현대 여행에서 "목적과 효과가 단순화 됐다"고 파악하는 야나기타 구니오 여행관의 요점은 노스텔지어가 아니라, 오히려 현대의 여행이 '진보와 퇴보'라는 두 가지 가능성을 가지고 있음을 지적한다.

지식의 교류라는 관점

사실 "야나기타 구니오가 여행=오락이라는 일반적인 사고방식에 대해 매우 부정적"[48]이었던 것만은 아니다. 그는 "즐거움을 위해 여행을 하게 된 것은 온전히 새로운 문화 덕분"이라고 하거나, '유람여행'이라고 해도 "지금까지는 집에만 있던 사람들이 이렇게 세상을 알아가는 일이 손해가 아니라면, 어쨌든 국민생활의 행복을 증진하는 데 기여한 것은 분명하다"[49]고 말했다. 또한 한정적이기는 하지만 전신·전화나 기차와 나란히 여행이 "국내 각 지방을 연결시키는"[50] 하나의 힘이라고 보았다. 여기서 현대 관광여행을 떠나는 서민을 향한 야나기타 구니오의 깊은 공감을 읽을 수 있으며, 그가 현대 사회에서 관광여행이 가지는 긍정적인 측면도 파악하고 있었음을 알 수 있다.

문제는 "국내 각 지방을 연결시키는" 잠재력을 구현하기 위한 조건이다. 그는 첫 번째 여행 유형과는 달랐던 '유랑자漂泊者'의 전통에 주목한다.

야나기타 구니오는 "일본문화의 전파는 일부 방랑자들에게 달렸다고 해도 결코 과언이 아니었다"[51]고 하며 행상인, 종교인, 예능인, 떠돌이 장인 등 유랑자에 의한 문화 전파의 의의를 중시한다. 그러나 방사형으로 구성된 철도망과 간선 도로의 확충에 의해, 중앙의 것은 지방으로 손쉽게 전파되었지만, 지방에서 중앙으로 혹은 지방끼리의 교류는 어려워졌다.

그 결과 다른 지역의 사정을 전하던 유랑자 즉 "유서 있는 우리들의 이동 학교는 타락하여, 방랑인은 단지 경찰의 단속을 받는 악한의 다른 이름"[52]이 되어 버렸다. 또 "항상 매연으로 희뿌열 만큼 자동차는 많이 오가지만, 거리에는 아는 얼굴밖에 지나다니지 않게 되었다. 가끔 오는 타지 사람은 경계하여, 타지의 사정을 편히 이야기하는 일도 없고, 또 우리 마을 사정을 다른 데 전할 정도로 잘 듣고 가는 외부인도 좀처럼 없다".[53]

"여행의 가치라는 것이 안에서도 밖에서도 싸구려가 되어 버렸다"[54]는 것은 이 "여행의 커다란 쇠퇴"[55]였다.

야나기타 구니오는 여행을 지역 사이에서 이루어지는 일종의 정보순환 과정으로 파악했다. 그가 현대 여행이 단순화되었다고 하는 것은 무엇보다도 "지방 상호 간의 지식 교환"[56]이라는 기능을 못했기 때문이었다. "여행의 가치, 여행의 첫 번째 의의"[57]는 바로 지방의 "생존 사정" 내지는 지방의 "일상적인 사정"[58]을 아는 것이었다. 왜냐하면 "사람의 고난이나 번민이라고 하는 것의 대부분이 본래 알아야 할 것을 아직 알지 못하고 또 배워야 할 것을 가르쳐 주는 사람이 없기"[59] 때문이라고 했다.

관광, 단체여행은 말하자면 '특별한' 행동이며, 이에 반해 일상적인 생활 사정을 상호 교류하기 위해 필요한 것은 "특별한 행동이 아니라 사람이 서로 만나 이야기를 할 수 있는 기회"[60]였던 것이다.[61] 관광여행처럼 비일상적인 행동으로 얻을 수 있는 것은 제례 등 비일상적이고 특별한 일에 관한 지식이며, 거꾸로 일상적인 생활 사정에 대한 지식은 일상적인 행동을 통해서만 얻을 수 있다.

이렇게 야나기타 구니오는 한편으로 서민의 오락거리로서 여행의 의의를 존중하면서도, 다른 한편으로 여행의 문제를 두 가지 측면에서 파악한다. 첫째로 여행의 안락함을 추구한 결과 여행의 실질이 도시생활의 연장이 되는 경향이다. 비일상적이어야 할 여행이 모던라이프의 일상성에 점점 잠식되어 가는 것이다. 두 번째로 여행이 맡았던 지역 정보의 유통이라는 기능은 중앙으로부터의 일방적 정보 유통으로 바뀌었다.

이러한 문제의식에서 그는 비일상적 행위로서의 여행을 다시 일상생활로, 말하자면 "되돌리기"를 지향한다. "일상적 행동으로서의 여행"의 복권을 주장하고 "특별한 행동이 아니라 사람이 서로 만나 이야기를 할 수 있는 기회"야말로 야나기타 구니오에게 있어 여행의 바람직한 모습이었다.

자유로운 상상력의 비상과 보통의 서민생활, 서민의 즐거움과 지식의 교환, 지식인의 여행론으로 논한 이러한 이중성과 모순은 여행의 다양한 형태를 발생시키는 원동력의 하나가 되었으나, 시대는 점차 여행을 억제하는 방향으로 흘러갔다.

5. 여행 규제기의 여행론

1) 미키 기요시 – 유토피아로서의 여행

제1차 고노에近衛 내각은 1937년 9월에 '국민정신총동원' 운동을 개시하고, 1938년 4월에는 〈국가총동원법〉을 공포한다. 1940년 11월 '기원 2,600년 식전式典'[22]이 끝난 후, 여행 규제는 강화되어 1941년 1월부터 철

---

22 1940년은 진무(神武) 천황의 즉위 기원(황기(皇紀)) 2,600년을 맞는 해이다. 이를 기념하기 위해 일본 정부는 1935년부터 '기원 2,600년 축전 준비 위원회'를 발족시켜 여러 가지 행사를 계획·추진했다. 그중 내각이 주최한 '기원 2,600년 식전'은 11월 10일 쇼와 천황 내외의 참석 하에 고쿄가이엔(皇居外苑)에서 거행되었다. 고노에 후미마로(近衛文

도성은 '철도 여객 운수의 신체제'로서 일반 단체 할인 폐지 등의 조치를 취했다.

같은 해에 출판된 미키 기요시의 『인생론 노트人生論ノート』에 수록된 「여행에 대하여」는 여행의 구체적인 기능이나 효용에 주목하는 대신 기존의 것을 재발견하는 능력, 사회 현실을 상대화하는 예술적, 교양적 능력을 형성할 수 있다는 점에서 여행의 진정한 의미를 찾는다. 이는 여행 규제 시대의 추상화된 여행론이며 지식인이 쓴 '취미여행'론의 최종 형태라 할 수 있다.

그의 글은 여행에 보편적으로 수반되는 감정을 분석하면서 여행과 인생을 중첩시키는 것에 주안을 두고 있다. 여행론으로서는 복잡하지만 이 글에서 중요한 것은 다음 세 가지 지적이다.

첫째, 여행은 일상생활과의 차이가 본질적이다. 실제 거리의 원근과 상관없이 '여행을 여행으로 만드는 것'은 현실 세계로부터 정신적 거리를 만들어내는 상상력, 하나의 세계 속에 또 다른 세계를 만들어내는 상상력이다. 이 세계가 상상력의 소산이라는 의미에서 여행은 인생의 유토피아다.

> 매일 매일 먼 곳에서 기차를 타고 출퇴근하는 사람은 멀다는 거리감을 느끼지 못할 것이다. 그러나 그가 만약 어느 날 여행을 떠난다면, 출퇴근보다 짧은 거리라 해도 그는 거리감을 맛볼 것이다. 여행의 마음은 아득함이며, 이 아득함이 여행을 여행으로 만든다. (…중략…) 여행의 재미 중 절반은 이렇게 상상력

詹) 총리의 개회사를 시작으로 기미가요 제창, 칙어 하사, 〈기원 2,600년〉 노래 제창, 만세 삼창 등을 진행했으며, 행사는 일본방송협회(日本放送協会)를 통해 라디오로 실황 중계되었다.

이 만들어내는 것이다. 여행은 인생의 유토피아라고도 할 수 있다.[62]

둘째로, 여행 역시 하나의 행위이긴 하지만 관조적 태도를 그 행위의 주된 내용으로 삼는다는 점에서 일상생활의 행위와 결정적인 차이가 있다. 상상력이 만들어낸 세계 안에서 여행자는 구체적이거나 개별적인 것, 필연적인 것으로부터 분리될 수 있다.

> 일상의 생활 속에서 우리는 항상 목표, 결과만을 중요시한다. 이것이 행동 혹은 실천이라고 하는 것들의 본질이다. 그러나 여행은 본래 관상적觀想的이다. 여행에서 우리는 항상 보는 입장에 있다. 실천적 생활에서 벗어나 순수하게 보는 입장이 되는 것이 여행의 특색이다. 인생에서 여행이 가질 수 있는 의의도 거기서부터 생각해볼 수 있을 것이다.[63]

셋째로, 일상세계에서 벗어난다는 것의 의미는 비일상성으로 진입한다기보다, 일상성에 대한 다른 시각을 얻는 것이다. 여행에서 모든 것은 기지既知에서 미지未知로의 전환이며, 모든 것에 대한 시각은 자유로워진다.

> 여행은 습관이 된 생활 형식에서 벗어나는 것이며, 그에 따라 우리는 많든 적든 새로운 눈으로 사물을 볼 수 있게 된다. 또 이를 위해 우리는 사물에 대해 많든 적든 새로운 면을 발견할 수 있게 된다. 늘 익숙했던 것이 여행에서는 새롭게 느껴진다. 여행이 이로운 것은 단지 본 적이 없던 것을 처음 본다는 데 있는 게 아니라, (…중략…) 오히려 평소 자명하게 생각했던 것, 이미 알고 있다고 생각했던 것에 경이감을 느끼고 그것을 새롭게 발견하는 데 있다.[64]

여행의 이런 특징은 일상생활과의 대비에서 더욱 선명하다.

우리의 일상생활은 행동 중심적이어서 목표 혹은 결과에만 관심을 두고, 그 외의 것, 도중의 과정은 이미 알고 있는 것처럼 전제한다. 매일 습관적으로 출근하는 사람은 집에서 회사까지 가는 동안 무엇을 하고, 누구를 만났는지 기억하지 못할 것이다. 그러나 여행에서 우리는 순수하게 보는 입장이 될 수 있다. 여행하는 자는 보는 자이다. 이렇게 순수하게 관상적이 됨으로써 기존의 것, 자명한 것으로 전제했던 것들에 대해 새롭게 경이감을 느끼고, 호기심을 가지게 된다. 여행이 경험이자 교육인 것도 이 때문이다.[65]

이렇게 미키 기요시는 '실천과 관조'라는 아리스토텔레스 철학의 구조를 활용하여, 일상생활을 실천으로, 여행을 관조로 위치 짓고, 이 관조라는 점에서 여행 본래의 의미를 도출한다. 일상생활에서 관념적으로 떨어져, 현실 세계를 미지의 세계로 새롭게 재발견하고, 놀랍고 자유로운 상상력을 가지고 이를 마주하여 거기서 무엇인가를 배우고 이해하는 것, 이러한 여행이 미키 기요시가 묘사한 여행이다.

"습관이 된 생활 형식에서 벗어나는 것", "늘 익숙했던 것이 새롭게 느껴"지고 "순수하게 보는 입장이 될 수 있다"는 언급은 분명 '취미여행'의 정신적 핵심인 "자유로운 상상력의 비상"의 연장선 위에 있다고 할 수 있지만, 전통이나 관습과의 대립이라는 함의는 배경으로 물러난다.

2) 곤다 야스노스케 - '취미'에서 '후생'으로

곤다 야스노스케는 『민중오락 문제民衆娛楽問題』1921, 『민중오락론民衆娛楽

論』1931, 『국민오락의 문제国民娛楽の問題』1941 어디에서도 여행에 관한 생각을 쓴 바 없지만, 1941년 「건전오락으로서의 여행」[66]이라는 제목의 소론에서 여행의 의의를 현대생활과의 관계 속에서 분석한 바 있다. "건전오락"이라는 용어를 사용한 데서 전시 체제의 색채가 짙어진 시대에 썼다는 것을 알 수 있다. 한편 '오락'을 '모던생활', '현대생활'의 일부로 파악하는 것은 『민중오락론』 등에서부터 일관된 방식이다.

「건전오락으로서의 여행」에서 곤다 야스노스케는 여행이 "건전오락"이 되기 위한 가능성과 조건을 논했다. 이를 논하기 전에, 얼마 전까지만 해도 여행은 "건전오락은커녕 오락으로조차 여겨지지 않았다는 사실"을 언급하고 '여행의 문명사' 혹은 '여행의 사관史観'을 간결하게 정리했다.

'여행의 문명사'는 다음 세 단계로 구성된다.

우선 제1단계는 전근대 여행이다. 교통기관이 발달하지 않고, 숙소는 정비되지 않은 것이 특징이다. 그 결과 여정이라는 것을 세울 수 없으며, 비용과 시간 측면에서 "불합리한 낭비"를 할 수밖에 없었다. 이 시기에는 아주 소수의 예외가 있을지언정, "건전오락으로서의 여행이란 아직 멀기만 한 개념"이었다. 곤다 야스노스케의 '여행 사관'에서 '도카이도추 히자쿠리게東海道中膝栗毛'[23] 같은 여행이나 '이세 참배'[24]는 매우 특수한 사례였다.

제2단계 근대 여행은, 교통기관이 발달하고 숙소 등의 제도 전반이 개

---

23 1802년부터 1814년에 걸쳐 발표된 짓펜샤 잇쿠(十返舎一九)의 통속 소설이다. 갈색 말을 '쿠리게(栗毛)'라고 하는데 '히자쿠리게(膝栗毛)'란, 자신의 무릎(히자(膝))을 말 대신 사용하는 도보여행을 의미한다. 에도 시대를 배경으로, 야지로베에(弥次郎兵衛)와 기타하치(喜多八) 두 주인공이 도카이도(東海道)를 여행하며 벌어지는 에피소드들을 담고 있어 에도 시대 도카이도 여행 실태를 기록한 중요한 자료로 평가받는다. "야지키타 (弥次喜多)" 혹은 "야지키타 도추(弥次喜多道中)"로도 잘 알려져 있다.
24 이세(伊勢) 신궁에 참배하거나 혹은 그 여행을 말함.

선됨에 따라 여행의 수고가 현저히 경감된 여행이다. 시간의 단축과 정확함에 의해 전근대 여행에서 나타났던 불확실성은 줄어들었다. 그 결과 "여행을 인생살이의 어려움과 비교하는 사고방식은 사라졌다".[67] 여행은 무서운 것도 위험한 것도 아닌 게 되었고, "일개 평범한 일상 행사의 하나"로 바뀐다. "여행을 즐기는 취미"가 출현하고, 생활 속 오락으로 여행을 택하기 시작했지만 그것을 향유할 수 있는 부류는 국민의 일부 특히 "소수 부자와 학생"에 지나지 않았다. 이렇게 일부 사람들만의 오락에 그친 것은 물론 경제적 시간적 여유 때문이었지만, 곤다 야스노스케는 아래와 같은 요인에 주목해야 한다고 지적했다.

> 이것은 (여행을 오락으로 여기는 동시에 그것을 즐길 수 있는 사람은 소수의 부자와 학생에 한정된 것 – 저자 주) 주로 시간과 비용 측면에 그 원인이 있다. 그러나 여전히 국민 일반이 여행의 오락성을 인지하거나 여행을 맛보기에 여행 설비나 여행 기회가 아직 충분하지 않다는 것도 빼놓을 수 없는 요인이다.[68]

즉 국민 일반이 여행의 오락성을 인정하지 않았다는 것도 여행취미가 소수자에게 한정되었던 하나의 요인이며, 불충분한 여행 설비와 기회가 국민의 여행 의식의 한계를 만들었다고 분석한다. 따라서 근대 초기의 여행은 국민 일반에게는 "특권적인 것"이며, "일종의 사치이자 호화스러운 표현"이고, "건전오락으로서의 여행"이라는 관념이 성립하지 않았던 것이다.

제3단계인 현대에 이르러 비로소 오락으로서의 여행이 국민생활 일반에 자리 잡게 되었다. "여행을 생활의 일부"로 향유하는 사고방식이 보급되고, 그에 따라 여행이 "국민 일반의 생활과 일치"하여 "여행오락성의 일반화"가 출현했다. "여행오락성의 일반화"란 무엇일까. 곤다 야스노스케의 여행 사관 특히 근대 여행의 분석이 국민적인 여행 의식에 중점을 두고 있었다는 것을 생각해보면 "여행오락성의 일반화"란 여행이 "호화"도 "사치"도 아닌 정당한 오락으로서, 바꿔 말하면 문화적 행동으로서의 여행이라는 의미를 가진 '여행문화'로 일반에 수용된 것이다. 곤다 야스노스케는 이런 의미를 가진 '여행문화'의 성립이 "여행의 건전오락성을 완성하기 위한 기초 조건"이라고 했다.[69]

여행의 이러한 역사적 과정을 논한 후 "여행의 건전오락성을 구성하는 요소" 즉 건전한 오락이 되기 위해 여행이 달성해야 할 기능으로 ①"체력 향상", ②"정신 진흥", ③"식견 확장", ④"협동심 함양"이라는 네 가지를 들었다. 곤다 야스노스케는 이 중 "정신 진흥"을 가장 중시하며 "여행의 가장 빛나는 측면이라고 칭해야 마땅"한 것으로 보았다. 또 정책적 과제로서 ①"여행 시설의 개선과 완비", ②"여행에 대한 교육", ③"국민 여행의 조직 체제화"를 제시했다. "여행에 대한 교육"은 여행에 관한 정보 제공과 여행 예절 함양을 내용으로 한다. 한편 "국민 여행의 조직 체제화"는 분명 나치 정권의 '기쁨을 통한 힘Kraft durch Freude'의 '휴가·유람·여행 부서Amt für Urlaub, Reisen und Wandern'를 모델로 한 것이다.[70]

그는 여행의 역사적 발전에 대한 심도 깊은 분석, 특히 "여행오락성의 일반화" 내지 "국민 일반의 생활과 일치"라는 세 번째 단계, 즉 현대에 대한 고찰은 "일절 생략" 했다. 그러나 1941년『국민오락의 문제』는 여행을 포함한 오락과 현대생활의 결합이라는 시점에서 "오락의 건전성"에 대해 좀 더 일반적인 분석을 진행한다.

거기서 곤다 야스노스케는 "사람들은 오락이라고 하면 바로 찬바라 영

화[25]나 저속한 만자이,[26] 여검극[27]을 떠올리고, 에노 켄エノケン,[28] 롯파ロッパ[29]를 거론하며, 나니와부시浪花節, 가요쿄쿠歌謡曲,[30] 카페를 언급"하는 정도이다. "대다수 사람들은 오락에 대해 억측으로 가득찬 피상적 개념만 가지고 있다"[71]고 지적한다. 그러나 그러한 선입관을 가지고서는 인간생활·국민생활과 오락의 건전한 관계를 도출하고 발전시킬 수 없다고 하며, 생활과 오락 관계의 '건전성'을 측정할 지표로 다음의 세 가지를 제시했다.

첫째, 오락은 현대인의 피로를 회복하고 "심신에 적극적이고 창조적인 영향을 주는" 것이다.

> 근로와 생활을 조직하는 현대 제도의 압력은 현대생활자의 심신에 소극적이며 파괴적인 영향을 미친다. 현대인은 이 피로를 회복하여 좀 더 나은 내일을 건설하는 데 매진해야 한다. 그렇지 않으면 시대의 낙오자가 될 운명을 피할 수 없다. 따라서 현대생활자의 심신에 적극적이고 창조적인 영향을 주는 것이 실로 오락의 건전성이라고 할 수 있다.[72]

두 번째, 오락은 생활의 "상태를 정비하는" 것이다.

---

25 흔히 사무라이 영화를 지칭한다. '찬바라'는 칼이 부딪힐 때 나는 소리와 모양을 표현한 효과음에서 유래한 부사적 어구 "찬찬 바라바라"를 줄인 것으로, '검극(劍劇)' 영화라고도 한다.
26 주로 2인조로 펼치는 연예, 예능으로 두 사람이 익살맞게 대화를 주고받는 합을 통해 웃음을 유발한다.
27 여성을 주인공으로 내세운 검극으로 1930년경(쇼와5)에 유행했다.
28 1904~1970. 본명은 에노모토 겐이치(榎本健一). 배우, 가수, 코미디언. '일본의 희극 왕'으로 꼽힌다.
29 1903~1961. 전체 이름은 후루카와 롯파(古川ロッパ)이며, 본명은 후루카와 이쿠로(古川郁郎). 1930년대 활동한 일본의 대표적인 코미디언으로, 수필가로도 활동했다.
30 쇼와 시대에 유행했던 일본의 대중음악을 통칭.

생활에서 오는 소극적인 면을 제거하고 그 소모를 메움으로써 간신히 결손을 면할 수 있는 현대생활자의 생활은, 새롭게 나아가 생활 전체에 상쾌한 리듬을 주입하여 그 생활 전체의 상태를 유기적으로 정비할 필요가 있다. 국민 대중의 생활에서 그것을 기대하기에 오락보다 더 뛰어난 것을 찾을 수 없다. 오락의 건전성은 바로 현대 국민 대중의 심신의 평형, 생활을 정비하는 데에 있다.[73]

세 번째는 "심신의 고양"이다.

현대생활자는 여기서 한 발 나아가 심신을 고양해야 한다. 현대 국민 대중의 지식을 함양하고, 정서를 도야하고, 인격을 완성시킴과 동시에 그 체력을 향상시키는 것은 역시 오락만 한 게 없다. 따라서 오락이 가진 건전성 중 이 점이 가장 중요하다.[74]

"피로를 회복"하고, "심신의 평형"과 "생활을 정비"하고, "심신을 고양"시켜야 할 이유는 "현대생활"이 끊임없이 "근로와 생활을 조직하는 현대 제도의 압력"에 만성적으로 노출되어 있기 때문이다.

이러한 오락의 '건전성'론 바탕에 깔린 '현대생활관'은 초기 '민중오락'에 관한 연구에서 발견되는 '모던라이프'를 보는 관점과 동질하다. '모던라이프'도 '현대생활'도, "근대 대도시라는 괴물의 소산"[75]인 것이다. 그리고 그는 여행이 이러한 현대생활에서 필연적으로 발생하는 인간적인 필요성을 실현하는 힘을 가지고 있다고 보았다.

"피로의 회복", "심신의 평형", "생활의 정비", "심신의 고양"은 1938년에 시작된 '후생운동' 속에서 여행의 의의로 정리되었다. '취미여행'은

'후생여행'으로 바뀌게 된다. 그러나 동시에 여행문화는 그 모습을 바꾸어 여행 규제의 시대를 맞게 된다.

지금까지 다이쇼부터 쇼와 전기에 걸친 여행론, 여행과 현대 사회의 관계에 대한 고찰, 여행의 다양화와 그 안에 내포된 사고방식, 주요 강조점의 차이들을 살펴보았다.

특히 "자유로운 상상력"과 "전통적인 일상생활"의 괴리는 관광화에 따라 지역의 생활을 왜곡시킨다는 점에서 오늘날에도 지속되는 모순이다. 또한 지역 자체의 자기 인식이나 자기 개혁의 중요성 역시 현재까지 이어지는 과제이다. 자유로운 상상력과 일상생활의 만남이 지역의 자기 인식이라는 점에서 양립 가능하다면 그것은 다음과 같을 것이다.

여행이 번창한 시대에는 정신의 번성한 활동이 있다. 어떤 시대에도 먼 곳을 여행하고 진귀한 것을 발견함으로써 인간은 상상력을 키웠다. 그들은 경이로움과 기쁨을 발견하고, 지금의 마을생활이 미래에는 달라질 수 있다고 생각할 수 있게 되었다.[76)]

전쟁 말기 여행 규제를 둘러싼 알력*

『교통동아交通東亞』와 그 주변

1. 들어가며

여행잡지는 여행이 문화 행동으로 발전하는 데 중요한 역할을 담당했다. 그것은, 여행의 목적지, 숙박시설, 교통수단 소개라는 여행 정보를 중심으로, 여행방법 이른바 '본보기'가 되는 르포르타주 등 여행의 내용이나 형태의 다양한 확장을 만들어내는 매체가 되었다.

이러한 여행잡지 중에서도 1924년에 설립된 '일본여행문화협회'가 기관지로 발행한 『다비旅』는, 철도성과 긴밀한 관계를 유지하며 공공정책을 전달하는 기능을 담당했다. 전쟁 말기 휴간1943~1946 시기를 포함하여 발행단체는 변경되었지만, 창간부터 2012년 휴간에 이르기까지 장기간에 걸쳐 같은 이름으로 발행되었다. 이런 점에서 보자면, 잡지 『다비』의 역사는 일본 여행문화 발전의 역사와 겹치는 특수한 위치에 놓여 있는 것이다.

---

* 이 장은 이현희가 번역했다.

한편『다비』는 전쟁 말기인 1943년 8월 휴간된 이후 패전 직전까지『교통동아交通東亞』1943년 10월 창간로 잡지명을 바꾸는 방식으로 지속하였다.[1]

1937년의 중일전쟁으로 시작된 '총력전 체제'는 1941년 12월 '대동아전쟁'이 발발하면서 전쟁 말기의 '결전체제'로 돌입했다. 이에 따라 '불필요하고 급하지 않은 여행'은 멈추고 '결전 운송체제'로의 협력을 강조하면서 발행된 잡지가『교통동아』였다. 이러한 상황에서 여행문화 발전에 이바지하는 새로운 내용이『교통동아』에 실릴 수는 없었다.

그러나 바로 이런 상황 때문에 전쟁 말기의 여행 실정이나 여행잡지로서의 근본 요소를 살펴볼 수 있다.『교통동아』는 말하자면 '극한의 여행잡지'였던 것이다.

본 글에서는 여행잡지와 신문 기사에 나타난 전쟁 말기의 교통정책과 그 실상을 바탕으로(2절, 3절), 잡지『교통동아』의 기사 내용을 분석하고, 이 잡지의 특징을 여행문화사와 연결지어 밝히고자 한다(4절). 이와 함께 전쟁과 관광여행이란 맥락 아래에서 시기를 어떻게 구분할것인가를 살펴보기로 하겠다(5절).

2.『다비』의 종간과『교통동아』의 발간

1943년 발간된 9월호는 '일본여행구락부'의 기관지인『다비』의 종간호이며, 10월호는『교통동아』의 창간호였다. 1962년『50년사五十年史』와 1982년의『일본교통공사 70년사日本交通公社七十年史』에서는 이러한 사정을 다음과 같이 정리하고 있다.

『50년사』

1941년에 들어서자 비상시국 아래 출판업무는 용지통제의 강화로 대부분 정리와 통합의 운명에 처해졌다. 이보다 먼저 재팬 투어리스트 뷰로Japan Tourist Bureau 창업 이래 기관지였던 영문 정기간행물 『투어리스트ツーリスト』가 용지를 배급받지 못하여 폐간되었다. 출판통제의 여파로 잡지 『다비』도 정보국 당국과의 절충안으로, 『교통동아』로 개명하고 가까스로 그 명을 유지하였다. 이 시기 『교통동아』 편집위원으로는 도쓰카 아야코戸塚文子[2] 여사와 호조 마코토北条誠, 작가가 있었다. (…중략…) 1945년에 들어서자 빈번한 공습으로 인쇄 기계가 파괴되고 용지배급도 중단되어, 대형시간표 만 부, 선로별 시간표 십만 부, 잡지 『교통동아』 이만오천 부만을 겨우 발행하던 중에 패전을 맞이하였다.[2)]

『일본교통공사 70년사』

일본여행구락부 기관지 『다비』는 용지 부족으로 지면을 거듭 줄여야 했고, 화보면 인쇄도 힘들어졌다. 결국 출판통제로 용지배급이 중단되면서 어쩔 수 없이 9월 3일 휴간하였다. (…중략…) 종간된 『다비』를 대처할 기관지 발행을 꾀하여 『교통동아』라고 이름 짓고 용지배급을 받아 같은 해인 1943년 10월 15일 잡지를 창간했다. 야마시타 가즈오山下一夫, 도쓰카 아야코, 호조 마코토 등 세 명을 직원으로 두고 약 만 부를 발행했다. 그러나 이마저도 1945년 2월 공습 때까지 1년 반밖에 이어지지 못했다.[3)]

---

2 1913~1997. 여행평론가이자 일본기행문작가. 1934년 재팬 투어리스트 뷰로에 입사하여 잡지 『다비』 편집부에서 근무하는 등 여성 사회진출의 선구자로, 주요 저서로는 『드라이 마마(ドライ・ママ)』(文芸春秋新社, 1962), 「여행은 바람처럼(旅は風のように)」(P-HP研究所, 1978) 등이 있다.

『50년사』는 '이만 오천 부', 『일본교통공사 70년사』는 '약 만 부'라고 기술했듯이 부수 차이가 확연하지만 둘 다 결코 적은 부수는 아니었다.

여기서 위의 두 책은 모두 『다비』와 『교통동아』를 연속관계에 있는 잡지로 평가하였다. 『교통동아』가 『다비』의 연장선에서 발행되었다고 한다면, 어떠한 성격이 부여되었고 어떠한 모순에 직면했었을까.

잡지 『다비』의 휴간에 이르는 과정을 먼저 두 시기로 구분하여 정리하고자 한다. 제1기는 1937년 7월 중일전쟁 전면전 개시부터 1940년 후반까지의 시기이며, 제2기는 1941년부터 1943년 후반까지의 시기이다.

1) 제1기 - 1937~1940년 총동원체제와 후생운동

개국과 유신으로 근대화 과정이 시작된 이래, 양적, 질적으로 순조롭게 발전하던 근대 일본의 여행문화가 커다란 전환점을 맞이한 것은 1937년 7월, 중일전쟁이 발발하면서부터이다. 이미 1934년경 잡지 『다비』 기사에서 전쟁의 기운이 조금씩 드러났지만, 당시 일상생활이 전쟁과 직접적인 관련 없이 이어진 것과 마찬가지로 여행이나 관광 또한 곧바로 전면적인 전쟁체제로 편입되지 않았다. 그러나 1937년 9월부터 제1차 고노에近衛 내각에 의한 '국민정신 총동원' 운동으로 '총력전체제'가 구축되면서, 평화를 전제로 발전한 문화로서의 여행은 종언을 고하게 된다.[4] 1938년에 들어서자 잡지 『다비』의 지면에도 확연한 변화가 드러났다. 1938년 1월호의 「국민정신 총동원!」을 제목으로 한 화보에서 야스쿠니靖国 신사나 회화관絵画館[3], 군국 풍의 거리 풍경, 3월호의 「청년 히틀러」의 소개, 「3월

---

3   정식 명칭은 세이토쿠 기념회화관(聖德記念絵画館)으로 메이지진구가이엔(明治神宮外苑) 안에 위치한 미술관으로 메이지텐노(明治天皇)의 생애를 그린 회화를 전시하고 있다.

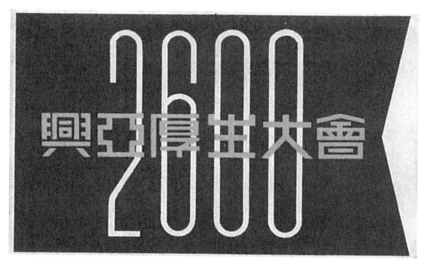

〈그림 1〉 그림엽서 〈흥아후생대회〉(오사카), 1940년

건강 거리를 가다(건강코스 안내)」 등의 기사가 등장한 것이다.

후생운동厚生運動

1938년 1월 후생성厚生省이 발족하였고, 4월 '일본후생협회日本厚生協会'가 창립되면서 '후생운동'은 총력전체제의 일익을 담당하게 된다. 이 운동을 추진한 조직인 '일본후생협회'에는 도쿄시, 오사카시 등 대도시의 행정기관과 함께 일본여행협회, 일본관광동맹, 일본산악회, 일본체육협회와 같은 단체들도 참가하였다. 여행이나 관광에 관한 정책은 이전까지 운송교통정책의 일환으로 다루어졌지만, 그것이 '후생운동'이라는 틀 안으로 들어가면서 '취미', '행락', '유람'이라는 용어는 '신체상향身体向上', '심신단련心身鍛鍊', '조국인식祖國認識'으로 교체되었다.[5]

일본후생협회는 1940년 개최 예정이던 도쿄 올림픽에 앞서 열린 '세계

레크리에이션 회의'를 계기로 창립되었다. 도쿄 올림픽은 1938년 7월에 중지가 결정되었다. 그러나 '후생대회'는 1938년 11월 도쿄에서 제1회, 1939년 11월 나고야에서 제2회, 1940년 10월 오사카에서 제3회 '흥아후생대회興亞厚生大會'〈그림 1〉가 개최되었으며, 나아가 1942년 8월 만주에서는, '동아후생대회'가 열렸다. 일본후생협회가 '일본 레크리에이션 협회'로 이어진 것처럼, 후생운동의 주요한 내용은 스포츠 경기였지만 넓은 의미에서 볼 때 기본 목표는 '여가의 선용과 활용'에 따른 심신단련이었다.

「제1회 일본 후생대회 취지서第一回日本厚生大会趣意書」에는 '후생운동'의 목표를 다음과 같이 규정했다.

> 모든 후생운동의 목표는 국민의 일상생활을 쇄신하고, 특히 여가 선용에 그 뜻을 두어 건전한 위락을 권장하고 심신의 단련에 도움을 주고 정서를 순화시켜 국민 친화의 열매를 맺는 것이다. 이는 바로 국민 자질의 향상을 꾀하고 국본을 함양하는 것이다.[6]

이처럼 여가 활용에 따른 심신단련이라는 목표가 어떤 정책으로 구체화하였는지는 「제2회 일본 후생대회 관련 후생대신 자문사항第二回日本厚生大会二對スル厚生大臣諮問事項」이라는 '답신'에서 찾아볼 수 있다. "이런 시국 아래 가장 유효 적절한 후생운동의 종목과은 무엇이고 이를 어떻게 실시할 것인가"라는 물음에 대한 답신으로, 여기에는 노동자, 상이군인, 일반 가정주부, 아동, 농민, 청년을 대상으로 한 정책이 있었다. 특히 노동정책에 대해서는 "현 시국에서 산업종사원의 과로를 막고, 이들의 활동력을 유지하기 위해 다음과 같은 다양한 방도를 취해야 할 것"이라고 하여 노동환경 등의 개선과 함께 "단체 야외운동, 예를 들어 체육대회, 무도대회, 각종 경기, 체조대회, 등산, 도보여행 등의 장려"[7]를 주장했다. 특히 청년을 대상으로 한 정책은 다음과 같다.

청년에 대해서는 일반적으로 유효한 체육으로서 산야를 두루 돌아다닐 것을 장려할 것. 정부, 공공단체 또는 그 시설로 성지, 사적 지역, 보건 지역 등에 후생 도장과 간이 숙소를 건설하고 동시에 길, 표지 등 도보여행 시설을 정비할 것.[8]

청년도보여행

'청년도보여행'은 이 시기 일본여행협회가 제창한 여행 스타일이자 '후생운동'의 하나였다. 또한, 청소년을 대상으로 한 교육정책으로도 자리를 잡았다. 잡지 『다비』는 1938년 4월호에 「나의 소년시대 강건強健여행」이라는 특집을 기획하였고, 6월호에는 「감동받은 여행 예절」이라는 특집과 함께 실린 「청년도보여행 자료전을 보다」라는 기사에서 '청년도보여행'이라는 단어가 처음 등장하였다. 8월호는 「청년도보여행 코스」특집으로 꾸려진다.

1938년 6월에는 철도성, 후생성, 문부성과 청소년단, 일본여행협회 등이 '청년도보여행 연락위원회'를 결성하였다. 철도성은 전국적으로 26개의 여행 코스를 선정하고, 단체 도보여행의 경우 운임을 50% 할인하였다.

이와 비교했을 때 할인율은 낮지만, 같은 맥락에서 신사와 사찰 참배, 하이킹, 스키에 할인을 적용하였다. 그러나 반대로 '조국인식'과 '심신단련'과 무관한 매화꽃구경, 벚꽃놀이, 조개잡이, 단풍구경 등의 계절 임시열차는 폐지하였다.

1938년 여름, 일본여행협회는 청년도보여행의 전파를 위해 각 지역의 백화점 등에서 '청년도보여행의 밤'을 3회, '청년도보여행전람회'〈그림 2〉를 18회, '청년도보여행협의회 및 간담회'를 27회, '청년도보여행 연락위원회' 등을 개최했다.[9]

아오키 가이조靑木槐三, 1897~1977는 철도 전문 신문기자로, 재팬 투어리스트 뷰로의 문화부장이자 일본여행구락부의 사무국장으로 『다비』의 편집에도 관여하는 등, 철도와 관계된 다양한 활동 경력을 가진 인물이다.[10] 그는 전쟁 시기 여행과 관광의 숨겨진 뒷이야기를 자세히 남겼다.[11] 그는 철도성, 투어리스트 뷰로, 문부성, 군부軍部, 백화점 등이 청년도보여행 기획에 어떠한 의도가 있었는지 다음과 같이 기술하였다.

〈그림 2〉 〈청년도보여행전에서〉(부분), 『다비』 1938년 9월호

요즘[4]의 철도 기획에서 청년도보여행은 갈채를 받았다. 독일의 반더포겔 Wandervogel을 모방한 청년도보여행은 25세 이하 연합청소년 단체나 보이스카우트 등의 단체에 50% 할인으로 도보여행을 시키는 것으로, 비상시에도 허가를 받을 수 있는 여행의 한 종류였다. 청년도보여행 운동은 고노에近衛 내각 시기 (…중략…) 당시의 문부대신이었던 아라키 사다오荒木貞夫 대장과 관련이 있다. (…중략…)

고상한 취미를 가진 아라키 사다오는 청년도보여행이라는 계획을 듣고 청소년의 정신과 육체가 꾸밈없고 참되고 건강하도록 걷게 하는 것에 크게 찬성하였다. 독일 청년들처럼 일본 청년을 훈육하는 것은 더욱 찬성할 일이라며, 미쓰코시三越에서 철도성과 투어리스트 뷰로 공동주최로 열린 청년도보여행 전람회[12]에도 방문하였다.

이 전람회는 지금은 고인이 된 관광연맹 전前 사업 과장 아베 데이치安部貞一가 기획한 것으로, 아라키 문부대신은 아베의 설명을 들으며 1시간 넘게 전람회장을 둘러보았다.

청년도보여행을 위한 복장 전시 앞에 오자 국민복과 닮은 카키색 하이킹복을 만지며 이렇게 말했다.

"대단히 멋진 옷이군."

"이런 멋진 옷이 아니더라도 자신이 갖고 있는 옷으로도 청년도보여행은 가능합니다. 꾸밈없이 진실한 이러한 여행에는 더럽지만 않으면 낡은 옷이라도 상관없습니다."

설명하는 자가 변명처럼 말했다.

---

4   중일전쟁 초기를 가리킴.[본문 설명]

〈그림 3〉〈청년도보여행의 철도성 포스터〉(왼쪽 아래는 야타가라스(三本足) 깃발), 『다비』 1938년 9월호 책 뒤표지

"아닐세. 미쓰코시도 돈을 벌어야지. 가능한 멋진 옷을 팔면 좋지 않겠나. 복장을 제대로 갖춰야 도보여행운동도 흥행하지 않겠는가."

아라키 문부대신은 말했다.

아라키는 군인이면서도 문화인다운 말을 하고 난 뒤 방명록에 '청년도보여행 아라키 사다오'라고 적고 돌아갔다.

이로써 청년도보여행은 군의 압력을 받지 않고 청년들이 자유롭게 활개 치며 산과 들을 돌아다닐 수 있게 되었다.

재팬 투어리스트 뷰로는 붓으로 쓴 이 방명록을 본부에 걸고, 하이킹에서 청년도보여행 등으로 간판만 바꾼 후 계속 운영했다. 대위급 군인이 단체여행 등의 활동이 수상하다고 찾아왔지만, 방명록을 꺼내 보이며 아라키 대장이 허락했다고 하자 아무 말 없이 돌아간 일도 있었다.[13]

이어서 청년도보여행〈그림 3〉의 보급과 쇠퇴에 관해서 특히 전쟁 때문에 경원시되고 멀리하게 된 것이 쇠퇴의 원인이라는 점에 대해서 아오키 가이조는 다음과 같이 말한다.

청년도보여행은 나고야 철도국장을 지낸 다나카 노부오田中信良가 먼저 관심을 보였다. 그러나 도테쓰東鉄 여객과장이었던 고 다카하시 데이치高橋定一, 전前 화북 교통 총무국장 등이 도쿄에서 실행에 옮겼다. 하이킹과 스키의 대가인 모테기 시즈오茂木慎雄가 연구하고, 철도성 여객과 선전을 담당한 요시다 단스케吉田団輔 등의 지도로 실행되었다.

청년도보여행은 전국 학교와 사원, 길가의 옛 혼진旧本陣[5] 등을 숙소로 하여, 기차를 타는 것보다 걸어서 돌아다니는 것에 중점을 두어 야외취사나 간이숙박 경험을 중시하였다. 그리고 출발지와 종착지 간 기차운임은 국민 신체의 향상 이라는 명목으로 50%라는 큰 폭의 할인이 적용되었다.

이들은 30~40명이 무리를 이루어 태양을 상징하는 황색 바탕에 검은 야타 가라스三本足[6]를 그린 깃발을 선두로 군대식 행군을 했다. 제1회에는 사가미노相 模野로 향해 행진하였는데 참가자 수는 300명이 넘었다. 이 묘한 깃발은 내가 제 안하고, 아베 사다이치安部貞一가 고심하여 도안화한 것으로 상당히 인기가 있었 다. 말하자면 여행의 군대 행군화라 할 수 있다. 야타가라스 깃발은 태양신앙의 상징으로 여행의 변형과 함께 생겨난 기묘한 것이었다.

이 청년도보여행은 군인인 문부대신의 추천으로 일시에 대유행했다. 그러나 역시 고생스러운 여행이라 어느새 자취를 감추어, 유행기간은 2년에 불과했다.

그래서 여기에 기록해두어야겠다고 생각했다. 이제는 이를 기억하는 사람도 적다. 불꽃놀이처럼 한순간에 사라진 것을 보면 청년도보여행이 결국 시국에 편승했기 때문이다.[14)]

경신숭조敬神崇祖여행

1938년 이후, '청년도보여행'과 함께 등장한 여행 방식이 '경신숭조여행'

---

5 에도 시대의 역참으로, 다이묘 등이 숙박하던 공인된 여관.
6 세 발이 달린 까마귀로, 야타가라스는 일본 건국의 신 진무(神武)천황이 동정(東征)에 나설 때, 천황 군대의 길잡이를 해주었다.

이었다. 이세신궁을 비롯한 각 지역의 신사, 구스노키 마사시게楠木正成[7] 등의 동상이나 박물관, 각 지역의 성곽, 국립공원 등을 돌아보는 '경신숭조여행'은 스키를 타거나 해당 역의 스탬프를 수집하는 '취미여행'을 대신하여 추천되었다. 종교성의 탈각을 근대성의 한 특징이라는 관점에서 보자면, '국가 신도'에 바탕을 둔 '경신숭조여행'은 근대성의 쇠퇴이다. 하지만 '경신숭조 여행'의 경우 반드시 그렇지는 않았는데, 아오키 가이조는 이 여행의 경위와 실태를 다음과 같이 설명했다.

청년도보여행과 함께 성행한 경신숭조여행은, 에도 시대부터 있었던 신에 대한 참배와 비슷했다. 사찰 참배에 관한 다양한 팸플릿이 만들어졌으며 남조 시대 충신의 유적 관람 등이 유행했다. 러일전쟁이 발발한 1904~1905년 일본 여행계가 어떠했는지를 조사해보니, 전국의 신사나 사찰이 승전勝戰을 기원하는 사람들로 크게 붐볐던 것을 알 수 있었다. 오래된 신문 기사로부터 유래한 새로운 취향이 바로 경신숭조여행이었다. (…중략…) 여행자는 그저 여행하고 싶어서 승전기원이라는 이름을 빌려 부근의 명승지나 온천에서 기분전환을 하고자 했기 때문에, 안내기에 적힌 신사의 기원에 관한 신관의 길고 긴 이야기는 실로 질색이었을 것이다.[15]

2) 제2기 - 1941~1942년 유람여행의 억제

중일전쟁이 격화되면서 1938년 4월 〈국가총동원법〉이 제정·실시되자 차량 등 운송용 물자는 '총동원물자'로 통제대상이 되었다.[16]

---

7   일본 남북조 시대의 무장으로 가마쿠라 막부를 멸망시키는 데 공을 세운 인물로 천황에 대한 충성심을 상징하는 존재이다.

전쟁 시기 철도운송의 변동

총무성 통계국의 「일본의 장기 통계일람日本の長期統計系列」과 일본국유철도 편 『일본국유철도 100년사日本国有鉄道百年史』 제10권을 중심으로 전쟁 시기 철도운송의 변화를 정리하면 다음과 같다.

화물차량은 1936년부터 급증해서 1945년 패전 때까지 1.6배 정도 늘어 났다. 그러나 여객차량과 기관차는 거의 늘지 않았다. 철도수송 인원도 1936년부터 1944년에 걸쳐 2.6배(국철 2.9배, 민철 2.4배) 증가했다. 국철만 보면 여객인원이 2.9배 늘었다. 그러나 여객열차 설정 킬로미터km[8]는 0.9배 감소했으며, 차량당 수송인 킬로미터는 2.4배가 되었다.

유람여행의 제한

이처럼 운수량이 급증하자, 1940년까지 시모노세키下關 터널 건설, 광궤廣軌 신칸센 계획, 조선해협 터널계획, 대량수송 적합형 기관차개발 등 수송력을 증강하기 위한 대책이 세워졌다. 전쟁이 교착되고 장기화하자 자재의 공급 부족, 개량공사의 연기, 차량 증비와 선로증설의 어려움으로, 군사수송 확보를 위한 수송시스템의 종합적 조정이 필요하게 되었다. 수송력 증강 계획은 개별적인 것에서 점차 종합적인 방향으로 조정되었다.

〈국가총동원법〉 구체화의 일환으로 1940년 2월 1일 〈육운통제령陸運統制令〉이 공포되었다. 〈육운통제령〉이란, 육상운송 사업자에게 내리는 물자 운송에 관한 각종 명령 권한, 중요물자의 대량수송에 관한 협력 의무를 부과하는 권한 등을 철도성 대신에게 부여하는 것이었다.

---

8 '여객열차 설정 킬로미터'란, 역 간 통과여객 열차횟수×역 간 킬로미터＋혼합열차에 대한 추정 여객열차 킬로미터를 말한다.

이후, 수송시스템을 종합적으로 조정하고자 할 때 주요과제 중 하나는 물자수송을 확보하기 위한 여객 운수 통제였다. 이는 전시체제와 여행자 사이의 균열을 집약해서 보여준다.

단체여행 규제는 1940년 11월 10일 기원 2,600년을 봉축하는 행사 이전에 이미 시작되었다. 1940년 3월부터 4월 시점에는 통상 증편되던 근거리 벚꽃놀이 열차운행이 폐지되었다. 그러나 다른 한편으로 '유람여행의 자제를 부탁드립니다'라는 조건을 붙여, 장거리 임시열차는 계속 증편되었다.

기원 2,600년 봉축행사가 끝난 후, 전시체제의 긴축정책은 한층 더 강화되었다. 운송시스템에서 크게 드러난 문제점은 혼잡함이었기 때문에, 혼잡완화가 정책적인 목표가 되었다. 이러한 혼잡함을 완화하기 위해 가장 강력하게 제한된 것이 '유람여행'이었다. 다음의 신문 기사는 이 사실을 잘 보여주고 있다.

> 혼잡이 극에 달한 열차, 인플레이션에 떠다니는 여행자, 소비규정을 철저하게
> ― 오타 마사타카(太田正孝)

> 요즘의 기차 혼잡은 어째서일까. 서쪽도 동쪽도 모든 열차가 만원이다. 특실이나 침대칸 표는 좀처럼 손에 넣을 수도 없다. 기차의 혼잡함이 정말 바쁜 사람들의 급한 용무 때문이라면 차라리 낫다. 그런데 요즘은 아니다. 소위 인플레이션에 들떠서 관광유람을 하거나 겉모양만 번드르한 무슨 무슨 대회에 가기 위한 왕래가 늘어났기 때문이다.[17]

다양한 단체여행

8월에는 기획원에서 검토한 '국민 사치생활 억제방책国民奢侈生活抑制方策'이 각 부처를 통해 구체화되었다. "유람 단체여행의 제한, 특히 신문사 여행 모임의 소위 회원 모집과 유람여행의 억제, 개인여행에 대해서도 가능한 유람여행의 억제를 지도할 것. 유람선 운항을 중지하거나 제한하는 동시에 용도에 따라 적절히 지도할 것"[18]이라 하여 '국민 사치생활 억제방책'에 '유람여행'의 제한을 포함시켰다. 같은 해 12월에는 열차 탑승 시 스키 장비 소지를 제한하고 스키 장비는 화물로 먼저 보내도록 권장했다. 또 연말에는 침대차·식당차를 제외한 3등칸 열차를 증편했다. 급행열차의 승차를 제한하고, 학생할인권의 발매를 정지하는 등 '유례없는 승차 제한'이 이루어졌다.[19] 이후 봄가을의 행락 시즌과 오봉 전후의 귀성 시즌에도 여행을 제한했다. 그러나 이러한 정책에도 불구하고 단체여행객은 증가했다. 다음의 「단체여행객의 취급, 여행협회에 맡긴다. 국철은 혼잡으로 비명」이라는 신문 기사에서 1941년 당시 단체여행의 종류를 확인할 수 있다.

철도성은 최근 살인적인 여객 혼잡에도 불구하고 단체 여객수송 시 특별 절차를 마련해 승객의 요구에 응하고자 했다. 이를 통해 원활한 수송을 도모해왔으나 작금의 국철 사무는 점점 더 다망하기만 할 뿐이다. 더욱이 단체여객은 급증하는 추세를 보이고 있다. 이에 단채여객의 대우와 관련한 법의 개정절차에 착수하여 어느 정도 커다란 틀을 만들었는데, 현재 일반단체만 대상으로 했던 일본여행협회의 취급범위를 확대시키는 것에 중점을 두고 있다. 그 원칙은 다음과 같다.

- 우치하라內原 훈련소 입소를 위한 단체여행
- 상점, 공장, 회사 종업원의 후생여행
- 대학생, 학생, 아동의 신사참배 단체
- 일반인, 대학생 근로봉사 단체
- 일본·만주·지나의 일반 여행단체
- 시찰단체
- 스모, 배우 등 흥업단체 등의 특별단체, 근로봉사단, 일본·만주·지나 단체, 시찰단체를 담당함[20]

전시 육운비상체제

1941년 11월 〈개정 육운통제령〉이 공포되자 여객과 화물수송의 계획성 향상, 기존 설비와 자재의 합리적 이용, 육상운송사업의 통합 등과 관련한 철도성 대신의 권한이 한층 강화되었다. '긴급하지 않은 수송의 억제', '긴급하지 않은 사업의 휴·폐지', '긴급수송 강행' 등이 가능해졌다.

군과 관련된 수송의 증가, 대륙과의 교통량 증가, 자원개발, 경제통제와 함께 상선의 군사적 전용과 가솔린 소비 규제 및 강화가 행해졌다. 이에 따라 지금까지 선박이나 트럭으로 수송되던 물자가 철도수송으로 이동하였고, 이것을 철도가 과도한 부담을 안게 된 요인이 되었다. 그리고 '수송 계획과 통제의 강화'는 이를 극복하기 위함이었다.

일본은 태평양전쟁 초기에는 화려한 전과를 올렸지만, 1년이 지나고 1942년 6월 미드웨이 해전 패배 이후 불리한 상황이 이어졌다. 이러한 정황을 배경으로 1942년 10월 〈전시 육운비상체제 요강戰時陸運非常体制要綱〉이 등장했다. 이 조치는 〈개정 육운통제령〉을 이어받아 첫째로 계획수송을 강화하고, 둘째 해상화물을 육상수송으로 바꾸는 것을 축으로 하였기 때문에 철도의 화물 수송량은 한층 더 증가하였다. 시설의 노후화, 자재의 부족, 숙련노동자의 군사 요원화에 따른 미숙련 노동자와 여직원으로의 교체 등, 여러 조건이 겹치면서 여객수송제한이 매우 중요해진 것이다.

'전시 육운비상체제戰時陸運非常体制' 구축을 위해서 다양한 제한조치가 추가되었다. 먼저 도쿄철도관리국 관내에서는 11월부터 여객열차를 줄이고, 주말과 축일의 승차 지정제, 급행열차의 근거리 승차 제한 등을 실시하여, 온천지인 아타미熱海로 향하는 여객과 상인 여객의 승차를 제한했다.[21]

전시 육운비상체제의 예외사항

그러나 이러한 제한에도 예외를 두어 강압적으로 시행하지 않았다. 1942년 11월 12일 자『아사히신문朝日新聞』의 기사「여행제한 "급한 용무"에 대해서는 해당 역장의 재량에 맡긴다」에서 다음과 같이 설명하고 있다.

다가오는 14일부터 도쿄철도국의 지정구간 내 당일 승차권 발매금지 등의 여행제한은 군사업무의 경우 명령장을 제시하면 문제가 되지 않고, 관공청 업무출장 등의 경우 공무 할인증을 제시하면 허가받을 수 있다. 정기권 및 이틀 전 발매한 회수권은 당일에도 사용이 가능하다. 그렇지만 일반 승차권과 마찬가지로 회수권의 당일 발매는 불가하다. 그 외의 사람들의 급한 용무에 대해서는 해당 역장의 재량에 맡긴다.

1943년 7월부터 국철은〈여객운송규칙〉일부를 개정하여 다음 5개 항목을 두어 여객규제를 한층 강화했다.

① 단체여객의 조정과 운임 할인제도 수정

② 단체할인 폐지

③ 도중하차 처리 일부 개정

④ 승차권 크기의 축소

⑤ 모든 급행열차에 대한 승차 차량 지정[22]

특히 ③의 내용과 그 이유를 다음과 같이 설명하고 있다. 당시에는 표의 무효화를 각오하고 도중에 하차해서 온천으로 가는 사람이 많았다. 이는 전시체제 초기 적극적이고 편승적인 행동이 억제되자 이른바 탈법적 행동이 등장한 것이다.

이전에는 승차권을 제한·발매하는 구간에서 도중에 임의로 하차하면 남은 구간이 무효로 처리되었다. 하지만 이 제한을 무시하고 통제를 벗어나는 자가 적지 않아 앞으로는 승차권 자체를 무효로 함은 물론, 여기에 더해 하차 역까지의 해당 운임과 그와 같은 금액의 할증운임을 청구한다. 예를 들어, 나고야행 열차표로 아타미熱海에서 도중하차하면, 무임승차 여객과 같은 취급을 하여, 나고야행 열차표를 몰수하는 것뿐만 아니라 아타미까지의 운임과 동일금액의 할증운임을 더 내야만 한다. 그리고 하차 역을 지나쳐도 할증운임을 내도록 하여 수송을 더욱 철저히 통제한다.[23]

도중에 하차한 경우, 원래 표를 몰수당하는 것은 물론이고 하차 역까지 두 배의 운임을 내야 했다. 그런데도 이러한 조치는 대부분 효과를 거두지 못했다.

3)『다비』에 나타난 여행 규제를 둘러싼 의견 교환

여행 제한은 1940년 전반기부터 강화되었다. 1941년 11월 〈개정 육운통제령〉 실시, 12월 태평양전쟁 발발, 1942년 10월 〈전시 육운비상체제 요강〉의 결정 등으로 통제가 더욱 심해졌고, 여행 제한이 강화됨에 따라 여행이라는 문화 자체를 문제 삼게 되었다.

1940년 후반 이후 잡지『다비』는 불필요하고 급하지 않은 여행, 유람, 피서, 등산, 온천여행의 중지라는 여행 제한 방침에 따라 특집호를 마련했다. 예를 들면 다음과 같다.

〈그림 4〉『다비』1943년 7월호 표지

1941년쇼와16 9월호 여행의 이념, 오늘날의 여행관

1941년쇼와16 10월호 오늘날의 여행관

1941년쇼와16 11월호 여행의 계획화

1941년쇼와16 12월호 여행의 계획화

1942년쇼와17 4월호 여행과 정서교육

1943년쇼와18 1월호 전시 여행에 대한 지도指導 강좌

1943년쇼와18 3월호 여행 지도, 여성의 입장에서 · 유람여행 비판

1943년쇼와18 4월호 여행 지도, 여성의 입장에서 · 유람여행 비판

위와 같은 특집호를 기획하면서 1943년 5월호부터 잡지『다비』는 '여행 지도 잡지'로 자리매김하게 된다.〈그림 4〉

이런 특집들 속에서 여행을 둘러싼 지식인과 문화인의 다양한 의견이 등장했다. 이들은 '유람여행'을 중지해야 한다는 점에서는 일치했지만, '불필요하고 급하지 않은 여행'을 전면적으로 억제해야 한다는 의견과, 후생·보양·위안·경신숭조·건강증진이라는 목적의 여행은 허용해야 한다는 의견으로 크게 갈렸다.

전면적인 여행 억제

먼저 불필요하고 급하지 않은 여행의 억제를 강조한 의견을 살펴보자.

> 요컨대 긴요한 용무 이외의 여행은 일절 하지 말 것.
> ─ 우치다 세노스케(内田清之助)[24]

> 여행을 행락의 한 단면으로 보는 생각을 떨쳐버리고 국가를 위해 직책상 필요불가결한 목적에 한정할 것을 요망한다.
> ─ 와타나베 만지로(渡邊万次郎)[25]

> 지금까지는 여성이 화려한 옷차림으로 여행하는 비상식도 자연스럽게 인정되었긴 했지요. (…중략…) 여행은 실용본위가 되어야만 해요.
> ─ 무라오카 하나코(村岡花子)[26]

> 관광유람의 단체여행 등은 무조건 폐지되어야 합니다. 무슨 무슨 코講라는

신앙단체가 사실 놀거나 구경이나 다니는 단체라서 일반 여행자들이 곤혹스러워하는 것을 본 적이 있어요. 신앙이라는 명목도 좋지만, 실제로는 곤란하다고 생각해요.

―나카무라 무라오(中村武羅夫)[27]

건전하지 못한 여행은 어느 정도 제한하는 것이 제일 좋다고 생각합니다. 때가 때이니만큼 도덕적으로 반성할 때까지 기다리는 것은 너무 안이하며 효과 또한 없다고 생각합니다.

―가미치카 이치코(神近市子)[28]

위안과 후생의 필요성

여행통제 제한 속에서 위안여행이나 후생여행의 필요성, 그리고 여행의 교육적 효과에 대한 호소가 이어졌다.

이런 시국에서는 여행은 용건이 있을 때나 하고 유람은 평화로울 때나 하는 것입니다. 다만 노약자나 병자의 보양여행, 청년 남녀의 체력단련을 위한 여행은 예외로 해야 합니다.

―아라이 이타루(新井格)[29]

이른바 여행이란 심신단련을 목표로 하는 것이기에 관광유람은 단연코 자중해야 합니다. (…중략…) 그렇다고 해서 여행을 일절 하지 말라고 엄격히 금하는 것은 괜찮은 건지 우려됩니다. 또한, 아무리 심신단련이라고 해도 배낭을 메고 교통편을 이용하지 않고 걸어야만 한다는 것은 무리가 있습니다. 고무줄이라도 계속 잡아당기면 결국에는 끊어지니까요.

— 핫토리 분시로(服部文四郎)[30]

현 비상시국에서 필요한 용건이 있는 경우는 별도로 하고, 관광이나 위안 여행은 자중해야 한다고 말하는 사람도 있지만, 그것은 인식이 부족한 탓이라고 생각한다. (…중략…) 모든 국민이 열심히 일하기 위해서는 여행을 통해 정신도 육체도 잠시 쉬어야 하며 이것이 가장 필요하다고 확신한다.

— 쓰보야 스이사이(坪谷水哉)[31]

여행을 귀찮게 생각하지 말고, 나이가 들면 혼자서도 멀리 여행을 하고자 하는 마음이 생겨야 한다. 일본인의 장래 활동 영역이 지금까지와는 비교할 수 없을 정도로 넓어진 현재, 외지나 해외로까지 나갈 기회를 주는 것이 절실하게 필요하다는 것을 기억해야 한다.

— 아베 요시시게(安倍能成)[32]

바쁜 중에도 유람여행을 하는 것은, 돌아와 다시 일에 매진하는 데 중요하다고 생각합니다. (…중략…) 저는 바쁜 남성분들이 후생이라는 의미로 조금이라도 여행하기를 바랍니다.

— 구로다 하쓰코(黒田初子)[33]

요즘에는 공장, 은행, 회사, 조합 등 작은 단체의 유람여행을 적지 않게 봅니다. 공장이나 회사 비용으로 여행을 가면 가계에는 부담이 없으므로, 이러한 여행을 많이 하기도 합니다. 평상시의 노고를 풀고, 호연지기를 키우는 것도 필요합니다.

반드시 나쁜 것이라고는 할 수 없으나, 집이나 아이들에게 매달려 있는 가정주부 입장에서 본다면 공장이나 회사, 조합 등에서 가정주부를 비롯해 가족도 함께 위안시켜주는 행사, ─가까운 장소에서의 영화 상영회, 운동회라도 좋습니다─ 이렇게 해주신다면 얼마나 기쁠지 모르겠습니다.

─이치카와 후사에(市川房枝)[34]

스즈키 슌이치鈴木舜一[35]는 '후생운동' 관점에서 근로자의 실태를 바탕으로 '근로자의 여행'의 필요성을 예리하게 지적했다.

내각회의에서 〈전시 육운체제〉를 결정한 것을 보니 생산 확충을 위한 총진군을 감행하고 있는 근로자들에게 '놀러 다니기'를 '나쁜' 것으로 강하게 인식시킴으로써 이전부터 말해오던 모든 위안과 오락을 빼앗았다. 이것을 전시의 국민생활로 규정해버리는 모순에 길들어져서 '근로자들은 안됐어요.'라는 말을 자주 듣고 있다. (…중략…) '한숨 돌리기', '기분전환'으로 내일의 근로 에너지 축적을 적극적으로 권장하는 후생운동의 관점에서 보면, 도대체 이렇게 해도 괜찮겠냐는 느낌이 강하게 들었다. (…중략…) 〈전시 육운체제〉를 더욱 강화하더라도 일본에서는 근로자의 즐거움을 충분히 존중하고 기차여행을 할 수 있다고, 해야 한다고 믿고 있다. 여기서 '근로 존중'이 생겨나고 '근로의 생산성'을 불러온다면, 전시 중이야말로 근로자의 여행이 정당하다고 생각할 수 있다.[36]

붐비는 온천지

아오키 가이조가 말하는 1942년경 상황은 지극히 파행적이었다. 한편에서는 여행을 자숙하는 분위기가 있었고, 다른 한편에서는 유람여행의 성황이 동시에 일어났다.

다음 해인 1942년을 맞이하면서 긴급수송 정책 탓에 아무리 여행을 좋아하는 일본 대중이라도 섣달그믐 축일도 준비해야 하고, 도나리쿠미隣組[9]의 눈치도 봐야 해서 유람여행은 단념할 수밖에 없는 상황이었다.

그런데 실제로는 여행을 조금도 자제하지 않았다. 유람여행 정도가 아니었다. 부모님의 임종을 지키기 위한 이동조차 어려운 상황에서도 온천지는 엄청난 대성황을 이루었다.[37]

1942년 철도 승객은 어떤 사람이었을까. 내가 보기에 승객은 점점 증가했다. 통근, 통학, 공장 노동자 수송, 공무 여행, 소집된 사람, 배웅하는 사람 등으로 모든 열차가 만원이었다. 게다가 유람여행자까지 계속 늘어서 열차는 항상 혼잡했다. 기차 운행이 지체되어서 지나치는 역이 생겨나기도 했다. 철도성에서 불필요하고 급하지 않은 여행을 자제하자는 각종 포스터를 붙이고 많은 방책을 아무리 세워도 소용이 없었다.[38]

이러한 파행적 상황은 규제를 교묘히 비켜가는 탈법적 행위가 광범위하게 펼쳐졌다는 것을 의미한다.

규제를 둘러싼 의견 차이와 알력
앞서 살펴보았듯이 점차 늘어만 가는 물자수송을 확보하기 위해서 여

---

9   제2차 세계대전 당시, 국민을 통제하기 위해서 만들어진 최말단의 지역 조직.

객운송을 줄일 수밖에 없다는 점에는 의견일치를 보았다. 그러나 여행에 대한 방향성은 두 갈래로 나뉘었다. 하나는 여행을 전반적으로 줄이는 것이고, 나머지 하나는 '후생운동' 관점의 여행은 그대로 두는 것이다. 이러한 정책 차원과는 별도로 여행 정책을 비껴가는 탈법적 방법을 통한 다양한 오락 관광여행은 성행하였다. 정책과 현실 간에 심각한 괴리가 존재했던 것이다.

전시체제 아래, 여행의 존재 양식을 둘러싼 의견이 교환되는 가운데 다른 한편으로 정책과 현실과의 괴리는 커져만 갔다. 태평양전쟁의 패색이 짙어진 상황 속에서 잡지 『다비』는 종간을 맞이했다.

종간 전 호에는 「"타지 말고 걸어라!!" 대동아 결전 아래 철도가 담당한 사명은 더욱더 중대해졌다. 열차를 중요한 물자의 수송으로—전쟁과 무관한 여행은 모두 중지해라. 산도 바다도 걸어서 가라!! 타지 말고 걸어서 여행하는 것만이 전쟁 중 허락된 유일한 방법이다」라고 선도하는 기사를 실었다. 목적지까지 기차 이용을 전제로 하는 청년도보여행은 이렇게 막을 내렸다.

3. 『교통동아』가 보여준 전쟁 말기의 알력

1) 잡지와 기사 개요

1943년 『다비』 7월호에는 이 잡지의 발간 모체였던 '일본여행클럽'의 활동 중지와 「새로운 단체의 새로운 운동」이라는 예고가 실렸다. 1943년 종간호인 8월호에서는 『다비』가 "동아여행사의 기관지로서, 나아가 중요한 사명을 띠고 결전체제 아래 동아 교통계에 공헌할 것"[39]이라고 예고하였고, 다음과 같은 형태로 잡지의 연속성을 강조했다.

『다비』는 폐간됩니다만, 사라지는 것이 아닙니다. 현 시국에 대응하는 새로운 잡지로 새롭게 태어나기 위한 폐간입니다. 이번에야말로 명실상부 동아여행사의 기관지로서 대동아 속에 의연하게 자리 잡는 결전형決戰型 잡지로 새롭게 탄생할 것입니다.[40]

『교통동아』 1943년 10월호제1권 제1호에 실린 남작 오쿠라 긴모치大藏公望의 「발간사」는 다음과 같다.

본사에서는 잡지 『다비』를 대신하여 기관지 『교통동아』를 발간하게 되었다. 『다비』는 지난 10년 동안 독자들의 성원에 힘입어 시대에 발맞추어 여행 지식을 제공하고, 여행자를 계몽하는 역할을 담당해왔다. 동아여행사 또한 20년간의 경력으로 국내외 여행자를 알선하고 동서의 인문 교류에 공헌해왔다.

대동아전쟁이 결전 단계로 돌입하면서 국내외 정세는 크게 바뀌었다. 동시에 동아여행사는 작년 12월 8일 대동아전쟁 1주년을 기해 비약적인 개혁을 시행하였고 성격과 규모, 구상의 측면에서 면모를 일신하여 시국의 요청에 응하게 되었다. 그 업무 내용은 전시체제 아래 여행 규제에 대한 협력, 국책에 따른 여행지도, 국정 문화의 소개에 있다. 다루는 지역은 만주, 지나 대륙은 물론 멀리 남방공영권에 이른다.

본사는 새로운 사명과 포부를 바탕으로 『다비』를 『교통동아』로 개칭하고 창간호를 발간하였다. 잡지의 목적은 첫째 전시 복잡한 교통 사정을 알기 쉽게 보도하고 여객의 이해를 도우며, 여행 규제와 수송력 증강에 일조하는 것이다. 둘째 공영권 각 지역의 지금까지 알려지지 않은 자연, 인문의 모습, 건설 진행 실상 등을 소개하여 웅장한 대동아건설의 구상에 이바지할 것이다. 독자들이여, 부디 『다비』에게 보냈던 애정을 『교통동아』에 더 많이 보내주길 바란다.[41]

『교통동아』의 목표는 첫째 "전시 복잡한 교통 사정을 알기 쉽게 보도하고 여객의 이해를 도우며, 여행 규제와 수송력 증강에 일조"하는 것이다, 둘째 "공영권 각 지역의 지금까지 알려지지 않은 자연, 인문의 모습, 건설 진행 실태 등을 소개"하는 것이다. 이에 따라 ① 교통정책을 설명하여 통제에 대한 이해를 구하는 기사나 ② 점령지역 · 전투지역을 소개하는 기사가 이 잡지의 주요한 핵심이 되었다. ③ 또한, 여행잡지로서 철도 관련 과학 분야의 읽을거리나 소설, 시간표 등을 실었다. 발행 초기에는 40페이지를 넘는 분량이었지만, 1944년 말경에는 20페이지 정도로 감소했다.

『교통동아』가 발간된 이 시기에는 여행규제가 점차 강화되었지만, 사람들의 다양한 여행 의지나 필요성은 줄어들지 않았다. 이 시기는 첫째로 교통시스템의 유지를 둘러싼 정책적인 모색과 두 번째로 정책과 실태 간의 괴리 확대로 특징지을 수 있다. 또한, 이 시기는 정책적인 여행 규제에 대한 불복종으로 여행 억제가 점차 불가능하게 되었고 종합적인 교통시스템의 구축이라는 정책목표 자체가 파탄 난 시기였다.

『교통동아』는 이러한 두 가지의 모순을 잘 보여준다.

2) 여행 제한의 전개 - 여행 제한의 두 가지 방법, 양적 제한과 질적 제한

앞에서 본 여행 전반에 대한 제한과 후생여행의 확보라는 두 갈래 방향은 정책적으로 교통의 '양적 제한'과 '질적 제한'의 대립으로 나타났다.

여행의 '양적 제한'이란 다양한 방법으로 여객열차를 줄이는 것과 차표 판매 수량을 제한하는 것을 의미한다. '질적 제한'은 여행목적에 따른 제한을 의미한다. '양적 제한'은 1937년 중일전쟁이 전면화되면서 시작되었다. '질적 제한'이 정식으로 채택된 것은 1941년 11월〈육운통제령 전면개정〉부터이다. 제2조에 따르면 "철도성 장관의 명으로 나라에 이바지하는 운송사업과 관련하여 특정 사람 또는 물자의 운송만 허가하거나 운송 순서 또는 방법 그 외 사항을 지정해서 운송을 맡길 수"[42] 있게 하였다. 그러나 '질적 제한'을 자의적이 아닌 국민의 이해를 얻는 공평한 형태로 실시하는 것은 매우 어려웠다.〈육운통제령 전면개정〉이후에도 '양적 제한'과 '질적 제한'의 관계에 대한 논의는 계속되었다.

질적 제한

당시 철도성 업무국 제도과制度課 철도관이었던 후쿠타 후쿠타로福田福太郎는 여객운송의 양적 제한은 "소극적인 방법"이며, "이러한 시국에서 중요한 여행과 불필요하고 급하지 않은 여행을 구별하지 않고 같은 취급을 하는 점이 가장 불합리하고 불공정"하다는 문제점을 지적했다. 이러한 관점에서 1943년 7월, 단체여행의 목적에 따른 제한과 그 운임에 대한 할인제도의 수정, 단체 할인 폐지, 도중하차 취급 일부 개정 등을 포함한〈여객운송규칙의 일부 개정〉을 내놓았다. 이는 '질적 통제'라는 최종 목표를 위한 첫걸음이 되었다.[43]

'전시 육운비상체제에 관한 기본방침'에 따라 국철은 10월부터 시간표를 개정했다. 이 개정과 관련해 당시 철도성 업무국장인 호리키 겐조堀木鎌

三는『교통동아』창간호에서 다음과 같이 말했다. 이것은 화물열차 증편이 주요 목적으로, 통근 통학용 열차는 그대로 유지하고 일반 여객용 보통열차와 급행열차만 30% 감소시키는 것이다. 그런데 질적 조정에 대해서는 좀 더 신중을 가하고 있었다.

국철의 1일 승하차 여객은 약 칠백만 명이다. 그 가운데 정기여객을 제외한 일반여객은 삼백 수십만 명이다. 이를 일일이 질적으로 조정하는 것은 불가능하므로 모든 지역이 고민하고 있다. 상황에 따라 철도성이 강제로 전쟁과 관련 없는 여행을 강제로 배제하겠지만, 지금은 아직 이를 준비하는 시기로, 이번 시간표 조정이 국민의 이해를 얼마나 얻을 수 있는지는 당분간 살펴봐야 할 것이다.[44]

마찬가지로『교통동아』창간호에는「독일의 허가제 여행」이라는 제목의 기사에서 '승차허가증 제도'의 실태를 소개하였다. 독일은 시내의 각처에 있는 '라이제뷔로Reisebüro'[10]에서만 표를 판매하고, 승차허가증도 '라이제뷔로'에서 할당하여 선착순으로 교부한다고 했다. 나아가 "사람들은 경찰이나 호적과에서는 좀처럼 거짓말을 하지 않지만, 철도를 이용할 때는 허위 신고로 일관한다"[45]고 하는 독일 교통성 서기관의 이야기도 소개하고 있다.

질적 제한에 대한 문제점

『교통동아』1944년 1월호에는 운수통신상 철도총무국장관 나가사키 소

---

10 관광안내소, 여행안내소를 말한다.

노스케長崎惣之助와 동아교통공사 본사 문화부장 이리사와 후미아키入澤文明가 나눈 「대담—결전체제에서 수송을 묻는다」가 게재되었다. 이 대담에서 국철의 대응이 안이하다는 비판에 대해 나가사키 소노스케는 질적 제한에 동의하기 힘든 철도인으로서의 '본능'에 대해 말했다.

일반여객도 잘 아시는 바와 같이 '불필요하고 급하지 않은 여행은 일절 하지 맙시다'라고 민관 협력 아래 목소리를 높여 다양한 캠페인을 하고 있지만 좀처럼 감소되지 않고 있습니다. (…중략…) 우리가 만약 쉬운 방법으로 (…중략…) 여행자 입장이나 사정은 무시한 채 수송조정을 연달아 강화하면 그만일 테지만, 우리 수송인은 물자나 사람을 이동시키는 것이 본연의 임무라서, 부여된 조건이 허락하는 한, 한 사람이라도 많은 여객, 1톤이라도 많은 화물을 수송하고자 하는 본능 같은 것이 있습니다. 그래서 강권을 발동해서 사람이나 물자를 억제하는 것보다는 가능한 한 수송을 해 드리고 싶고 수송해 드려야만 한다는 마음을 가지고 있습니다. 그래서 우리 수송 부문을 담당하는 사람들이 결단을 내리기가 힘들다고 생각합니다.[46]

양적 제한과 질적 제한의 병용

1944년 2월 〈결전 비상조치 요강〉이 내각회의에서 결정되자 3월에 이를 바탕으로 한 '여객의 수송제한에 관한 건'이라는 새로운 여행 규제 조치가 발표되었다. "여행의 자제를 철저히 요함과 동시에 통근 및 통학을 제외한 여객수송의 철저한 제한을 실시"하는 것을 방침으로 운임인상, 정기권으로 목적지 초과이용 금지 등과 함께 "승차권의 발매제한을 강화하였다. 특히 장거리 여행에 대해서는 여행목적에 따라 질적 제한을 병용"

함으로써 장거리 여행에 대한 '질적 제한'을 도입하였다. 이를 구체화하여 근거리와 장거리에 대한 다음과 같은 장치를 각각 마련하였다.

① 약 100km 이내 근거리 여행에 대해서는 승차권의 발매 수량 할당으로 양적으로 제한한다.

② 약 100km를 넘는 원거리 여행의 경우, 군인이나 관공서 공무원의 공무 여행에 대해서는 소속 관공서의 증명, 그 외 여행에 대해서는 경찰서의 증명 또는 이에 준하는 증명으로 질적 제한을 하는 것과 함께 ①에 준하여 양적으로도 제한한다.[47]

'질적 제한'은 이처럼 〈여행증명제도〉로 실시되었다. 상세한 내용은 다음과 같다.

여행증명제도 우선 도쿄도 구내, 가와사키 시내, 요코하마 시내의 역에서 출발할 경우 실시한다. 경찰서가 여행증명을 요구하는 여행은, 약 100km 이상, 2시간 이상 걸리는 원거리 여행일 경우이며, 본인 또는 대리인이 현주소(여행 시에는 현지) 담당경찰서, 파출소에 비치된 여행증명서에 주소, 성명, 나이, 여행 사유, 승차·승선 구간을 기입하고 담당자의 증명을 받는다. 여행자는 이 증명서를 승차 역에 제출하고 승차권을 구입한다.[48]

여행 규제를 둘러싼 논의는 이러한 과정을 거쳐서 근거리는 양적 제한, 원거리는 양적 제한과 질적 제한을 병용하는 형태로 실시되었다.

원거리에 대한 양적 제한과 질적 제한을 병용한 것은 질적 제한의 핵심인 〈여행증명제도〉가 처음부터 실효성에 문제가 있었기 때문이다. 당시 철도성 업무국장인 호리키 겐조는 "예로 들어 경찰서 증명만 보더라도 경찰 쪽에서 먼저 운송량을 파악해 증명서를 발행하는 것은 실질적으로 어렵다. 그러므로 만약 증명서가 있어도 양적 제한을 피할 수는 없게 된다"[49]고 설명하고 있다.

여행증명서는 경찰의 남발로 인해 결국 기능하지 못하였고, 1944년 9월 이후 〈여행증명제도〉는 폐지되었다. 5월부터 실시된 〈전일前日 신고제〉는 남았지만, 현장의 역장 판단에 맡겨졌다. 계속해서 1945년 5월 전국주요 도시에는 '여행통제관'과 '여행통제관사무소'를 두어 긴급한 업무를 위한 승차권 발매 특별승인 등, 역장의 업무를 분담하게 되었다. 이처럼 전쟁이 끝날 때까지 여행 규제에 대한 시행착오는 계속되었다. 이는 아무리 규제를 강화해봐도 다양한 수법으로 규제를 빠져나가서 여행자가 줄지 않았다는 것을 보여준다.

다음으로 규제와 여행자의 관계를 살펴보자.

3) 규제정책과 여행 실태의 괴리

'불필요하고 급하지 않은 여행'을 대표하는 '유람여행'의 실태를 파악하고자 하는 시도가 여러 번 있었다. 요시다 구니요시吉田邦弥의 「최근 여객수송 조정」에는 1942년 5월의 실태 조사에 관해 다음과 같이 소개하고 있다.

작년 5월, 도쿄, 나고야, 가고시마, 후쿠오카, 센다이, 삿포로 각 지역의 부서에서는 여객의 신고를 바탕으로 여행목적조사를 했다. 조사 대상 도시의 평균을 구하고 백분율로 환산해보니 다음과 같은 결과가 나왔다. (평일 조사) 통근·통학

38%, 군무·공무 9%, 직장 업무 8%, 개인 용무 41%, 유람 5%. 유람이라고 확실하게 명기하고 타는 사람은 전체 5%에 불과했지만, 개인 용무 40%에는 유람도 어느 정도 섞여 있다고 보아야 한다. (…중략…) 결국 여객의 목적을 조사해서 여행을 허가하는 것은 실질적으로 너무 어렵다.[50]

미야와키 슌조宮脇俊三[11]는 "1942년 말부터 1943년 여름방학에 걸쳐, 나는 자주 근거리·중거리 여행으로 여러 곳을 돌아다녔다"[51]고 말한다. 그는 기차를 타는 것과 산길을 걷는 것이 여행목적이라고 했지만, 물건 사는 것도 겸했다고 회상하고 있다. 결국 바람 쐬기나 기분전환, 구경, 필요 물자의 구입 등 여행이 다목적화됨에 따라 목적별 분류는 불가능하게 되었다.

종종 근거리·중거리 여행을 나설 때 기차를 타거나 산길을 걷는 것이 나의 목적이었다. 그와 함께 시골로 가면 무언가 배를 채울 수 있는 먹을거리를 구할 수 있었기 때문이다. 즉 물건구입를 겸했다. 물건구입으로 커다란 짐을 둘러멘 여러 무리들 때문에 기차는 더욱 혼잡해졌다. 이에 대해 '철도는 병기다', '결전수송을 방해하는 물건구입 무리들'이라는 표어가 역사에 붙었지만, 효과는 거의 없었다.[52]

1942년 10월부터의 〈전시 육운비상체제〉였을 때도 민간여행 알선업

---

11 1926.12.9~2003.2.26. 편집자이자 기행작가로,『시간표 2만 킬로미터(時刻表2万キ□)』(河出書房新社, 1978),『기차여행 12개월(汽車旅12ヵ月)』(潮出版社, 1979) 등 철도여행을 중심으로 한 다양한 작품을 발표했다.

자가 700군데 이상 활동했다. '신사·불각 등에 대한 전승 기원이나 단련이라는 이름을 내걸고 몰래 가는 온천지대의 유람이나 물건구입 여행을 알선'하는 업자도 있었다. 1943년쇼와18 12월 이들 업자에 대한 단속이 시행되었다.

> 여행알선업의 단속 강화 : '여행회' 등의 간판을 걸고, 일반 여행을 알선하는 업자는 현재 〈기업허가령起業許可令〉에 따라 승인되었는데, 동아교통공사의 152명을 제외하고도 전국 7백 22명에 이르는 등 그 수가 의외로 많았다. 국철에서 단체할인제도를 폐지한 이후, 업자 사이에는 신사·사찰 등으로 가는 전승 기원이나 단련이라는 이름을 빌려서 몰래 온천지대를 유람하거나 물자구입을 위한 여행을 알선하는 자도 나타나서, 결전 수송을 혼란스럽게 하고 있다. (…중략…) 향후 여행알선업자의 사업 내용을 반복검사해서 수상한 자를 엄중히 단속할 것이다.[53]

결전비상조치와 이에 대한 불만

이러한 상황에서 1944년 2월부터 '결전비상조치'가 실시되었고 여행 규제 강화에 대한 강한 불만의 소리가 높아졌다. 『아사히신문』 1944년 4월 9일 자 「여행 규제 그 후, 호리키堀木 업무 국장과의 일문일답」, 「과도한 노선의 시정, 이용객의 자각, 정기권의 목적지 초과이용 금지는 그대로」라는 제목의 기사에는 특히 정기권의 목적지 초과이용에 대한 조치[12]에 대한 불만이 많았다.

---

12 악질의 경우, 정기권 몰수와 3배 운임을 징수.[본문 설명]

미야와키 순조는 이 시기의 실상에 대해서 다음과 같이 빠져나갈 방법이 있다고 말한다.

> 국철國鐵 전차 구간의 표라면 자유롭게 살 수 있어서 이 표를 사용해서 목적지를 초과해서 이용하는 방법도 있었다. '목적지 초과이용' 작전은 거리에 따른 여객 규제의 약점을 이용한 것이라 널리 행해지고 있었다. 특히 일요일에는 식량 구입을 위해 배낭을 멘 사람들이 국철 전차 구간 표나 정기권으로 기차를 타고, 근교의 농촌지대까지 넘어갔다. 이러한 상황이 벌어지자 4월부터 '목적지 초과이용'을 엄중히 금했다. 하지만 통로까지 승객이 가득 탄 열차에서 차내 검표는 불가능했고, 원하는 역에 도착만 한다면 벌금으로 '발차 역부터 운임의 3배 징수'를 당하기만 할 뿐, 되돌려 보내지는 않았다. 벌금이 3배이든 5배이든 암거래 식량 가격에 비하면 문제가 되지 않았다.[54]

이탈과 불복종의 만연

또한 『교통동아』 1944년 6월호에는 「여행의 비상조치 그 후」, 「도쿄지역의 어제와 오늘」이라는 기사가 게재되었다. 도쿄 지역의 경우 "철저해진 신고제", "편해진 통근 통학" 등의 소제목에서 여행 규제의 효과가 점점 나타나고 있음을 알 수 있다. 그러나 마지막에 「쓴 소리 몇 가지」에서 상당히 심각한 실정을 보고하고 있다. 도쿄역 개찰구에서 일어난 사건 수는 1942년에는 656건이었지만, 1943년에는 1,832건에 이르렀다. 기한이 지난 정기권으로 부정 승차하거나 정기권으로 목적지를 초과 이용하는 따위를 못하게 만들자 역무원의 제지에도 불구하고 구간 외에서 하차를 강행하는 등의 명백한 위반을 늘어났다. 이 보고는 다른 길을 찾는 탈법적인 행동이 아니라, 위반을 두려워하지 않는 불복종 실력행사가 눈에 띄기 시작했다는 것을 의미한다.

여행 규제의 막다른 곳

이러한 불만의 소리와 위법행위가 증가하자 여행증명서와 전일前日 보고서를 제출하던 것을 6월부터 신고서로 변경했다. 그리고 목적지의 초과 이용 시 정기권을 몰수했던 방침도 목적지 초과이용의 3배 요금을 징수하는 것으로 몰수는 중지되었다. 9월부터는 경찰서에서 배부하는 여행증명서도 폐지되었다.[55]

정기권으로 목적지를 초과 이용했을 때 원래 차표를 몰수하는 조치가 없어지자 이번에는 암거래나 물품구매를 위해 정기권을 부정하게 입수해서 사용하는 자가 늘어났다. 이 때문에 위반에 대한 단속을 강화했다. 경찰서에서 배부하던 증명서가 폐지되고부터는 표를 구하는 행렬은 길어졌고, 결국 '어떤 조치를 해도 소용없는'[56] 사태가 벌어졌다.

종전 직전인 1945년 5월부터 전국주요 역에서는 '여행통제관'과 '여행통제관 사무소'를 두었다. 그리고 통제관은 여객의 거짓말에 시달리게 되었다.

6월 10일부터 여객통제관이 등장하였고, 역의 매표 관리는 전부 통제관이 담당했다. 발매 거부를 포함한 일반 발매는 역내 통제관에게, 당일 발매하는 긴급 용무자의 특별 심의는 통제관 사무소의 통제관에게 위임했다.

1. 여객 또한 꼼수를 부렸는데, 어떤 사람은 모 군수품 감리관 발행 증명서 3장에 가족 3명의 이름을 써서 통제관 앞에 나타났다. "가족 3명 모두 이곳에서 일하시는 거지요", "아니요. 실은 저도 일하고 있지 않습니다." 이처럼 단순

하게 실언을 하는 사람도 있었으며, "당신도 관리고 나도 관리요"라고 통제관의 앞에서 윽박지르는 사람 또한 있었다.[57]

1944년 말부터 시작된 연합군의 공습은 전쟁 말기 여행의 모습을 변화시켰다. "열차는 물론 교외전차도 공습을 받게 되었다. 열차 안에서는 의자 밑으로 피신했고, 정차한 화물차 아래로 들어가거나 공습 사이렌이 울리면 열차를 멈추고 근처 방공호로 대피하였고 (…중략…) 1945년 여행은 공중 폭격 속 여행이었다."[58] 열차는 소개자로 초만원이 되었다. 도쿄 인구는 패전까지 40% 줄었다.

4. 전쟁 말기의 이국 동경 – 여행잡지로서의 『교통동아』

1) 『교통동아』 기사의 개요

『교통동아』는 '이러한 시국에 복잡한 교통 사정을 쉽게 보도하여 여객의 이해를 돕고, 결전 체제 아래 여행규정과 운송력 증강에 일조'하는 것을 첫 번째 목표로 하였다. 그리고 '공영권 각지의 알려지지 않은 자연, 인문, 건설 진행의 실상 등을 널리 소개'하는 것이 두 번째 목표였다. 이러한 기사로는 대상 지역(태평양 서남지역 남방의 여러 나라, 만주, 화북, 화중, 화남, 일본의 소개지)에서의 생활·문화나 그 변화를 그린 사진, 소묘, 보도, 기행문, 평론 등이 있다.

이러한 기사들은 「특집화보」라는 연재 기사를 중심으로 사진과 해설문 페이지를 마련하였고, 모든 호에 4페이지를 할애하여 게재하였다.

동남아시아와 중국 관련 르포르타주나 기행, 역사연구 등의 기사를 집필한 사람은 종군기자, 육군과 해군의 보도반원, 관청 사무관, 일본방송협회, 대학교수, 잡지기자 등 직함이 있는 사람들이었다. 특히 눈에 띄는 것은 「그림과 글」이라는 제목으로 동남아시아와 중국의 자연과 풍속을 그림으로 표현한 화가와 만화가였다.[59]

여기서는 「특집화보」의 연재 기사 가운데 「그림과 글」 등의 제목으로 기사를 게재한 화가, 해외를 대상으로 작품을 게재한 만화가를 정리해두고자 한다.(〈표 1〉)

〈표 1〉 『교통동아』 「특집화보」 표제와 화가·만화가에 의한 외국보고

		「특집화보」 표제	화가·만화가들의 외국 보고
1943년 (쇼와18)	10월호	현지 보고· 재생 스마트라 풍물시	사토 게이(佐藤啓) 「남방의 그림과 글-필리핀인의 신앙」 다무라 고스케(田村孝之介) 「남방의 그림과 글-미얀마 사람의 몸가짐」
	11월호	자숙하자 물자 부대	나카무라 나오토(中村直人) 「비행기지(그림과 글)」 사사오카 료이치(笹岡了一) 「새로운 국기 아래에서(그림과 글)」
	12월호	대동아건설 전쟁 2주년	오쿠보 사쿠지로(大久保作次郎) 「남방화신(南方画信) 그림과 글-싱가포르의 일본어 열풍」 스즈키 에이지로(鈴木栄次郎) 「남방화신-그림과 글 필리핀 철도」 미쿠모 쇼스케(三雲祥之助) 「남방화신-그림과 글 맨발 생활」
1944년 (쇼와19)	1월호	남쪽의 일본어 학교	가지와바라 가쿠타로(相原覚太郎) 「글과 그림-남방의 교통 수단」 와타나베 고조(渡邊浩三) 「글과 그림-결전 하의 설국」 구라타 데쓰(庫田叕) 「글과 그림-감태의 산」
	2월호	보르네오 현지 보고	이바라기 산푸(茨木衫風) 「남방소묘-자바의 신 무용」 시미즈 도시(清水登之) 「남방소묘-보르네오의 대장 '왕게'」
	3월호	암반에 도전 (북중국 철도 건설기)	다나카 다다오(田中忠雄) 「그림과 글-베이양(北洋)과 싸우는 선원의 혼」

		「특집화보」표제	화가·만화가들의 외국 보고
	4월호	배치 완료· 운송부대 소개(疎開)	고바야시 기요에이(小林淸栄)「남방 풍경-그림과 글」 오타 사부로(太田三郎)「슬렌더(slender)」
	5월호	철도의 방공 훈련	무카이 준키치(向井潤吉)「사이공에서-그림과 글」
	6월호	자바의 학교	가토 미노스케(可東みの助)「중중국 만화 기행」 스즈키 쓰기오(鈴木亞夫)「코브라 춤-그림과 글」
	7월호	(불명)	
	8월호	남방의 훈련 도장	다카바타케 다쓰시로(高畠達四郎)「인도 병사의 출정- 그림과 글」 시마다 게이조(島田啓三)「남방 만화 기행(필리핀·셀레 베스)」
	9월호	화중 철도 경호단	고바야카와 슈세이(小早川秋聲)「외몽고-글과 그림」 후카자와 쇼조(深澤省三)「글과 그림-북중국 최전선」 시미즈 곤(淸水崑)「남중국 만화 종군」
	10월호	재일 남방 유학생의 훈련	아리오카 이치로(有岡一郎)「그림과 글-가믈란[13]의 밤」
	11월호	만철의 소년 운송 병사	이케다 사부로(池田さぶろ)「만화 현지 보고-분투하는 만주 산업」
	12월호	북쪽의 병사	
1945년 (쇼와20)	1월호	그 후의 소개 아동	1다나베 미에마쓰(田邊三重松)「눈 오는 온난공장(温 暖工場)-그림과 글」

2) 여행잡지로서의 표지화(표지그림)

「특집화보」 사진과 해설문이나 화가의 「그림과 글」, 나아가 해외를 대상으로 한 만화와 함께, 혹은 그보다 더 '공영권 각지의 알려지지 않은 자연, 인문, 건설 진행의 실상 등을 널리 소개'하는 역할을 한 것은 컬러로 인쇄된 표지그림이었다. 속표지가 '승리를 위해서는 여분의 국채, 채권으로' 등의 국채 구입을 호소하는 대장성의 포스터나 우편저금을 호소하는 통신원의 포스터가 있지만, 잡지 표지에는 남방의 붉은 꽃, 민속, 시가지

---

13   가믈란 : 인도네시아의 민속 음악

등 이국을 동경하고 유혹하는 그림이 채용되었다. 물론 전시 색채가 없었던 것은 아니다. 전투기, 일장기, 병사가 그려진 풍경도 있었지만, 그것은 아주 드물었으며 세 개호를 제외하고는 이국의 평온한 자연, 일상 풍경, 풍속을 담고 있었다.

확인한 호별 작가, 제목, 표지면은 다음과 같다.〈그림 5~그림 19〉

전쟁 시기 전쟁화 전람회가 많이 개최되었다. 그 가운데 육군성은 1939년 7월 제1회 '전쟁미술전람회'[14]를 도쿄 우에노의 도쿄부미술관을 시작으로 요코하마, 시즈오카, 나고야, 오사카에서 개최하였다. 제2회는 1942년 7월 우에노 공원 내 일본미술협회에서 개최했다. 태평양전쟁 발발과 함께 제3회 전람회가 기획되었고, 보도반원으로 화가 15명이 남방으로 파견되었다.[60] 화가 15명은 후지타 쓰구하루藤田嗣治, 이하라 우사부로伊原宇三郎, 나카무라 겐이치中村研一, 미야모토 사부로宮本三郎, 데라우치 만지로寺内万治郎, 이노쿠마 겐이치로猪熊弦一郎, 고이소 료헤이小磯良平, 나카야마 다카시中山巍, 다무라 고스케田村孝之介, 시미즈 도시清水登之, 쓰루타 고로鶴田吾郎, 가와바타 류시川端龍子, 후쿠타 도요시로福田豊四郎, 야마다 호슌山田蓬春, 요시오카 겐지吉岡堅二이며, 이들로 인해 '작전기록화'가 제작되었다.[61]

『교통동아』 표지에 채용된 그림이나 스케치는 이러한 경로로 작성된 것의 일부분으로, 일상생활, 유명한 건물, 특징 있는 자연풍경 그림이 선택되었다. 전시 중 폭력으로 일상이 파괴되었어도 잡지 표지에는 풍경 그림이 선택되었다는 것에 대한 의미는 절대 가볍지 않다.

〈작전기록화〉에는 장렬한 전장의 모습이나 전투 병사가 많이 그려진

---

14 육군미술협회·아사히신문사 주최, 육군성 후원.[본문 설명]

것에 반해, 『교통동아』의 표지에는 이국 동경을 표현한 그림이나 스케치가 담겼다. 이는 결국 『교통동아』가 '여행잡지'였음을 보여준다. 『교통동아』는 여행 규제에 대한 이해를 구하는 것을 원칙으로 삼는 잡지였다. 그러나 창간 경위나 독자, 나아가 편집자 또한 여행잡지 『다비』의 연장이라는 점을 알고 있었다. 이 잡지의 표지야말로 심각한 모순을 단적으로 드러내고 있다.

이 잡지의 편집부원인 도쓰카 아야코는 1946년 11월 잡지 『다비』의 복간호에 관해서 다음과 같이 말한다.

> 어찌 되었든 기억나는 것은 1946년 가을의 복간판이지요. 이전까지 잡지 표지는 꼭 여성 얼굴을 실었는데요. 사람이 등장하지 않으면서도 여행 정서가 물씬 풍기는 표지를 만들고 싶었어요. 장소를 찾고 구도를 정하고는 신슈信州의 사나노오이와케信濃追分까지 출장을 갔어요. 그 역 플랫폼 울타리와 코스모스가 피어 있는 풍경의 사진이 호평을 받았지요.[62]

『교통동아』 표지에도 이러한 도쓰카 아야코의 선택이 수용되었다. 이 잡지는 관광적 요소가 거의 사라지고 여행이 정책적으로 규제되고, 소개나 물품구매 여행을 하는 이 시기에 표지나 기사 속에 이국적인 자연과 풍속문화를 보여줌으로써 여행문화를 지속시켰다는 점에서 의의를 지닌다.

〈그림 5〉 나카무라 겐이치(中村研一), 〈남방의 꽃〉,
1943년 10월호

〈그림 6〉 미야모토 사부로(宮本三郎), 〈필리핀 어린이〉,
1943년 11월호

〈그림 7〉 무카이 준키치(向井潤吉), 〈난징(南京) 성밖에
서〉, 1943년 12월호

〈그림 8〉 이토 신스이(伊東深水), 〈다이야 족 남자〉,
1944년 1월호

〈그림 9〉 후쿠다 도요지로(福田豊四郎), 〈왓 프라깨우〉, 1944년 2월호

〈그림 10〉 이하라 우사부로(伊原宇三郎), 〈미얀마의 혹소〉, 1944년 3월호

〈그림 11〉 구리하라 신(栗原信), 〈야자 껍질 깨기〉, 1944년 4월호

〈그림 12〉 나카야마 다카시(中山巍), 〈남방의 여자〉, 1944년 5월호

〈그림 13〉 쓰루타 고로(鶴田吾郎), 〈고사족(高砂族)〉,
1944년 6월호

〈그림 14〉 사사오카 료이치(笹岡了一), 〈마비니의 비〉,
1944년 8월호

〈그림 15〉 시미즈 도시(清水登之), 〈고량(高粱)의 가을〉,
1944년 9월호

〈그림 16〉 와키타 가즈(脇田和), 〈필리핀의 전원 소녀〉,
1944년 10월호

〈그림 17〉 사카이 료키치(酒井亮吉), 〈옛 성터 안 노점〉, 1944년 11월호

〈그림 18〉 가지와바라 가쿠타로(柏原覚太郎), 〈마닐라 거리〉, 1944년 12월호

〈그림 19〉 이케다 에이지(池田永一治), 〈신사 앞의 용감한 비행사〉, 1945년 1월호

5. '전쟁과 여행'를 둘러싼 시기 구분

아카자와 시로赤澤史朗와 기타가와 겐조北河賢二는 『문화와 파시즘文化とファシズ
ム』 서장에서 전시 체제하 문화 활동의 실상에 관하여, 1937년부터 1945
년까의 시기를 세 단계로 구분했다. 제1기는 1937년 일본 전면전쟁 개시
부터 1940년 고노에 내각 신체제 성립 이전까지이다. 이 시기는 "새로운
국가 총동원 과제에 따라 '국책협력'을 위해 국민과 문화인의 동원을 꾀
하는 '적극적' 통제정책"을 지향하였다. 그러면서도 "자유민주주의 사상
과 문화의 흐름은 지속"되었다. 제2기는 1940년 고노에 내각 신체제 성
립부터 태평양전쟁 개시까지의 시기이다. 이 시기에는 일원적 통합 움직
임이 강했다. 그렇지만 그 조직이 어떠한 것인가 대해서 "문화인의 자주
성을 옹호하고자 하는 방향과 국가통제를 관철하고자 하는 서로 다른 두
가지 방향"이 서로 대립하였다. 제3기는 태평양전쟁 시기로, "'국책협력'
을 위해 조직의 일원화 통합이 완성"되었다. 그렇지만 "'국책협력' 단체
상호 간이나 '국책협력' 단체의 내부에서도 상당한 이질성이 혼재하던"
시기였다.[63]

여기서는 앞글의 시기 구분을 기준으로, '전쟁과 여행'에 한정하고 나
아가 여행자의 대응도 고려하여 1937년부터 1945년의 시기를 다음의 세
단계로 구분하고자 한다. 제1기는 1937년 7월부터 1940년 말까지, 제2
기는 1941년 1월부터 1942년 전반기까지, 제3기는 1942년 후반기부터
종전까지이다.

제1기는 1938년 4월 〈국가총동원법〉, 〈육상교통사업 통제법〉에 의해
총력전체제의 구축이 시작된 시기로 여행 규제가 시작되었다. 한편 청년

도보여행 운동을 비롯한 후생운동의 고양과 전시풍경에 따라 전시체제에 적극적으로 적응하고 편승한 투어리즘이 전개되었던 동원과 적극적 적응기였다.[64]

제2기는 전쟁이 확대되어 태평양전쟁이 시작되는 시기로, 이 시기에는 철도성의 〈철도 여객 운수의 신체제〉1941년 1월, 〈육운통제령 전면개정〉1941년 2월 등 억제강화정책을 내세웠다. 그러나 태평양전쟁 초기의 전승 기운과 함께 규제를 빠져나가는 탈법적 움직임도 현저하게 드러났다. 이 시기는 통제와 적응, 탈법기였다.

제3기는 1942년부터 종전까지로 〈전시 육운비상체제 요강〉1942년 10월, 〈결전 비상조치 요강〉1944년 2월으로 '철저한 여행 제한'이라는 정책이 내세워졌다. 하지만 여행자의 반발로 '여행증명서'가 5개월간 폐지되는 등, 혼란이 가중되었고 의도적인 위반도 증가했다. 통제와 불복종이 서로 대립하는 억제와 위반, 불복종의 시기였다.

여행에 관해서, 총력전체제가 개개의 제도의 정합적 체계였던 시기는 거의 없었다. 군사수송을 우선으로 하는 관점에서 여행의 전면적 억제를 지향하는 방향과 후생운동의 관점에서 여행의 여유를 남기는 방향 사이의 갈등, 여행 제한에서 양적 제한과 질적 제한을 둘러싼 의견 차이, 억제 정책과 국민 여행의 욕망 사이의 알력, 이러한 부조화는 종전까지 이어졌고 전후에도 계속되었다.

도쓰카 아야코의 전후戰後

마지막으로 『교통동아』에서 편집을 담당하고 전후 『다비』에도 깊이 관여했던 도쓰카 아야코1913~1997를 통해 종전 이후 상황을 정리해두고자 한다.

도쓰카 아야코는 1934년 일본여자대학 영문학과를 졸업하고 같은 해 재팬 투어리스트 뷰로에 입사했다. 그녀는 첫 여성 정규직원의 한 사람으로 당시 『아사히신문』에 사진과 함께 기사가 실리기도 했다.[65] 입사 당시부터 본부 안내소에서 선박 관련 해외여행을 안내했으나, 이후 점차 잡지 『다비』에 기사를 쓰게 되었다. 『교통동아』가 발행되었을 때에는 야마시타 가즈오, 호조 마코토와 함께 편집부원이 되었다. "종전 직전인 1945년 7월, 본사 일부가 신슈 나카노^{中野}로 소개되는 와중에 종전을 맞이했다. (…중략…) 그 후 진주군 대상의 영문 가이드북 편집"[66]으로 전후 활동을 시작했다.

도쓰카 아야코는 1945년 11월호 「쓰가다이라^{菅平}의 가을」이라는 여행 수필에서 패전 직후의 상황을 회상했다.

> 공습으로 시작되고 공습으로 끝나던 도쿄의 생활, 불타고 남은 잔해에서 나의 목숨 하나만 건지고 전쟁은 끝났다. 어쩌다가 배운 영어 지식과 관광사업에 종사했던 경력이 나를 가만히 두지 않았다. (…중략…) 진주군^{進駐軍} 상륙 일정을 들은 다음 날부터 타자기를 분주하게 두들기며 가이드북 쓰는 일을 시작했다. 지프에 동승하여 임시 가이드로 나가서 통역은 물론 번역, 영작문을 하였다. 이 일만으로도 꽤 힘에 부쳤지만, 친구와 지인의 소개로 영어나 진주군 관련 일이 끊임없이 들어왔다.

또한 『다비』 1948년 4월호에는 「싹트는 희망^{芽ぐむ希望}」이라는 시를 게재했다.

청명한 봄 – 맑은 하늘 맑은 눈동자 가벼운 마음으로 등산로를 걷자니 나무들이 싹을 틔우네, 희망도 싹을 틔우네.

어두웠던 하늘, 어두웠던 청춘, 이렇게 다가오는 봄 – 바람은 아직 차가운데 먼 산에서도 길가에도 새로운 생명이 싹트고 있네.

청명한 봄 – 나무들이 싹을 틔우네, 희망도 싹을 틔우네.[67]

전쟁 말기 『교통동아』의 편집부원이었던 도쓰카 아야코는 1948년 10월부터 1959년 5월호까지 『다비』의 편집장으로 근무했으며, 1961년에 일본교통공사를 퇴직한 뒤에는 여행평론가, 수필가로 많은 저서와 발언을 통해 전후 여행문화 발전에 이바지하였다.

제6장 관련 연표

연도	전시 상황 · 외교		여행 · 교통 · 출판 정책 등		『다비』와 『교통동아』 기사 사례	
1937 후반 (쇼와 12)	7월	베이징 외곽 루거 우차우에서 중국 군과 일본군 충돌 (북지사변)	9월	제1차 고노에 내각 '국민정신총동원'운 동 개시	7월호	여름 산 아라베스크 / 미인의 산지 광고
					8월호	5대 만화가 유머 콩쿠르 / 만족했던 여름 여행
					9월호	국경을 넘는 고개 / 괴이를 찾아 동굴을 탐험 하다
					10월호	독일의 청년운동 / 10월에 가기 좋은 여행지 (여비 첨부)
					11월호	여행의 3대 읽을거리 / 기차 시간표
					12월호	현상 당선 논문 / 기차 시간표
1938 전반	5월	독일 만주국 승인	1월	후생성 설치	1월호	여행으로 본 새해 일출 / 화보 : 국민정신총 동원!
			2월	화보집 『사진주보(写 真週報)』 창간	2월호	2월 행사 안내 (여비 첨부)
			4월	국가총동원법 공포	3월호	강건 여행의 정신 / 3월의 건강 도시를 가다
			4월	일본후생협회 창립 (일본여행협회 가맹)	4월호	나의 소년시절 강건 여행
			4월	관광 보국 주간의 표 어 〈국토 애호, 예절 강조, 심신 단련〉	5월호	국립공원 그림 여행 / 여행에서 얻은 순정 / 5월의 야외
					6월호	감동받은 여행 예절 / 특집 홋카이도 / 신록 의 야외 걷기
1938 후반	10월	우한(武漢), 삼진 (三鎭) 점령	8월	히틀러 유겐트 30명 일본 방문	7월호	청년도보여행 / 신앙의 산들
			11월	제1회 일본후생대회 (도쿄)	8월호	청년도보여행 코스 / 좋아하는 마을 및 추억의 항구
			12월	도쿄 시내 백화점 크 리스마스 세일 선전 자숙	9월호	나의 짚신 시절 / 신추 자연과학 여행
					10월호	여행 예절 재검토 신판 여행 금지 노트 / 10 월이 되면 생각나는 풍경과 음식(엽서회답) / 창밖으로 보이는 명물
					11월호	가을의 미각 / 몸뻬 시절
					12월호	히틀러 유겐트의 일본 인상기 / 겨울철 건강 여 행지
1939 전반	5월	제1차 노몬한 사건	2월	불필요한 철제품 회수령	1월호	일본 청소년단의 독일 인상기 / 눈의 과학
			6월	네온사인 금지	2월호	아름다운 중중국의 풍경(그림과 글) / 여러 나라의 정원 엿보기
					3월호	나의 여행 동반자 / (속) 아호(阿號)의 유래 / 중국여행 안내
					4월호	캄차카 어장을 말하다 / 충동 구매한 향토 장 난감

연도	전시 상황·외교			여행·교통·출판 정책 등			『다비』와 『교통동아』 기사 사례	
							5월호	특색 있는 교통 수단 / 타이완의 인상 / 특집: 타이완의 풍물
							6월호	서양의 화재 / 카메라의 6월 / 취미 수집
1939 후반	8월	제2차 노몬한, 독소 불가침 조약 체결		10월	가격 통제령, 각종 통제법 공포		7월호	여름철 건강 산길 / 홋카이도를 말하다
	9월	제2차 세계대전 발발. 4일, 일본 불개입 성명.		11월	백미 금지령		8월호	여름철 나의 단련법 / 매력적인 산들과 좋아하는 산장
				11월	제2회 일본후생대회 (나고야)		9월호	여행을 위한 좋은 책, 귀한 책 / 지켜야 할 예절 / 빛나는 문화
							10월호	대륙 통신 / 여행일기 한 구절 / '그 시절'을 말하다
							11월호	신대륙 화신 / 고향의 가을 정취
							12월호	시국과 여행에 임하는 자세 / (속) 여행 일기 한 구절 / 여행잡기에서 / 스키 대용품 / 스키 예절
1940 전반	5월	벨기에와 네덜란드, 독일에 항복		2월	국가총동원법에 근거한 육운통제령 (철도 대신에게 다음과 같은 권한을 부여함. 육상 운송업자에게 화물 운송과 관련한 각종 명령권 및 중요 물자 대량 수송 시 협력 의무를 부과할 권한·화물 인수자에게 인수 명령을 내릴 권한·운송사업자에게 통제협정 체결을 지시할 명령을 내릴 권한), 해운통제령 공포		1월호	좌담회·지방의 신성한 유적을 그리워하다 / 나의 신혼여행 시절 / 정월의 여행 계획 / 기원 2,600년을 기리는 성지 대축전
	6월	독일군 파리를 공략, 프랑스 항복					2월호	초봄 수필 / 겨울 산과 도회지 / 최근 답사: 천손의 신성한 유적 / 나의 여행기: 나라의 풍광 / 신성한 유적을 기리는 좌담회
							3월호	초봄 수필 / 특파원 답사기: 후지산 기슭의 사적과 산업
							4월호	타향에 피는 벚꽃 / 계절의 화제 / 대륙여행 마음가짐 수첩
							5월호	열차 범죄 좌담회 / 자연과학의 봄 : 나비는 날아다닌다 / 특집 도쿄 점묘: 도쿄의 매혹 / 나의 산책길
							6월호	특집 / 우리 마을 자랑거리 / 지방 혼인의 기이한 풍습
1940 후반	9월	일본군 북부 인도 진주 일본·독일·이탈리아 삼국동맹 조인		7월	제2차 고노에 내각 성립, 〈기본국책요강〉 각의회 결정			(6월 '사단법인 동아여행사'로 명칭 변경)
				10월	대정익찬회(大政翼贊会) 발회식 (고노에 후미마로 총재) 흥아후생대회 (오사카)		7월호	지방 음식 이야기 / 약수가 솟아나는 마을들 / 어지럽고 혼란한 요즘 시대 / 여행에 사용하는 10엔의 효용
							8월호	항일 수도 충칭(重慶) / 화보: 가라후토(樺太)의 다부진 약진
							9월호	일하는 여성의 지방색 / 현 시국에서의 여행은 이래야 한다 / 강행군의 추억 / 화보: 인

연도	전시 상황 · 외교	여행 · 교통 · 출판 정책 등	『다비』와 『교통동아』 기사 사례
		10월　황거 앞에서 기원 2,600년 식전 개최 12월　'일본출판문화협회' 발족, '용지 할당 합리화'	도 풍물시 10월호　증산 보국의 가을 / 깊은 가을 아시아의 기운을 북돋는 여성미 / 좌담회 : 전시 독일 여행계와 후생운동 / 여행 뉴스 : 일만지(日滿支) 교통 일원화 11월호　후생 위안의 여행 계획 / 도보 통학의 추억 / 신동아권의 화제 / 여행계 전망 : 올바른 온천 요양 지도 · 벳부(別府)에서 온천강습회 / 개정 시간표 10월 10일부터 실시 12월호　여행계의 두 가지 태동 : 스키어의 조직화 / 철도청에서 스키어에게 : 열차 내에서도 스포츠맨 정신 / 나의 도보여행의 기록 / 관광지의 새로운 체제 : 여관은 사회의 공공재이다 / 교토시 관광과
1941 전반	3월　마쓰오카 외상, 소련 · 독일 · 이탈리아 방문 4월　일본 · 소련 중립 조약 조인	1월　철도성 '철도여객운송의 새로운 체제'(일반 단체 할인 폐지 등) 2월　교통정책요강 '일만지' 통합적 교통체제 확립을 목표로 3월　제국 수도 재빨리 〈교통영단법(營團法)〉 공포	1월호　신동아 공영권의 전망 : 네덜란드령 인도차이나의 풍물 / 도보로 가는 신사참배 : 도쿄 중심의 참배 하이킹 / 여행 회람판 : 관광권을 여행권으로 2월호　여행 예절 일가견 : 친숙한 여행표어가 필요하다 / 대륙 정진대(挺進隊)의 여행 보고 : 광물자원 탐구 / 여행 회람판 : 국제관광국이 적극적으로 남진책을 3월호　온천지의 근황 조사 : 아타미의 작금 / 삼도 중심 도나리구미의 여행 제안 : 도쿄에서는 / 여행 회람판 : 전국 열차 대대적 증차 · 『다비』를 교양자료로 4월호　건전오락으로서의 여행 / 역 · 열차 안 정화를 위한 제안 : 철도 청소년단을 / 봄 4월 위안 여행 : 가족 맞춤 하이킹(도쿄 중심) / 여행 회람판 : 국토 미화 입선 표어 5월호　비용별 봄 여행지 : 도쿄 중심 · 2엔의 여행 / 가족 맞춤 위안 여행 · 도쿄에서는 : 역 · 열차 안 정화와 우리 역의 대책 : 청소에 협조해 주세요 / 오사카역 6월호　녹음을 달리는 하이킹 : 도쿄 중심 : 지쿠마가와(千曲川) 강변을 거닐다 : 오사카 중심 : 소가(惣河) 계곡 · 나카야마 뒷산 코스
1941 후반	7월　일본군 남부 인도 진주	7월　제3차 고노에 내각 성립	7월호　여름여행 지방색 : 산업 전사의 추석 연휴 / 기타치시마(北千島)(에 거주하는 사람) /

연도	전시 상황·외교		여행·교통·출판 정책 등		『다비』와 『교통동아』 기사 사례	
	12월	일본군 하와이 진주만 기습 말레이반도 상륙 대미국·영국 선전 포고 (태평양전쟁 발발) 독일군 모스크바에 패배 일본군 홍콩 점령	8월	미국, 일본에 대한 휘발유 수출 금지		대중의 여름 등산: 일본 알프스 첫 보도 루트(도쿄 중심) / 여름 보건시설 안내: 시립 수영장 안내(도쿄 지역)
			10월	도조 내각 성립	8월호	특집: 여름 축제 지방색: 센다이·7월 칠석 축제 / 특집: 여름 축제 지방색: 아키타 간토(竿灯)
			11월	육운통제령 전면 개정 공포(정부의 민영 철도 감독 강화, 민영 철도 22개사 매수)	9월호	여행의 이념: 여행을 과학하다 / 오늘날의 여행관: 여행은 행락이 아니다 / 등산과 강제 도보 훈련: 등산객의 지도 이념 / 해외 사정: 옛 일본인이 활약한 남양(南洋)의 하늘과 땅
			12월	어전 회의, 영국·미국·네덜란드 개전을 결정	10월호	오늘날의 여행관: 노는 여행을 폐지할 것: 일하기 위해서는 위안이 필요: 진정성이 없는 사람의 여행을 막고 싶다.
					11월호	여행의 계획화 / 도보여행자의 역사학: 남아 있는 에도(江戸)의 성문 / 해외 사정: 동아공영권과 회교도
					12월호	여행의 계획화: 계획은 주도적으로 / 여행과 독서 / 여행의 과학: 여행과 색감
1942 전반	1월	일본군 마닐라 점령	1월	대장성 대동아전쟁 국고 채권 발행	1월호	여행 하이쿠 짓기: 여행 춘추 / 여행의 과학: 연의 과학: 참다랑어
	2월	일본군 팔렘방 강하, 싱가포르 점령	2월	식량관리법 공포. 식료 배급제	2월호	황군 점령지 루손 섬 / 영국령 보르네오는 어떤 곳인가 / 마젤란과 태평양
	5월	필리핀 코레히도르 요새 함락	3월	출판문화협회, 4월부터 모든 출판물 발행 승인제 실시 결정	3월호	만주국 건국 10주년 만주 특집: 만주의 의식주: 만주의 풍물: 대동아전쟁과 만주 철도
	6월	미드웨이 해전 일본 대패	5월	도쿄철도국 승객의 여행 목적 조사	4월호	여행과 정조 교육: 시야를 넓히다: 반성과 자각 / 동아여행사 / 여행 알선 30년
					5월호	감동적인 여관 서비스: 향토 요리 활성화: 앞으로의 서비스: 어느 여관에서의 밤의 감상
1942 후반	8월	미국군 과달카날 섬 상륙	7월	관문 터널 개통, 화물 운송 개시, 정보국, 전국 주요 신문사 정리 통합 방침(1현 1지) 발표	6월호	최근 여객 정책 / 열차훈련 제창
					7월호	바다와 배: 배의 기원과 그 진화 / 여행의 과학: 섬으로 연결된 동아공영권 / 7월의 건강 도보 코스
			8월	정부 고문 기관, 대동아 건설 심의회 〈대동아 교통기본정책〉답신 (공영권 종합적 교통 체제, 도쿄·시모노세	8월호	어째서 국철은 24시간제를 채용하는가 / 열차 안 훈련: 열차 안 인간미: 차내 도나리구미 결성, 어린이 여행 제한 완화에 대한 감상
					9월호	가족과 함께 즐기는 여행 / 중앙아시아 여행 / 24시간제와 나의 의견 / 철도 개통 70년: 1호 기관차를 방문하고

연도	전시 상황·외교		여행·교통·출판 정책 등		『다비』와 『교통동아』 기사 사례	
				키 간 표준 궤간(軌間)에 따른 신칸센 건설)	10월호	철도 개통 70년 특집 : 철도 70년을 맞이하며 : 철도 70년의 놀라운 비약 : 대륙 종관(縱貫) 철도
			10월	전시 육운비상체제요강 결정, 철도성, 시간표 24시간제 실시	11월호	그 시절 : 철도 70년 회고 / 그 시절 : 여행계의 어제와 오늘 / 그 시절 : 초기 철도 선전
			11월	철도성, 행락 여행, 물품 구매 부대의 억제를 위한 승차권 발매 제한, 목적지 초과 탑승 금지 등	12월호	장기 전시 체제 아래 여행의 마음가짐 / 육운 비상체제에 대하여 / 대동석불 / 여관영업이 지향할 길
			12월	일본출판문화협회, 단행본 50%, 잡지 40% 용지 할당 감소 배부		(12월 '사단법인 동아여행사'로 조직 개편)
1943 전반	2월	일본군 과달카날 섬에서 철수개시	2월	〈출판사업령〉 공포, 육군성 포스터 〈쏴서 죽이기 전에 쓰러지지 마라〉 5만 장 배부, 영어 잡지명 금지(『선데이 마이니치(サンデー毎日)』→『주간마이니치(週間毎日)』, 『이코노믹스(エコミクス)』→『경제마이니치(経済毎日)』, 『킹(キング)』→『후지(富士)』)	1월호	전시 여행의 지도 강좌 : 여행의 비상체제 / 여행의 시대적 해석 : 중점 수송과 여행 / 비약적 발전을 기대하는 동아사(東亞社)의 조직 개편
	5월	애투섬 수비대 옥쇄(玉碎)			2월호	앞으로의 여행 문학 / 일본 전시 교통 정책의 성격에 대하여 / 동심으로 본 기차
	9월	이탈리아 항복			3월호	여행 지도 : 여행 자계(自戒) : 결전 체제 아래 수송부대 / 부인 입장에서·유락 여행 비판 : 전체 통제를 감행 바람 / 남방 사정 : 남방의 교통 수단(그림과 글) / 3월의 도보여행 : 산업 전사를 위한 도보여행(도쿄 중심)
			3월	건물 소개 실시, 전시 행정 특례법·전시행정직권 특례 등 공포 (수상의 권한 강화 등)	4월호	여행 지도 : 중국 여행 특징 : 여행과 방첩 / 부인 입장에서·유락여행 비판 / 여행 지도 : 혼잡한 열차·한산한 열차 / 4월의 도보여행 : 산업 전사를 위한 도보여행(도쿄 중심)
			5월	목탄·장작·중유·가솔린·휘발유 등 배급제 실시	5월호	지도 기사 : 전시 아래 독일의 철도 방공 : 적기의 공습은 불가피함 : 수송전의 실상
			5월	일본 미술 및 공예 통제협회·일본 미술보국회	6월호	지도 기사 : 집단 여행 고안 : 행군 훈련 / 이쿠산카(幾山河)(행군의 추억) : 태면(泰面) 국경 돌파 / 남방 사정 : 마닐라에서 1년
1943 후반	8월	일본군 점령지역인 미얀마 독립	7월	철도성, 급행열차 자유 승차제 폐지, 모든 승차 열차를 지정제로	7월호	지도 기사 : 지방 문화의 육성 : 행군과 전력 증강 / 교통부대의 여성 진군 : 국철 훈련 교실 / 남방 사정 : 그림과 글·남방의 주택 /
	10월	필리핀 공화국 독				

연도	전시 상황·외교		여행·교통·출판 정책 등		『다비』와 『교통동아』 기사 사례	
		립, 출진 학도 장행회(壯行会)	10월	철도성, 열차 시간 대폭 개정, 화물 열차를 증차하고 여객 열차 대폭 삭감, 간선으로 약 3시간 간격으로 좌석 교체 역 지정, 3명 앉도록 장려		여행 학술 기사 : 여행 소음을 과학하다.
	11월	대동아회의 개최			8월호	지도 기사 : 여행 매표 제 고찰 / 대륙과 남방 사정 : 자바의 여성 매매 / 『다비』 종간호에 즈음하여 / 종간호에 즈음하여 : 공들여 키운 당시의 여행 / 종간호에 즈음하여 : 집필자로서 (8월 『다비』 종간, 10월 『교통동아』 발간)
			11월	운수통신성 설치(철도성 폐지, 1945년 5월 운수성으로 조직 개편)	10월호	창간호 / 특집·열차 시간 개정 / 열차 시간을 왜 개정했는가 / 특집 화보 · 현지 보고 · 재생 스마트라 풍물시 / 뉴기니아 인상 / 자바인의 기질 / 중국 장안 / 양자강 터널 건설 / 단편소설 「카비엥의 가을」 / 개정 시간표
			12월	문부성, 학동의 연고 소개 촉진 발표	11월호	해륙수송의 일체화 / 시차 통근과 휴일 윤번제 / 특집 화보·자숙하자 물자부대 물품구매단 / 필리핀 독립에 대해 / 우에노 역 교통 정리는 어떻게 하고 있을까가 · 두 가지 전시형 객차
					12월호	특집·대동아 전쟁 2주년 / 대동아 전쟁 3년을 맞아 / 특집 화보 대동아 건설전 2주년 / 남방 화신 / 연말연시 수송대책 / 남경 / 교환선(交換船) 데이아마루(帝亞丸)로 돌아오다 / 단편소설 「오치요(お千代)의 여행」 / 시간표 (12월 「국제관광협회」와 합병, 「재단법인 동아교통공사」 발족)
1944 전반	3월	임팔 작전 실시	1월	대도시에서 가옥 강제 소개 개시	1월호	특집·수송 만화 전선 / 대담·결전 체제 하의 수송을 묻는다. / 혼슈 관통 광역 간선 구상 / 특집 화보·남방의 일본어 학교 / 남방 답사 기록 / 길버트제도 견문기 / 소설 「오치요의 여행」 / 대중의 교통과학
	6월	미군 사이판 상륙, 일본군 마리아나 해전에서 패배, 군함 대부분 잃음	2월	도조(東条) 내각 〈결전비상조치 요강〉(여행을 철저히 제한)	2월호	해륙통합 운송 능력 강화 / 소개자 수송 / 대중의 교통과학 / 동아의 북방 변두리를 탐험한 사람들 / 서남태평양 제일선 / 특집 화보·보르네오 현지 보고 / 전시 어촌을 둘러보고 / 소설 「오치요의 여행」
			2월	잡지 통합 정리, 종합 잡지 3개『중앙공론』, 『현대』, 『공론』. 시국 잡지 7개(『주간 아사히』『주간 마이니치』 그 외), 국민 대중잡지 2개 (『후지』, 『히노데』). 부인잡지 3개 『주부의 벗』, 『부인구락부』, 『신여원』), 문	3월호	이기기 위한 운임 개정 / 전쟁 중 독일 여행계 / 관부 해저터널 구상 / 특집 화보 / 암반에 도전 / 남방 견문록 / 몰루카 제도 / 반자르마신 / 대중의 교통과학 / 소설 「니시다(西田) 기관 구장의 근심」

연도	전시 상황·외교		여행·교통·출판 정책 등		『다비』와 『교통동아』 기사 사례	
				예잡지 62개, 아동 잡지 6개로	4월호	특집·소개 수송과 수송 비상조치 / 여객수송의 결전비상조치 / 도나리구미 열차에 타다(도쓰카 아야코) / 소개 수송의 실정을 듣다 / 여객과 작은 짐 개정 내용 / 결전 하의 독일 여행계 / 특집 화보 · 배치 및 설비에 만전·소개 수송부대 / 메콩강 수원을 건너다(상) / 소설 「니시다(西田) 기관 구장의 근심」 / 개정·열차 시간표
		3월	학동 급식, 공터 경작 철저, 주민 소개촉진을 정부가 결정			
		3월	〈여객의 수송 제한에 관한 건〉 100킬로미터 이상은 경찰 등의 증명서 필요		5월호	특집·여행자의 방공 / 공습 시 열차 방호 / 아삼과 벵갈 / 특집 화보·철도의 방공 훈련 / 대중의 교통과학 / 메콩강 수원을 건너다(중) / 소설 「니시다(西田) 기관 구장의 근심」 / 개정·열차 시간표
		4월	결전비상조치에 따른 여행 제한 실시, 장거리는 여행증명서 필요, 근거리는 전일(前日) 신고제, 일등실 침대차, 식당차, 침대차 등 전면 폐지, 정기권 목적지 초과 이용에 벌금		6월호	특집·여행 비상조치 그 후 / 특집 화보·자바의 학교 / 전선 사진통신 / 소설 「니시다(西田) 기관 구장의 근심」 / 개정·열차 시간표
		6월	정부, 대도시의 학동 집단 소개 결정			
1944 후반	7월	임팔 작전 실패 사이판 옥쇄	7월	도조내각 총사퇴 『중앙공론』, 『개조』 폐간명령	7월호	(불명)
	9월	괌·티니언 섬 일본수비대 옥쇄	8월	응급운송조치요강을 내각회의에서 결정	8월호	특집·남방으로 훈련 도장 / 남방 특집 / 벵갈의 위성·안다만 열도 / 다카미네(高峰) 도장 견학기 / 특집화보·남방으로 훈련 도장, 남방의 생활 과학·열대작업 / 대중의 교통과학 / 소설 「가는 사람, 오는 사람」 / 열차 시간표
	10월	가미카제 특별공격부대 편성	9월	여행증명서 폐지, 역장 판단으로, 학동 소개 개시	9월호	특집·대륙 전선을 가다 / 일화(日華) 공영의 사명으로 살다 / 중중국의 철도 / 특집 화보·화중 철도 경호단 / 중국 문화 / 위문단과 중중국 전선장병 / 전선을 그리워하며 / 소설 「가는 사람, 오는 사람」 / 열차 시간표
	11월	사이판섬에서 B29, 도쿄 폭격	11월	신문 조간 2면으로 삭감	10월호	일본을 배우는 인도네시아 / 노베야마(野辺山) 활공훈련소 / 대동아 기숙사 방문기 / 특집 화보·재일 남방유학생의 훈련 / 남방의 생활 과학·주택의 지붕 / 소설 「가는 사람, 오는 사람」
					11월호	특집·투쟁하는 만주국 / 철도는 제4군 / 만주의 개척 농촌 / 특집 화보·만철의 소년 수송 병사 / 만화 현지 보고 / 분투하는 만주 산

연도	전시 상황 · 외교	여행 · 교통 · 출판 정책 등	『다비』와 『교통동아』 기사 사례
			업 / 소설 「가는 사람, 오는 사람」 / 대공의 과학 / 적 미국의 함상 지뢰·폭격기 / 개정 시간표(10월 11일 개정)
			12월호 특집·적의 격멸 / 수송전으로 공격하자 / 사진 통신 / 필리핀 신풍토기 / 특집 화보·북방의 수비병 / 적진에서 멸적을 맹세하다 / 독일의 연말 여행 제한 / 연재소설 「유령」 / 남방의 생활 과학 / 종교와 일상생활

제7장

전후 일본을 걷다[*]
여행문화 측면에서 살펴본 '문학산책'

1. '간초로觀潮樓'[1]의 소실

태평양전쟁 말기의 노다 우타로野田宇太郎

시인이자 문예평론가였던 노다 우타로1909~1984는 문예잡지 편집장으로 일하면서 많은 업적을 남겼다. 그는 일본 근대문학을 이해하기 위해 곳곳의 문학 유적지를 찾아다니는 '문학산책'을 필생의 과업으로 삼았다.

노다 우타로는 1944년 4월 3일부터 니혼바시도리 3초메에 위치한 가와데쇼보河出書房출판사에서 일했다. 그는 그 당시에는 '교외'였던 무사시노무라武蔵野村 기치조지吉祥寺에서 통근했는데, 주오선中央線 기차로 약 1시간 정도 걸렸다. 자신의 일기를 바탕으로 쓴 『재의 계절灰の季節』후에 『동후정일록(桐後亭日錄)』에 수록에 따르면, 그는 5월 10일에는 오이소大磯에 사는 다카쿠라 데루

---

[*]　이 장은 남효진이 번역하였다.
1　모리 오가이가 1892년부터 1922년에 죽을 때까지 살던 집.

高倉テル, 6월 30일 오키쓰興津의 호리구치堀口대학, 7월 13일 간다神田 신보초新保町의 서점가, 고엔지高円寺에 사는 에구치 하야토江口隼人, 아사가야阿佐ケ谷에 사는 나카야마 쇼자부로中山省三郎 등을 방문했다. 8월에 가와데쇼보가 가이조사改造社로부터 인계받은 문예잡지 『분게이文藝』의 편집 책임자가 된 후에는 많은 작가와 연구자의 주거지를 방문했다. 예를 들면 직장인 도쿄대 의학부와 거주지인 니시카타마치西片町로 오타 마사오太田正雄를 찾아간 것을 비롯해, 가마쿠라鎌倉 니카이도二階堂에 사는 가와바타 야스나리川端康成, 혼고 센다기의 도요시마 요시오豊島與志雄 등을 방문했다. 히노 아시헤火野葦平의 경우에는 아사가야에 있는 나카야마 쇼자부로의 집에서 만났다. 이런 편집 고문들 외에도 메가마센目蒲線 센조쿠洗足역 근처에 사는 다니구치 요시로谷口吉郎, 가마쿠라 오기가야쓰扇ケ谷에 사는 시마키 겐사쿠島木健作, 세타가야 신마치新町에 사는 시가 나오야志賀直哉, 세타가야 고토쿠지豪德寺 근처에 사는 나카노 시게하루中野重治, 세타가야 소시가야祖師ケ谷에 사는 도미모토 겐키치富本憲吉, 혼고 센다기 하야시초林町에 사는 다카무라 고타로高村光太郎, 고이시카와小石川의 고다 로한幸田露伴, 덴엔초후田園調布의 고지마 기쿠오兒島喜久雄, 가마쿠라의 구메 마사오久米正雄, 세타가야 이케노가미池の上의 요코미쓰 리이치橫光利一 등을 방문했다. 그런데 11월 말부터 본격화된 공습으로 소개疏開하는 작가가 점점 늘어났다. 그 와중에도 '제도帝都' 도쿄에 굳이 머무는 작가들이 있었는데, 노다 우타로는 그들의 생활을 지원한다는 사명감마저 가지고 있었다.

모리 오가이의 구택舊宅 간초로의 소실

1945년 1월 27일 정오 조금 지나 노다 우타로가 가와데쇼보 사무실에

있을 때 긴자, 교바시, 니시긴자, 스키야바시數奇屋橋 일대에 폭탄과 소이탄이 떨어져 난리가 났다.[1]

28일 밤에도 공습이 있었는데, 다음날 29일 노다는 도요시마 요시오, 다카무라 고타로, 그리고 자신이 스승처럼 모시던 오타 마사오를 방문하러 나갔다가 모리 오가이가 살던 '간초로'가 타버렸다는 소식을 듣게 되었다. 단고자카団子坂 주변은 출입금지라서 모리 오가이 구택의 실정을 확인할 수 없었는데, 공습 직후 간초로를 찾아간 오타 마사오로부터 나온 이야기였다. 당시 간초로는 뒷문 외에는 전부 타버린 상태였다고 한다.

1월 29일 (…중략…) 지난 밤 고마고메駒込 하야시초 방면의 피해가 컸다고 하여 상황을 살펴보기 위해 나갔다. 센다기에 사는 도요시마 요시오의 집에는 소이탄이 23발 떨어졌는데, 바로 껐다고 한다. 근처 일본의대 병원이 전소하면서 타다 남은 불기운이 올라오고 있으나, 나쓰메 소세키夏目漱石가 살던 사이토齋藤 씨 집은 무사하다고 한다. 오키 미노루大木實가 사는 네즈根津도 그 근처인데 별일 없었던 것 같다. 하야시초의 다카무라 고타로 댁에도 안부를 살피러 들렀다. 가는 도중 불타버린 곳들을 봤는데 뒷수습을 하느라 대단히 혼잡했다. 단고자카 일대는 불이 나서 지나갈 수 없었다. 불이 붙지 않은 골목을 찾아서 다카무라 고타로 댁까지 겨우 갔다. 2층 유리문이 한 장 깨지긴 했지만, 다카무라 씨는 무사했다. 도칸야미道灌山 쪽으로 약 1.8km 지점까지 폭탄이 마구 떨어졌는데 그 여파로 유리창이 깨졌다고 한다. 서재에서 잠시 이야기를 나누고 이번에는 니시카타마치에 사는 오타 마사오 선생 댁으로 갔다. 선생은 대학에 가고 없고 부인을 바로 문 앞에서 만났는데 그 동네는 별일 없었다고 한다. 그러나 히가시카타마치東片町에는 27일 낮에 폭탄이 두 발 떨어졌으며, 하쿠산우에白山上 식물원 쪽에도 몇 발 떨어졌다고 한다. 공습 직후 모리 오가이 구택에 다녀온 오타 마사오 선생이 말하길, 단고자카의 모리 오가이 구택이 뒷문 외에는 전부 타버리고 마당에 있던 선생의 대리석 흉胸상만 덮개도 없이 남아있을 뿐이라고 한다. 선생의 아들인 모리 루이森類 씨가 그 집에 살고 있었는데 어디로 갔는지 모르겠다. 마음이 차츰 어두워졌다. 안부를 묻고 돌아왔다.[2]

'간초로'는 1922년다이쇼11 모리 오가이가 죽은 후, 1937년쇼와12 세입자의 실수로 불이 나서 안채 대부분이 타버렸는데, 불길이 닿지 않고 남은 부분에 차남이 살고 있었다. 그나마 남아있던 간초로가 1월 28일 밤 공습으로 소실된 것이다. 며칠 후 노다 우타로는 오타 마사오를 다시 만나, 모리 오가이 구택이 소실된 상황을 『분게이』에 게재하기 위해 원고를 청탁했다. 그는 그 취지를 다음과 같이 말하고 있다.

도쿄 곳곳이 불에 타 폐허가 되어가고 있는 가운데 문화유산 또한 사라지고 있다. 우리가 죽음의 공포에만 사로잡혀 마음의 평정을 잃는다면, 그런 과거의 목표가 전부 사라지는 것은 물론 미래의 목표도 동시에 잃게 된다. 남의 집 불 구경하듯 가만히 있을 수만은 없는 이때 『분게이』는 그런 기록을 정리해놓을 책임이 있다.[3]

그러나 공습으로 인한 피해 상황의 공표는 검열에 걸릴 수 있기 때문에 '최소한의 기록'[4]만 정리하여 발표했다. 그것은 『분게이』 3월호에 게재된 「모리 오가이 구택의 소실燒失」이라는 제목의 아주 간단한 보고였다. 현장의 모습은 다음과 같이 서술되었다.

다음날 새벽 찾아가 보니 잿더미 위에 서재의 한쪽 벽만 겨우 남아있었다. 평상 위에는 종잇장들이 흩어져있었고 불탄 나뭇가지가 삭풍에 흔들리고 있었다. 일찍이 『분쇼세카이文章世界』[2]가 박사의 문덕文德을 칭송하여 증정한 대리석 흉상만이 화마에 훼손되지 않고 마당 귀퉁이에 남아있었다. 그 흉상은 다케이시 고자부로武石弘三郎의 작품이라고 한다. 그 옆 정향나무 꽃봉오리와 사철나무 잎은 불에 타지 않고 여전히 무성했다.[5]

간초로 유적지 방문

간초로가 소실된 지 1년 후인 1946년 1월 28일 노다 우타로는 간초로 터를 직접 방문한다. 그는 패전 후인 1945년 12월호 「오타 마사오 박사 추모호太田博士追悼号」 발행은 다음해 1월말을 끝으로 『분게이』를 종간하고 가와데쇼보 출판사를 떠났다. 그리고 1946년 1월에 도쿄출판에 입사해서 문예잡지 『게이린칸포藝林閒歩』의 편집 책임자가 되었다. 4월에 발행된 『게이린칸포』 제1호는 기노시타 모쿠타로 기념 특집을 실었다. 노다는 제2호를 '간초로 기념호'로 내기 위해 간초로 터를 방문한 것이다.

기노시타 모쿠타로의 생애를 보면 모리 오가이의 모습이 떠오른다. 우선 모리 오가이의 현재를 파악해보고자 하였다. 이를 『게이린칸포』 제2호에 싣기 위해 1946년 1월 28일 혼고구 센다기마치 21번지 단고자카우에의 간초로 터를 오랜만에 방문하였다.[6]

---

2   메이지(明治)・다이쇼(大正) 시기에 하쿠분칸(博文館)이 간행한 문예 잡지로 1906년 3월에 창간되었음.

「그날의 일기」

(…중략…) 도요시마 요시오 씨를 방문했다. 마침 산책 나가려던 참이었다고 해서 그와 동행하여 그 주변을 안내받았다. 간초로는 단고자카우에에 있는데, 그곳에 가기에 앞서 도요시마 씨는 나쓰메 소세키가 『나는 고양이로소이다吾輩は猫である』를 쓸 때 살았던 집을 알려주었다. 사이토 후미네齊藤文根라고 쓴 문패가 달린 단층집으로, 도요시마 댁에 갈 때면 언제나 지나다니던 곳이었다. 그 남쪽 주변은 불에 다 타버리고 그 집부터 북쪽 센다기마치의 한쪽 귀퉁이만 예전 모습 그대로 남아있는데 왠지 기분이 묘했다. 단고자카우에 쪽으로 걸어갔다. 불에 탄 간초로 터를 보는데 '아, 저기'라고 도요시마 씨가 가리킨 곳에 모리 오가이의 흰 대리석 흉상이 흐린 날 삭풍 속에 너무나도 을씨년스럽게 놓여있었다. 간초로 길가 쪽으로 모리 루이의 문패가 달린 뒷문의 나무 기둥만 남아있는데 그 뒤쪽 마당에 여기저기 정원석들이 보이고, 그 중간에 종려나무 한 그루가 서 있었다. 불에 탄 줄기의 윗부분만 파란 잎이 겨우 나오고 있는 그 종려나무 밑 어영석御影石[3]에 모리 오가이의 대리석 흉상이 놓여있었다. 군복 차림이지만 딱딱한 모습이 아니라 겉옷을 풀어헤친 모리 오가이의 흉상이 앞을 응시하고 있었다. 그 시선은 불에 타 무너진 우에노히로고지로上野広小路 너머 도쿄만을 향해 있었다. 간초로에서 바다를 볼 수 있었다는 옛날이 그리워졌다. 여기가 일본 근대문학뿐만 아니라 문화사에 커다란 공적을 남긴 모리 오가이의 간초로 터라고 생각하니 패전 후 문화를 상실한 일본인의 모습이 너무나 유감스러웠다.[7]

노다 우타로는 "전쟁이 일어나기 전부터 가지고 있던 사진기는 이미 감

---

3   고베 지역의 화강암 석재.

자나 채소 같은 양식과 바꾼 후였기 때문에"8) 1946년 2월 20일 사진가인 아사쿠라 다카시朝倉隆와 함께 간초로 터를 다시 찾았다. 지난번과 마찬가지로 흰 대리석 흉상만이 빛나고 있었다.

> 방과 후 집으로 돌아가던 고마고메駒込중학교 학생들을 붙잡고 이것이 누구의 흉상인지 물어봤는데 아는 사람이 아무도 없었다. 바로 앞에 있는 학교인데도 그러했다. 그러니 길 가던 사람들이 쳐다보지도 않는 것은 당연하다. 바로 이것이 현재 일본인의 참담한 모습이다. 이대로 방치한다면 일대 문호인 모리 오가이의 이름뿐만 아니라 문학까지도 소실되어버릴 것이다. 그야말로 우리가 일본문화에 대한 책임을 다해야 할 가을이다. 간초로뿐만의 이야기가 아니라고 혼자 마음을 다잡고 조그만 계획을 실행해보고자 했다. (…중략…) 간초로 터에 모리 오가이 도서관 혹은 기념관을 건립하자.9)

소실된 간초로에 대한 노다 우타로의 상실감은 이렇게 일본 근대문학에 대한 상실감과 패전 후 일본문화에 대한 위기감으로 이어졌다.

> 호리바타濠端의 GHQ[4] 건물 위에 휘날리는 유엔기와 성조기가 도쿄의 새로운 풍물이 된 것에 맞춰 일본인은 카멜레온이 되어가는 것 같다. 이국의 깃발에 복종하는 패전국 국민은 운명에 맞춰 색을 바꾸는 것 외에 살아갈 방도가 없다. 내가 당면한 업무는 조금이라도 빨리 그 카멜레온 병에서 일본인을 구할 방도를 찾는 것이다. 그러기 위해서는 우선 나 자신부터 카멜레온 병에 걸리지 않도

---

4   General Headguarters. 1945년 10월 2일부터 1952년 4월 28일까지 일본에 있었던 연합군 사령부.

록 하는 저항의 태세가 중요하다.[10]

이 '의태문화擬態文化'에 대해 '저항의 태세'를 만드는 계기가 바로 "모리 오가이의 현재를 파악"하는 것이었으며, 그것을 구체화한 것이 『게이린칸포』 제2호의 모리 오가이 특집이었다. 『게이린칸포』 제2호 「모리 오가이 부흥復興」이야말로 노다 우타로의 문화부흥 프로젝트의 실마리였으며, 이후 전개된 '문학산책'의 실질적인 시작이었다.

2. '문학산책'의 성립과 전개

'문학산책'의 「모퉁이에서」

『신도쿄 문학산책新東京文學散步』의 머리글인 「모퉁이에서」에서 노다 우타로는 "1945년쇼와20 1월 29일 오후"의 공습으로 불에 타 무너진 간초로 터를 오타 마사오기노시타 모쿠타로가 서성이고 있는 정경과, "모리 오가이와의 추억을 가슴 가득히 품고 황량한 단고자카우에의 불탄 간초로 터에 서있는 K선생의 고독한 모습"을 상상하면서 글을 시작한다. 그리고 문학산책의 취지를 다음과 같이 말한다.

오래된 것은 소멸한다. 그것은 자연의 섭리다. 새로운 것은 낡게 된다. 이것
또한 자연의 섭리다. 나는 어쩔 수 없는 것을 되돌리려는 것이 아니다. 소멸된
것은 되살려도 소용이 없다. 그러나 그것들의 역사는 정말 낡고 소멸되었을까,
라고 나는 반문한다. 아니! 만일 소멸된 것들을 알지 못한다면 전해 내려오는

자연의 섭리조차 나는 납득하기 어렵다.

　그렇게 생각한 나는 어느 겨울날 새로운 도쿄의 문학산책을 생각해냈다. 쇼와25년 12월의 어느 날이었다. (…중략…) 나는 낡고 해진 외투 주머니에 노란 연필 한 자루와 작은 수첩, 그리고 신도쿄의 지도 한 장을 슬그머니 넣었다. 그것이 전부였다. 나의 마음과 차림새는, 편안한 히요리게타에 박쥐우산을 든, 36년 전 『히요리게타日和下駄』의 청렴한 유학자[5]와 비교조차 할 수 없다. 히요리게타의 끈 대신 구두의 매듭을 고쳐 매고 때마침 부는 삭풍에 외투 깃을 세웠다.[11]

노다 우타로의 '문학산책'은 서평지 『일본독서신문日本讀書新聞』에 1951년 1월 1일자부터 연재된 「신도쿄 문학산책」에서 비롯되었다. 이 연재는 "도쿄에서 근대문학 명작의 무대가 된 곳, 문학가의 사적지 등을 찾아가는 르포"[12]였다. 이 연재를 기획한 편집자 나가오카 미쓰오長岡光郞의 말에 따르면, 원래는 "이번 전쟁으로 잿더미가 되었다가 점차 다시 일어서고 있는 도쿄라는 의미에서 '신도쿄'라 이름 붙이고 '문학적 산책'이라는 제목을 붙이기"[13]로 했다. '문학적 산책'이라는 제목은 프랑스 비평가인 레미 드 구르몽 Rémy de Gourmont의 철학서를 번역한 『문학적 산책文學的散步』春秋社, 1936과 소설가 우노 고지宇野浩二의 문예평론집 『문학적 산책文學的散步』改造社, 1942에서 이미 사용된 바 있다. 이 연재의 집필 의뢰 예정자 중 하나였던 노다 우타로가 "도쿄 전체를 자신이 맡고 싶다"고 하면서, "'문학적'이라는 표제가 너무 딱딱한 느낌을 주니 '적'은 빼면 어떨까"[14]라는 의견을 내놓았다. 결국 '문학산책'이 제목으로 채택되었다.

5　앞에 나온 "K선생"이나, "'히요리게타'에 박쥐우산을 든, 36년 전 『히요리게타』의 청렴한 유학자"는 나가이 가후를 가리킴. 『히요리게타』에 대해서는 3장 각주 5를 참조바람.

'문학산책'의 전개와 문학 유적지의 보존

1951년 1월부터 『일본독서신문日本讀書新聞』에 연재되어 같은 해 6월 단행본으로 출판된 『신도쿄 문학산책』 이후, '문학산책'은 노다 우타로 필생의 과업이 되었다. 그의 문학산책은 1984년 5월 도치기현栃木縣 야슈野州 시오바라塩原 지역 여행으로 끝을 맺게 된다.

노다 우타로의 '문학산책'은 다음과 같이 여섯 시기로 나누어 볼 수 있다.[15]

제1기 『신도쿄 문학산책』1951에 이어 증보판1952, 속편1953을 완성함

제2기 전기, 1952~1953년 규슈九州

제2기 후기, 1956~1957년 간사이와 산요山陽

제3기 1958~1961년 다시 도쿄 스미다가와·고토江東, 쓰키지築地·긴자·니혼바시·간다·우에노上野·야나카谷中 등의 시타마치, 히비야日比谷·마루노우치丸の内 등의 야마노테山の手에 주목함

제4기 1962~1965년 히비야·마루노우치에 이어, 우시고메牛込·와세다早稲田·이케부쿠로池袋·신주쿠新宿 등 야마노테, 도카이東海 지방

제5기 1966~1971년 시코쿠四国, 산요, 규슈, 도카이, 시나노信濃 가이甲斐, 유럽, 스미다가와·고토, 야마노테를 답사함

제6기 1972~1975년 무사시노, 산요, 그리고 1983년 조슈上州, 이카호伊香保 등으로 끝을 맺음

'문학산책'의 출발점은 ① 공습에 의한 근대문학 유산의 파괴와 ② 아메리카화하는 전후 부흥의 진행, 이 두 가지에 따른 패전 전과 후의 '문화단절'에 대한 위기의식이었다. 하지만 30여 년에 걸쳐 전국을 '답사'하는

りな前年十二百る距な今はるたれ顔に世てに林梅るな名著き多し最の梅老　瀬ヶ月和大

〈그림 1〉 그림엽서 〈야마토쓰키가세(大和月ヶ瀬). 120년 전부터, 오래된 매화나무가 가장 많은 매화나무 숲으로 유명함〉(노다 우타로는 이곳을 여러 번 방문했다. 이 경관의 대부분은 1969년 다카야마(高山) 댐이 완성되면서 수몰되었는데, 주민들이 매화나무 3,800그루를 옮겨 심어 경관을 복원하였다.)

가운데 전통 건축물의 파괴와 콘크리트 건축물로 인한 경관 파괴, 댐 건설 등으로 인한 경승지 파괴,〈그림 1〉16) 관광산업으로 인한 지역문화 파괴 등 고도 경제 성장에 따른 사회 문화의 변용에 대한 위기의식이 더해졌다. 이에 따라 '문학산책'은 사회 비평의 색깔이 점차 강해지게 된다.

　노다 우타로는 전국을 답사하면서 문학 기념관이나 기념비 건설에도 큰 힘을 기울였다. 특히 패전 직후인 1947년 11월 나가노현 마고메馬籠의 시마자키 도손島崎藤村기념관, 1962년 10월 간초로 터에 세운 모리 오가이 기념 도서관, 1965년 3월에 문을 연 메이지촌明治村에는 기획 초기부터 깊이 관여하였다. 특히 메이지촌의 개촌식에서는 그 감개가 남달랐다.

　　인간은 과거를 잃으면 정신을 잃고, 미래를 잃는다. 단지 물질의 노예가 되어 그날그날의 향락을 쫓는 악마가 되기도 한다. 때마침 100주년을 맞이하는 메이지유신은 일본인에게 내민 진리의 손이다. 오늘을 맞아 우리는 '과거란 등에 진 미래'라는 기쿠시타 모쿠타로의 말을 다시 음미해야 한다.[17]

이런 말을 하면 웃을지도 모르겠으나 우리 일본인에게 진짜 전쟁은 전쟁 중이 아니라 오히려 패전국이 된 날 시작되었다. 그때부터 일어난 문화 운동 역시 패전 흐름에 대한 저항이었다. 메이지촌은 그 저항의 하나임과 동시에 최초의 은밀한 승리이기도 하다.[18]

3. 여행문화로서 '문학산책'

'문학산책'의 확산

노다 우타로의 '문학산책'은 위와 같은 발자취를 더듬었는데, '문학산책'이라는 말 혹은 근대문학자·작품과 특정한 장소를 연결하고 발견한다는 개념은 노다가 생각했던 것보다 훨씬 널리 퍼졌다.

『일본독서신문』 연재가 종료된 후 1951년쇼와26 11월 노다 우타로가 『신도쿄 문학산책』을 독서신문사에서 출판하면서 '문학산책'은 단행본의 제목이 되었다. 또 노다는 1951년 12월부터 주3회 3개월간 라디오도쿄에서 〈도쿄 문학산책〉을 진행했는데, 이로 인해 '문학산책'이라는 용어는 라디오 프로그램의 제목으로도 널리 알려지게 되었다.

이후 일본 각지의 지명이나 외국 이름을 단 『○○ 문학산책』이라는 책들이 여러 저자에 의해 출간되었다. '문학산책'이라는 말은 일반화하여 관광 가이드북이나 팸플릿의 표지에도 자주 사용되었다. 이렇게 '문학산책'이라는 말은 책 제목, 라디오 프로그램명, 버스 투어의 명칭, 지방 공공단체나 사회교육단체 같은 공공기관이 개최하는 행사의 제목, 관광 가이드북, 팸플릿에 이르기까지 널리 퍼졌다. 노다 우타로 역시 이런 용어의 확산을 시도한 적이 있긴 했으나, 그는 이런 확산에 대해 대부분의 경우 비판적이었다.[19]

'문학산책' 버스 투어와 거리 산책

오다큐버스小田急バス는 도쿄도 내 근대문학자들과 연고가 있는 유적지를 순례하는 버스 투어를 기획하여, 1953년 3월 7일 〈도쿄 문학산책〉이라는 이름 아래 시험적으로 실시했다. 이때 해설자가 노다 우타로였다.[20] 이 버스 투어의 모습을 다카미 준高見順은 다음과 같이 보고했다.

> 오다큐버스에서 안내하는 대로 신주쿠 역 서쪽 출구로 갔다. 버스를 이용한 〈도쿄 문학산책〉이라는 기획이었다. 문학 유적지를 잘 아는 노다 우타로가 해설자라는 말을 듣고는 잘 선택했다고 생각했다. (…중략…) 신주쿠 역을 나와서 시마자키 도손이 『파계破戒』를 쓴 옛 집터, 고이즈미 야쿠모小泉八雲가 마지막을 보낸 곳, 쓰보우치 쇼요坪內逍遙의 문예협회 터, 소세키산보漱石山房[6] 터, 오자키 고요尾崎紅葉의 도치만도十千万堂 터, 고다 로한의 가규암蝸牛庵, 히구치 이치요樋口一葉가 마지막을 보낸 곳, 도쿠다 슈세이德田秋聲의 집, 모리 오가이의 간초로 터 등을 탐방했다. 옛집이 그대로 남아있는 곳은 모리카와초森川町에 있는 도쿠다 슈세

---

6 나쓰메 소세키가 1907년부터 1916년에 죽을 때까지 살았던 집.

이의 집과 나쓰메 소세키가 『나는 고양이로소이다』를 쓴 센다기마치의 집(이전 모리 오가이의 센다산보千朶山房[7]) 정도였고 다른 곳들은 아무 흔적도 남아있지 않았다(고다 로한의 가규암은 다시 짓고 있는 중이었다). 그 유적지에 기념비가 있다 하더라도 대부분 명목상 나무토막 하나를 세워 놓았을 뿐이었다.[21]

오다큐버스는 같은 해 6월부터 노다 우타로가 해설하는 〈관광버스를 이용한 스미다가와 문학산책〉을 매주 운행했다. 신주쿠 역 서쪽 출구−쓰쿠다노   와타시佃の渡し−가치도키바시勝鬨橋−에이타이바시永代橋−아즈마바시−신요시와라−니혼바시−신주쿠 역에 이르는 여정이었다.[22] 아사히朝日 신문사는 1954년 2월 4일부터 '애독자 우대'의 〈버스를 이용한 문학산책 모임〉을 개최하였는데, 제1회 야마노테 코스, 제2회 스미다가와 코스, 제3회 무사시노 코스 식으로 1960년대 초까지 계속했다.

『요미우리신문』 1959년 11월 24일은 「대성황 도쿄 사적지 순례, 에도·메이지의 모습을 찾아, 분쿄구文京区 희망자가 넘쳐 추첨 소동!」이라는 제목으로 분쿄구가 주최한 '도쿄 사적지 순례'를 게재했다. 그 기사의 일부를 다음에 인용한다. 참가자가 많았음에도 불구하고 노다 우타로의 예상과는 달랐음을 알 수 있다.

분쿄구가 주최한 '사적 순례'의 참가자는 100명인데, 250명의 신청자 중 추첨으로 선별되었다. 추첨에서 떨어진 사람 중에는 미련을 버리지 못하고 "이 기

---

7   모리 오가이가 1890년 10월부터 1892년 1월까지 살았던 집. 이후 영국 유학을 마치고 돌아온 나쓰메 소세키가(夏目漱石)가 1903년 3월부터 1906년 9월까지 살면서 『나는 고양이로소이다』를 집필한 곳으로 유명하다.

회를 놓치면 영원히 볼 수 없다"며 담당자에게 눈물로 매달린 고등학생도 있었다고 한다. 안내자는 분쿄구 교육장教育長인 이시바시石橋와 도쿄도 교육청의 문화재 조사위원인 가나야마 쇼코金山正好였으며, 아침 8시 30분 대형 버스 2대가 가스가초春日町 사무소 앞을 출발하였다. 이와는 별도로 분쿄구 혼고 하루키초春木町의 마을회원 60명도 버스 1대를 빌려 분쿄구의 사적지를 순례하였는데 해설자는 사적지 순례 경험이 많은 다치가와立川 노정勞政 사무소의 모모세 교타百瀬京太였다.

두 행사 모두 참가비는 없으며, 참가자는 중년과 노년이 청년보다 많았고 여성이 절반 가까이 되었다. 순례 코스는 유시마湯島 성당 − 모리 오가이 집터 − 고마고메의 나누시名主 저택 − 리쿠기엔六義園 − 오쓰카 센유大塚先儒 묘소 − 도요시마가오카묘지豊島ヶ岡御陵[8] − 진잔소椿山莊 − 고다 로한의 집터 − 히구치 이치요가 마지막을 보낸 곳 순이었다. (…중략…)

유시마 성당을 나선 버스는 유시마 덴신天神을 거쳐 도쿄대 의학부의 철문 앞으로 — "옛날엔 이 주변을 기리도시切通라고 불렀지"라며 같이 탄 노인이 회고에 젖는다. 철문 앞에서 오른쪽으로 돌아서 무엔자카無縁坂 고개를 내려가는데 학생 하나가 "간다ガンダ, 간다"를 외친다. 모리 오가이의 소설『기러기雁』에 묘사된 무엔자카 주변은 전쟁 중에 불타지 않아 지금도 메이지의 모습을 간직하고 있다. 이 지명은 전후 수필가인 노다 우타로가 〈도쿄 문학산책〉에서 언급하여 학생들에게도 친숙한 것 같다.

이후 이 거리 산책은 시노바즈노이케不忍池에서 이케노하타池之端 시치켄

---

8   메이지 이후 일본 왕가 전용 묘지.

초七軒町를 거쳐 네즈根津 곤겐權現, '간초로' 터, 고마고메 신메이초神明町의 나누시 저택을 둘러보고, 리쿠기엔에서 점심을 한 후 마루야마후쿠야마초丸山福山町의 히구치 이치요 문학비에 참배하고 해산하게 된다. 네즈 신사에서는 구지宮司[9]의 설명에 열심히 메모하는 토목 분야 청년도 눈에 띄었다. "한나절의 '역사 산책'을 마친 참가자는 '도쿄에도 이렇게 좋은 곳이 남아 있었네요'라며 상쾌한 표정이었다"라고 하면서 이 기사는 끝을 맺는다. 이 '상쾌함'이야말로 패전 후 일본인이 찾아낸 '새로운 미와 감동' 가운데 하나이지 않았을까.

새로운 여행문화로서 '문학산책'

오늘날 '문학산책'이라는 말은 책 제목을 비롯해 각지의 문학 관련 시설이나 지역 단체들이 행하는 행사, 문화교실, 대학 동아리, 개인의 취미 등에 널리 사용되고 있다. 여기에는 노다 우타로의 절박한 위기감이 결여되어 있다. 문학사를 깊이 이해하고자 하는 문제의식도 희박하다. 그러나 문화의 단절을 넘어 일본의 젊은 근대로 이어지고자 한 이념은 많든 적든 계속 이어져 왔다. '문학산책'이 패전 후 일본의 새로운 여행 또는 거리 산책의 컨셉으로 보급된 것은 전쟁과 전후 부흥·고도성장·버블과 그 후라는 시간 경과에 따라 생긴, 일본의 근대와 자신의 현재 사이 문화 단절을 메우려는 이념이 널리 공유되었기 때문이다. 이 점에서 '문학산책'은 근대성을 현재화한 '여행 모더니즘'의 새로운 시도였다.

---

9   일본 신사(神社)에서 제사를 맡은 최고위 신관(神官).

서장_여행과 모더니즘에 대하여

1) 内閣府,『국민생활에 관한 여론 조사(国民生活に關する世論調査)』중「앞으로 생활의 역점」,「희망하는 생활」등의 항목; 総務庁,『사회생활 기본조사(社会生活基本調査)』중「여행・행락」의 항목; 公益財団法人日本生産性本部,『레저 백서(レジャー白書)』중「관광・행락 부문」에 관한 항목; 公益財団法人日本交通公社,『여행 연보(旅行年報)』중「일본인의 여행에 대한 의식」의 항목 등을 참조.『레저 백서』에 의하면 적어도 1982년 이래 국내 관광여행은 참가 인원, 참가 희망자, 잠재 수요 등의 항목에서 항상 상위에 있고, 해외여행은 성장성 지표 및 잠재 수요 항목에서 1위를 유지하고 있다.

2) 1966년 2월 2~12일에 실시한 '국민생활에 관한 여론 조사(国民生活に關する世論調査)', Q10b에 대한 회답.(http://survey.gov-online.go.jp/s41/S42-02-41-25.html)

3) 이 책에서 '쇼와 초기'는 1934년(쇼와9) 무렵까지, '쇼와 전기'는 1945년(쇼와20) 무렵까지를 뜻한다.

4) 이 책에서 '모더니즘' 개념은, 일정 정도 재산과 교양을 갖춘 '시민'에게 부과된 '모더니티' 이념이 '대중'적 규모로 실현・보급・정착한 과정이자 그 사상・운동・제도에 관한 과정이다. 이러한 정의는 미나미 히로시(南博)의 '일본 모더니즘'에 대한 이해나 시기 구분과 유사하다. 미나미 히로시는 "일본 모더니즘은, 메이지 이래 일본 최초의 근대화 현상인 문명개화와 전후 점령기에 나타난 미국화(Americanization)라는 두 개의 커다란 근대화 흐름의 중간에 나타난 또 하나의 근대화 물결"이라고 한다. 그는 일본 사회문화 영역의 근대화를 ① 문명개화의 근대화 ② '일본의 모더니즘' ③ 미국적 근대화라는 3개의 시기로 구분하고, 그중 '일본의 모더니즘'을 다시 세 시기로 구분하고 있다.
일본 모더니즘은 메이지 말에 등장한『묘조(明星)』(제1차 메이지23~41)나「판노카이(パンの会)」(메이지41~45)의 탐미파 등으로 대표되는 전기 모더니즘과 더불어 다이쇼의 교양주의와 문화주의를 배경으로 탄생했다.
모더니즘의 분위기는 다이쇼 중기부터 점차 높아져, 1930년(쇼와5)『모던 일본(モダン日本)』의 창간으로 상징되는 본격적 모더니즘으로 발전하고, 이윽고 에로・그로・넌센스로 특징지어진 모더니즘의 전성기가 도래하고, 1937년(쇼와12) 댄스홀 금지를 계기로 쇠퇴하기 시작한다. 그 후 모더니즘은 파시즘의 압력 아래 잠행한다.
그러나 파시즘과 전쟁이라는 어두운 시기에도 모더니즘은 완전히 숨을 멈추지 않고 이른바 지하 모더니즘으로 생명을 이어갔다. 예를 들어, "재즈를 사랑하니 빨리 평화가 오면 좋겠다"고 말하는 전역(戰役) 학생의 경우를 보라.
그와 같이 일본 모더니즘은 전기 모더니즘, 본격 모더니즘, 잠행 모더니즘의 단계를 거쳐서, 전후 점령 모더니즘인 미국적 근대화에 다다르게 된다(南博,「일본 모더니즘 연구의

방향-비망록(日本モダニズム研究の方向-おぼえがき)」, 南博 편, 『일본 모더니즘 연구 (日本モダニズムの研究)』, ブレーン出版, 1982, viii~ix면).

이 책은 메이지기 말부터 제2차 세계대전 종전 직후까지의 '모더니즘' 시기를 대상으로 한다. 미나미 히로시가 말한 '전기 모더니즘, 본격 모더니즘, 잠행 모더니즘'의 구분을 따르자면, '전기 모더니즘'에 중점을 두고 '본격 모더니즘'과 '잠행 모더니즘'을 조망한다고 할 수 있다.

'일본 모더니즘'에 대해서는 연구가 다양하게 진행되었고, 미나미 히로시의 모더니즘 개념이나 시기 구분과는 다른 관점의 주장도 제기되고 있다. 예를 들어, 竹村民郎, 『다이쇼 문화 제국의 유토피아-세계사의 전환기와 대중소비사회의 형성(大正文化 帝国のユートピア-世界史の転換期と大衆消費社会の形成)』, 三元社, 2004; 竹村民郎・鈴木貞美 편, 『간사이 모더니즘 재고(関西モダニズム再考)』, 思文閣出版, 2008 참조.

5) 中村雄二郎, 『공통감상론(共通感賞論)』, 岩波書店, 1979 참조.

6) 근대 일본의 여행문화에 관한 연구는 이미 많이 이루어져 있다. 이 연구가 참조하고 있는 기본적이자 종합적인 선행연구는 다음과 같다. 柳田國男, 「메이지・다이쇼사 세태편(明治大正史世相篇)」, 『야나기타 구니오 전집(柳田國男全集)』 제5권, 筑摩書房, 1998 수록; 南博・社会心理研究所, 『다이쇼문화(大正文化) 1905-1927』, 勁草書房, 1965; 南博 편, 『일본 모더니즘 연구(日本モダニズムの研究)』, ブレーン出版, 1982; 南博・社会心理研究所, 『쇼와문화(昭和文化) 1925-1945』, 勁草書房, 1987; 中川造一, 『여행의 문화지-여행안내서와 시간표와 여행자들(旅の文化誌-ガイドブックと時刻表と旅行者たち)』, 伝統と現代社, 1979; 白幡洋三郎, 『여행을 권유하다-쇼와가 낳은 서민의 '신문화'(旅行ノススメ-昭和が生んだ庶民の'新文化')』, 中公新書, 1996.

1장_여행의 '모던'

1) 日本交通公社社史編纂室 편, 『일본교통공사 70년사(日本交通公社七十年史)』, 日本交通公社, 1982(쇼와57), 46면.

2) 田山花袋, 『도쿄 근교 1일 행락(東京近郊一日の行楽)』, 博文館, 1923(다이쇼12), 1면.

3) 이 책에 게재한 그림엽서의 연대는 수신인 면의 레이아웃, 소인, 우표, 사진의 내용 등을 참조해 추정하였다.

4) 「국경일의 기차와 마차(大祭日の汽車及び馬車)」, 『도쿄아사히신문(東京朝日新聞)』, 1901(메이지34).3.23.

5) 다이쇼 시기(1912~1926) 료칸에서 즐기는 오락여행과 거의 유사한 '온천여행'의 참가율에 대해 아오키 고이치로(青木宏一郎)는 도쿄 시민에 한정해도 1~10% 정도였고, '단풍놀이 등의 행락', '등산과 소풍', '해수욕과 (하천 등에서의) 수영'은 참가율이 10~25%, '산책'은 25~50%, '꽃놀이 행락'은 50% 이상으로 추정하였다. 青木宏一郎, 『다이쇼 로망

　　ー도쿄 사람들의 즐거움(大正ロマンー東京人の楽しみ)』, 中央公論新社, 2005, 300면.

6) 「환락의 봄에 취하다. 오늘 인파 2백만(歓楽の春に酔ふ けふの人出二百万)」, 『도쿄아사
　　히신문(東京朝日新聞)』, 1922(다이쇼11).4.4.

7) 「맑고 맑다. 일요일 인파 100만 금일부터 열린 행락의 봄(晴れた, 晴れた 日曜の人出100万
　　きょうから開けた行楽の春)」, 『요미우리신문 석간(読売新聞 夕刊)』, 1928(쇼와3).4.9.

8) 速水融・小嶋美代子, 『다이쇼 데모그래피ー역사인구학으로 본 틈새의 시대(大正デモグ
　　ラフィーー歴史人口學で見た狹間の時代)』, 文春新書, 2004, 22면. 또 関戸明子, 『근대 투어
　　리즘과 온천(近代ツーリズムと温泉)』, ナカニシヤ出版, 2007, 24면 참조.

9) 増田廣實, 『근대 이행기의 교통과 운수(近代移行期の交通と運輸)』, 岩田書院, 2009, 347면.

10) 「7월 1일의 도카이도 철도 전체 구간에 영향을 받은 일본우편선 회사가 여객 운임을 인하
　　(7月1日の東海道鉄道全通で影響を受ける日本郵船会社が旅客運賃を低減)」, 『요미우리
　　신문(読売新聞)』, 1889(메이지22).6.27.

11) 『일본국유철도 100년사(日本国有鉄道百年史)』 제1권, 国有鉄道, 1969, 464면. 또 도쿄
　　권역과 간사이 권역 사이의 소요 일수는 다음과 같이 단축되었다. 1871년(메이지4) 무렵
　　도보나 가마로 14일, 1881년(메이지14) 화물용 장거리 마차로 7일, 같은 시기 증기선으
　　로 3~4일이 걸렸다. 같은 책, 162~163면 참조.

12) 「간사이 기선과 산철의 경쟁(関西汽線と山鉄の競争)」, 『요미우리신문(読売新聞)』, 1898
　　년(메이지22).8.29.

13) 「기차와 기선의 대경쟁, 사누키철도 대 동맹기선의 운임 대책(汽車と汽船の大競争, 讃岐鉄道
　　対同盟汽船の運賃対策)」, 『요미우리신문(読売新聞)』, 1903(메이지36).5.28.

14) 「기차와 기선의 경쟁(汽車と汽船の競争)」, 『도쿄아사히신문(東京朝日新聞)』, 1903(메
　　이지36).5.28.

15) 「연안 항운 폐멸(철도원의 번민과 노력)(沿岸航運廃滅(鉄道院の煩悶努力))」, 『도쿄아
　　사히신문(東京朝日新聞)』, 1909(메이지42).6.23.

16) 1928년(쇼와3) 발행된 다니구치 리카(谷口梨花)의 『여행예찬(旅行礼賛)』(実業之日本
　　社)은 벳부 온천행 교통에 대해 "목적지인 산요(山陽), 시코쿠(四國), 게이한신(京阪神)
　　지방까지 세토(瀬戸) 해안을 거쳐 구레나이마루(紅丸)와 무라사키마루(紫丸)호가 승객
　　을 나른다"(314면)고 소개하였다.

17) 『도쿄아사히신문(東京朝日新聞)』, 1904.3.5 광고란 참조. 또 日本交通協会 편, 『국철 흥
　　륭시대ー기노시타 운수 20년(国鉄興隆時代ー木下運輸二十年)』, 日本交通協会, 1957년
　　에서는 다음과 같이 지적하였다. "이 경쟁은 일본 철도 역사상 매우 이례적인 대규모의
　　철도 경쟁 사례이다. 이후에도 철도 간 여러 경쟁이 있었지만 이 시기만큼 격하고 치열하
　　게 전개된 일은 없었다. 또 이 시기만큼 사회적으로 문제시된 적도 없었다. 미증유의 일이
　　었다고 말할 수 있다", 16면.

18) 中西建一, 『일본 사유철도사 연구 증보판(日本私有鉄道史研究 増補版)』, ミネルヴィ書房, 1979, 194면.

19) 伊東壮, 「불황과 호황 사이(不況と好況の間)」, 南搏・社會心理研究所, 『다이쇼문화(大正文化) 1905~1927』, 勁草書房, 1965, 183~195면 참조.

20) 일본의 공장법 경과에 대해서는 「일본 공장법 성립사－숙련 형성의 관점에서(日本における工場法成立史－熟練形成の視点から)」, 『한난논집 사회과학 편(阪南論集社会科学編)』 43권 2호, 2008.3; 丹野勳, 「메이지・다이쇼기 공장법 제정과 노무관리(明治・大正期の工場法制定と労務管理)」, 神奈川大学, 『국제경영포럼(国際経営フォーラム)』 No.22, 2011.7 참조.

21) 『생활수준의 역사적 추이(生活水準の歴史的推移)』, 総合研究開発機構, 1985년의 「월간 휴일 일수(月間休日日数)」 항목 및 財団法人余暇開発センター 편, 『시간이란 행복이란－자유시간 정책비전(時間とは幸せとは－自由時間政策ビジョン)』, 通商産業調査会出版部, 1999년의 '[그림 61] 연간 노동시간의 추이' 등을 참조.

22) 「미쓰코시 오복점 미쓰코시의 정기휴일(三越呉服店 三越の定休日)」, 『도쿄아사히신문(東京朝日新聞)』, 1919(다이쇼8).9.19, 광고.

23) 「알고 계십니까? 개별 상점의 공휴일, 경시청이 조사한 휴일표(御存知ですか各商売屋の公休日, 警視庁か調査した休日表)」, 『요미우리신문(読売新聞)』, 1919(다이쇼8).12.12.

24) 「상점 공장의 공휴일, 이를 어떻게 보낼까. 공휴일을 정하지 않은 상점이나 조합이 많다(商店工場の公休日, これを何ういう風に利用され何ういう風にその日が過されるか 公休日を定めぬ商店や組合が多い)」, 『오사카마이니치신문(大阪毎日新聞)』, 1920(다이쇼9).5.20.

25) 「조사표에 나타난 노동 상태－노동조사 정리 중(調査票に現れた労働状態－取纒め中の労働調査)」, 『도쿄아사히신문(東京朝日新聞)』, 1924(다이쇼13).10.12.

26) 生活改善同盟会 편집 겸 발행, 『생활개선 안내서(生活改善の栞)』, 1924(다이쇼13), 127면.

27) 生活改善同盟会 편집 겸 발행, 『생활개선 안내서(生活改善の栞)』, 1924(다이쇼13), 21면.

28) 「공휴일 이용방법 연구－시(市)의 사회교육과에서(公休日利用方法研究 市の社会教育課にて)」, 『오사카아사히신문(大阪朝日新聞)』, 1920(다이쇼9).4.27.

29) 「금년의 노동회의(1~7) 4개의 의제(今年の労働会議(一~七) 四つの議題)」, 『고쿠민신문(国民新聞)』, 1924년(다이쇼13).2.25~3.7.

30) 「상점 공장의 공휴일, 이를 어떻게 보낼까. 공휴일을 정하지 않은 상점이나 조합이 많다(商店工場の公休日 これを何ういう風に利用され何ういう風にその日が過されるか 公休日を定めぬ商店や組合が多い)」, 『오사카마이니치신문(大阪毎日新聞)』, 1920(다이쇼9).5.20.

31) 山中忠雄 편, 『회고록(回顧録)』, ジャパン・ツーリスト・ビューロー(日本旅行協会), 1937(쇼와12), 242면.

32) 白幡洋三郎, 「이방인과 외국손님－외객유치단체 '희빈회' 활동에 대하여(異人と外客－

外客誘致団体'喜賓会'の活動について)」, 吉田光邦 편, 『19세기 일본의 정보와 사회변동
(十九世紀日本の情報と社会変動)』, 京都大學人文科学研究所, 1985(쇼와60) 수록, 참조.

33) 吉田光邦 편, 『19세기 일본의 정보와 사회변동(十九世紀日本の情報と社会変動)』, 京都
大學人文科学研究所, 1985(쇼와60), 89~90면.

34) 日本交通公社, 『50년사(五十年史)』, 日本交通公社, 1962(쇼와37), 99면.

35) 日本交通公社社史編纂室 편, 『일본교통공사 70년사(日本交通公社七十年史)』, 日本交通
公社, 1982(쇼와57), 33면.

36) 「일본여행문화협회 창립식(日本旅行文化協会発会式)」, 『다비(旅)』, 1924(다이쇼13).4,
82~83면.

37) 미요시 젠이치(三好善一)에 대해 아오키 가이조(青木槐三)는 다음과 같이 소개하였다.
"미요시 젠이치는 오이타 도라오(種田虎雄)에게 사랑스러운 화가 출신의 재주 있는 사람
으로, 여행계에도 이름이 알려진 소식통이기에 그 이름을 기억하는 사람이 많을 것이다.
/ 전후에도 활기찼고, 우에노의 엿가게 골목에서 종종 볼 수 있었다." 青木槐三, 『국철
번창기(国鉄繁昌記)』, 交通協力会, 1952, 277면.

38) 예를 들어, 白幡洋二郎, 『여행을 권유하다─쇼와가 낳은 서민의 '신문화'(旅行のススメ
─昭和が生んだ庶民の'新文化')』, 中公新書, 1996, 53면 이하.

39) 日本交通公社社史編纂室 편, 『일본교통공사 70년사(日本交通公社七十年史)』, 日本交通
公社, 1982(쇼와57), 42~43면.

40) 村上義一, 「일본여행문화협회에 대하여(日本旅行文化協会に就いて)」, 『다비(旅)』, 1924
(다이쇼13).9, 3~4면.

41) 三好善一, 「종간 즈음에 『다비』의 성장을 회고하며(終刊号に寄す旅の生長を回顧して)」,
『다비(旅)』, 1943(쇼와18).8, 64면.

42) 佐藤正雄, 「편집후기(編集後記)」, 『다비(旅)』, 1924(다이쇼13).4, 84면.

43) 村上義一, 「일본여행문화협회에 대하여(日本旅行文化協会に就いて)」, 『다비(旅)』, 1924
(다이쇼13).9, 2면.

44) 野村龍太郎, 「일본여행문화협회 창립에 즈음하여(日本旅行文化協会創立に際して)」, 『다
비(旅)』, 1924(다이쇼13).4, 2~3면.

45) 村上義一, 「세계적 여행 기운의 촉진(世界的旅行気運の促進)」, 『다비(旅)』, 1924(다이쇼
13).5, 2~4면.

46) 猪股忠次, 「공공생활에 대한 각성(公共生活に対する自覚め)」, 『다비(旅)』, 1926(다이쇼
15).2, 2~3면.

47) J・ハーバーマス, 『공공성의 구조전환(公共性の構造転換)』, 細谷貞雄・山田正行 역, 未
來社, 1973(제2판, 1994), 참조.

48) 위의 책, 참조.

49) 「일본여행문화협회 창립식(日本旅行文化協会発会式)」, 『다비(旅)』, 1924(다이쇼13).4, 83면.

50) 芳賀宗太郎, 「일본여행문화협회의 사명(日本旅行文化協会の使命)」, 『다비(旅)』, 1927 (쇼와2).1, 5면.

51) 지향성의 차이가 최초로 드러난 것은, 3년 후에 '일본여행문화협회'가 '일본여행협회'로 명칭을 변경한 무렵의 사업내용 변화에서 확인할 수 있다. 창립 당시의 회칙 제4조에 "본회는 건전한 여행취미를 고취하여 그에 관한 여러 종류의 문제를 연구하고, 겸하여 우리나라의 문화 향상을 도모함으로써 그 목적을 다한다"라고 규정하였고, 그것을 구체화한 사업 항목을 다음과 같이 정리하였다.
① 월간잡지 『다비(旅)』의 발행 : 이는 본회의 선전기관으로서, 또 각종 사업의 종합적 발표기관으로서 주력을 다한다.
② 강연회 : 그때그때 필요에 따라 각지에서 순회강연을 한다.
③ 출판 : 명승 안내기, 역사 이야기 등 출판물 인쇄를 책임진다.
④ 조사 : 각 여행지, 명승지, 료칸 등을 조사한다.
⑤ 교통에 관한 선전 : 활동사진의 순회강연을 진행한다.
⑥ 건책(建策) : 민중 측 대표기관으로, 질서 있는 연구를 통해 요구사항을 당국자에게 건책한다.
(「일본여행문화협회 창립식(日本旅行文化協会発会式)」, 『다비(旅)』, 1924(다이쇼13).4, 83면.)
이러한 사업 목적은 '일본여행협회'가 되면서 다음과 같이 변경되었다. 『다비旅』가 출판사업의 하나로서 우선순위가 내려간 것과 '민중 측 대표기관'과 '건책'이 삭제된 점에 주목해야 한다.
① 건전한 여행취미, 여행도덕을 고취하여 문화 향상을 도모
② 일반 공중을 위해 교통기관의 진보, 여행객을 우대하는 개선에 노력
③ 여행계획의 상담, 단체여행 취급
④ 명승고적, 유람지, 료칸 등의 소개
⑤ 여행안내서 및 지도의 출판, 여행에 관한 강연회, 전람회, 활동사진회 개최
⑥ 매월 기관잡지 『다비(旅)』 및 철도성 편찬 기차시간표 발행
(青木宏一郎, 「일본여행문화협회의 사명(日本旅行文化協会の使命)」, 『다비(旅)』, 1927(쇼와2).1, 6면.)

52) 「일본여행문화협회 창립식(日本旅行文化協会発会式)」, 『다비(旅)』, 1924(다이쇼13).4, 83면.

53) 建部遯吾, 『사교생활과 사회정리(社交生活と社会整理)』, 新日本社, 1926(다이쇼15), 103~105면.

54) 柳田國男, 「여행의 진보와 퇴보(旅行の進歩および退歩)」, 1927(쇼와2), 『청년과 학문(青年と学問)』, 岩波文庫, 1976에 수록, 57면.

55) 야나기타 구니오(柳田國男)의 현대 관광여행 비판과 여행론에 대해서는 제5장 참조.

56) 野村龍太郎, 「일본여행문화협회 창립에 즈음하여(日本旅行文化協会創立に際して)」, 『다비(旅)』, 1924(다이쇼13).4, 3면.

57) 佐藤正雄, 「본지가 걸어온 길(本誌が辿ってきた路)」, 『다비(旅)』, 1943(쇼와18).8, 68~69면.

58) 秋田貞男, 「회고잡기(回顧雑記)」, 『다비(旅)』, 1943(쇼와18).8, 2면.

59) 三好善一, 「온천의 이용과 과학적 지식의 준비(温泉の利用と科学的知識の用意)」, 『다비(旅)』, 1928(쇼와3).12, 2면.

60) 生方敏郎, 『메이지·다이쇼 견문사(明治昭和見聞史)』, 中公文庫, 1978(초판 1926), 261면.

61) 井原知, 「긴축시대의 여행과 그 준비(緊縮時代の旅行とその準備)」, 『다비(旅)』, 1930년(쇼와5) 1월호에 당시의 대중오락을 다음과 같이 묘사하였다. "지금부터 8, 9년 전 요코스카(横須賀), 구레(呉), 사세보(佐世保) 등의 운항지에서 대부분의 근육질 노동자들이 찾는 위안은 술과 여자였다. 월말이 되면 전 시내 대부분이 불을 끈 것처럼 쇠퇴한 모습인데 반해 일단 그들 주머니에 급료가 들어오면 갑자기 시내는 환락의 항구로 변한다. 현타는 소리가 울려퍼지고 풍성한 술의 향기가 가득하니, 봉급일 이전과는 완전히 다른 별세계의 경관이 펼쳐진다. / 그런데 수년 전에 비해 그 경향이 점차 옅어져 현 타는 소리가 점차 들리지 않게 되었다. / 그들의 발걸음은 이제 뜻밖에 활동사진관으로 모여든다. 활동사진관이 그들의 유일한 위안장으로 변한 것이다", 103면.

62) 新井堯爾(철도성 감독국 업무과장), 「여행의 사회화 민중화(旅の社会化民衆化)」, 『다비(旅)』, 1924(다이쇼13).7, 2~3면.

63) 澤壽次·瀨沼茂樹, 『여행 100년-가마에서 신칸센까지(旅100年-駕籠から新幹線まで)』, 日本交通文化社, 1968, 178면.

64) 夏目漱石, 『도련님(坊ちゃん)』, 岩波文庫, 1929, 19~25면.

65) 日本旅行俱樂部 편, 『여행독본 개정판(旅行讀本 改訂版)』, 일본여행협회, 1940년(쇼와15) 41면에서는 팁에 대해 다음과 같이 설명하고 있다. "팁과 차다이는 전혀 별개의 것으로 팁은 하녀나 지배인의 시중에 대한 사례의 성격을 갖는다고 말할 수 있다. 숙박 중 무슨 특별한 시중을 받는다거나 또는 어린아이가 있어 보통 이상으로 시중을 받는다면 큰 액수의 팁을 내며, 보통이었다면 남들과 비슷하게 내도된다. 하녀 등은 료칸 주인으로부터 수당을 받지 않아 팁이 유일한 수입인 경우도 있기 때문에 적당히 감사함을 표할 수 있는 팁을 주어도 좋다. 팁의 금액은 료칸에 따라 숙박료의 1할을 청구하는 경우도 있다. 그러나 미리 청구하는 제도가 없는 료칸에서는 손님의 신분이나 방에 따라 차이가 있기는 해도 대체로 숙박료의 1할 내지 2할을 부과한다."

66) 차다이 폐지를 목표로 한 다양한 운동 경과에 대해서는 다음의 논문에 상세하게 나와

있다. 平出裕子, 「료칸의 차다이 폐지로 본 근대의 관행 변화-『요로즈초호(万朝報)』, 재팬 투어리스트 뷰로, 생활개선동맹회의 대처(旅館の茶代廃止にみる近代の慣行の変化 -『万朝報』, ジャパン・ツーリスト・ビューロー, 生活改善同盟会の取り組み)」, 日本生活文化史学会 편, 『생활문화사(生活文化史)』 제56호, 2009.9, 51~74면. 또한, 차다이의 기원에 대해서는 『야나기타 구니오 전집(柳田國男全集)』 제5권, 筑摩書房, 473면 참조.

67) 山中忠雄 편, 『회고록(回顧錄)』, ジャパン・ツーリスト・ビューロー(日本旅行協会), 1937(쇼와12), 217면.

68) 松崎天民, 「차다이 폐지 불가론(茶代不廃止論)」, 『다비(旅)』, 1925(다이쇼14).7, 30~32면.

69) 三好善一, 「차다이 폐지 식견(茶代廃止管見)」, 『다비(旅)』, 1926(다이쇼15).4, 2~3면.

70) 岡本一平, 「숙소에 대한 감상(宿屋に就いての感想)」, 『다비(旅)』, 1925(다이쇼14).1, 37면.

71) 權田保之助, 『민중오락론(民衆娯楽論)』, 巌松当書店, 1931(쇼와6), 104면.

72) 芳賀宗太郎, 「료칸과 복장(旅館と服装)」, 『다비(旅)』, 1927(쇼와2).4, 2~3면.

73) 生活改善東盟会 편집 겸 발행, 『생활개선 안내서(生活改善の栞)』, 1924(다이쇼13), 110 ~111면.

74) 和田弘, 「료칸에서 손님의 프라이버시라는 것(旅館における客のプライバシーというこ と)」, 『다비(旅)』, 1928(쇼와3).4, 2면; 武川乃隣, 「여행과 숙소, 샐러리맨이 말하는 숙소에 대한 희망(旅と宿屋 サラリーマンから宿屋への希望)」, 『다비(旅)』, 1932(쇼와7).5, 22면; 다음 논문도 참조. 大久保あかね, 「근대 료칸의 발전과정에서 접대문화의 변천(近代旅館の 発展過程における接遇(もてなし)文化の変遷)」, 公益財団法人日本交通公社, 『관광문화 (観光文化)』27호, 2013.4 수록.

75) 中川浩一, 『여행의 문화지-여행안내서와 시간표와 여행자들(旅行の文化誌-ガイド ブックと時刻表と旅行者たち)』, 伝統と現代社, 1979, 198~203면.

76) 芳賀宗太郎의 「단체여행의 목적과 효용(団体旅行の目的と効用)」, 『다비(旅)』, 1927(쇼 와2).2, 2~8면.

77) 1913년(다이쇼2) 단체운임이 개정된 무렵, 당시 영업과장인 기노시타 도시오(木下淑 夫)는 「단체여행과 단체임금(団体旅行と団体賃金)」이라는 글을 발표하였다. 여기에서 '단체여행의 예절'로 다른 분야 사람들과의 교류 기회가 있다는 것과 함께 단체여행을 통한 훈련을 거론하고 있다. 『국철 흥륭시대-기노시타 운수 20년(国鉄興隆時代-木下 運輸二十年)』, 日本交通協会, 1957, 190~191면.

78) 『국철 흥륭시대-기노시타 운수 20년(国鉄興隆時代-木下運輸二十年)』, 日本交通協会, 1957, 4면. 또한 국철의 영업 개혁에 장기간 공헌한 기노시타 도시오의 단체여행론에 대해서도 같은 책 참조.

79) 三好善一, 「특히 단체여행의 통솔자에게 바란다(特に団体旅行の統率者へ望む)」, 『다비

(旅)』, 1925(다이쇼14).9, 3면.

80) 三好善一, 「여행단체에 대하여(1)(旅行団体について(1))」, 『다비(旅)』, 1927(쇼와2).2, 11면.

81) 上杉慎吉(법학박사), 「여행과 상호교육(旅行と相互教育)」, 『다비(旅)』, 1924(다이쇼 13).6, 2~3면.

82) 『일본여행클럽이란 무엇인가(日本旅行俱樂部とは)』, 1939(쇼와14).

83) 이 단체의 경위는 매우 복잡하고 혼란스럽게 기술되어 있다. 『일본교통공사 70년사(日本交通公社七十年史)』에 따라 정리하면 다음과 같다. 1920년(다이쇼9), '재팬 투어리스트 뷰로' 내에서 엄선한 여행애호가 단체로 '일본여행클럽'이 설립되었다. 1932년(쇼와7) 4월 '재팬 투어리스트 뷰로' 내에 대중적 단체인 '투어리스트클럽(ツ—リスト俱樂部)'이 설립되었다. 1934년(쇼와9) 10월, 일본여행협회와 '재팬 투어리스트 뷰로'의 합병에 의해 '일본여행클럽'과 '투어리스트클럽'이 명칭을 교환하여 새롭고 대중적인 '일본여행클럽'이 탄생하였고 이 단체가 『다비(旅)』의 발행주최가 되었다. '투어리스트클럽'은 자연소멸하였다.

84) 日本交通公社社史編纂室 편, 『일본교통공사 70년사(日本交通公社七十年史)』, 日本交通公社, 1982(쇼와57), 44~45면.

85) 참고로 미요시 젠이치나 사토 마사오가 '일본여행문화협회'의 전신으로 보았던 1921년(다이쇼10)에 창립한 '도쿄걷기회(東京アルカウ会)'는 도쿄도 산악연맹의 소속이었고, 그 상부단체가 일본산악협회, 일본체육협회였다. 전전기(戰前期)의 등산 관계 단체에 대해서는 高橋定昌, 『일본 산악연사—산악단체 50년의 발자취(日本岳連史—山岳集團50年の歩み)』, 出版科学総合研究所, 1982 참조.

86) 재팬 투어리스트 뷰로(일본여행협회) 창립 25주년 팸플릿, 1937년(쇼와12) 3월 발행.

2장_산악미의 발견과 여행단

1) 柳田國男, 「메이지 · 다이쇼사 세태편(明治大正史世相篇)(1931)」, 『야나기타 구니오 전집(柳田國男全集)』 26, ちくま文庫版, 1990, 188~189면.

2) 위의 글, 188~189면.

3) 위의 글, 188~189면.

4) 神崎宣武, 『에도의 여행문화(江戸の旅文化)』, 岩波新書, 2004; 石川英輔, 『일본의 여행(ニッポンの旅)』, 淡交社, 2007 참조.

5) 宇田正, 『철도 일본문화사 고찰(鉄道日本文化史考)』, 思文閣出版, 2007 참조.

6) 安川茂雄, 『근대 일본 등산사(近代日本登山史)』, あかね書房, 1969, 353면.

7) 위의 책, 461면.

8) 이 책 제1장 참조.

9) 日本旅行協会 편, 「여행단체 명부(1)(旅行団体名簿(一))」, 『다비(旅)』, 1927.11; 「여행단체 명부(2)(旅行団体名簿(二))」, 『다비(旅)』, 1927.12; 「여행단체명부(3)(旅行団体名簿(三))」, 『다비(旅)』, 1928.1; 「각 지역 여행단체 명부(1)(各地旅行団体名簿(一))」, 1929.2; 「각 지역 여행단체 명부(2)(各地旅行団体名簿(二))」, 『다비(旅)』, 1929.3.

10) 고베의 등산단체에 대해서는 다음의 문헌을 참조. 落合重信・伊東利勝, 『고베 우라야마 등산사(神戸裏山登山史略)』, 神戸市レクリエーション協会, 1963; 脇田真助, 『스포츠인 풍토기(スポーツ人風土記 (효고현兵庫県))』상권・중권, 道和書院, 1975; 脇田真助 편저・松村好浩 번역감수, 『고베 세야마 등산의 추억(神戸背山登山の思い出)』, 交友プランニングセンター, 1988; 脇田真輔・鵜本秀夫・松村浩貴, 「거류 외국인의 고베 스포츠 일고찰(居留外国人による神戸スポーツことはじめ考)」, 神戸商科大学経済研究所(神戸商科大学研究叢書LVⅠ), 1996. 또한, 메이지 말기 동향에 대해서는 다음의 문헌을 참조. 小川功, 「교토 탐승회 등으로 보는 여행 애호단체의 생성과 한계 − 지역 커뮤니티가 만들어낸 메이지기 관광 디자이너들(京都探勝会等に見る旅行愛好団体の生成と限界 − 地域 − コミュニティが生み出した明治期の観光デザイナーたち)」, 滋賀大学経済学会, 『히코네논총(彦根論叢)』제396호, 2013.

11) 『메이지・다이쇼・쇼와 오사카 인명록(明治大正昭和大阪人名録)』(상)메이지편・(중)다이쇼편・(하)쇼와편, 日本図書センター, 1989.

12) 日本アルカウ会 편, 『산악미(山岳美)』, 1922, 광고란 2면.

13) 위의 책, 광고란 2면.

14) 大阪探勝わらち会, 『동반자(道づれ)』, 1922, 9면. 이 책은 1872년 창립한 지도출판사 '와라지야(和楽路屋)' 혹은 '와라지야(わらち屋)'의 창립자 구사 가이헤(日下伊兵衛)가 발행 겸 인쇄자이다.

15) 「알프스 탐험에 성공한 일본의 한 청년(アルプス探検に成功した日本の一青年)」, 『도쿄아사히신문(東京朝日新聞)』, 1921.9.13.

16) 『아사히신문(朝日新聞)』, 1880.9.20. "많은 사람이 높은 산을 오를 때, 국민이 문화의 영역으로 나아갔다는 증거가 아니고 무엇이겠냐고 말하면서 후지산을 오른다. 메이지 유신 이래 올해처럼 등산하는 자가 많은 적이 없었으며, 6월 1일부터 8월 31일까지 후지산을 등산한 사람은 총 20,460명으로, 그 가운데 여성은 411명이다".

17) 「새로움을 쫓다. 등산 열풍. 외국인에게는 홋카이도방면 온천 지옥이 유명하지만, 지금 가장 인기 있는 곳은 일본 알프스. 등산 입구마다 설비 완성(新を追ふ 登山熱 外人には北海道方面 温泉嶽が大流行だが、全盛は尚日本アルプス 各登山口の設備完成)」, 『도쿄아사히신문(東京朝日新聞)』, 1921.7.3.

18) 고구레 리타로(木暮理太郎)는 마키 유코(槇有恒)의 성공담이 미친 영향을 다음과 같이 기술하고 있다. "1921년에 스위스에 있는 마키 유코가 험난하다고 알려진 인적 미답의

아이거 미텔레기 등반에 성공하고, 그것이 우리나라에 알려졌다. 이것이 젊은 등산가들의 마음을 사로잡아, 바위산 등반을 조장한 것은 의심할 여지가 없다." 木暮理太郎, 『산의 추억(山の憶い出)』하권, 平凡社, 1999, 540면.

19) 日本旅行協会 편, 『다비 10주년 기념호(旅 十周年記念号)』, 1933.4, 8면.

20) 『오사카아사히신문(大阪朝日新聞)』, 1921.6.27. 휴식시간에는 '미쓰코시 음악대 연주(三越音楽隊演奏)'가 있었다.

21) 「산악회 제1회 대회의 기록(山岳會第一大會の記)」, 『산악(山岳)』, 1908.6, 제3년 제2호, 163~164면.

22) 『산악(山岳)』, 1912.5, 제7년 제1호, 186면.

23) 小島烏水, 『알피니스트의 수기(アルピニストの手記)』, 平凡社ライブラリー, 1996(초판 1936), 32면.

24) 「산코산악회 주최 강연회(三高山岳會主催講演會)」, 『산악(山岳)』, 1913.12, 제8년 제3호, 189~193면.

25) 小島榮, 「간사이대회의 기록(關西大會の記)」, 『산악(山岳)』, 1915.3, 제9년 제3호, 155면.

26) 1914년 11월 3일 『오사카마이니치신문(大阪朝日新聞)』 기사, 『산악(山岳)』 1915년 3월호, 제9년 제3호, 「잡보(雑報)」란, 145면.

27) 小島榮, 「간사이대회의 기록(關西大會の記)」, 『산악(山岳)』, 1915.3, 제9년 제3호, 160면.

28) 「오사카 산악강연회(大阪に於ける山岳講演會)」, 『산악(山岳)』, 1915.9, 제10년 제1호, 잡록란(雑録欄) 「각지 등산회 휘보1(各地登山會彙報一)」, 280면.

29) 『산악(山岳)』, 1915.9, 제10년 제1호, 잡보(雑報), 288~290면.

30) 「각지의 산악회 회보2(各地の山岳會彙報二)」・「교토조합은행 도제 강습소 산악환등강연 기사(京都組合銀行徒弟講習所 山岳幻燈講演記事)」, 『산악(山岳)』, 1915.12, 제10년 제2호, 142~143면.

31) 『산악(山岳)』, 1906.4, 제1년 제1호, 잡록란(雑録欄), 페이지 없음.

32) 志村烏嶺・前田曙山, 『산(やま)』, 岳書房, 1980(초판 1907), 70~71면.

33) 위의 책, 72면.

34) 武田久吉, 『메이지의 산 여행(明治の山旅)』, 創文社, 1971, 76면.

35) 웨스턴 일파가 가사가타케(笠ガ岳)를 등산했을 때 마을 사람들에게 방해를 받았던 일에 대해서는, 安川茂雄, 『근대 일본 등산사(近代日本登山史)』, あかね書房, 1969, 80면 이하를 참조. 이 책은 '고(講)의 등산' 전반에 대해서도 잘 정리해 수록하고 있다. 또한 高橋定昌, 『일본 산악연사-산악단체 50년의 발자취(日本岳連史-山岳集団50年の歩み)』, 出版科学総合研究所, 1982, 82면 이하 참조. 메이지 유신 후 일시적으로 고講의 등산이 활발했던 시기가 있었던 것에 대해서는, 安川茂雄, 『우리는 왜 산을 좋아하는가-도큐먼트「일본 알프스 등산」70년사(われわれはなぜ山が好きか-ドキュメント「日本アルプス登山」70

年史)』, 小学館, 2000, 58~59면 참조. "신앙등산은 메이지 이전부터 존재했지만, 고(講)
의 등산 조직이 활발해진 것은 메이지 10년대이다. 폐번치현(廃藩置県)으로 일본 국내
관문소가 사라지면서 여행이 자유로워진 영향도 있었다. 전국 각지에 여러 가지 고(講)의
등산단체가 조직되었다." 또한 지주에게 사전에 인사를 함으로써 마찰을 피한 효과적인
경험이 기록되어 있기도 하다. 『산악(山岳)』, 제1년 제1호에 실린 이시카와 미쓰하루(石
川光春)의 「이데산행(飯豊山行)」에는 다음과 같은 경험이 소개되어 있다. "내일도 비가
그치지 않으면 출발하지 못하니 그저 하늘을 쳐다볼 뿐. 오후부터 하늘이 개어서 이 마을
구장인 야마우치(山内) 씨와 신사(神社)의 사무소를 방문하여, 산을 오르는 연유를 말하
고 산의 상황을 물었다. 마을 구장이나 신관은 주민을 좌지우지하고, 주민이 그들의 수중
에 있으니, 이들을 통해서 안내자를 구하거나 여러 가지 편의를 얻을 수 있다. 그들의
허가를 얻지 않고 무단으로 등산을 하면 그들의 감정이 상하여 불편하게 되니, 등산하는
자들은 시비를 멀리하길 바란다", 26면.

36) 志村鳥嶺, 前田曙山, 『산(やま)』, 岳書房, 1980(초판 1907), 179~180면.

37) 小島鳥水, 『알피니스트의 수기(アルピニストの手記)』, 平凡社 라이브러리, 1996(초판
1936), 24면.

38) 『산악(山岳)』, 1908.4, 제1년 제1호, 부록, 1면.

39) 신앙등산이 산의 높낮이에 관한 지식조차 없었다는 것은, 고구레 리타로(木暮理太郎)도
지적하고 있다. 木暮理太郎, 『산의 추억(山の憶い出)』 하권, 平凡社, 1999(초판 1941),
330면.

40) 小島鳥水, 「산악숭배론(山岳崇拜論)」, 『산악(山岳)』, 1913.4, 제8년 제1호, 3~4면.

41) 木暮理太郎, 『산의 추억(山の憶い出)』 하권, 平凡社, 1999(초판 1941), 533면.

42) 위의 책, 533면.

43) 위의 책, 534면.

44) 위의 책, 536~537면.

45) 小島鳥水, 近藤信行 편, 『산악기행문집 일본 알프스(山岳紀行文集 日本アルプス)』, 岩波
文庫, 1992, 49면.

46) 小島鳥水, 「산을 찬미하는 글(山を讚する文)」, 1905(메이지38), 위의 책, 130면.

47) 小島鳥水, 「산악숭배론(山岳崇拜論)」, 『산악(山岳)』, 1913.4, 제8년 제1호, 19~20면.

48) 木暮理太郎, 『산의 추억(山の憶い出)』 하권, 平凡社, 1999(초판 1941), 425면.

49) 특히 다나베 주지(田部重治)에 대해서 미타 히로오(三田博雄)는 다음과 같이 말했다.
"오늘날 국민들 사이에 가장 널리 보급된 스포츠는 등산이라고 하는데, 등산의 보급에
다나베(田部)가 수행한 역할은 절대적이다. 왜냐하면 누구나 쉽게 오를 수 있는 낮은 산
등산의 기초를 다지고 그것을 아름다운 문장으로 묘사해 독자들을 매료시켰기 때문이
다." 三田博雄, 『산의 사상사(山の思想史)』, 岩波新書, 1973, 116면.

50) 菅沼達太郎, 「지치부산과 산 친구들(秩父の山と山友達)」, 『산과 계곡(山と渓谷)』, 1930.9, 제3호 지치부 특집, 35면.

51) 柳田國男, 「봉우리에 관한 두세 가지 고찰(峠に関する二, 三の考察)」, 1910; 近藤信行 편, 『산의 여행 메이지 · 다이쇼편(山の旅 明治 · 大正編)』, 岩波文庫, 249면.

52) 『R · C · C 보고報告 Ⅲ』, R.C.C.本部 발행, 1929, 296면. 이 비판의 배경에 대해서 야스카 와 시게오(安川茂雄)는 "이제 등산 인구가 엄청난 수에 육박하여 순정 알피니즘의 행방은 묘연한 실정이다. 이러한 현상은 쇼와 초기부터 근교에 낮은 산이 많은 간사이 지역에서 특히 현저했다. 이 풍조에 대해 미즈노 쇼타로(水野祥太郎)는 비판 글로서 『R · C · C 보고 Ⅲ』에 「오후 3시의 산」이라는 글을 썼다"고 해설한 바 있다. 安川茂雄, 『근대 일본 등산사 (近代日本登山史)』, あかね書房, 1969, 453면.

53) 「잡록 각지 등산회 휘록(雑録 各地登山会彙報 (5))」, 『산악(山岳)』, 1917.9, 제11년 제3 호, 213면.

54) 高橋定昌, 『일본 산악연사 - 산악단체 50년의 발자취(日本岳連史 - 山岳集団50年の歩 み)』, 出版科学総合研究所, 1982, 87면.

55) 「등산 단체의 조직과 비판(登山團體の組織と批判)」, 『산과 계곡(山と渓谷)』 창간호, 1930.5, 39면.

56) "일본산악회 초기 탐험등산 시대의 분위기를 만들어 온 그룹으로 독자적 개성을 창출한 '안개여행회'가 있다. 이 단체는 다이쇼8년에 마쓰이 미키오(松井幹雄)를 중심으로 야마 사키 긴지로(山崎金次郎), 다자와 쇼스케(田沢昌介), 다지리 하루오(田尻春男) 등을 발 기인으로 설립되었고, 다케다 히사요시(武田久吉), 고구레 리타로(木暮理太郎) 등의 등 산 경향을 신봉하는 단체였다." 安川茂雄, 『근대 일본 등산사(近代日本登山史)』, あかね書 房, 1969, 454면. 또한, 上田茂春 「안개여행회 회지『안개 여행』(霧の旅会 会誌『霧の 旅』)」, 上田茂春 편, 『산서연구(山書研究 39号)』, 日本山書の会, 1994 참조.

57) 上田茂春, 「안개여행회 회지『안개 여행』(霧の旅会 会誌『霧の旅』)」, 35면.

58) 田部重治, 「등산의 개념(登山の概念)」, 松井幹雄 편, 『안개여행(霧の旅)』, 霧の旅会, 제 30년 제39호, 1932.6, 4면.

3장_도시미의 발견과 '도회취미'

1) 前田愛, 『도시공간의 문학(都市空間のなかの文學)』, 筑摩書房, 1982 등의 저작, 海野弘의 『모던 도시 도쿄 - 일본의 1920년대(モダン都市東京 - 日本の1920年代)』, 中央公論社, 1983; 『도쿄풍경사의 사람들(東京風景史の人人)』, 中央公論社, 1988 등의 저작.

2) 이 글에서 고바야시 기요치카에 대해 언급한 내용은 다음과 같은 문헌을 참조했다.
   • 吉田漱, 『개화기의 화가 고바야시 기요치카(開化期の絵師小林清親)』, 緑園書房, 1964.
   • 『계간 우키요에 제10권 고바야시 기요치카 특집(季刊 浮世絵 第10冊 小林清親特集)』,

綠園書房, 1964.

- ●『미즈에 메이지의 우키요에 요시토시·기요치카·구니치카(みずゑ 明治の浮世絵 芳年·清親·国周)』, 1973년 11월 증간호, 美術出版社.
- ● 吉田漱 편, 『최후의 우키요에 화가 고바야시 기요치카(最後の浮世絵師 小林清親)』, 蝸牛社, 1977.
- ● 酒井忠康, 『개화의 우키요에 화가 기요치카(開化の浮世絵師 清親)』, せりか書房, 1978.
- ● 酒井忠康 監修, 『에도에서 도쿄로 고바야시 기요치카전(江戸から東京へ 小林清親展)』, 読売新聞社, 1991.
- ●「고바야시 기요치카 스케치북(小林清親写生帖)」, 麻布美術工芸館, 1991.
- ● 前田愛, 「기요치카의 빛과 어둠(清親の光と闇)」, 『도시공간의 문학(都市空間のなかの文学)』, ちくま学芸文庫, 1992.
- ●『근대 판화예술의 여명 기요치카와 메이지 우키요에전(近代版画芸術の黎明 清親と明治浮世絵展)』, ドゥファミリィ美術館, 1992.
- ● 山梨絵美子, 『일본의 미술 No.368 기요치카와 메이지의 우키요에(日本の美術 No.368 清親と明治の浮世絵)』, 至文堂, 1997.
- ● 静岡県立美術館 편, 『메이지의 우키요에 화가 고바야시 기요치카전(明治の浮世絵師 小林清親展)』, 静岡県立美術館, 1998.
- ● 飯野正仁, 「기요치카의 도쿄, 하스이의 도쿄(清親の東京, 巴水の東京)」, 『미술 포럼21 특집 제도의 미술－도시의 초상(美術フォーラム21 特集 帝都の美術－都市の肖像)』18, 2008, 97~100면.
- ● 佐藤康宏, 「고바야시 기요치카의 도쿄명소도－'가이운바시'를 중심으로(小林清親の東京名所図－'海運橋'を中心に)」, 『미술 포럼21 특집 제도의 미술－도시의 초상(美術フォーラム21 特集 帝都の美術－都市の肖像)』18, 2008, 55~59면.
- ● 町田市立国際版画美術館 監修, 『그림 속 수수께끼풀이 우키요에 총서 고바야시 기요치카 도쿄명소도(謎解き浮世絵叢書 小林清親 東京名所図)』, 二玄社, 2012.

3) 예를 들면, 前田愛, 「기요치카의 빛과 어둠(清親の光と闇)」, 『도시공간의 문학(都市空間のなかの文学)』, ちくま学芸文庫, 1992(1982); 吉田漱, 「도쿄 명소와 무사시 백경－기요치카 풍경화의 특질(東京名所と武蔵百景－清親風景画の特質)」, 酒井忠康 監修, 『에도에서 도쿄로 고바야시 기요치카전(江戸から東京へ 小林清親展)』, 読売新聞社, 1991에서는 "기요치카의 도쿄풍경판화의 뛰어난 회화성과 특질을 평가했던 첫 번째는 기노시타 모쿠타로이며 다음은 나가이 가후였다"(10면)라고 기요치카 평가의 공을 모쿠타로에게 돌리고 있다. 飯野正仁, 「기요치카의 도쿄, 하스이의 도쿄(清親の東京, 巴水の東京)」, 『미술 포럼21 특집 제도의 미술－도시의 초상(美術フォーラム21 特集 帝都の美術－都市の肖像)』, 醍醐書房, 2008 등에서도 마찬가지이다.

4) 고바야시 기요치카에 관한 모쿠타로의 이러한 글에 나타나는 "예감의 시기의 즐거움"라
    는 견해는, 현재도 기요치카론의 중요한 준거점이 되고 있다. 예를 들어, 사카이 다다야쓰
    (酒井忠康)는 「기요치카 판화에 대한 나의 생각(淸親版画私考)」(『みずゑ』 No.824,
    1973년 11월호 증간 「메이지의 우키요에 - 요시토시・기요치카・구니치카(明治の浮世
    絵 - 芳年・淸親・国周)」, 美術出版社 수록)에서 다음과 같이 말한다. 그는 기요치카의 작
    품에서 "어슴푸레한 기분"(84면), "메이지유신의 사회적 변동이 큰 가운데 어떻게 해도
    처리가 안 되는 일종의 퇴폐라고밖에 부를 수 없는 감각"(84면)을 읽어냈는데, 이것은
    모쿠타로의 "예감의 시기에 느끼는 즐거움"이라는 견해와 반대되는 것이다.

5) 野田宇太郎, 『신도쿄 문학산책(新東京文學散步)』, 日本読書新聞, 1951, 51면.
    "도쿄는 비탈과 물과, 물을 가로지르는 다리(橋)의 도시라고 부를 만하다. 비탈은 야마노
    테의 풍경에서 대부분 산문적이지만, 물과 다리는 대부분 운문적으로 시타마치의 정조를
    만들어내고 있다. 이것은 근대문학에서, 야마노테에는 자연주의가 흥하고, 시타마치에는
    예술지상주의가 흥했다는 사실과 관련이 있다."

6) 野口富士男 편, 『가후 수필집(荷風随筆集)』(상), 岩波文庫, 1986, 67면.

7) 小林哥津, 「'기요치카'고('淸親'考)」, 吉田漱 편, 『최후의 우키요에 화가 고바야시 기요치
    카(最後の浮世絵師 小林淸親)』, 蝸牛社, 1977 수록, 137~138면.
    또 고바야시 가쓰(小林哥津)는 메이지 말기의 〈도쿄명소도〉 재발견 당시의 모습을 다음
    과 같이 전하고 있다. "메이지 9년부터 5년 동안은, 기요치카 판화의 전성기였다. 또한
    그 수도 대단히 많았다. 연보에서 거론되고 있는 것 이외에도 더 있다고 한다. 이들 그림이
    얼마에 팔렸는지 잘 알 수 없지만, 사람들의 말에 따르면, 대부분 몇 푼 정도였을 것이라
    한다. 그것이 어떤 이유인지, 메이지 말에는 갑자기 엄청나게 가격이 올라 옛 우키요에의
    직인(職人) - 인쇄직인(刷師), 목판직인(彫師), 또는 에조시야(絵草紙屋)(기괴한 사건을
    흥미 본위로 인쇄한 것을 파는 가게)에 있던 무리들이 기를 쓰고 찾아다니는 소동이 벌어졌
    다. / 물론 그 무리들의 집에 있던 약간 색이 조악한 것이나, 잘못 인쇄된 것이나 얼룩이
    있는 것들, 창호지나 작은 병풍의 찢어진 곳을 막아놓은 것들까지 뒤섞여 팔렸다고 한다.
    / 집에까지 그 사람들이 찾아와서, "선생, 어쨌든 1엔으로 가치가 올랐어요"라 말했다고
    한다. 당시 1엔의 가치가 어느 정도였는지, 나로서는 오늘날에도 전혀 알 수 없지만, 뭔가
    비참한 듯한 기분은 어쩔 수가 없었다"(小林哥津, 「'기요치카'고('淸親'考)」, 吉田漱 편,
    『최후의 우키요에 화가 고바야시 기요치카(最後の浮世絵師 小林淸親)』, 蝸牛社, 61면).
    또한 도미모토 겐기치(富本憲吉)는 모쿠타로가 기요치카를 방문한 후의 모습에 관해서
    다음과 같이 전하고 있다. "처음 [모쿠타로를] 만났던 것은 오래 전으로, 그가 아직 대학생
    시절이었다고 기억합니다. / 우에노(上野)공원에 있는 바라크 미술관에, 혈기 넘치는 그
    가 들어와서 지금, 고바야시 기요치카 집에 가서 이것을 받아왔다며 연필소묘 한 장을 보여
    주었습니다. 당시 젊은이들은 이미 고바야시 기요치카를 잊어버리고 있었는데, 외국에서

돌아온 지 얼마 안 된 나는, 외국에서 고바야시씨가 그린 스미다가와(隅田川) 풍경의 판화 등을 보았고, 한 번이라도 만나보고 싶다고 생각하고 있었습니다. 그래서 꼭 데려가 달라고 부탁했습니다. 그러나 끝끝내 그럴 기회가 없는 채, 그 연필삽화책의 장정을 오타군(大田君)(모쿠타로를 가리킴 – 역주)으로부터 의뢰받았습니다. 「이즈미야 염색점(和泉屋染物店)」의 표지화가 그것이었다고 기억합니다."(富本憲吉, 「추억(思ひ出)」, 『문예 오타박사 추도호(文藝 太田博士追悼号)』, 河出書房, 1945.12, 41~42면)

8) 山梨絵美子, 「사라져가는 것들에 대한 자각과 환기의 장치로서의 그림 – 다카하시 유이치, 고바야시 기요치카를 중심으로(失われゆくものの自覚と喚起の装置としての絵画 – 高橋由一, 小林清親を中心に)」, 『계간 일본사상사(季刊日本思想史)』, NO.77, ぺりかん社, 2010, 17면.

9) 野口富士男 편, 『가후 수필집(荷風随筆集)』(상), 岩波文庫, 27면.

10) 鈴木理生, 『에도의 다리(江戸の橋)』, 三省堂, 2006, 참조.

11) 長田秀雄, 「판노카이의 회고 등(パンの會の思出など)」, 『문예(文藝)』 통권 제11호, 河出書房, 1945.12, 78면.
   모쿠타로 자신도 나중에 몇 번인가 이 지역에서의 방황을 회상한다. 예를 들면 다음과 같이. "당시에 특히 에도취미가 유행할 징조가 있었다. 특히 니혼바시(日本橋), 후카가와(深川) 주변의 여러 도랑은, 도요하루(豊春), 히로시게(廣重), 기요치카(清親)의 취미에 깊이 스며들어갔다. 실로 도쿄의 풍물 경치는 에도화적·인상파적인 관조에 더할 나위없는 대상이었다."

12) 노다 우타루(野田宇太郎)는 메이지 말기의 아라메바시(荒布橋) 부근을 다음과 같이 묘사하고 있다. "스미다가와(隅田川) 입구의 에이타이바시(永代橋) 근처부터, 강을 거슬러서 니혼바시 방면으로 매일 화물이나 선어(鮮魚) 해초 야채류를 운반하는 일본 배는 요로이바시(鎧橋) 사이를 지나 니혼바시(日本橋) 쪽으로 나간다. 화물은 가부토바시(兜橋)와 에도바시(江戸橋) 사이의 미쓰비시창고(三菱倉庫)에 부려지고, 선어 해산물 야채류는 아라메바시(荒布橋)나 우오가시(魚河岸), 또는 아라메바시를 빠져나가서 호리도메(堀留) 방향으로 운반되어진다. 가을로부터 겨울에 이르게 되면, 이즈(伊豆) 부근에서부터 귤을 실은 금색 배가 가부토바시를 지나 가이운바시(海運橋) 부근의 청과물가게 뒤 창고로 운반된다. 그리고 그 짐을 실어온 뱃사공이나 타 지역 인부는 아라메바시 부근으로 모여들어서, 부근의 선술집의 포렴 아래로 숨어들거나, 시타마치의 요세(寄席, 재담·만담·야담 등을 들려주는 대중적 연예장)로 발길을 돌려, 밤이 되면 그 근방의 거리에는 고리키의 '밑바닥'과 같은 향락세계가 펼쳐지는 것이 메이지 말기 니혼바시 강변 풍경이었던 듯하다"(野田宇太郎, 『기노시타 모쿠타로의 생애와 예술(木下杢太郎の生涯と芸術)』, 平凡社, 1980, 269~270면).

13) 渋沢青淵記念財団竜門社 편, 『시부사와 사부로 전기 자료(渋沢栄一伝記資料)』 제29권,

渋沢栄一伝記資料刊行会, 1960, 617면.

14) 위의 책, 617면.

15) Philip Terry, *Terry's Guide to the Japanese Empire, including Chōsen (Korea) and Taiwan (Formosa)*, Houghton Mifflin Company, 1914, p.134.

16) 野口富士男 편, 『가후 수필집(荷風随筆集)』(상), 岩波文庫, 1968, 50~51면. 『히요리게타(日和下駄)』는 저자에 의해 여러 번 퇴고가 되어있고, 이와나미문고(岩波文庫) 『가후 수필집(荷風随筆集)』은 중앙공론사(中央公論社)가 발행(1949년 5월 25일)한 『가후 전집(荷風全集)』 제10권에 근거하고 있다. 모미야마서점(籾山書店)에서 1915년 11월 15일 발행된 초판에 근거한 이와나미서점 출판 『가후 전집(荷風全集)』 제11권에서 위 인용 부분은, 다음과 같이 기록되어 있다. "운하의 조망은 후카가와(深川)의 오나기가와(小名木川) 부근뿐만 아니라 어디에서든 스미다가와의 강변보다 좀 더 통합된 감흥을 불러일으킨다. (…중략…) 니혼바시를 등지고 에도바시 위에서 마름모꼴을 이루는 넓은 강의 한쪽으로는 아라메바시와 그 뒤의 시안바시를, 다른 한쪽으로는 요로이바시를 바라본다. 그리하면 강변의 창고들, 거리와 다리 위의 번화함까지 더해져 도쿄 시내의 운하 중에서 최고의 장관을 볼 수 있다. 특히 세모의 야경처럼 다리 위를 오가는 차의 불빛이 강변의 등불과 서로 어우러져 물 위에서 혼들리면, 멀리 보이는 긴자거리의 등불보다 훨씬 아름답다"(『가후 전집(荷風全集)』 제11권, 岩波書店, 1993, 145면). 두 판본의 여러 차이 중에서 "가부토바시(兜橋)"가 "요로이바시(鎧橋)"로 바뀐 것이 중요하다. "가부토바시"가 아닌 "요로이바시"라고 하지 않으면, "마름모꼴로 펼쳐지는 넓은 물"이 지형으로서의 의미가 없기 때문에 수정했을 것이다. 도쿄 체신관리국 편찬, 「도쿄시 니혼바시구 전도(全圖)」를 참조.

17) 北原遼三郎, 『메이지의 건축가·쓰마키 요리나가의 생애(明治の建築家·妻木頼黄の生涯)』, 現代書館, 2002, 204면.

18) ユルゲン・ハーバーマス, 『공공성의 구조전환(公共性の構造転換)』 제2판, 細谷貞雄·山田正行 역, 未来社, 1994, 18면 참조(한국어판은 위르겐 하버마스, 한승완 역, 『공론장의 구조변동』, 나남출판사, 2004).

19) 같은 시대 사람인 기타하라 하쿠슈(北原白秋)도 또한, 이 시기의 같은 지향성을 가지고 있었다. "마침 그즈음 ― 『옥상정원(屋上庭園)』을 발행했던 때 ― 은 모두 쓰키지(築地), 니혼바시, 에이타이바시, 하마노마치(浜町)의 강변 언저리 등을 천천히 산책하거나 혹은 니혼바시 주변 뒷골목의 오래된 집의 흰 벽 옆에 새롭게 페인트칠한 서양요리집 등이 서있는 것을 보고, 그 신구의 대조를 몹시 기뻐했다. 왠지 모르게 마을(町) 안에 옛 에도와 새로운 도쿄가 뒤죽박죽이 되어버린 그 분위기를 사랑한 나머지, 자주 뒷골목을 돌아다녔던 것이다"(北原白秋, 「'도회정조'와 '이국취미' ― 『옥상정원』의 추억('都会情調'と'異国趣味' ― 『屋上庭園』の追憶)」, 『요미우리신문(讀賣新聞)』, 1918.7.30~8.2, 『하쿠슈 전

집(白秋全集)』35, 波書店, 1987, 104면). "물론 그에게는 유년시절부터 불가사의한 나라에 대한 열렬한 사모와 동경이 있었다. 그는 항상 그런 발견자로서 그 열의와 환회를 가지고 끊임없이 탐색하고 섭렵했다. 이리하여 그는 그저 돌아다니고, 방황하며 천천히 산책했다"(北原白秋, 「식후의 노래 서(食後の歌序)」, 1919년 10월, 『하쿠슈 전집(白秋全集)』16 波書店, 1985, 183면). '근대화'라는 목적지 불명의 전진을 시작한 도시를 외면하지 않고, 그런 도시에 적극적으로 관여하려는 자세를 넓은 의미에서 문화적인 '모더니즘'의 하나의 지표로 가정한다면, 일본에서는 그 초기의 한 형태를 기노시타 모쿠타로 등의 '판노카이(パンの会)'에 모였던 청년들의 지향에서 찾아볼 수 있을 것이다.

또한, 이시이 하쿠테이(石井柏亭)는 다음과 같이 당시를 회상하고 있다. "모쿠타로는 '벽돌 관청이나', 번쩍거리는 황동빛 은행을 거쳐서, 우타자와(歌澤)나 신나이(新内)의 '악의 꽃(悪の華)'이 시들지 않고 피어있어' '이런 이상한 대조 때문에, 이 혼잡한 시대를 '불가사의한 나라'라고 이름 붙여' 흥이 났지만, 나는 그런 것을 만화 이외에는 그림의 대상으로 삼고 싶지 않았다. 그래서 '판노카이'의 모임 분위기를 싫어하지는 않았지만, 거기에 탐닉하지 않고 약간 방관자적인 태도를 유지했다"(石井柏亭, 「기노시타 모쿠타로 추억(木下杢太郎 追憶)」, 『게이린칸포(芸林閒歩)』第一巻 第一号, 東京出版, 1946(昭和 21), 16~17면).

20) 柳田國男, 『메이지 다이쇼사 세태편(明治大正史 世相編)』, 『야나기타 구니오 전집(柳田國男 全集)』 第5권, 筑摩書房, 1998, 419~420면.

4장_여행 가이드북의 '볼거리'

1) Ian Ousby, *The Englishman's England : Taste, Travel and the Rise of Tourism*, Pimlico, 2002, p.13.

2) 문화의 관점에서 봤을 때, 많은 사람들이 '가이드북' 자체를 부정적으로 파악했다. 여행의 발전을 "여행의 쇠퇴와 관광의 발전"으로 본 대니엘 J. 부어스틴(Daniel J. Boorstin) 역시 가이드북을 유사 이벤트인 관광의 상징 중 하나로 파악했다. "현대의 관광 가이드북은 관광객의 기대를 부풀린다. 그리고 가이드북들은 빌헬름 황제로부터 과테말라의 치체카스테난고 마을주민에 이르는 관광지의 원주민들에게 관광객들이 언제 무엇을 원하는지에 대한 리스트와 상세한 정보를 제공한다. 이 정보들은 원주민들이 관광지라는 무대에서 연기자로서 무엇을 연기해야하는지를 기록한, 가장 최신의 연극 대본 같은 것이다. 물론 여행 가이드북의 원조는 독일 라이프치히 출신의 칼 베데커(Karl Baedeker, 1801~1859)이며, 베데커란 이름은 여행안내서라는 뜻의 영어 보통명사로 오래전부터 쓰이고 있다. 베데커는 영국의 토마스 쿡이 개인적으로 패키지 관광상품을 진행하고 있던 시기에 비슷한 형태의 패키지 투어를 책으로 펴냈다. 베데커는 1829년 코블렌츠(Coblenz) 지역의 여행안내서를 독일에서 처음으로 발행하였다. 그 후, 그는 1846년에 프랑스어 여행안내서를,

1861년에는 영어판 여행안내서를 발행하였다. 2차 세계대전이 시작될 무렵, 베데커의 출판사는 영어, 불어, 독어판 등으로 200만 부 이상의 여행안내서를 판매하였다. 이렇게 각종 언어로 출판된 베데커 가이드북은 여행 예산이 넉넉지 않고 교육을 충분히 받지 못한 중산층들이 유럽여행을 자연스럽게 받아들이도록 하는 데 기여했다"(위의 한국어 번역은 다니엘 부어스틴, 정태철 역, 『이미지와 환상』, 사계절, 2004, 153면에 따름. Daniel J. Boorstin, *The Image : A Guide to Pseudo-Events in America*, Harper & Row in New York, 1964. 일본어판은 D. J. ブーアスティン, 『환영의 시대─매스컴이 만들어낸 사실(幻影時代 ─マスコミがする事実)』, 星野郁美・後藤和彦 역, 東京創元社, 1974, 114면).

3) 1920년(다이쇼9)에 철도원은 철도성으로 승격했다.

4) 나카가와 고이치(中川浩一)는 "일본어 여행안내서로는 독보적이다. 상세하면서도 면밀한 작품"이라고 평가하였다(『여행의 문화지─여행안내서와 시간표와 여행자들(旅の文化誌 ─ガイドブックと時刻表と旅行者たち)』, 伝統と現代社, 1979, 199~200면). 그리고 山本光正, 「여행안내서의 성립과 전개(旅行案内書の成立と展開)」, 『국립 역사민속박물관 연구보고 여행─에도 시대 여행에서 철도여행으로(國立歷史民俗博物館研究報告 旅─江戸の旅から鉄道旅行へ)』, 2010 참조.

5) 『공인 기차・여객선 여행안내(公認汽車汽船旅行案内)』, 1915.2.

6) 青木槐三・山中忠雄 편, 『국철 흥륭시대─기노시타 운수 20년(國鐵興隆時代─木下運輸二十年)』, 日本交通協會, 1957, 123면.

7) "기노시타의 개선안은 위 3사를 통합하여 이상적인 여행안내서를 편집하게 하고 그것을 공인으로 간행하자는 계획이었다. 요컨대 3사는 합동으로 경영력을 강화하고 자본을 모아 여행안내서의 실질적인 개선(용지, 인쇄, 제본 등)을 꾀하고, 이에 반해 국철은 사철(私鐵) 관계자도 포함해 내용의 정비, 검열에 한층 편의를 도모하자는 것이었다"(青木槐三・山中忠雄 편저, 『국철 흥륭시대─기노시타 운수 20년(國鐵興隆時代─木下運輸二十年)』, 日本交通協會, 1957, 123면). 시간표의 역사에 대해서는, 高田隆雄 감수, 松尾定行・三宅俊彦, 『시각표 백년사(時刻表百年史)』, 新潮文庫, 1986 참조.

8) 『요미우리신문(読売新聞)』, 1919.7.8.

9) "천여 종을 모아놓아도 제대로 된 것이 없는 여행안내기를 개선─투어리스트 뷰로의 전람회, 올여름은 각 학교나 외국인 여행자가 많다." 『지지신보(時事新報)』, 1919.6.1. 이 전람회에 관한 다른 정보는 日本交通公社, 『50년사(五十年史)』, 日本交通公社, 1962, 100면 또는 「여행안내기 전람회에서(案内記 展覧会の廊下にて)」, 『투어리스트(ツーリスト)』 38호, 1919.7, 85면 참조.

10) 기행문이 가이드북의 역할을 하는 실태에 관해서는 다음과 같은 보고도 있다. "이제 생각하니 메이지나 다이쇼 시대의 여행자는 뭔가 임시변통으로 여행했다. 그들에게는 여행 자체를 위해 만들어진 안내서가 없었다. 그들은 대부분 오바시 오토와(大橋乙羽), 다야마

가타이(田山花袋), 오마치 게이게쓰(大町桂月), 지즈카 레이스이(遅塚麗水) 등의 기행
문을 안내서 삼아 여행했다. 그들이 노정이나 료칸 등에 관해서 분명하게 알기는 어려웠
을 것이다"(雲林荘, 「기다리고 기다리던 『일본안내기』(도호쿠편) 나오다」, 『다비(旅)』,
1929.7, 111면).

11) 松川二郎, 「오류투성이인 여행안내」 상·하, 『요미우리신문(読売新聞)』, 1925.8.8·8.10.

12) 上田文齋, 『국내여행 일본명소도람 도쿄명소안내(内国旅行 日本名所図絵 東京名所独案
内)』, 高山堂, 1890, 82~83면.

13) 『다이쇼13년판 철도여행 안내(大正十三年版 鐵道旅行案内)』, 鐵道旅行案内編纂所, 2~3면.

14) 위의 책, 23면.

15) 철도원이 편찬한 1919년 『신사참배(神まうで)』, 1920년 『온천안내(温泉案内)』, 1922년
『사찰순례(お寺まゐり)』, 1924년 『일본북알프스 등산안내(日本北アルプス登山案内)』,
1924년 『스키와 스케이트(スキーとスケート)』 등.

16) 日本交通公社, 『50년사(五十年史)』, 日本交通公社, 1962.

17) 日本交通公社, 「제3장 일본안내기의 편찬(第3節 日本案内記の編纂)」, 『50년사(五十年
史)』, 日本交通公社, 1962, 80면. 그리고 日本国有鉄道 편, 『일본국유철도 100년사(日本
国有鉄道百年史)』 제8권(345~346면)에는 다음과 같이 정리되어있다. "『일본안내기』
간행. 1926년(다이쇼15) 철도성에서는 관광 홍보의 일환으로 『일본안내기(日本案内
記)』 편찬을 계획했다. 운수국 여객과에서 구체적인 안을 만들고 다음해인 1927년 4월부
터 편찬에 착수했다. 이 『일본안내기』는 일본 전국의 명승지·사적·산업·경제·인정
(人情)·풍속·지질 기타 제반 사항을 여행안내서 형식으로 수록하였다. 그 내용의 정확
함을 기하기 위해 문학박사 구로이타 가쓰미(黒板勝美)·이학박사 야마자키 나오마사
(山崎直方) 등 전문가들에게 조사 및 편찬을 위탁했다. 당초 이 계획은 일본 전국을 여섯
지역으로 나누어 전 6권을 3년에 걸쳐 편찬하는 사업이었다. 그러나 그 후 사정상 전
8권으로 변경되었다. 마침내 1929년 도호쿠(東北)편을 시작으로 해마다 간토(関東)편,
주부(中部)편, 긴키(近畿)편 상, 긴키편 하, 주고쿠(中国)·시고쿠(四国)편, 규슈(九州)
편, 홋카이도(北海道)편이 차례로 출판되었고, 1936년 전 8권이 완성되었다. 이 안내기
는 완성까지 10년 가까운 세월이 걸렸기 때문에 최종권이 간행될 당시 초반에 나온 도호
쿠편이나 간토편은 이미 실제 상황과 맞지 않았다. 그래서 제8권 완간과 동시에 개정판
발행에 착수하여, 1937년 도호쿠편부터 차례로 개정판이 발간되었다. 이 『일본안내
기』는 모두 하쿠분칸(博文館)에서 발행되었다.

18) 鐵道省, 『일본안내기(日本案内記)』, 1930(복각판 中外書房, 1975), 95면.

19) 日本国有鉄道 편, 『일본국유철도 100년사(日本国有鉄道百年史)』 제8권, 345면.

20) 木下淑夫, 「『기차 창문으로부터』의 서문」, 谷口梨花, 『기차 창문으로부터(汽車の窓か
ら)』, 博文館, 1918, 1면

21) 森寅重, 長井愛爾 편저, 『흥미로운 신철도여행 안내 혼슈 서부·규슈편(興味を本位とした 新鐵道旅行案内 本州西部九州の卷)』, 評論之評論社, 1926, 1~2면.

22) 日本交通公社社史編纂室 편, 『일본교통공사 70년사(日本交通公社七十年史)』, 日本交通 公社, 1982, 9면. '희빈회(喜賓会)'에 대해서는 다음 논문을 참조하기 바란다. 白幡洋三郎, 「이인과 손님 외국인 여행객 유치단체 '희빈회'의 활동에 관해」, 吉田光邦 편, 『19세기 일본의 정보와 사회 변동(一九世紀日本の情報と社会変動)』, 京都大学人文科学研究所, 1985.

23) 山中忠雄 편, 『회고록(回顧録)』, ジャパン・ツーリスト・ビューロー(日本旅行協会), 1937, 244면.

24) 일본어 번역은 楠家重敏 역, 『체임벌린의 메이지 여행안내 요코하마·도쿄 편(チェン バレンの明治旅行案内 横浜·東京編)』, 新人物往来社, 1988. 또한 庄田元男, 『이인들의 일본알프스(異人たちの日本アルプス)』(山書研究 35), 日本山書の會, 1990은, 체임벌 린이 쓴 『일본 여행자를 위한 핸드북(A Handbook for Travellers in Japan)』의 초판(1881) 부터 최종판인 제9판(1913)의 각 판본에 대한 상세한 연구이다. 또 岩佐淳一, 「여행과 미디어-전쟁 전 여행가이드북 일람(旅行とメディア-戦前期旅行ガイドブックまなざ し)」, 『가쿠슈인여자대학학술지(學習院女子大學紀要)』, 2001년 3호 참조.

25) 「1893년 5월 16일 래프카디오 헌에게 보낸 편지」, "More letters from Basil Hall Chamberlain to Lafcadio Hearn and letters from M.Toyama, Y. Tsubouchi and others", compiled by Kazuo Koizumi , Tokyo : Hokuseido, 1937, p.67.

26) 太田雄三, 『B. H. 체임벌린-일본과 유럽을 오가는 세계인(B.H.チェンバレン-日欧間の 往復運動に生きた世界人)』, リブロポート, 1990, 203~204면 참조.

27) 이에 대해서는 나카가와 코이치의 『여행의 문화지-여행안내서와 시간표와 여행자들(旅 の文化誌-ガイドブックと時刻表と旅行者たち)』(伝統と現代社, 1979, 218면)에 나오는 "일본을 외국에 소개하는 가이드북" 항목 및 横浜開港資料館 편, 『세계 유람가들의 일본- 일기와 여행기와 가이드북(世界漫遊家たちのニッポン-日記と旅行記とガイドブック)』, 横浜開港資料館, 1996을 참조 바람.

28) 원래 제목은 영어이며, 공식적인 일본어 명칭은 없다. 『철도원판 영문 동아교통안내서(鉄 道院版 英文 東亜交通案内書)』, 『동아시아 여행 안내(東アジア旅行案内)』 등의 번역도 있으나 이 글에서는 "Official"이라는 용어와 당시의 어감을 살려 『공인 동아 안내(公認東 亜案内)』라고 번역하였다.

29) 경력에 대해서는 Who was Who in America, 1932~3, p.2259 참조.

30) 山中忠雄 편, 『회고록(回顧録)』, ジャパン・ツーリスト・ビューロー(日本旅行協会), 1937, 80면.

31) 鶴見祐輔 편, 一海知義 교정, 「제2차 가쓰라내각 시대(第二次桂内閣時代) 1908-1916」,

『고토 신페이 정전(正伝 後藤新平)』제5권, 藤原書店, 2005, 237면. "그는 철도원 총재가 되자마자 바로 이 『영문 동아 안내』편찬 사업에 착수했다. 그것은 일반 안내기와는 다른 원대한 계획이었다. 독일의 '베데커 여행안내서'의 모범을 따랐으나 그 구상은 베데커보다 훨씬 웅대하였다. 베데커가 시종일관 실제 여행의 편람에 충실했던 데 반해, 이 안내기는 미술, 철학, 문예, 다도, 정원, 연극, 노, 교겐 등에 이르기까지 일본의 특색을 각 부문별로 자세하게 설명하여 문화적 색채를 농후하게 띠고 있었다."

32) 青木槐三・山中忠雄 편저, 『국철 흥륭시대−기노시타 운수 20년(國鐵興隆時代−木下運輸二十年)』, 日本交通協会, 1957, 298면. "이 『동아 안내』는 외국인 관광객을 위해 일본뿐만 아니라 조선, 만주, 남양(南洋) 등 동아권의 관광까지 만족시키려는 기노시타의 의도에서 시작되었다. 이 편찬 사업은 메이지 40년(1907) 가을부터 시작되었으며, 현지답사를 위해 같은 해 9월 구도 겐(工藤謙)이 조선, 만주 및 지나로, 미카미 신고(三上真吾)가 남지나 및 남양으로, 다이쇼3년(1914) 도라이 도쿠조(虎居德三)가 남지나로, 다이쇼4년 쓰루미 유스케가 남양으로 파견되었다."

33) 1941년에 제목을 *Japan : The Official Guide*로 바꾸었다.

34) 『공인 동아 안내(*An Official Guide to Eastern Asia*)』제1권 서문.

35) 위의 책, 서문.

36) 철도성과는 별도로 뷰로도 영문 일본가이드북이나 영문 교토가이드북을 만들 때 항상 『머레이』나 『베데커』를 참조하였다. "안내기에 대해 이쿠노는 뛰어난 견해를 가지고 있었다. 나도 뷰로에 들어가자마자 교토 안내기 작성 임무를 맡았는데, 현지답사를 가기 앞서 이쿠노로부터 교토에 관한 문헌들을 한번 훑어볼 것, 그중에서도 머레이나 테리의 안내기에 주목할 것, 거리와 관광 소요시간과 요금 등을 정확하게 알아볼 것, 현지에서는 관청과 호텔에서 최신 통계나 외국인이 흥미를 가질 만한 자료를 얻을 것, 출발 전에 대략적인 골격을 잡고 그에 맞춰 현지답사를 할 것 등 친절한 가르침을 받았다." 山中忠雄 편, 『회고록(回顧録)』, ジャパン・ツーリスト・ビューロー(日本旅行協会), 1937, 81면.

37) 『공인 동아 안내(*An Official Guide to Eastern Asia*)』제1권 서문.

38) Thomas Philip Terry, *Terry's Japanese Empire including Korea and Formosa with chapters on Manchuria, The Trans-Siberian Railway, and The Chief Ocean Routes to Japan*, Houghton Mifflin Co., 1914, Foreword. 이 가이드북을 쓰기 위해 일본에 온 테리에게 뷰로는 자료를 제공했다. "다이쇼2년(1913) (…중략…) 세계적으로 유명한 여행안내기 작가 테리가 방일했다. 테리는 이미 실용적인 영문 일본안내기를 혼자 힘으로 출간했는데, 그의 저서를 통해 일본을 세계에 더욱 바르게 알리기 위해 각종 자료를 제공했다"(日本交通公社, 『50년사(五十年史)』, 日本交通公社, 1962, 54면).

39) 나카가와 고이치는 이런 약점 때문에 테리의 가이드북을 '실패작'이라고 단정 짓는다.

中川浩一, 『여행의 문화지 - 여행안내서와 시간표와 여행자들(旅の文化誌 - ガイドブックと時刻表と旅行者たち)』, 伝統と現代社, 1979, 231면 참조.

40) 테리의 가이드북에 대해 다음과 같은 기술이 있다. "여객선 갑판 의자에서 잠들 수 있냐고 하면 태평양에선 그럴 수 있을 것 같지 않다. 여객선은 쾌적한 울림을 내며 깊은 바다 위를 미끄러지듯 가고 선객은 선객대로 멜론, 햄, 달걀, 토스트, 커피 — 그리고 유명한 테리의 가이드북을 읽기 위해 편하게 자리를 잡는다. (…중략…) 의자로 돌아가 다시 테리의 책을 펼치게 된다. '불교에는 속인이 이해할 만한 문학이 없다'라고 한 부분부터 시작해 20쪽이나 읽었다"(イー・シー・メイ, 「배 안에서는 날짜 가는 것을 잊는다」, ジャパン・ツーリスト・ビューロー編, 『외국인이 본 일본의 옆모습(外人の見た日本の横顔)』, ジャパン・ツーリスト・ビューロー, 1935, 420~421면). 그리고 エドワード・サイデンステッカー, 安西徹雄 역, 『도쿄의 시타마치 야마노테(東京 下町山の手)』, ちくま學芸文庫, 1992는 테리의 가이드북에 대해 다음과 같이 언급하고 있다. "영국 여행작가 필립 테리는 니혼바시를 뉴욕의 브로드웨이라고 하는데, 특별하게 추켜올린 것은 아니다."(90면) "E. 필립 테리는 정확하지는 않으나 대단히 아름답고 생기있게 일본 가이드북을 썼다. 그는 요시와라를 베수비오 화산의 분화로 한순간에 묻혀버린 고대 로마의 폼페이와 비슷하다고 묘사하였다"(354면). "E. 필립 테리의 가이드북은 1920년에 출판되었는데, 도쿄에서는 나이트 라이프를 기대하지 않는 편이 좋다고 적혀있다"(361면).

橫浜開港資料館 편, 『세계유람가들의 일본 - 일기와 여행기와 가이드북(世界漫遊家たちのニッポン - 日記と旅行記とガイドブック)』, 橫浜開港資料館, 1996에서는 요코하마에서 발행된 영자 신문 『재팬 가제트(The Japan Gazette)』 1919년 2월 10일 자 기사 「가이드북, 가이드북」의 내용을 소개하고 있다. 이 기사는 "유명한 머레이의 가이드북이 재간행되지 않는 것은 철도원 가이드북과의 경쟁이 한 원인이다. 철도원의 가이드북은 일본인 관점에 너무 치우쳐있다는 비판을 받고 있다. 제3의 경쟁자로 등장한 것이 테리의 가이드북이다. 테리의 두꺼운 가이드북은 '정보 덩어리'라고 할 수 있으나 과장과 과잉 찬미로 넘쳐난다는 비판도 많이 받고 있다. 이렇게 일본을 편드는 책은 일시적으로는 여행자를 불러 모아 당장은 이익일 수 있으나, 늦든 이르든 언젠가 반작용을 피할 수 없다고 비평가들은 우려하고 있다. 어느 여행자에게 듣자니 유명한 머레이조차 형용사를 사용할 때 '아름답다, 정묘하다, 숭고하다, 빛나다……' 등으로 너무 들떠있다고 비판받는다고 한다. 그러나 추천하는 장소나 지역은 믿을 수 있다고 인정받고 있다. 그렇지만 머레이가 다시 나오기는 이미 어렵고 테리의 책이 판을 거듭하고 있다"(33면).

41) 실제로 요시와라 관광에 나섰던 미국인 부부도 있었다. ハリー・カー, 「일본을 말하다」, ジャパン・ツーリスト・ビューロー 편, 『외국인이 본 일본의 옆모습(外人の見た日本の横顔)』, ジャパン・ツーリスト・ビューロー, 1935, 747~784면.

42) 『공인 동아 안내(An Official Guide to Eastern Asia)』 제3권, 62~63면.

43) 위의 책, 63면.

44) 위의 책, 65면.

45) Thomas Philip Terry, *Terry's Japanese Empire including Korea and Formosa with chapters on Manchuria, The Trans-Siberian Railway, and The Chief Ocean Routes to Japan*, Houghton Mifflin Co., 1914, pp.134~147.

46) Ibid., p.134.

47) Ibid., p.134.

48) Ibid., p.123.

49) Ibid., p.134.

50) Ibid., p.134.

51) Ibid., p.141.

52) Ibid., p.142.

53) Ibid., p.143.

54) Ibid., p.143.

55) Ibid., p.144.

56) Ibid., p.144.

57) Ibid., pp.144~145.

58) Ibid., p.147.

59) Ibid., p.147.

60) Ibid., p.147.

61) 「철도원판 영문 동아교통안내서에 관해」, 『투어리스트(ツーリスト)』, 1916.9.21, 41면.

62) 「여행안내기 전람회에서」, 『투어리스트(ツーリスト)』 38호, 1919.7, 85면.

63) M.マクルーハン, 栗原裕・河本仲聖 역, 『미디어의 이해─인간의 확장(メディア論─人間拡張の諸相)』, みすず書房, 1987, 8면. 한국어 번역은 마셜 매클루언, 김상호 역, 『미디어의 이해─인간의 확장』, 커뮤니케이션스북스, 2011, 32면에 따름(Marshall McLuhan, *Understanding Media : The Extensions of Man*, 1964).

64) ヴォルフガング・シヴェルブシュ, 加藤二郎 역, 『철도여행의 역사─19세기 공간과 시간의 공업화(鉄道旅行の歴史─十九世紀における空間と時間の工業化)』, 法政大学出版局, 1982, 76~77면. 한국어 번역은 볼프강 쉬벨부쉬, 박진희 역, 『철도여행의 역사─철도는 시간과 공간을 어떻게 변화시켰는가』, 궁리, 1999, 80면에 따름.

65) ヴォルフガング・シヴェルブシュ, 加藤二郎 역, 위의 책, 79면. 한국어 번역은 볼프강 쉬벨부쉬, 박진희 역, 위의 책, 83면에 따름.

66) ヴォルフガング・シヴェルブシュ, 加藤二郎 역, 위의 책, 80면. 한국어 번역은 볼프강 쉬벨부쉬, 박진희 역, 위의 책, 85~86면에 따름.

67) 永嶺重敏, 『'독서국민'의 탄생―메이지30년대 활자미디어와 독서문화("読書国民"の誕生―明治30年代 の活字メディアと読書文化)』, 日本エディタースクール出版部, 2004. (한국어판은 나가미네 시게토시, 다지마 데쓰오·송태욱 역, 『독서국민의 탄생』, 푸른역사, 2010)

5장_ '취미여행'과 '모던라이프'

1) Daniel J.Boorstin, *The Image A Guide to Pseudo-Events in America*, Vintage Books, 1992 (Atheneum edition 1962), p.79[한국어판은 정태철 역, 『이미지와 환상』, 사계절, 2004].

2) 佐々木土師二, 『여행자 행동의 심리학(旅行者行動の心理学)』, 関西大学出版部, 2000, 제6장, 제7장 참조.

3) 青木槐三, 『국철 번창기(国鉄繁昌記)』, 交通協力会, 1952, 267면.

4) 1931년에 사단법인 일본온천협회로 변경, 잡지 『온천(温泉)』 발행.

5) 青木槐三·山中忠雄, 『국철 흥륭시대―기노시타 운수 20년(国鉄興隆時代―木下運輸二十年)』, 日本交通協会, 1957, 281면.

6) 山中忠雄 편, 『회고록(回顧錄)』, ジャパン·ツーリスト·ビューロー(日本旅行協会), 1937, 202~208면, 青木槐三·山中忠雄, 『국철 흥륭시대―기노시타 운수 20년(国鉄興隆時代―木下運輸二十年)』, 日本交通協会, 1957, 271~273면 참조.

7) 日本交通公社社史編纂室 편, 『일본교통공사 70년사(日本交通公社七十年史)』, 日本交通公社, 1982, 66면.

8) 澤壽次·瀬沼茂樹, 『여행 100년―가마부터 신칸센까지(旅行100年―駕籠から新幹線まで)』, 日本交通公社, 1968, 186면 이후.

9) 다음의 문헌들도 마찬가지이다. 山本鑛太郎, 「다이쇼~쇼와기의 가이드북(大正~昭和期のガイド·ブック)」, 『사람들은 왜 여행을 떠날까 제9권 육해공 '여행'의 시대(人はなぜ旅をするのか 第九巻 陸海空 "旅行"の時代)』, 日本交通公社出版事業局, 1982, 92~98면. "메이지에서 다이쇼 초에 이르기까지 여행 책들은 주로 산수(山水)와 관련된 것들이었다. 산수는 자연의 풍경이라는 의미로 여행 저서에 자주 사용되었다. (…중략…) 화조풍월을 노래하는 산수 중심의 여행책도, 다이쇼 중반부터 쇼와 초기에는 점차 취미여행을 주제로 한 책들이 나오기 시작했다. 여행을 하는 사람들이 모두 아름다운 풍경만 추구하는 것이 아니라, 고찰순례, 식도락, 온천순례 등 다양한 목적을 가지기 때문이다"(92면).

10) 개별 분야의 안내기를 바탕으로 종합적인 가이드북인 『일본안내기(日本案内記)』 전8권이 순차적으로 간행되었다. 1929년에 도호쿠(東北) 편부터 1930년 간사이(関西) 편, 1931년 주부(中部) 편, 1932년 긴키(近畿) 편 상(上), 1933년 긴키 편 하(下), 1934년 주고쿠(中国) 편, 1935년 규슈(九州) 편, 그리고 1936년 홋카이도(北海道) 편을 끝으로

완결되었다.

11) 예를 들면 松川二郎, 『과학으로 보는 취미여행(科学より見たる趣味の旅行)』, 有精堂, 1926.

12) 취미 개념의 의미 변용에 대해서는 다음의 논문에 자세하게 나와 있다. 井村彰, 「취미의 영역 – 잡지 『취미』에서 쓰보우치 쇼요, 니시모토 스이인, 시모다 우타코(趣味の領分 – 雑誌『趣味』における坪内逍遙・西本翠蔭・下田歌子 –)」, 『일본근대미학(메이지・다이쇼기)(日本の近代美学(明治・大正期))』, 科学研究費補助金研究成果報告書, 2004.03.

13) 南博, 「문명에서 문화로(文明から文化へ)」, 南博・社会心理研究所, 『다이쇼문화(大正文化) 1905-1927』, 勁草書房, 1965, 51면. 미나미 히로시도 언급하듯이 다이쇼기의 '취미'에 대해 고찰할 때 중요한 것은 1906년 러일전쟁 후의 상황 속에서 발행된 잡지 『취미』이다. 이 잡지의 목적은 "주로 음악, 연극, 화술, 그림, 건축, 정원, 장식, 놀이, 유행 등에 관한 일대의 지도자가 되는 동시에 이상적 읽을거리와 오락을 가정에 제공함으로써 20세기 우리 국가에 공헌한다"(易風社 편, 「『취미』 발행의 취지」, 『취미(趣味)』, 彩雲閣, 1906.6, 1권 1호)는 것이다. '취미'의 영역으로 "음악, 연극, 화술, 그림, 건축, 정원, 장식, 놀이, 유행"이 거론되는데, '취미'가 이렇게 받아들여지는 과정에서 이무라 아키라(井村彰)는 '취미'라는 단어의 의미 전용이 점차 일반화되어 가는 것을 발견한다. "Taste를 원어로 하는 주체의 능력으로서의 '취미'는 '정취, 멋(趣き)'이라는 의미를 매개로, '정취, 멋'을 갖춘 활동이라는 의미로 전환되었다. 그것은 구체적으로 예술이나 예능이라는 영역에 속한 활동이다. 다만 직업으로서의 예술이나 예능 활동은 아니다. '취미'라는 단어가 능력이 아닌 활동의 의미로 사용되는 것은 전문적인 활동이 아닌, 어디까지나 아마추어의 활동을 이를 경우다. 이 활동들은 '취미'라는 말이 유행하기 전에는 '도락(道楽)'이라는 단어로 불렸다. '도락'에서 '취미'로의 전환은, 생계를 압박하는 저급한 오락에서 생활을 풍요롭게 하는 고상한 오락으로의 이미지 전환을 불러왔다. 거기에 hobby로서의 취미라는 의미가 싹튼다"(井村彰, 「취미의 영역 – 잡지 『취미』에서 쓰보우치 쇼요, 니시모토 스이인, 시모다 우타코(趣味の領分 – 雑誌『趣味』における坪内逍遙・西本翠蔭・下田歌子 –)」, 『일본근대미학(메이지・다이쇼기)(日本の近代美学(明治・大正期))』, 科学研究費補助金研究成果報告書, 2004, 187면).

14) 山本鑛太郎, 「다이쇼~쇼와기 가이드북(大正~昭和期のガイド・ブック)」, 『사람들은 왜 여행을 떠날까 제9권 육해공 '여행'의 시대(人はなぜ旅をするのか 第九巻 陸海空"旅行"の時代)』, 日本交通公社出版事業局, 1982, 94면.

15) 松川二郎, 『진미를 찾아 떠나는 미각 여행(珍味を求めて舌が旅をする)』, 日本評論社, 1923, 2~3면.

16) '신민요운동'에 대해서는 筒井清忠, 『사이조 야소(西條八十)』, 中央公論新社, 2005, 제6장 참조.

17) 역에 스탬프가 설치된 과정에 대해 곤도 아즈마(近藤東)는 「역명 스탬프에 대해(駅名ス

タンプに就いて)」,『관광미술(観光美術)』,観光美術協会, 1940, 2월 중순호에서 "역명 스탬프를 모집하는 유행은 쇼와8, 9년경이 정점으로 (…중략…) 역명 스탬프 시초가 후쿠이(福井) 역이라고 들어서 문헌을 찾아보았지만, 찾을 수 없었다"(40면)고 했다. 그러나 도미나가 간이치(富永貫一)는 「싹트기 시작한 역 스탬프(芽ばえ行く驛のスタムプ)」,『투어리스트(ツーリスト)』, 1932년 11월호에서, 후쿠이 역이 '순례 도장'에서 힌트를 얻어 1931년 5월 5일 자로 개시했다고 말한다. 거의 동시기에 시작된 체신성(逓信省) 풍경 스탬프와 함께 전국으로 퍼졌다.

18) 가령 三好善一, 「여행 소론(旅行小論)」,『다비(旅)』, 1924.10; 田山花袋, 「옛날의 여행에 대하여(昔の旅について)」,『다비(旅)』, 1925.2, 2권 2호.

19) 「휴식・해방・여행(休息・解放・旅行)」,『다비(旅)』, 1926.4, 3권 4호 속표지, 1면.

20) 伊福部隆輝, 「'여행'에 대해('旅'について)」,『다비(旅)』, 1928.7, 5권 7호, 2면.

21) 芳賀融, 「여행을 동경하다 생활 변화의 샘(旅にあこがれる生活更新の泉として)」,『다비(旅)』, 1928.1, 5권 1호, 60면.

22) 佐藤正,『다비(旅)』, 1930.8 속표지, 1면.

23) 鐵道次官久保田敬一, 「여행을 예찬하다(旅行を礼讃す)」,『다비(旅)』, 1934.1, 11권 1호, 6면.

24) 西川義方, 「여행예찬(旅行禮讚)」,『다비(旅)』, 1934.11, 62~63면.

25) 「[부인부록] '부인과 사회' 여행의 계절 ▷여행과 독서 ▷여행의 필요([婦人付録] '婦人と社会'旅行の季節▷旅行と読書▷旅行の必要)」,『요미우리신문(読売新聞)』, 1918.3.27.

26) 谷口梨花,『가족여행(家族連れの旅)』,博文館, 1923, 1면.

27) 『도쿄아사히신문(東京朝日新聞)』, 1921.7.4.

28) 「철도성이 수입 감소 대책으로 가족 여행 할인(鉄道省か收入減対策に家族旅行割引)」,『요미우리신문(読売新聞)』, 1929.5.18.

29) "이 책이 일찍이 담당했던 안내의 역할은, 더 이상 필요가 없어졌다"(和辻哲郎, 「개정판 서문(改版序)」,『고찰순례(古寺巡礼)』, 岩波文庫, 1979, 6~7면).

30) 다음의 논문을 참조. 根来司, 「『고찰순례』의 성립 – 문체와 어휘(『古寺巡礼』の成立 – 文体と語彙)」,『우리말 어휘사 연구(国語語彙史の研究)』제10집, 和泉書院, 1989; 中島国彦, 「고찰순례의 계절(古寺巡礼の季節)」,『근대문학에서 발견되는 감수성(近代文学にみる感受性)』,筑摩書房, 1994; 浅田隆・和田博文 편,『고대의 환상 – 일본 근대문학 속의 〈나라〉(古代の幻 – 日本近代文学の〈奈良〉)』,世界思想社, 2001; 中島国彦, 「『고찰순례』와 『야마토로・시나노로』를 연결하는 것 – 호리 다쓰오, '야마토로' 노트 검증을 중심으로(『古寺巡礼』と『大和路・信濃路』をつなぐもの – 堀辰雄「大和路」ノートの検証を中心に)」,『일본근대문학(日本近代文学)』제72집, 2005; 苅部直, 「와쓰지 데쓰로의 '고대' – 『고찰순례』를 중심으로(和辻哲郎の「古代」 – 『古寺巡礼』を中心に)」,『일본근대문학(日本近代文

学)』제72집, 2005, 177~189면.

31) "이 책의 장점이 젊은이의 열정에 있었다고 한다면, 그것은 유치하다는 것과 불가분이다. 그러나 유치하기 때문에 그때는 그런 공상에 빠질 수 있었다. 지금은 아무리 노력해도 그 시절의 자유로운 상상력의 비상을 접할 수가 없다. 그렇게 생각하면, 30년 전 고미술에서 받은 깊은 감상이나 그에 자극 받은 다양한 관심은 그대로 보존되어야 하는 것이 되었다"(和辻哲郎, 『고찰순례(古寺巡礼)』, 岩波文庫, 1979, 7면). 와쓰지 데쓰로 자신이 이 책의 보편적인 장점을 "자유로운 상상력의 비상", "공상", "젊기 때문에 가능한 상상력"이라고 인정하는 것은 흥미롭다.

32) 和辻哲郎, 『고찰순례(古寺巡礼)』, 岩波書店, 1919, 16~17면.

33) 교양의 의미에 대해서는 다음을 참조. "청춘 시기에 가장 힘써야 하는 것은, 일상생활에 자연스럽게 존재하지 않는 다양한 자극을 스스로에게 주고, 내면에 움트는 정신적인 싹을 배양하는 데 집중하는 것 입니다. / 이것이 소위 '일반교양'입니다. 수천 년 동안 인류가 축적해 온 많은 정신적 보물인 공간, 예술, 철학, 종교, 역사를 통해 스스로를 교양한다, 거기에 모든 발아의 싹이 있습니다. '귀한 마음'은 이렇게 얻어지는 것입니다. 살아가는 생활의 강력함은 전적으로 거기서부터 생겨납니다"(「모든 발아의 싹(すべての芽を培え)」, 『우상 부흥・가면과 페르소나 와쓰지 데쓰로 감상집(偶像再興・面とペルソナ和辻哲郎感想集)』, 講談社文芸文庫, 2007, 185~186면).

34) 和辻哲郎, 『고찰순례(古寺巡礼)』, 岩波書店, 1919, 36면.

35) 亀井勝一郎, 「후기(あとがき)」, 『야마토 고찰 풍물시(大和古寺風物詩)』개정판, 新潮文庫, 1953, 206면.

36) 保田與重郎, 『야스다 요주로 문고 17 하세데라・야마노베노미치・교아나이・나라 안내(保田与重郎文庫 17 長谷寺・山ノ辺の道・京あない・奈良てびき)』, 新学社, 2001, 20면.

37) 和田博文, 「야스다 요주로-가볼만한 곳 야마토(保田與重郎-「大和は国のまほろば」)」, 浅田隆・和田博文 편, 『고대의 환상-일본 근대문학 속의 〈나라(奈良)〉(古代の幻-日本近代文学の〈奈良〉)』, 世界思想社, 2001 참조.

38) 保田與重郎, 『야스다 요주로 문고 17 하세데라・야마노베노미치・교아나이・나라 안내(保田与重郎文庫 17長谷寺・山ノ辺の道・京あない・奈良てびき)』, 新学社, 2001, 21면.

39) 위의 책, 21~27면.

40) 和辻哲郎, 「향락인(享楽人)」(1921), 『우상 부흥・가면과 페르소나 와쓰지 다쓰로 감상집(偶像再興・面とペルソナ和辻哲郎感想集)』, 講談社文芸文庫, 2007, 253~254면.

41) 야나기타 구니오에 대한 연구들도 '여행'을 주목했다. 가령 宮本常一, 「야나기타 구니오의 여행(柳田國男の旅)」, 『신문예독본 야나기타 구니오(新文芸読本柳田國男)』, 河出書房新社, 1992; 後藤総一郎 감수, 柳田国男研究会 편저, 「제7장 여행과 학문(旅と学問)」, 『야나기타 구니오전(柳田国男伝)』, 三一書房, 1988.

42) 柳田國男, 『청년과 학문(青年と学問)』, 岩波文庫, 1976, 45면.

43) 위의 책, 57면.

44) 柳田國男, 「메이지·다이쇼사 세태편(明治大正史世相編)」, 『야나기타 구니오 전집(柳田国男全集)』 26, ちくま文庫, 1990, 189면.

45) 위의 글, 188면.

46) 柳田國男, 「여행의 진보와 퇴보(旅行の進歩および退歩)」(1927), 『청년과 학문(青年と学問)』, 岩波文庫, 1976, 57면.

47) 後藤總一郎 감수, 柳田国男研究会 편저, 「제7장 여행과 학문旅と学問」, 『야나기타 구니오전(柳田国男伝)』, 三一書房, 1988, 516면. 여기서도 '독특한 세 가지 단계'를 지적한다. 한편 白幡洋三郎, 『여행 추천-쇼와가 낳은 서민의 '신문화'(旅行のススメ-昭和が生んだ庶民の「新文化」)』, 中公新書, 1996처럼 야나기타 구니오가 '다비(旅)'와 '여행(旅行)'을 개념적으로 구분하고 있었다는 해석도 일부 존재하긴 하지만, 이런 경향이 일관된 것은 아니라서 이 책에서는 채택하지 않았다.

48) 後藤總一郎 감수, 柳田国男研究会 편저, 『야나기타 구니오전(柳田国男伝)』, 三一書房, 1988, 520면.

49) 柳田國男, 「메이지·다이쇼사 세태편(明治大正史世相編)」, 『야나기타 구니오 전집(柳田国男全集)』 26, ちくま文庫, 1990, 188면.

50) 위의 글, 191면.

51) 위의 글, 199면.

52) 위의 글, 199면.

53) 위의 글, 202~203면.

54) 위의 글, 199면.

55) 위의 글, 203면.

56) 위의 글, 200면.

57) 柳田國男, 「여행의 진보와 퇴보(旅行の進歩および退歩)」(1927), 『청년과 학문(青年と学問)』, 岩波文庫, 1976, 51면.

58) 위의 글, 53면.

59) 위의 글, 52면.

60) 柳田國男, 「메이지·다이쇼사 세태편(明治大正史世相編)」, 앞의 책, 203면.

61) 이 연장선상에 있는 것이 '여행조합'이라는 일종의 협동조합의 구상이었다. 柳田國男, 「여행의 진보와 퇴보(旅行の進歩および退歩)」(1927), 앞의 책, 57면.

62) 三木清, 『미키 기요시 전집(三木清全集)』 제1권, 岩波書店, 1966, 343~344면.

63) 위의 책, 344~345면.

64) 위의 책, 346면.

65) 위의 책, 346면.

66) 『다비(旅)』, 1941.4, 2~5면. 이 글은 야마토쇼보(大和書房)에서 간행한 저작집에는 수록되어 있지 않다.

67) 『다비(旅)』, 1941.4, 3면.

68) 『다비(旅)』, 1941.4, 4면.

69) 한편 이러한 변화는 곤다 야스노스케 자신의 연구에서도 드러난다. 즉 초기 '민중오락' 연구에서 그는 여행을 거의 주목하지 않지만 쇼와10년대 '민중오락' 연구에서는 명확하게 "신흥오락"으로 여행을 위치시킨다. 가령 1941년 『국민오락의 문제』에는 다음과 같이 썼다. "국민 대중의 생활을 만들어내는 요인 중 하나인 교통기관의 발달 그 자체가 이미 새로운 오락의 종류를 만들어내고 있다. 그것은 여행취미의 오락화이다. 철도성을 비롯해 시전차, 교외 전철, 유람 버스, 유람선이 여행 유람이라는 취미의 범위를 확대하는 동시에 그 향락자들의 범위까지도 현저히 넓혔다. 하이킹, 캠핑, 암벽 등반, 스키, 스케이트 등 성별과 나이를 불문하고 직업 계급에 상관없이 큰 사랑을 받고 있다"(權田保之助, 『곤다 야스노스케 저작집(權田保之助著作集)』 제3권, 文和書房, 1975, 23면. 그 외 164・178면 등).

70) 곤다 야스노스케는 1942년에 『나치스후생단(ナチス厚生団)』(栗田書店)을 출간했다.

71) 權田保之助, 『곤다 야스노스케 저작집(權田保之助著作集)』 제3권, 文和書房, 1975, 109면.

72) 위의 책, 110면.

73) 위의 책, 110면.

74) 위의 책, 110면.

75) 權田保之助, 『민중오락론(民衆娛楽論)』, 巌松堂書店, 1931, 100면.

76) Daniel J. Boorstin, *The Image A Guide to Pseudo : Events in America*, Vintage Books, 1992 (Atheneum edition 1962), p.78.

6장_전쟁 말기 여행 규제를 둘러싼 알력

1) 일본교통공사의 『50년사(五十年史)』 및 『일본교통공사 70년사(日本交通公社七十年史)』의 기술을 제외하면 사쿠라모토 도미오(櫻本富雄)가 소개하고 있을 뿐이다. 櫻本富雄, 「제24장『교통동아』를 읽다(第二四章『交通東亜』を読む)」, 『탐서편력 봉인된 전시하 문학의 발굴(探書遍歴 封印された戰時下文学の発掘)』, 新評論, 1994.

2) 日本交通公社, 『50년사(五十年史)』, 日本交通公社, 1962, 245~246면.

3) 日本交通公社社史編纂室 편, 『일본교통공사 70년사(日本交通公社七十年史)』, 1982, 86~87면.

4) 여행이 유람이기 때문에 자숙하자는 의견은 이미 1937년(쇼와12)의 중일전쟁의 전면화 직후부터 나왔다. 그 시점에는 반론하는 의견도 많았다. 예를 들면 다음과 같다. "지나사변이

발발하고부터 유람여행 등은 신중하지 못하다고 해서 대체로 여행객이 줄었다. 하지만 나의 입장에서 보면 여행은 자중하는 것이 아니다. (…중략…) 사람들은 자주 유람, 유람이라고 말하지만, 유람이 반드시 나쁜 것은 아니다. 유람에는 다양한 목적이 있다. 주말여행은 일주일간 노동의 피로를 풀기 위해서 즉, 레크리에이션인 것이다. 병에 걸렸을 때 약을 먹는 것과 마찬가지이다"(西村眞次, 「여행의 진수(旅の真髓)」, 『다비(旅)』, 1937.2, 2~3면).

5) '일본후생협회(日本厚生協会)'에 대해서는 다음 문헌을 참조. 高岡裕之 편, 『자료집 총력전과 문화 제2권 후생운동・건민운동・독서운동(資料集 総力戦と文化 第2巻 厚生運動・健民運動・読書運動)』, 大月書店, 2001; 高岡裕之, 『총력전체제와 '복지국가'−전시기 일본의 '사회개혁' 구상(総力戦体制と「福祉国家」−戦時期日本の「社会改革」構想)』, 岩波書店, 2011. 또는 都筑眞・浅野哲也・村井友樹・佐藤亮・大熊廣明, 「전시일본의 후생운동−후생대회(1938~1940)를 중심으로(戦時下における日本の厚生運動−厚生大会(1938~1940)を中心として)」, 『쓰쿠바대학 체육 과학 학술지(筑波大学体育科学系紀要)』, 2011.

6) 高岡裕之 편, 『자료집 총력전과 문화 제2권 후생운동・건민운동・독서운동(資料集 総力戦と文化 第2巻 厚生運動・健民運動・読書運動)』, 大月書店, 2001, 3면.

7) 위의 책, 14~15면.

8) 위의 책, 15면.

9) 日本交通公社, 『50년사(五十年史)』, 日本交通公社, 1962, 188~189면.

10) 아오키 가이조(青木槐三)는 제1회 후생대회의 위원으로 활동했다.

11) 青木槐三, 『인물 국철 100년(人物国鉄百年)』, 中央宣興株式会社出版局, 1969.

12) 『도쿄아사히신문(東京朝日新聞)』, 1938년 8월 1일 석간 게재 광고를 살펴보면, 미야코신문사(都新聞社)・일본여행협회(日本旅行協会) 주최, 내무성, 문부성, 철도성, 후생성 후원의 『청년도보여행 전람회(青年徒歩旅行展覧会)』가 1일부터 15일까지 니혼바시(日本橋) 미쓰코시(三越) 4층과 5층에서 개최되었다. 『旅』 1938년 9월호 「청년도보여행전에서(青年徒歩旅行展から)」라는 기사에 상세히 나와 있다.

13) 青木槐三, 『인물 국철 100년(人物国鉄百年)』, 中央宣興株式会社出版局, 1969, 185~186면.

14) 위의 책, 186~187면.

15) 위의 책, 187~188면.

16) 전시기 철도운송 데이터는 日本国有鉄道 편, 『일본국유철도 100년사(日本国有鉄道百年史)』 제10권, 日本国有鉄道, 1973, 723면 등을 참조.

17) 『도쿄아사히신문(東京朝日新聞)』, 1940.5.30.

18) 『도쿄아사히신문(東京朝日新聞)』, 1940.8.18.

19) 『아사히신문(朝日新聞)』, 1940.12.15.

20) 『아사히신문(朝日新聞)』, 1941.2.4.

21) 『아사히신문(朝日新聞)』, 1942.11.11. 1940년 4월부터 쌀, 된장, 설탕, 성냥 등 생활필

수품에 대한 우표 배급제가 도입되었고, 1941년 4월부터는 도쿄, 요코하마, 나고야, 교토, 오사카, 고베의 6개 도시에서 미곡의 배급 통장제와 외식권제(外食券制)가 도입되었다. 이러한 상황으로 식료품을 구하기 위한 '물품구매' 여행이 증가하게 되었고, '유람여행'과 함께 '물품구매 여행'도 '불필요하고 급하지 않은 여행'으로 질적 제재의 대상이 되었다.

22) 『아사히신문(朝日新聞)』, 1943.5.29.

23) 『아사히신문(朝日新聞)』, 1943.5.29.

24) 「시국 하의 여행(時局下の旅)」, 『다비(旅)』, 1940.9, 32면.

25) 「오늘날의 여행관(今日の旅行観)」, 『다비(旅)』, 1941.9, 4면.

26) 위의 글, 4면.

27) 「오늘날의 여행관(今日の旅行観)」・「노는 여행은 폐지할 것(遊びの旅は廃止すること)」, 『다비(旅)』, 1941.10, 2~3면.

28) 「주부의 입장에서 유락여행 비판(主婦の立場から遊楽旅行批判)」, 『다비(旅)』, 1943.3, 11면.

29) 「시국 하의 여행(時局下の旅)」, 『다비(旅)』, 1940.9, 32면.

30) 「여행의 이념(旅の理念)」, 『다비(旅)』, 1941.9, 3면.

31) 「오늘날의 여행관(今日の旅行観)」・「일하기 위해서는 위안이 필요(働くための慰安が必要)」, 『다비(旅)』, 1941.9, 4면.

32) 「여행과 정조교육(旅行と貞操教育)」・「시야를 넓혀라(視野を拡げる)」, 『다비(旅)』, 1942.9, 4면.

33) 「주부의 입장에서 유락여행 비판(主婦の立場から遊楽旅行批判)」, 『다비(旅)』, 1943.3, 11면.

34) 「여성의 입장에서, 유락여행 비판(婦人の立場から・遊楽旅行批判)」, 「가족 중심의 후생 여생이 바람직하다(家族中心の厚生旅行が望ましい)」, 『다비(旅)』, 1943.4, 13면.

35) 스즈키 슌이치(鈴木舜一)는 『연소자 취직의 예비지식(年少者就職の餘備的知識)』(1932), 『노동 청소년의 문화와 교육(勤労青少年の文化と教育)』(1941), 『남방노동력 연구(南方労働力の研究)』(1942), 『오늘날 근로 문제(今日の勤労問題)』(1943), 『일하는 사람의 생활 설계(働く者の生活設計)』(1943), 『일하는 여성을 위하여(働く女性のために)』(1943), 『근로 문화(勤労文化)』(1943), 『공장의 사계절(工場の四季)』(1943) 등의 저서가 있다. 또한, 후생 운동의 관점에서 여행에 대한 가장 정리된 분석은, 1941년 4월호에 게재된 곤다 야스노스케(權田保之助)의 「건전오락으로서의 여행(健全娯楽としての旅行)」을 들 수 있다. 이 논고에 대해서는 본서 제5장을 참조.

36) 「근로자와 여행(勤労者と旅)」, 『다비(旅)』, 1943.1, 10면.

37) 青木槐三, 『인물 국철 100년(人物国鉄百年)』, 中央宣興株式会社出版局, 1969, 190면.

38) 위의 책, 192면.

39) 『다비(旅)』, 1943.8, 3면.

40) 「편집후기(編集後記)」, 『다비(旅)』, 1943.8, 72면.

41) 『交通東亜』, 1943.10, 3면.

42) 日本国有鉄道 편, 『일본국유철도 100년사(日本国有鉄道百年史)』 제10권, 日本国有鉄道, 1973, 728면.

43) 福井福太郎, 「결전곡제하의 강행조정(決戦鵠制下の強行調整)」, 『다비(旅)』, 1943.7, 8~9면.

44) 「어째서 열차시간을 개정했는가(何故列車時刻を改正したか)」, 『교통동아(交通東亞)』, 1943.10, 6면.

45) 志鎌一之, 「독일 허가제여행(ドイツの許可制旅行)」, 『교통동아(交通東亞)』, 1943.10, 10면.

46) 『交通東亞』, 1944.1, 5면.

47) 日本国有鉄道 편, 『일본국유철도 100년사(日本国有鉄道百年史)』 제10권, 日本国有鉄道, 1973, 743~744면.

48) 日本国有鉄道 편, 「고지 제126호 여객 및 하물운송시각예(告示第126号 旅客及荷物運送戦時特例)」, 『일본국유철도 100년사(日本国有鉄道百年史)』 제10권, 日本国有鉄道, 1973, 745면.

49) 「여객수송 결전비상조치 국민의 자숙에 호소하다(旅客輸送の決戦非常措置 國民の自肅に愬ふ)」, 『교통동아(交通東亞)』, 1944.4, 5면.

50) 『다비(旅)』, 1943.3, 9면. 이와 같은 조사에 대해서 아오키 가이조(靑木槐三)는 다음과 같이 기술하고 있다. "5월에는 동철(東鐵)에서 처음으로 여행목적을 조사하였다. 조사표에 성함, 나이, 목적, 하차 역 등을 기재하게 하였다. 목적에 대한 항목에는 군무, 회사용, 통근, 통학, 가사, 보양, 훈련, 노동 봉사, 철도여행, 유람 등을 적게 했지만, 누구도 유람이나 보양 등을 기입한 자는 없었다. 그러나 사실 유람목적이 50% 정도였다"(靑木槐三, 『인물 국철 100년사(人物国鉄百年)』, 中央宣興株式会社出版局, 1969, 193면).

51) 宮脇俊三, 『증보판 시각표 쇼와사(增補版 時刻表昭和史)』, 角川書店, 1997, 160면.

52) 위의 책, 164면.

53) "결전을 뒷받침하는 운송력, 천 명이 자숙한다면 (…중략…) 충분히 운송 가능한 제도(帝都) 1일 분의 채소, 매출부대는 암(癌)일 뿐, 여행회를 법에 따라, 유람과 물품구매 여행을 단절하자."『朝日新聞』, 1943.12.16.

54) 宮脇俊三, 『증보판 시각표 쇼와사(增補版 時刻表昭和史)』, 角川書店, 1997, 185면.

55) 5월 31일이 되자 도중 하차는 엄금했지만, 목적지 초과 이용권을 플랫폼에서 판매한다고 발표했다. (…중략…) 경찰 증명서도 처음에는 다소 효과가 있었지만, 이후 증명서를 남발하거나, 경찰과 잘 아는 사람들에게는 무제한으로 발급하는 등, 이러한 문제점을 발견하고 5개월 만에 정지하고야 말았다"(靑木槐三, 『인물 국철 100년(人物国鉄百年)』, 中央宣

興株式会社出版局, 1969, 126면).

56) 「여행객이여 더욱 자숙해라 아직 대안이 없는 "전일 신고제"(旅客よ・もつと自肅しよう まだ名案のない"前日申告制")」, 『아사히신문(朝日新聞)』, 1944.10.8.

57) 「보이지 않는 분투로 다하다 미증유의 중책 여행객은 전우애를 가지고 자숙을(見えぬ苦 闘で果たす 未曾有の重責 旅客は戦友愛の自肅を)・「법망을 빠져나가는 여행객(裏を くゞる旅客)」, 『아사히신문(朝日新聞)』, 1945.7.30.

58) 青木槐三, 『인물 국철 100년(人物国鉄百年)』, 中央宣興株式会社出版局, 1969, 237~238 면. 그러나 함선기(艦船機) 공격이 시작되어도, 미야와키 슌조(宮脇俊三)는 다음과 같은 수단을 이용해서 물품구매 여행에 나섰다. "함선기 공습이 있고 나서 수일 후, 나는 급우와 함께 유가와라(湯河原)로 밀감을 구매하기 위해 외출했다. (…중략…) 도쿄에서 유가와라 까지 도카이철도 본선으로 가면 승차권 판매제한이 있어서, 우리는 오다하라(小田原)까지 가기로 했다. 사철(私鐵)에는 판매제한이 없기 때문이다. 오다하라까지는 도카이철도 본선이지만 여기서부터 유가와라까지 겨우 15.2킬로미터기 때문에 열차표는 자유롭게 살 수 있었다(宮脇俊三, 『증보판 시각표 쇼와사(増補版 時刻表昭和史)』, 角川書店, 1997, 205~206면).

59) 그 외의 기사로 요코야마 류이치横山隆一가 「오지상 강행(をぢさん強行)」을 1943년 10월호부터 1944년 4월호까지, 「강력 오지상(強力をぢさん)」을 1944년 5월부터 10월까지 연재했다.

60) 『대동아전쟁 남방화신(大東亞戰爭 南方画信)』, 陸軍美術協会出版部 발행, 1942.9; 『대 동아전쟁 남방화신 제2집 대동아전쟁편람특집호(大東亞戰爭 南方画信 第二集 大東亞戰 爭便覧特集号)』, 陸軍美術協会出版部発行, 1942.12 참조.

61) 전쟁미술에 대해서는 다음의 문헌을 참조. 丹尾安典 외, 『이미지 속 전쟁(イメージのなか の戰爭)』, 岩波書店, 1996; 神坂次郎 외, 『화가들의 '전쟁'(画家たちの「戰爭」)』, 新潮社, 2010. 특히 수록된 川田明久, 「전쟁미술과 그 시대(戦争美術とその時代)」; 針生一郎 외 편, 『전쟁과 미술(戦争と美術) 1937-1945』, 国書刊行会, 2007; もりたなるお, 『예술과 전쟁-종군작가・화가들의 전쟁 중과 전쟁 후(芸術と戦争-従軍作家・画家たちの戦中と 戦後)』, 産経新聞出版, 2007; 溝口郁夫, 『그림 도구와 전쟁-종군작가들과 전쟁화의 궤 적(絵具と戦争-従軍画家たちと戦争画の軌跡)』, 国書刊行会, 2011; 飯野正仁 편, 『전시 하 일본 미술연표(戦時下日本美術年表) 1930-1945』, 藝華院, 2013.

62) 「원생화원의 명명(原生花園の命名)」, 『다비(旅)』, 1989.9.

63) 赤澤史朗, 北河賢三 編, 『문화와 파시즘(文化とファシズム)』, 日本経済評論社, 1993, 7~8면.

64) 이 시기의 특징을 알 수 있는 국책에 적극적으로 적응하고 편승한 투어리즘만으로 전시 하 여행의 존재 양식으로 일반화하는 것은 적절하지 않다. 이 시기에 대해서는 다음 문헌을

참조. 高岡裕之,「관광·후생·여행―파시즘기의 투어리즘(観光·厚生·旅行―ファシズ
ム期のツーリズム)」, 赤澤·北河 편, 『문화와 파시즘(文化とファシズム)』, 日本経済評論
社, 2001 수록; 工藤泰子,「전시 하 교토의 국책 관광(戦時下京都における国策としての観
光)」, 『일본관광연구학회 제24회 전국대회논문집(日本観光研究学会第24回全国大会論
文集)』, 日本観光研究学会, 2009; 케네스·루오프, 木村剛久 역, 『기원 이천육백 년 소비와
관광의 내셔널리즘(紀元二千六百年 消費と観光のナショナリズム)』, 朝日新聞出版, 2010.

65) "창립 23주년을 맞이한 재팬 투어리스트 뷰로에서는 만주국 방면으로의 사업 확장과 함
께, 1월 이후 새로운 직원을 뽑기 시작했다. 지원자 남성 223명 가운데 15명, 여성 25명
가운데 2명을 합격자로 결정하고 관광 일본의 제일선에 세웠다. (…중략…) 단 2명의 여성
합격자 가운데 일본여자대학(日本女子大学) 영문과 4학년 재학의 도쓰카 아야코(戸塚文
子, 21)는 어학과 상식에서 남녀 지원자 중 최고점을 받은 명석한 여성이었다"(「관광일본
의 제1선에 선 세 명의 독특한 인물(観光日本の第一線に立つ3名の変り種)」, 『도쿄아사히
신문(東京朝日新聞)』, 1934.3.20).

66) 「회고·쇼와사와 여행(回顧·和史と旅)」, 『다비(旅)』, 1985.4, 213면.

7장_전후 일본을 걷다

1) 野田宇太郎, 『동후정일록(桐後亭日録)』, ぺりかん社, 1978, 88~89면.

2) 위의 책, 89~90면.

3) 위의 책, 93면.

4) 위의 책, 94면.

5) 野田宇太郎 외편, 『기노시타 모쿠타로 전집(木下杢太郎全集)』 제18권, 岩波書店, 1983,
286면.

6) 위의 책, 215면.

7) 위의 책, 217면. '간초로'에 관해서는 森於菟,「간초로 시말기(観潮樓始末記)」, 『부친 모
리 오가이(父親としての森鴎外)』, 筑摩書房, 1969 참조.

8) 『노다 우타로 문학산책 제6권 도쿄 문학산책 무사시노편(野田宇太郎文学散歩 第六巻 東
京文学散歩 武蔵野篇)』, 文一総合出版, 1977, 302면.

9) 『게이린칸포(藝林閑歩)』, 1946.5, 제1권 제2호, 東京出版, 본문 앞 첫 페이지.

10) 野田宇太郎, 『동후정일록(桐後亭日録)』, ぺりかん社, 1978, 215면.

11) 『노다 우타로 문학산책 별권1 신도쿄문학산책(野田宇太郎文学散歩 別巻1 新東京文学散
歩)』 상, 文一総合出版, 1979, 9~10면.

12) 野田宇太郎, 『도쿄 하이칼라 산책(東京ハイカラ散歩)』(ランティエ叢書 17), 角川春樹事
務所, 1998, 271면.

13) 위의 책, 271면.

14) 위의 책, 271면.

15) 『노다 우타로 문학산책 전집(野田宇太郎文学散歩全集)』(文一総合出版) 각 권의 첫머리 '메모'의 조사 시기에 관한 정보를 바탕으로 정리했다.

16) 月ヶ瀬村史編集室 편, 『쓰키가세 마을의 역사(月ヶ瀬村史)』, 月ヶ瀬村, 1990, 737면.

17) 野田宇太郎, 「메이지에 관해(明治について)」, 『문학산책 25호 메이지무라 기념호(文學散歩 25号 明治村記念号)』, 文學散歩友の会事務局, 1966.10, 본문 첫 페이지.

18) 野田宇太郎, 「메이지무라(明治村)」, 『문학산책 25호 메이지촌 기념호(文學散歩 25号 明治村記念号)』, 文學散歩友の会事務局, 1966.10, 73면.

19) 노다 우타로 자신은 이런 용어의 보급에 대해 다음과 같은 불쾌감을 종종 드러냈다. "패전 후 급격하게 발달한 매스컴이 문학산책을 다루면서 유행어가 되었다. 결국엔 고전·근대·현대의 경계도 없이 안이하게 문학이라고 이름 붙은 것을 지역별로 나열한 듯한 제목을 도용 또는 모방한 책들이 출판되고 때로는 레저용 저널리즘까지 그 명칭을 사용한다"(野田宇太郎, 「문학산책(文學散歩)」, 日本近代文学館 편, 『일본근대문학대사전(日本近代文学大事典)』, 講談社, 1977, 461면). 또 「노다 우타로 문학산책과 안내―나의 저작과 관련된 오해에 대해」(『산케이지지(産経時事)』, 1956.2.23)도 참조 바람. 그러나 노다 우타로 자신도 처음엔 '문학산책'을 테마로 한 버스투어의 안내를 맡거나 가이드북 비슷한 책을 내기도 했다. 『도쿄 문학산책 수첩(東京文学散歩の手帖)』(学風書院, 1955)의 취지를 다음과 같이 말하고 있다. "도쿄 거리를 걸으면서 뭔가 도쿄의 문학에 관한 안내서가 있으면 좋겠다고 생각했습니다. 야마노테의 고개, 시타마치의 강이나 다리를 그냥 멍하니 지나가는 것보다, 그 장소가 문학과 어떤 관계가 있는지 알게 된다면 훨씬 더 즐겁겠지요. 요즘 책을 읽을 때만 접하게 되는 문학을 외출 시에도 함께 한다는 것은 빼놓고 싶지 않은 문화생활 중 하나입니다. 나는 사람들의 이와 같은 욕구를 충족시키기 위해, 문학을 배우고 지금까지의 독서뿐만 아니라 그 문학이 길러진 환경과도 친숙해지면서 문학을 한층 구체적으로 몸에 익히려고 하는 사람들을 위해 이 책을 썼습니다"(1면).

20) 「버스를 타고 '문학산책' 해설자는 노다 우타로」, 『아사히신문(朝日新聞)』, 1953.3.8.

21) 高見順, 「문학산책 버스」, 『아사히신문(朝日新聞)』, 1953.3.12.

22) 「스미다 강변 문학산책 매주 토요일 관광버스로」, 『요미우리신문(読売新聞)』, 1953.6.13.

저자 후기

『여행의 모더니즘』은 사상사와 사회학에 대한 관심에서 출발하여 몇 단계의 연구를 거쳐 발전시킨 주제였다. 먼저 '모더니즘'에 대한 관심은 헤겔, 짐멜, 하버마스 등의 연구를 바탕으로 시작되었다. 그리고 여행과 여행가이드북에 대한 관심은, 대학에서 처음 담당한 '현대문화론' 강의를 위해 참고한 쓰루미 슌스케鶴見俊輔의 저서『전후 일본의 대중문화사戰後日本の大衆文化史』의 「여행안내에 대하여旅行案内について」로 거슬러 올라간다. 이 강의에서는 해외여행이나 가이드북을 사례로 들어 일본문화를 고찰하였다. 이후 담당한 '커뮤니케이션론' 강의에서 '장소·공간' 관련 연구가 여행과 관광 연구로 이어졌다. 여행은 미디어와 인간 행동의 관계를 고찰할 수 있는 가장 적절한 사례였다.

나는 철학자이자 사회학자인 게오르그 짐멜이 일본미술품 애호가이자 수집가였다는 사실을 알게 된 것을 계기로 메이지 말기부터 다이쇼, 쇼와 초기까지의 시기에 관심을 가지게 되었다. 의식주를 비롯한 현재의 생활 스타일 대부분이 대략 100년 전인 1900~1920년경에 만들어졌다. 이 시기에는 정치·경제·문화·자연과학·사회과학·예술·기술 등이 경계를 뛰어넘어 서로 자극하면서 커다란 소용돌이를 만들어내고 있었다. 일본 또한 지금과는 다른 방식으로 이 커다란 소용돌이 안에 있었다. 현재를 이해하는 방법을 도출하기 위해서도 '모더니즘' 시대를 되돌아보는 것은 가치가 있다. 잊혀진 채로 묻어 두기에는 너무나도 소중하고 아쉬운 기억이 많다. 처음에는 다이쇼 시기부터 쇼와9년경까지 '다이쇼 쇼와 초기'로 연구 시기를 한정했지만, 일본 '모더니즘'의 쇠락과 부흥을 다루기 위해 연구시기를 전쟁 시기와 전후 일부를 포함한 '다이쇼·쇼와 전기前期'로 확장하고, 이 책의 부제도 '다이쇼부터 쇼와 전기 일본의 사회문화 변동大正昭和前期の社会文化変動'으로 결정했다.

현대문화 중에서 여행문화라는 연구 주제를 선택했을 때는 사회·문화 연구 방법론에 의문도 있었다. 사회 문제나 과제를 발견하고 그 '해결'을 위해 '진단'을 내리는 것이 사회과학 연구의 중심축이다. 그러나 종종 문제가 무엇인지 잘 모르거나, 몇몇 원인만을 없애거나 다른 것으로 바꾸고는 곧바로 '해결'된 것처럼 단정하는 경우도 있다. "좋은 점이나 훌륭한 점을 발견하여 확장"시키는 방법론을 사회과학 연구의 또 하나의 중심축으로 위치시킬 수는 없을까 생각했다. 여행과 관광이라는 현상은 그러한 방법론에 적합한 주제였다. 최근 새로운 학부를 만드는 과정에서 심리학의 새로운 흐름인 '긍정 심리학'을 접했다. 분야는 다르지만 비슷한 점이 있다는 생각에 자신감을 얻었다.

십수 년에 걸친 이 연구는, 나에게 풍부하고 깊이 있는 역사와의 즐거운 만남이었다. 인용문이 많아지고 길어질 정도로 재미있는 소재가 많았다. 특히 와쓰지 데쓰로和辻哲郎를 연구하면서 기노시타 모쿠타로木下杢太郎를 접하게 되었고, 기노시타 모쿠타로 전집 속에서 짐멜의 논문 번역본을 발견했을 때는 하나의 고리로 이어지는 감동을 받았다. 그런데 최근에는 이 주제와 관련된 분야의 연구가 빠르게 진행되고 있다. 이러한 현상이 기쁜 반면, 중요한 자료를 놓치거나 틀리게 해석하는 등 중대한 결함이 있을지도 모른다는 우려도 있다. 또한, 이 책에 언급하지 못한 중요한 사항도 많다. 이러한 결점이 있다고 해도 이 책이 여행과 관광의 역사 연구, 현대문화 연구에 조금이라도 공헌할 수 있기를 바란다. 더불어 연구자와 학습자에게는 참고

문헌으로, 일반인에게는 교양서로 도움이 된다면 매우 기쁠 것이다.

이 책은 지금까지 발표한 논문을 수정한 부분과 새롭게 집필한 부분으로 구성되어 있다. 각 장의 논문 초출은 다음과 같다.

서장 여행과 모더니즘에 대하여(초출)

제1장 여행의 '모던' – 대중화 · 조직 · 잡지

「여행의 근대화와 '지도기관' – 다이쇼 · 쇼와 초기의 잡지『다비』부터旅行の近代化と「指導機関」 – 大正 · 昭和初期の雑誌『たび』から」, 『리쓰메이칸산업사회논집立命館産業社会論集』 제44권 1호, 立命館大学産業社会学会, 2008. 6, 99~115면.

제2장 산악미의 발견과 여행단 – 다이쇼 · 쇼와 초기의 등산 열풍

「'여행단'과 '산악강연회' – 다이쇼기 여행문화의 형성「旅行団」と「山岳講演会」 – 大正期における旅行文化の形成」, 『리쓰메이칸산업사회논집立命館産業社会論集』 제44권 3호, 立命館大学産業社会学会, 2008.12, 21~40면.

제3장 도시미의 발견과 '도회취미' – 기노시타 모쿠타로의 고바야시 기요치카론小林清親論

「기노시타 모쿠타로의 고바야시 기요치카론, 또는 사상으로서의 '도회취미'木下杢太郎の小林清親論、あるいは思想としても「都会趣味」」, 『리쓰메이칸산업사회논집立命館産業社会論集』 제49권 1호, 立命館大学産業社会学会, 2013.6, 1~31면.

제4장 여행가이드북의 '볼거리' – 『공인 동아 안내 일본편公認東亜案内』 1914, 日本編과 『테리의 일본제국안내テリーの日本帝国案内』를 중심으로

「여행가이드북의 '볼거리' – 『공인 동아안내』 일본편과 『테리의 일본제국안내』의 1914년旅行ガイドブックの中の「見るに値するもの」 – 『公認東亜案内』日本編と『テリーの日本帝国

案内』の1914年」,『리쓰메이칸산업사회논집立命館産業社會論集』제45권 1호, 立命館大学産業社会学会, 2009.6, 151~170면.

제5장 '취미여행'과 '모던라이프' – 여행론의 전개

「'취미여행'과 '모던라이프' – 다이쇼・쇼와 전기의 여행문화 전개와 여행론「趣味の旅行」と「モダン・ライフ」－大正・昭和前期における旅行文化の展開と旅行論」, 『리쓰메이칸산업사회논집立命館産業社會論集』제46권 4호, 立命館大学産業社会学会, 2011.3, 1~20면.

제6장 전쟁 말기 여행 규제를 둘러싼 알력 –『교통동아交通東亜』와 그 주변

「『교통동아』와 그 주변 – 전쟁 말기의 여행 규제를 둘러싼 알력『交通東亜』とその周辺－戦争末期の旅行規制を巡る軋轢」, 『리쓰메이칸산업사회논집立命館産業社會論集』제51권 2호, 立命館大学産業社会学会, 2015.11, 35~55면.

제7장 전후 일본을 걷다 – 여행문화 측면에서 살펴본 '문학산책'(초출)

연구가 항상 고독하기만 한 것은 아니다. 많은 사람과의 토론이 연구를 발전시키는 에너지가 되었다. 지금까지 연구와 관련하여 수많은 이야기를 나눈 학생들과 연구자들에게 깊은 감사 인사를 전한다.

연구 시간을 확보하고 출판을 지원해준 리쓰메이칸대학의 교직원 여러분께도 감사드린다. 마지막으로 출판업계의 어려운 상황 속에서 출판을 수락해준 나카니시야출판사 여러분께 감사를 전하고자 한다.

2016년 11월

아카이 쇼지赤井正二

354   여행의 모더니즘

여행은 오늘날 여가를 활용하는 대표적인 생활양식이다. 약간의 과장을 보태자면, 과거의 세시풍속이나 통과의례와 비슷하게 느껴질 정도다. 학교라는 집단 속에서는 철철이 소풍, 현장학습, MT, 수학여행, 졸업여행 등이 이어진다, 이뿐인가. 신혼여행, 환갑여행, 칠순여행, 팔순여행처럼 여행은 통과의례 속에 안착하였고, 꽃놀이, 여름휴가, 단풍놀이, 눈꽃축제는 농부들의 절기처럼 익숙한 계절행사가 되었다. 배낭여행, 도보여행, 자전거여행, 오지여행, 캠핑여행, 자유여행……, 여행의 내용과 형식은 다종다양하다. 여럿이 또는 혼자서, 꼼꼼한 계획을 세워 또는 그냥 훌쩍, 사람들은 여행을 떠난다. 심지어 최근에는 320억 원에 우주여행 티켓이 경매되었다는 소식을 들었다. 곧 대중화될 것이라는 덧붙임에 코웃음을 쳤지만, 내년에는 2억 9천만 원으로 가격이 떨어진단다. 이 속도의 가격인하라면 우주여행 광고를 손에 들고 고민하는 날이 진짜로 올 것도 같다. 아무튼 우리에게 여행은 대중화, 상업화, 균질화되는 와중에, 또 매우 분명히 개별화되었다. 우주여행이 말하고 있듯이 테마화, 전문화, 스펙타클화 경향도 뚜렷하다. 무엇보다 사람들의 버킷리스트에 여행은 가장 끈질기게 남아있을 것 같다.

아카이 쇼지赤井正二의 『여행의 모더니즘旅行のモダニズム』은 여행을 개인적이고, 사회적이고, 문화적인 전형적 행위로 파악한다. 여행이란 현대인의 개인적 행위에 사회적·문화적 의미가 담겨있다는 것이다. 비일상성의 대표주자인 여행에는 탈출, 자유, 기대, 재충전, 휴식, 기분전환, 가변성, 낯섦,

도전, 설렘, 새로움 등이 잔뜩 들어있다. 여행의 선택과 결정 과정을 통해 현대인은 나는 누구이며 어디로 가고 있는가와 같은 정체성을 형성하고 경험한다. 반복되는 일상의 틀은 너무나 확고하기에, 현대인은 비일상적인 여행에서 진정한, 그리고 고유한 자신을 발견할 수 있다는 것이다. 서장에서 밝힌 이 책의 출발은, 오늘날 사람들이 가진 '행복한 생활'의 필수 항목이 된 여행, '여행을 위한 여행'의 사고방식은 어떤 배경을 갖고 성립하였는지, 그러한 사고방식이 널리 퍼지고 정착하게 된 경로는 무엇인지, 여기에 일본적 특징은 무엇인지 대한 궁금함이다.

아카이 쇼지는 일본의 대표적인 사회학자로, 와세다대학에서 사상사와 사회학을 전공하였고, 1987년부터 2017년까지 리츠메이칸대학에서 교수를 역임하였다. 정년퇴임을 1년 앞둔 2016년에 발행한 그의 대표 저작 『여행의 모더니즘』에서 그가 말하는 '모더니즘'은 무엇일까? 아카이 쇼지는 이 책 전반에 흐르는 '모더니즘'을, 일정 정도 재산과 교양을 갖춘 '시민'에게 부과된 '모더니티' 이념이 '대중'적 규모로 실현·보급·정착한 과정이자 그 사상·운동·제도·에 관한 과정으로 정의한다. 그는 일본 '모더니즘'의 쇠퇴와 부활을 언급하기 위해 연구시기를 전쟁 시기와 전후 일부를 포함한 '다이쇼·쇼와 전기'로 확장했다고 한다. 이를 전제로, 여행을 '문화'로 접근해 당대의 여행 문화에 관한 '역사 연구'를 시도한 것이야말로 이 책의 강점이다. 저자가 이 책을 역사 연구라 한 만큼 다루고 있는 자료는 상당하다. 여행을 대중문화로 바꾼 원동력을 생생하게 묘사하면서, 다이쇼기의 등산 붐, 여행잡지 및 가이드북의 역할, 여행의 산업화 등, 여행의 근대화·대중화를 둘러싼 양상을 두루 담았고, 귀한 도판 자료도 풍부하게 소개하고 있다. 이를 통해 철도망 정비, 휴일의 제도화,

숙박업소의 근대화, 상세한 여행정보와 새로운 여행테마를 담은 여행잡지의 발행 등, 여행의 근대적 기반이 다져진 시기의 특성을 잘 드러내고 있다.

한편 『여행의 모더니즘』은 이를 자세히 살펴보는 것에 그치지 않고 '여행하고 싶다'는 마음을 추적한다. 도시미와 산악미, 자유로움 속에서 아름다움을 만끽하는 여행 기분 등, 다이쇼와 쇼와 전기에 가시적으로 드러난 심성을 다루었다. 사람들의 욕망을 부추기고 이러한 심리가 막 구비되기 시작한 물적 인프라를 적극 소비하게 만드는 역동적인 순환 과정, 나아가 총력전 체제를 맞이해 장려받던 여행이 다시 억제되는 과정도 잘 보여준다.

1912년이 원년인 다이쇼기는 1926년 쇼와기로 전환되기까지 비교적 짧은 시기이지만, 일본의 근대 원형이 발현한 시기로 평가받고 있다. 다이쇼기는 저자가 말했듯 정치·경제·문화·자연과학·사회과학·예술·기술 등이 경계를 뛰어넘어 서로 자극하면서 커다란 소용돌이를 만들어냈던 때이자 고도성장을 향유하는 시기였다. 여행의 관점에서 볼 때, 1913년다이쇼2 시베리아 철도를 경유해 도쿄 신바시新橋와 파리를 무려 16일 만에 갈 수 있는 유라시아철도의 개통은 중요한 의미가 있다. 왜냐하면 여행은 지금 여기의 일상적 장소를 떠나 다른 장소와 결합하도록 만드는데, 철도의 정비와 확충은 이것이 가능한 장소를 일거에 확대함으로써 여행자와 잠재적 여행자로 하여금 시간과 공간의 엄청난 확대를 감각할 수 있게 만들었기 때문이다. 더불어 다이쇼기의 대중 매체의 발달은 메이지 말기 소수에 불과한 중간계층의 가정문화와 소비문화가 대중화를 이룬 결정적 토대로, 합리적인 중류생활 패턴은 다이쇼기에 완성되었다. 이 책에 따르면, 1920년대 중반 이미 휴일에 가족이 모여 즐기는 것이 '보통'이었다. 다이쇼기의 이러한 특징은 1937년쇼와12의 중일전쟁, 1941년쇼와16의 대동 아전쟁을 중심으로 한 총력전 체제를 거치며 새로운 국면을 맞이하지만 다이쇼기에 형성된 중류생활의 문화를 벗어나지 않는다. 저자는 다이쇼· 쇼와전기를 가족여행을 비롯한 중류생활의 열망이 시작한 시점이며, '여행을 위한 여행'이 문화와 사회 전반에서 대중화, 민중화된 시기라 명명한다.

정리하면, 『여행의 모더니즘』은 여행문화의 전개를 통해 '여행 속 모더니즘'을 살피면서 동시에 사회적 배경과 원동력 안에서 여행을 살피는 '모더니즘 속 여행'에 주목한다. 대중성, 다양성, 선택성, 자기목적성의 특징을 가진, 개인의 선택으로서의 여행은 중간계층 생활문화의 동력이자 결과이기도 하다. 일상으로부터 탈피를 의미하는 여행은 기분전환, 스트레스 해소, 독서와 같은 유익함이 담긴 비일상성을 구체화하였고, 이것은 다시 일상성의 특정 성격을 도드라지게 만들었다. 일상에서 벗어난 여행의 비일상성은 일상을 다른 측면에서 보도록 만드는 것이다. 여행을 통해 맞물리는 비일상성과 일상성의 이러한 관계는 새로운 내용이 담긴 새로운 형식의 여행을 끊임없이 개발하도록 함으로써 더욱 공고해졌다.

최근 아마추어들의 여행문화와 취미문화는 소위 '장비빨'이란 용어가 말하고 있듯이 상업화 현상이 매우 두드러지고 있다. 더구나 코로나19 국면 이후 이러한 성격은 더욱 강해지고 있다. 이렇게 폭발적으로 성장하는 여행의 상업화 경향을 이해하려는 현재적 관점에서, 또 중간계층 생활문화의 기원을 밝히는 데 이 책은 유용할 것이다. 사실 나의 경우, 오늘날 여행의 큰 목적으로 부각되는 치유의 관점에 대한 내용이나 근대성의 한 축인 젠더에 따른 여행에 관한 내용을 기대했으나, 이는 이 책의 주제 밖이다. 그러함에도 여행문화에서 심성과 물성이 어떻게 맞물리며 나아가는지가 궁금한 독자라면 기대한 것 이상의 답을 얻을 것이다. 그러므로 『여행의 모더니즘』은 다이쇼와 쇼와전기를 배경으로 한 일본의 이야기이지만 동시에 산업화와 도시화라는 근대화 과정을 거치며 여행을 향유하는 감성을 가진 우리의 이야기이기도 하다.

나를 포함한, 이 책의 역자들은 지금은 사라진 '연구공간 수유+너머'의 '일본 근대와 젠더 세미나'에서 만난 친구들이다. 공부를 위해 만났지만 각자의 일로 바쁜 우리는 만나기 위해 공부를 한다. 이 책은, 우리가 이와나미문고의 '근대 일본의 문화사 시리즈' 총 10권의 완역(우리 팀은 8권을 번역했다) 이후 새로 시작한 첫 작업이다. 그동안 우리는 줄곧 여러 명의 저자로 구성된 책을 저자별로 나누어 번역했는데, 이 책에서 처음으로 한 저자의 글을 각자 나눠 번역하였다. 그러다 보니 용어와 복합명사의 띄어쓰기 등, 장별 독립성을 갖는 번역에서는 크게 신경 쓰지 않았던 것들을 일일이 맞추어야 했다. 게다가 코로나19의 영향으로 만날 수도 없었다. 왜 저자가 이 책을 역사 연구라 했는지를 너무나 잘 알 수 있는, 정말 많았던 단체명, 기관명, 도시와 산…… 등 온갖 이름들을 일괄 정리하는 길고 지루한 시간을 거치면서 우리는 다시는 한 저자가 쓴 글을 번역하지 말자고 다짐했다. 물론 홀딱 까먹을 다짐이지만 말이다. 그러나 무엇을 잊든 또 무엇을 하든 하지 않든 '우리'는 지금껏 그래왔듯 번역 작업을 계속할 것이다. 십여 년 같이한 이 사람들이 나는 이제 가족 같다. 『잡아함경雜阿含經』 유게편有偈編에는 '즐거울 때 같이 즐거워하고, 괴로울 때 같이 괴로워하며, 일을 할 때는 뜻을 모아 같이 하는 것'을 '가족'이라 말한다. 요즘 같아서는 정말 흔치 않은 가족을, 우리는 만들고 있다. 언어가 다른 두 세계를 번역하는 오랜 시간 동안, 우리는 서로 다른 각자의 삶을 '번역'하고 연결해온 것이다. 새삼 느끼는 것이지만, 가족은 그냥 얻어지는 것이 아니다. 이 인연이 참 감사하다.

초고를 넘긴 지 한참 되었는데 이제야 책이 나왔다. 출판계의 어려움이 묻어나는 시간 속에서 '책'을 만드는 수고로움을 기꺼이 짊어지는, 소명출판의 박성모 대표님께도 감사하다는 말을 덧붙이고 싶다.

2022년 3월, 역자를 대표하여 전미경 씀